YUEGUO
GUDU
DONGFANG
SHUICHENG

越国古都 东方水城

越城水文化

邱志荣 主编

戴秀丽 赵栋 副主编

广陵书社

图书在版编目（ＣＩＰ）数据

越国古都　东方水城：越城水文化 / 邱志荣主编
. -- 扬州：广陵书社，2023.11
　ISBN 978-7-5554-2154-2

　Ⅰ．①越… Ⅱ．①邱… Ⅲ．①区（城市）－水－文化－
绍兴 Ⅳ．①K928.4

中国国家版本馆CIP数据核字（2023）第210547号

书　　名	越国古都　东方水城——越城水文化	
主　　编	邱志荣	
责任编辑	白星飞	

出版发行　广陵书社
　　　　　扬州市四望亭路 2-4 号　　　邮编　225001
　　　　　（0514）85228081（总编办）　　85228088（发行部）
　　　　　http://www.yzglpub.com　　E-mail:yzglss@163.com

印　　刷	无锡市海得印务有限公司	
装　　订	无锡市西新印刷有限公司	
开　　本	787 毫米 × 1092 毫米　1/16	
印　　张	19	
字　　数	400 千字	
版　　次	2023 年 11 月第 1 版	
印　　次	2023 年 11 月第 1 次印刷	
标准书号	ISBN 978-7-5554-2154-2	
定　　价	108.00 元	

编纂单位及人员组成

参编单位：绍兴市越城区农业农村和水利局

绍兴市鉴湖研究会

绍兴市浙东运河文化研究中心

编委会

学术顾问：周魁一　谭徐明

主　　任：章国荣

副 主 任：魏义君

编　　委：章国荣　邱志荣

魏义君　赵　栋

主　　编：邱志荣

副 主 编：戴秀丽　赵　栋

撰　　稿：邱志荣　戴秀丽

文字审核：张卫东

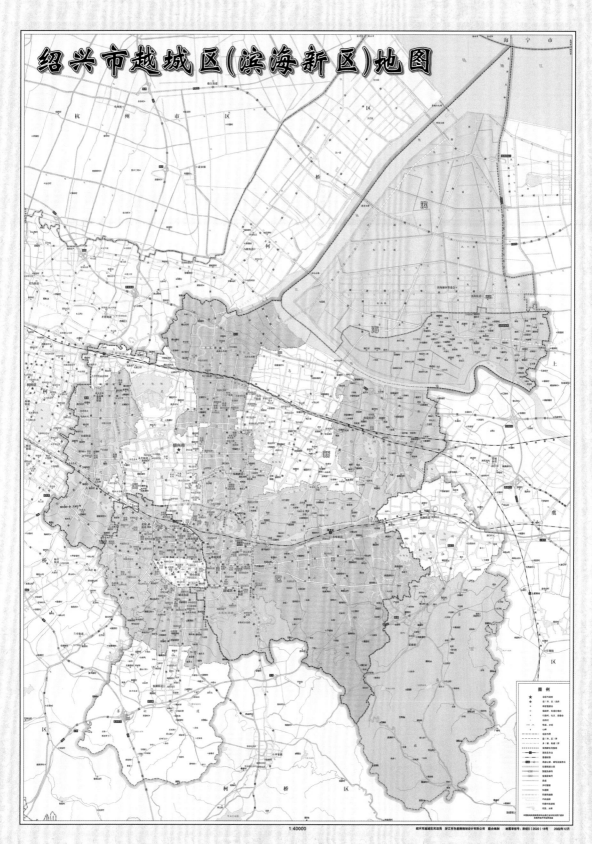

绍兴市越城区(滨海新区)地图

1:40000

绍兴市越城区(滨海新区)地图

绍兴市区水系图

绍兴市区水系图

浙 江 禹 跡 圖

前言

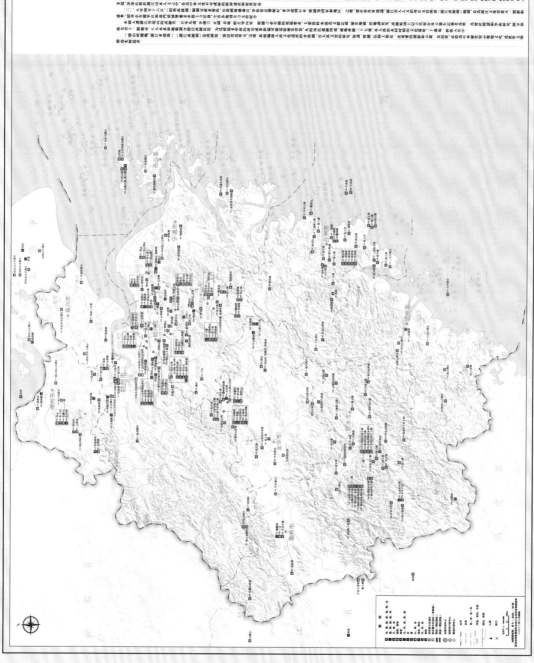

浙江禹迹图

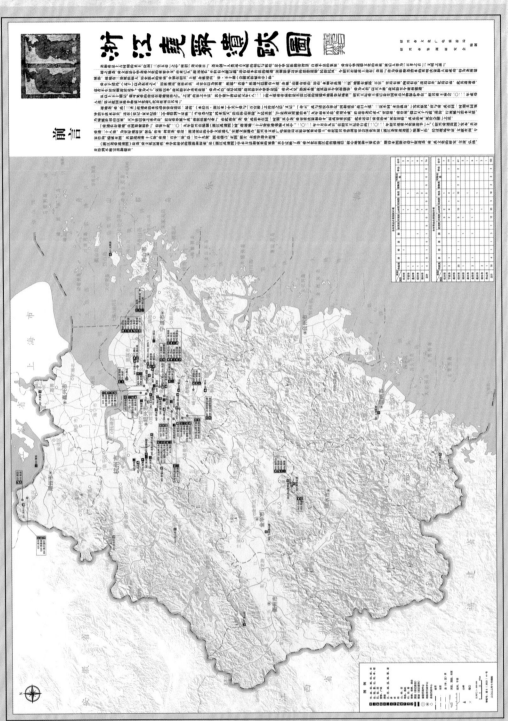

浙江尧舜遗迹图

前言

绍兴禹迹图

春秋越国山会平原水系图

前海　后海　三江口

黑龙山 107

马鞍山 225

东小江　东大湖　履夏江

至余姚　至嵊县

图例

越国基址	城堡
故水道·故湖道	木栅门
湖泊·河流	零米线及山峰
上游溪河及编号	沼泽

编制：邱志荣

上游编号溪河名称

1.大坞溪	16.毛塘溪	31.九里溪
2.耐莲头溪	17.容山溪	32.土丹头溪
3.半天山溪	18.较口溪	33.奔郡溪
4.六城溪	19.湖泊溪	34.桐桥溪
5.杉树坞溪	20.芳竹溪	35.下吴溪
6.桃花溪	21.三华溪	36.腾窖溪
7.光相溪	22.长溪	37.宫通溪
8.干溪溪	23.坡塘溪	38.台德溪
9.螺塘溪	24.秤乌溪	39.大下巨溪
10.半里溪	25.万则溪	40.陈家跨溪
11.欧池溪	26.南池溪	41.塘里溪
12.大池溪	27.瀑家名溪	42.秦庄溪
13.上万溪	28.百山后溪	43.下朝溪
14.臧家里溪	29.增东山溪	
15.沈家塘溪	30.王头头地溪	

说明

1. 图系示意图，参考古今一些有关的资料综合绘制。
2. 图内地貌等高线参照1，20万地图所绘似又绘位。

春秋越国山会平原水系图

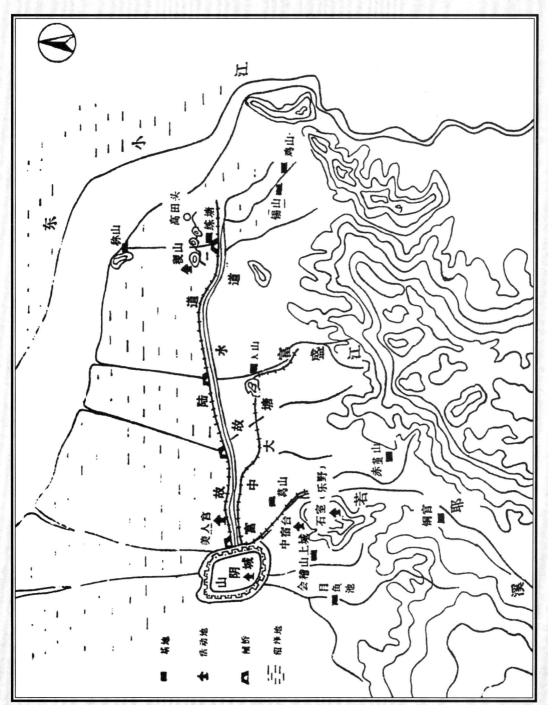

越国山阴故水道等位置图（引自《通江达海　好运天下——浙东运河博物馆文本解读》）

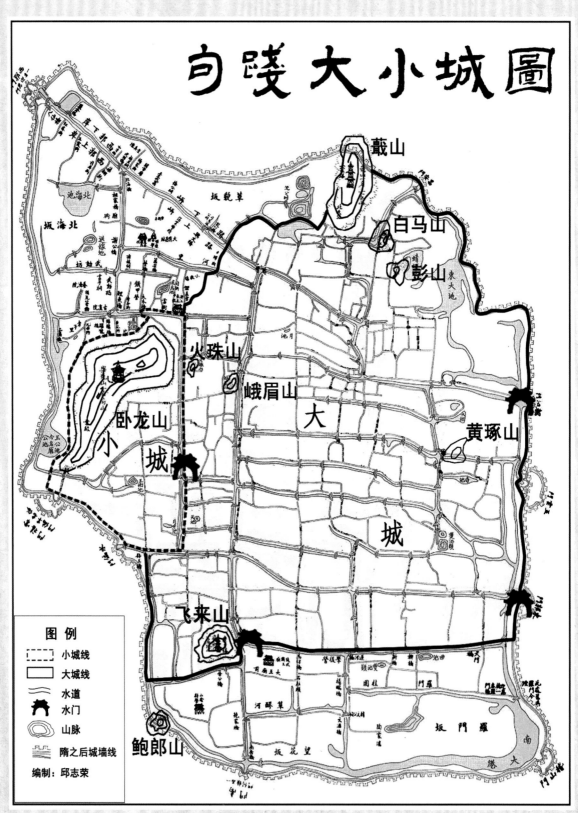

句踐大小城位置圖

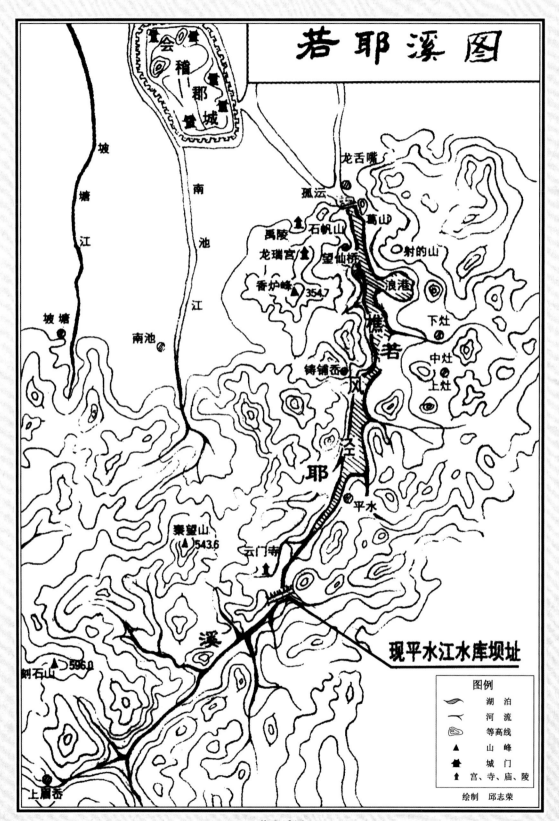

若耶溪图

東漢鑒湖水利圖

海

后

前 海

三江口

若 耶 溪

东 江

至余姚

至嵊县

東 湖

东 山

西 小 湖

说 明

图 例

编制：邱志荣

东汉鉴湖水利图（引自《鉴湖与绍兴水利》）

浙東唐詩之路圖

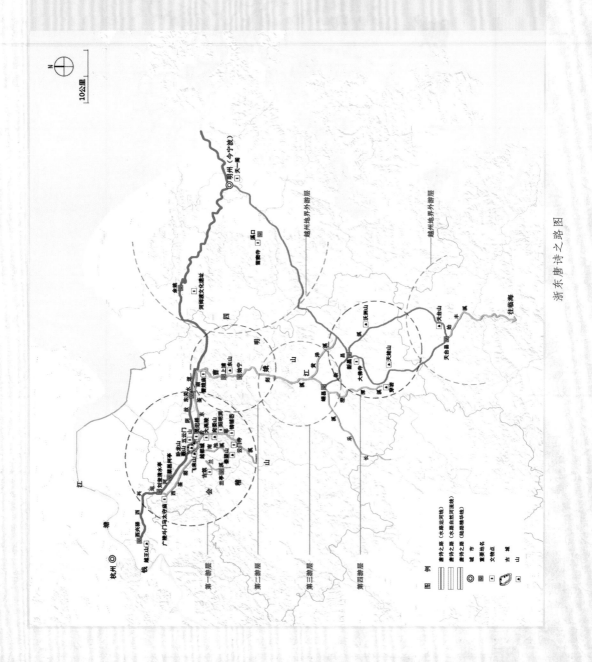

浙东唐诗之路图

古三江闸

新三江闸

曹娥江大闸

绍兴环城河

绍兴运河园浪桨风帆景点

浙东运河博物馆《浙东运河水利形胜图》大型卷轴造型雕塑

浙东古运河整治纪盛

舟船辐辏
缔道蜿蜒
工商并茂
河海相连
新容旧貌
碧水蓝天
懿欤盛世
欲赋忘言

癸未仲春潘家铮

潘家铮题浙东运河赋

洪波已随海退去
平野茫茫仍沮洳
越水重湖越民疾
夷吾之言宝京座
修濬句践营富中
斗胆马臻创镜湖
改天换地三千年
缵禹之绪一部书

甲申夏月陈桥驿

陈桥驿题绍兴水利史书法

目　录

绪　论

洪波已随海退去,平野茫茫仍沮洳。

越水重浊越民愚,夷吾之言实不虚。

惨澹句践营富中,斗胆马臻创镜湖。

改天换地三千年,缵禹之绪一部书。

陈桥驿《绍兴运河园题诗》

千岩竞秀,万壑争流;河湖广阔,碧水长流。

绍兴地处我国东南沿海的长江三角洲南翼、浙江省中北部,西接杭州,东临宁波,北濒杭州湾。总面积 8256 平方千米,人口 438 万。绍兴为国务院 1982 年首批公布的全国二十四个历史文化名城之一,自越王句践建城以来,历经 2500 年,城址基本未变,是著名的水乡、酒乡、桥乡、名士之乡。

绍兴水文化早在上古时期已经存在,在区域内文化遗址中的水稻生产、水井取水、航运、图腾等方面都有所反映。绍兴水文化形成于大禹治水时期,之后"缵禹之绪"[1],弘扬光大,在绍兴人以认识和改造自然水环境为主体的活动过程中,水文化也不断延伸并发展、丰富。水文化也是本区域的主流文化之一,与诸多文化相互交融而愈发博大精深。

一、山水大势

古代绍兴的山阴、会稽两县境内从东南到西北为会稽山丘陵所盘踞,这片广阔的丘陵地,东西最宽约 50 千米,东南至西北最长约 100 千米,其中丘陵的分布和走向较多变和复杂。会稽山丘陵的主干聚于山阴、会稽和诸暨、嵊县边界,海拔 700 米左右。从主干按西南至东北走向,分出一批海拔约 500 米的丘陵,形成西干山丘陵和化山丘

---

[1] 此句出自明张元忭为汤太守祠所题对联:"凿山振河海,千年遗泽在三江,缵禹之绪;炼石补星辰,两月新功当万历,于汤有光。"前后句分别赞颂明绍兴知府汤绍恩兴建三江闸的恩泽,以及萧良干修补和管理三江闸的功德。载程鹤翥辑《三江闸务全书》下卷的汤祠对联。

陵,亦分别成为浦阳江和曹娥江的分水岭。万历《绍兴府志》卷一《疆域志》记:

> 《南新志》曰:"天下之山祖于昆仑,其分支于岷山者为南条之宗。披江汉之流,奔驰数千余里,历衡逾郴,包络瓯闽,而东赴于海,又折而北,以尽于会稽。故会稽为南镇,镇,止也,南条诸山所止也。越郡正当会稽诸山之中,郡城之外,万峰回合,若连雉环戟。而中涵八山,八山者,又会稽诸山之所止也。"

西干山山丘和化山山丘中间地带以北的丘陵又称稽北丘陵,面积约460平方千米。再往北是广阔的冲积平原,平原海拔高程(黄海)一般在4.5—6.5米之间。这里地势平坦,水网密布,会稽山三十六源之水流贯平原南北,古鉴湖、浙东古运河自西向东横穿平原中部,又有众多大小不一的湖泊镶嵌其中。古代,这里的水域面积约占平原总面积的30%—40%。此外,还有零星山丘点缀其上。平原再往北为杭州湾南海岸线,形成了自南而北山—原—海的独特台阶式地形,后亦称稽山镜水。此地形,阴阳和谐,生机盎然。

其山,多支脉相连,又分散展开。其中既延绵起伏,曲折多变,又多云兴霞蔚之气。延绵显其气势之盛,曲折见其雄健神幻。会稽群山既显示蓬勃生机,又深藏无尽的生命之力。显其仁。

其水,会稽山三十六源之水激荡奔流到达平原河网,进入众多河湖港汊,变得宁静,又受到了自然造化和文化调养,于是滋润大地,孕育万物,充满生机活力,又含而不露。显其智。

其海,如王象之《舆地纪胜》卷十所载"南面连山万重,北带沧海千里,连山带海,山阴南湖,应带郊郭,白水翠岩,互相映发",将物华天宝纳入其中。又因为沿海海塘拦蓄其势,一旦滨海大闸开启,其流水如万马奔腾,注入东海,融入大千世界之中。显其动静皆备。

二、建置沿革[①]

绍兴古称越,为我国古代南方越族的聚居地。新石器时期位于河姆渡文化和良渚文化之间,是我国南方百越文化中心。境内考古发现了小黄山遗址(距今约10000—8000年),跨湖桥文化遗址(距今约8000—7000年),河姆渡文化遗址(距今约7000—6000年),良渚文化遗址(距今约5300—4200年)等。

相传大禹治水在若耶溪边的宛委山得金简玉字之书,读后知晓山河大势,通水之理,治水大获成功,"毕功于了溪"[②],地平天成。又在境内茅山会集诸侯,计功行赏,

---

① 主要参考任桂全总纂《绍兴市志》,浙江人民出版社,1996年。
② 万历《绍兴府志》卷三十五。

茅山更名曰"会稽"。春秋时期,越族以今绍兴一带为中心建立越国,成为春秋列国之一。战国初,越王句践大败吴国,越国疆域拓展至江淮之地。至周显王三十六年(前333)楚威王兴兵败越,"尽取故吴地,至浙江",越始"服朝于楚",而诸越邦国尚存。

秦始皇二十五年(前222),秦置会稽郡,领20余县,治所在吴(今苏州),在绍兴设山阴县。

东汉永建四年(129),分会稽郡北部十三县置吴郡,会稽郡治所移至山阴,领十五县。隋开皇九年(589),废会稽郡为吴州,隋大业元年(605),置越州。时越州的范围大致相当于今宁波和绍兴地区。

唐开元二十六年(738),建立了以鄞县为中心,在行政地位上与越州相当的明州。越州范围缩小到东起姚江上游,西抵浦阳江流域,南到会稽山地,北滨杭州湾的地区。直至北宋,越州治山阴,领山阴、会稽、萧山、诸暨、余姚、上虞、剡、新昌8县。

南宋建炎四年(1130),升越州为府,翌年,宋高宗以"绍奕世之宏休,兴百年之丕绪"改元绍兴,《嘉泰会稽志》载"仿唐幸梁州故事,升州为府,冠以纪元"。此为绍兴之名由来。

元至元十三年(1276),改称绍兴路,治所在山阴。明清复为绍兴府。

民国二十四年(1935),设绍兴行政督察区,领绍兴、萧山、诸暨、余姚、上虞、嵊县、新昌7县,专员公署驻绍兴县城。

1949年设绍兴专区,1952年1月撤销。1964年复设绍兴专区,1968年5月改称绍兴地区。1983年7月,撤销绍兴地区,设省辖绍兴市,领越城区、绍兴县、上虞县(1992年改设上虞市)、嵊县(1995年设嵊州市)、新昌县、诸暨县(1989年改设诸暨市),驻越城区。2013年,经国务院批准,撤销绍兴县、上虞市。绍兴市由下辖"一区五县(市)"变为下辖诸暨市、嵊州市、新昌县和越城区、柯桥区、上虞区,市区面积由362平方千米扩大到2942平方千米,人口由65.3万增加到216.1万。

三、越城区概况[①]

越城区范围是北纬29°87'13"—30°13'33",东经120°51'84"—120°80'25"。地处浙江省东部,钱塘江和杭州湾南岸,宁绍平原西部,会稽山北麓,是绍兴市政治、文化中心。

1950年5月,合并绍兴县、市,称绍兴县,设城关区。9月,城关区改为绍兴市,隶属绍兴专区。1952年撤销绍兴专区,绍兴改为省辖市,置府山、塔山、蕺山、北海4

---

① 主要参考绍兴市越城区人民政府主办,绍兴市越城区档案馆编《越城年鉴2022》,方志出版社,2022年。

个区。1958年2月，划归宁波专区。1960年8月，改置绍兴市人民公社，辖府山、塔山、戢山、北海4个大队，隶属绍兴县。1962年1月，复置绍兴市，废市人民公社；12月废市，置城关镇，隶属绍兴县。1963年1月，撤县级市建制，建绍兴县城关镇，辖4个街道。1964年，改为绍兴专区区治。1968年，改为绍兴地区。1979年9月，复置绍兴市（县级），辖4个公社、11个大队（国务院已批准，但浙江省委未设立）。1981年1月，撤销绍兴县，并入绍兴市（县级）。1983年7月，绍兴撤地建市，置越城区（县级），辖府山、塔山、戢山、北海4个街道，禹陵、城东、梅山、灵芝、亭山5个乡和东湖镇。至此，绍兴市越城区正式建区。

经过历年扩并，至2021年2月23日，浙江省人民政府批复同意变更越城区和上虞区部分行政区域界线，上虞区沥海街道的管辖区域划归越城区。至此，越城区行政区域东至上虞区，南、西至柯桥区，北至钱塘江，辖16个街道、1个镇，具体为：塔山街道、府山街道、北海街道、稽山街道、城南街道、迪荡街道、东湖街道、灵芝街道、东浦街道、鉴湖街道、斗门街道、皋埠街道、陶堰街道、马山街道、孙端街道、沥海街道、富盛镇。面积538.6平方千米。东与上虞区的道墟街道、东关街道、长塘镇、汤浦镇相连，南、西、北与柯桥区的平水镇、兰亭街道、福全街道、柯岩街道、柯桥街道、齐贤街道、马鞍街道接壤。

2021年末，越城区总户数29916户，户籍人口829078人，其中城镇人口543110人、乡村人口285968人，分别占比65.5%和34.5%。2021年，越城区登记在册流动人口总数为427586人，2021年，越城区实现地区生产总值1185.26亿元，全区财政总收入154.56亿元。

2021年，越城区年降水量91121万立方米，年总水资源量58863万立方米，其中地表水资源量52450万立方米，地下水资源量13245万立方米，地下水与地表水重复计算量6832万立方米。全区有河道1332条，河道总长1519.10千米，水域面积88.32平方千米；水库14座，万立方米以上山塘60座，库容560.99万立方米；湖泊9个，水域面积7.95平方千米，容积2703万立方米。

四、水文化概念

论绍兴水文化，首先必须明确水文化、水利文化及水利工程文化的基本概念和它们相互之间的关系。

（一）水文化

1.水文化的概念

水文化是一种广义文化，是人类创造的对水以及与水有关的生产、生活、科学、人文等方面的物质与精神文化财富的综合与延伸。

2.水文化的自然属性

如海洋、江河、湖泊、潮汐、瀑布、自然灾害等都是客观存在于自然界的事物,其面貌、规律、本质、个性,不依赖人们的认识和意志而存在。

3.水文化的社会属性

人们可以通过理论和实践对事物进行认识和了解,进而在认识的基础上把握事物的规律和本质,对事物进行改造、利用,以及描述、歌咏,或予以人格化,如《论语·雍也》"智者乐水,仁者乐山"。水文化有一个不断积累、形成、发展的过程,一个国家或地区水文化的社会属性反映了这个国家或地区的历史、经济、人口、环境等状况和意识形态。

4.水文化的时代特色

不同的时代环境,留下了不一样的水文化特色印记。

先秦时期留存于世的主要是治水传说。如《国语·周语下》所载共工防洪,共工氏"壅防百川,堕高湮庳";《史记·夏本纪》所载鲧障洪水,"九年而水不息,功用不成";《史记·五帝本纪》所载大禹治水,"披九山,通九泽,决九河,定九州",地平天成。

春秋时期开始有了对水的哲学思考。如《荀子·宥坐》:"孔子观于东流之水。子贡问于孔子曰:'君子之所以见大水必观焉者,是何?'孔子曰:'夫水大,遍与诸生而无为也,似德。其流也埤下,裾拘必循其理,似义。其洸洸乎不淈尽,似道。若有决行之,其应佚若声响,其赴百仞之谷不惧,似勇。主量必平,似法。盈不求概,似正。淖约微达,似察。以出以入,以就鲜洁,似善化。其万折也必东,似志。是故君子见大水必观焉。'"老子《道德经》曰:"上善若水,水善利万物而不争。"

随着对水的理解的深入和对水的治理要求的强化,战国及之后比较务实并注重对水本体的客观探索。《周礼·稻人》:"以潴蓄水,以防止水。"《越绝书》卷四载越王句践时大夫计倪提出"或水或塘,因熟积以备四方"。东汉王充《论衡·感虚篇》:"然则天地之有水旱,犹人之有疾病也。疾病不可以自责除,水旱不可以祷谢去。"潮汐这种自然现象是自古就有、与天地共生的。《论衡·书虚篇》:"其发海中之时,漾驰而已;入三江之中,殆小浅狭,水激沸起,故腾为涛。""涛之起也,随月盛衰,小大满损不齐同。"这是中国历史上最早从天文、地理两个方面对涌潮现象所做的科学解释。

5.水文化的传承与发展

祭禹之典,传说发端于夏王启。《吴越春秋·越王无余外传》:"禹以下六世而得帝少康。少康恐禹祭之绝祀,乃封其庶子于越,号曰'无余'。"祭禹之典不仅历史悠久,而且有多种形式:或宗室族祭,或皇帝御祭,或遣使特祭,或在秋举行例祭。2006年5月,"大禹祭典"入选第一批国家非物质文化遗产名录;2007年,祭禹典礼成为国家级祭祀活动。

《水经》，全书不到 1 万字，是系统叙述全国水道、水道流域及支流注入处所的第一部著作，清代胡渭认为"创自东汉，而魏晋人续成"。北魏郦道元所著《水经注》，清代刘献廷赞为"片语只字，妙绝古今，诚宇宙未有之奇书"。原书四十卷，现存三十余万字。《水经注》流传广泛、影响深远，历代多研究者。

6. 水文化的地域特色

不同的流域综合环境，形成了不同的文化特色与个性，以绍兴为例：

围绕自然环境实体。山、原、海的地理环境，鉴湖水乡，浙东运河，绍兴古城，海塘等决定相应的水文化内容的产生。

环境产生的精神意识。如对水的崇拜、重视，亲水的传统。

（二）水利文化①

"水利"一词始见于《吕氏春秋·孝行览·慎人篇》，其中的"取水利"系指捕鱼之利。司马迁在《史记·河渠书》记述了从大禹治水到汉武帝黄河瓠子堵口这一历史时期内一系列治河防洪、开渠通航和引水灌溉的措施之后，感叹道"甚哉，水之为利害也"，并指出"自是之后，用事者争言水利"。之后，水利一词就具有防洪、灌溉、航运等除害兴利的含义。由于现代社会经济技术不断发展，水利的内涵也在不断充实扩大。1933 年，中国水利工程学会第三届年会的决议中就曾明确指出：水利应包括防洪、排水、灌溉、水力、水道、给水、污渠、港工八种工程在内。其中的"水力"指水能利用，"污渠"指城镇排水。20 世纪后半叶，水利中又增加了水土保持、水资源保护、环境水利和水利渔业等新内容，水利的含义更加广泛。因此，"水利"一词可以概括为：人类社会为了生存和发展的需要，采取各种措施，对自然界的水和水域进行控制和调配，以防治水旱灾害，开发利用和保护水资源。研究这类活动及其对象的技术理论和方法的知识体系称水利科学。为控制和调配自然界的地表水和地下水，以达到除害兴利目的而修建的工程称水利工程。

水利文化主要包括以下三方面：一是指人们在兴利除害的水利活动中认识和改造的本体内容；二是水利活动中产生的水利工程、水利法制、水利科技等文化内容；三是水利活动的结果对人类社会文化、文明产生的影响和带来的作品等。

（三）水利工程文化

水利工程文化是人类为开发、利用、保护水资源，兴利除害，防灾减灾而建造的水利工程系统中包含的各种文化元素的总和，包括了物质和精神意识的凝聚，创造积累等文化内容，是人们改造自然的成果，具有使用功能。

以上所列三者，水文化的概念最大，包含了水利文化和水利工程文化，水利文化

---

① 主要参见《中国水利百科全书》第二卷，中国水利水电出版社，2006 年，第 1146 页。

又包含了水利工程文化。

五、绍兴是历史的水利产物

自春秋越国以来,有了代代不息的水利建设,才形成了今天富庶的绍兴鱼米之乡。

(一)春秋越国开拓山会平原

全球性的第三次海侵在 6000 年前达到最高峰,当时宁绍平原成为一片浅海,海面稳定一段时间后,随之又发生海退,会稽山以北成为一片咸潮直薄的沼泽之地。

据《越绝书》卷四所载,越王句践面对"西则迫江,东则薄海,水属苍天,下不知所止"的浩浩之水,接受了大夫计倪"必先省赋敛,劝农桑;饥馑在问,或水或塘,因熟积以备四方"的建议,由范蠡主持兴建了一批水利工程。《越绝书》较详细地列记了公元前 493 年至公元前 473 年的越国水利工程,主要有吴塘、苦竹塘、富中大塘、练塘、古水道和山阴小城、大城等。按工程类型可分为堤塘、河沟和防洪城墙三大类,按地形又分为山麓水利、平原水利和沿海水利三部分,形成了与"山—原—海"台阶式地形相适应的春秋越国水利[①]。

春秋越国水利在中国水利史上留下了光辉的一笔,体现了综合性强、建设速度快、技术先进、效益显著的特点。从公元前 490 年句践自吴返越开始兴修水利,到公元前 481 年,即句践伐吴的十年间,越国就有效地储备起能够保障国家强盛所需要的粮食和军需品,说明当时由于水利条件的改变,农业发展速度是十分惊人的。

(二)鉴湖与绍兴河网

春秋时期虽兴修了一些堤塘工程,但不足以解决整个山会平原的水利问题。随着经济和社会发展,人口增多,水利已成为制约发展的主要因素。东汉永和五年(140),为全面开发山会平原,会稽太守马臻在南部平原,纳三十六源之水筑成东西向围堤,即我国长江以南最古老的大型蓄水灌溉工程——鉴湖[②]。

宋王十朋《会稽三赋·风俗赋》称:"境绝利溥,莫如鉴湖。"

修筑鉴湖的效益十分显著。其一,调蓄了上游会稽山 419 平方千米集雨面积的暴雨径流,基本消除了山洪对北部平原的威胁。其二,蓄水 2.68 亿立方米,有利于农田的灌溉。南朝宋孔灵符《会稽记》称:"筑塘蓄水,高(田)丈余,田又高海丈余。若水少则泄湖灌田,如水多则开湖泄田中水入海……溉田九千余顷。"其三,加快了山会平原的综合开发与发展。鉴湖水利兴盛,山会平原北部农田得以较大规模开发之

① 参见邱志荣、陈鹏儿、沈寿刚《古越吴塘考述》,《中国农史》,1989 年第 3 期;陈鹏儿、沈寿刚、
　邱志荣《春秋绍兴的地理环境与水利建设》,《历史地理》第 8 辑,上海人民出版社,1990 年。
② 盛鸿郎、邱志荣《古鉴湖新证》,载盛鸿郎主编《鉴湖与绍兴水利》,中国书店,1991 年。

际,正是我国北方地区战火连绵、兵荒马乱之时,于是朝廷南迁,有大量人口涌入山阴,见到了这里安定的社会、肥沃富饶的土地、秀美的山川、浩大的鉴湖,这正是他们梦寐以求的生活居住环境。因此,人民安居,农业生产得到迅速发展,交通运输业、酿酒业、养殖业都得以迅速发展,由此带来了经济增长,城市繁荣,人口增多。其四,改造了生态环境。曾是咸潮直薄的山会平原,由于鉴湖的兴建而成为山清水秀的鱼米之乡。其五,吸引了大批优秀的外地人士。继王羲之、谢安、谢灵运之后,大批文人学士闻名而来,极大地丰富和融合了会稽地区的多样性文化,奠定了会稽深厚的文化基础。其六,先进生产技术迅速传入会稽,提高了这里的生产力水平。

鉴湖兴建后,鉴湖本身及其以北平原水利又得到了不断完善,晋惠帝时期(290—306),西兴运河开凿,成为鉴湖以北东西向内河整治的主干工程,并渐成浙东地区航运主干道。唐开元十年(722),修筑会稽海塘使会稽诸水不再分注入曹娥江而过直落江经玉山斗门入海。唐贞元四年(788),滨海的玉山斗门扩建成8孔闸,山会平原排、蓄、拒潮的能力进一步增强。宋代大规模修复山阴海塘,与会稽海塘一起,基本隔绝了后海咸潮对山会平原的影响。

鉴湖埋废集中在宋一代,主要原因是:人口增多,人水争地,尤其是豪族大户的兼并掠夺;生产力的发展,开垦种植技术的提高;政府在水利科学调控决策上的不当,管理上的不力;鉴湖的部分淤浅,水利条件的改变;地方政府为增加赋税而采取的进贡取幸等。

鉴湖埋废是山会平原水利的重大变迁,这是在尚未完成新的调整的情况下,一次有较大盲动性和放任性的变迁,一定程度上满足了当时人们对土地的要求,却对后世的水利、生态环境和资源造成危害,给后人以极其深刻的教训。

(三)三江闸形成平原河网水利新格局

鉴湖埋废,会稽山三十六源之水直接注入山会平原北部,原两级控水成为全部由海塘、玉山斗门控制。平原河网蓄泄失调,导致水旱灾害频发。而南宋之后,浦阳江下游多次借道钱清江,出三江口入海,进一步加剧了平原的旱、涝、洪、潮灾害。因此,在新的水利形势下兴建一处控制泄蓄、阻截海潮、总揽山会平原水利全局的枢纽工程,是当时必须及时解决的重大问题。

嘉靖十五年(1536)七月,绍兴知府汤绍恩在前任知府戴琥等的水利建树基础上,决定在钱塘江、曹娥江、钱清江、直落江汇合处的彩凤山与龙背山之间建造三江闸,历时6月完成[1]。

---

[1] 程鸣九辑著《闸务全书·郡守汤公新建塘闸实迹》,载冯建荣主编《绍兴水利文献丛集》,广陵书社,2014年,第25页。

三江闸建成,与横亘数百里的萧绍海塘连成一体,外御潮汐,内则涝排旱蓄,控制航运水位,正常泄流量可达 280 立方米每秒,可使萧、绍两县 3 日降雨 110 毫米不成灾。至此,形成了以三江闸为排蓄总枢纽的绍兴平原内河水系网新格局,三江闸发挥效益近 450 年。随着水利形势的变化发展,1981 年,又在三江闸北 2.5 千米处建成了泄流量为 528 立方米每秒的大型水闸——新三江闸,旧三江闸遂完成了其使命。

六、崇高璀璨的绍兴水文化

绍兴水文化伴随着越文化从远古走来,以水为源、滋润万物;以文为流、宏大精深;以人为本、造化越中,是绍兴文化的主体部分。

(一)源远流长

考古发现古代越地的上山文化遗址、跨湖桥文化遗址、河姆渡文化遗址、良渚文化遗址,其位置大都在滨海之地。约 7000 年前的河姆渡文化已向世人展示了光辉灿烂的人类文明历史,其遗址中的稻谷与农灌、最早的海塘、造船及航运、凿井汲水、图腾崇拜等,无不留下了灿烂的水利文明印记。约 5000 年前的良渚文化彰显了史前高度发达的社会文明,以独特的文化状况,在中国文明起源多元化的研究中占有重要地位。

此外,大禹治水精神是绍兴水文化的重要组成部分。明代陈子龙《钱塘东望有感》:"禹陵风雨思王会,越国山川出霸才。"大禹治水的传说在绍兴产生了广泛深远的影响,尤其是从精神上影响着绍兴历代治水者高度重视治理水患,奠定了绍兴的水文化基石,取得了伟大的治水成就。

(二)形成核心价值

1．献身、求实、创新的治水精神

献身。大禹治水精神的核心是国家、民族利益高于一切。历代多有绍兴治水人物缵禹之绪,将大禹治水精神发扬光大。如东汉会稽太守马臻为筑鉴湖不惜蒙冤被杀,明代绍兴知府汤绍恩呕心沥血修三江闸,都是实践典范。

求实。大禹治水的求真务实态度为越人所崇尚。东汉绍兴上虞人王充对自然界的朴素唯物主义认识就是真实写照;明代戴琥、清代俞卿等绍兴知府的治水实践均以认真、负责、执着著称。

创新。大禹治水采取了"疏"的办法,因势利导,于是地平天成。对这种不断创新的思想的承继,使自春秋越国水利到今天的曹娥江大闸建设无不留下了代代绍兴人与时俱进、不断创新进取的印记。

2．天人合一的思想

绍兴的治水历史是一部不断追求天人合一、人与自然和谐相处,代代相传的光辉

历史。

绍兴古代地形地貌、自然降雨、海潮等是客观存在的自然现象,但作为生存环境而言,潮汐直薄,咸潮与淡水在平原交替是影响人们生产、生活的主要制约因素。而人作为万物之灵,在其中起到了顺应和改造自然的关键作用,也就可以说"天"代表了客观存在的事物与环境;"人"代表了调适、改造客观事物与环境的主体;"合"是客观条件的转化与改变,也就是阻潮汐于平原之外,蓄淡水于河网之中,实行顺天时、应地利的人工调控;"一"表明人与自然相依相生。

3. 文化是水之魂的理念

绍兴水文化以大禹献身、求实、创新的治水精神为统率;以"天人合一"的自然观为核心内容;以"人水和谐"的理念为追求的目标;以文学和艺术为重要的表现手法;以水的明净秀丽、形态多变为审美标准;以亲水为风俗传统;以水的利用和功能为其延伸和传播形式。数千年来,绍兴水环境在不断变化,而文化凝聚成独特的绍兴水乡之魂,源远流长,深深影响着民众的理念、风俗、生活、审美标准。

(三)内容丰富多彩

1. 水文化与亲水传统

绍兴是平原水乡,其水的个性不似大江大河汹涌澎湃,年际水位变化不大。水环境形成了人们亲水的传统,拉近了人水的距离。因之人家择水而居,沿河居民又多设踏道。这不仅是亲水,也是与自然融为一体,对水的欣赏与赞美,以及一种传承的生活习俗。

2. 水文化与桥文化

无水不成桥,无桥不显水,无桥不成市,无桥不成路。宋代《嘉泰会稽志》中绍兴城内有正式记载的桥有99座。清代光绪十九年(1893)春所绘的《绍兴府城衢路图》记载,有桥229座,在城中每0.03平方千米就有一座。在当今世界上,享有桥乡之尊号[①]。绍兴的水与桥紧密结合,造型丰富多彩,千姿百态。民谚云:"大善塔,塔顶尖,尖如笔,笔写五湖四海;小江桥,桥洞圆,圆如镜,照见山会两县。"水城桥之景观特色产生的文化魅力,在此可见一斑。

3. 水文化与文学艺术

绍兴以鉴湖、浙东运河为主体的优越水环境使无数文人学士、迁客骚人在此获得创作灵感,或作文,或歌咏,留下了大量诗文,这些诗文是水文化和文学艺术的结晶。

4. 水文化与酒文化

闻名海内外的绍兴酒必须以鉴湖水酿制,清梁章钜《浪迹续谈》:"盖山阴、会稽

---

① 陈从周、潘洪萱编《绍兴石桥》,上海科学技术出版社,1986年。

之间，水最宜酒，易地则不能为良，故他府皆有绍兴人如法制酿，而水既不同，味即远逊。"《兰亭序》中"此地有崇山峻岭，茂林修竹，又有清流激湍，映带左右，引以为流觞曲水，列坐其次。虽无丝竹管弦之盛，一觞一咏，亦足以畅叙幽情"，便是人、水、酒融合产生的美妙意境和高尚的感受。

5. 水文化与生态文化

"语东南山水之美者，莫不曰会稽。岂其他无山水哉？多于山则深沉杳绝，使人懪凄而寂寥；多于水则旷漾浩汗，使人望洋而靡漫。独会稽为得其中，虽有层峦复冈，而无梯磴攀陟之劳；大湖长溪，而无激冲漂覆之虞。于是适意游赏者，莫不乐往而忘疲焉。"① 刘基所赞美的会稽山水是鉴湖建成后才形成的，体现了人水和谐的生态文化。清人齐召南《山阴》诗中"白玉长堤路，乌篷小画船。有山多抱野，无水不连天"的意境和理念，深深根植于绍兴人心中。

6. 水文化与名人文化

《管子·水地》记载越族之民在恶劣的水环境下"愚疾而垢"。六朝虞预《会稽典录·朱育》记载鉴湖建成后，"山有金木鸟兽之殷，水有鱼盐珠蚌之饶，海岳精液，善生俊异"，明确指出水环境和人才培养、经济发展之关系。蔡元培《越中先贤祠春秋祭文》首句便为"岩岩栋山，荡荡庆湖"，"荂清谷异，世嬗贤谞"②，精辟地道出了人杰地灵、人水和谐之关系。

7. 水文化与园林文化

对绍兴园林特色，明祁彪佳《越中亭园记》中楚人胡恒所作序称："越中众香国也，越中之水无非山，越中之山无非水，越中之山水无非园，不必别为园，越中之园无非佳山水，不必别为名。"可以认为"无水不成园"，越中山水本来就是自然风景园林。既是天造地设，又是自然和人工改造相结合的产物。

---

① 〔明〕刘基撰《刘基集》，浙江古籍出版社，1999年。
② 《蔡元培全集》第一卷，浙江教育出版社，1997年。

第一章 海侵海退 沧海桑田

　　接侍以来，见东海三为桑田。向间蓬莱水，乃浅于往者，会时略半也，岂将复还为陆陵乎？

——颜真卿《麻姑山仙坛记》

　　目前所见的文献资料，对浙东江河文明最早的记载是大禹治水，而现代的历史地理和海洋、考古等学科所取得的研究成果，把时间提前到了第四纪更新世末期以来的三次海侵之时。本章主要论述的是假轮虫海侵、卷转虫海侵对浙东地区的影响，此成果也使对这一地区的水利史研究从文献记载的 5000 年，提前到了科学论证的 10 万年以前，诸多历史谜题和传说故事也得到了源头与发展过程的合理解答。

第一节 海侵过程

　　浙东原本是"万流所凑、涛湖泛决、触地成川、枝津交渠"[①] 之地，水环境的变迁、人们的治水活动对这里的文明发展起着至关重要的作用。"古地理学"研究表明，从第四纪更新世末期以来，自然界地理环境经历了星轮虫海侵、假轮虫海侵和卷转虫海侵三次沧海桑田的剧烈变迁[②]。其中星轮虫海侵发生于 10 万年以前，海退则在 7 万年以前，这次海侵就全球来说，留存下来的地貌标志已经很少了。

一、假轮虫海侵

　　假轮虫海侵发生于 4 万多年以前，海退则始于约 2.5 万年以前。这次海退是全球性的，中国东部海岸后退约 600 千米，东海中的最后一道贝壳堤位于东海大陆架 –155 米，^{14}C 测年为 14780 ± 700 年前。到了 2.3 万年前，东海岸后退到 –136 米的位置上，即在今舟山群岛以东约 360 千米的海域中，今舟山群岛全处于内陆，形成宁绍平原和

---

①郦道元著，陈桥驿校释《水经注校释》，杭州大学出版社，1999 年，第 524 页。
②陈桥驿《吴越文化论丛》，中华书局，1999 年，第 40—46 页。

杭嘉湖平原以东一条东北——西南走向的弧形丘陵带,在这条丘陵带以东还有大片陆地。钱塘江河口约在今河口以东 300 千米处,现在的杭州湾及宁绍平原支流在当时不受潮汐的影响。

二、卷转虫海侵

卷转虫海侵从全新世之初就开始掀起,距今 1.2 万年前后,海岸到达现海拔 -110 米的位置上。距今 1.1 万年前后,上升到如今 -60 米的位置。在距今 8000 年前后,海面上升到如今 -5 米的位置,舟山丘陵早已和大陆分离成为群岛。而到 7000—6000 年前,这次海侵到达最高峰,东海海域内侵到了今杭嘉湖平原西部和宁绍平原南部,这片区域成为一片浅海。20 世纪 70 年代,在宁绍平原与杭嘉湖平原一带城区开挖人防工程时,在地表以下 5—10 米之间,普遍存在着一层海洋牡蛎贝类化石层,这就是海侵的最好例证[1]。

卷转虫海侵在距今 7000—6000 年前后到达高峰后,海面稳定一段时期,随后发生海退。该时期海侵海退或又几度发生。

三、《麻姑山仙坛记》碑中的海侵印记

据传,《麻姑山仙坛记》碑原石旧在江西建昌府南城县西 10 千米的山顶,后遭雷火毁佚[2]。碑文中的记载印证了海侵沧海桑田变迁之事。

唐大历六年(771)四月,颜真卿登麻姑山,写下了麻姑山仙女和仙人王平方在麻姑山蔡经家里相会的神话故事,即麻姑山道人邓紫阳奏立麻姑庙经过的楷书字碑——《有唐抚州南城县麻姑山仙坛记》。此记被历代书法家誉为“天下第一楷书”。

其中如“接侍以来,见东海三为桑田。向间蓬莱水,乃浅于往者,会时略半也,岂将复还为陆陵乎?”“方平笑曰:‘圣人皆言,海中行复扬尘也。’”“东南有瀑布,淙下三百余尺。东北有石崇观,高石中犹有螺蚌壳,或以为桑田所变。”皆为发人深省的经典之语。研究水利史及历史地理者,在其中会感受到神话及民间口口相传的海侵的历史传承与印记。

---

①陈桥驿《越文化研究四题》,载于车越乔主编《越文化实勘研究论文集》,中华书局,2005 年,第 5 页。

②《颜真卿麻姑山仙坛记》,上海书画出版社,2015 年。

第二节　海岸线与河口变化

一、海岸线

卷转虫海侵在距今7000—6000年前后到达最高峰，东海海域内侵到了今杭嘉湖平原西部和宁绍平原南部，宁绍平原的海岸线大致在今萧山—绍兴—余姚—奉化一带的浙东山麓。此时期的东小江（曹娥江）、西小江（浦阳江）内延至西南山麓之地而不能汇聚在一起。

《海侵对浙东江河文明发展影响的初探》认为：

> 海侵在距今6000年前到达高峰以后，海面稳定一个时期，随后发生海退。这其中海侵海退或又几度发生。在距今4000年前后，海岸线已推进到了萧山—柯桥—绍兴—上虞—余姚—句章—镇海一线。[①]

《庄子·外物》记载的任公子在会稽山上垂钓于东海之中，也是古代会稽山下即是大海在传说中的形象反映。《嘉泰会稽志》卷十八："任公子钓台在稽山门外，华氏考古云：'昔海水尝至台下，今水落而远尔。'或云在南岩寺，又云在陶宴岭。"

二、钱塘江河口

《钱塘江河口治理开发》认为：

> 五六千年前（钱塘江）的河口段原在今富春江的近口段，杭州湾湾顶在杭州—富阳间。[②]

又认为：

> 太湖平原西侧"河口湾"封闭的时间，则各家说法差异甚大，从距今6000年前至距今4000—2500年前"河口湾"封闭后，钱塘江河口的喇叭状锥形边高形成。

> 杭州湾喇叭口奠定后，钱塘江涌潮开始形成，对两岸地貌起了很大的改造作用。涌潮横溢，泥沙加积两岸，使沿江地面比内地高，西部比东部高。同时涌潮不断改变岸线位置。因沿江地面比内地高，从而使平原低洼处发育湖泊，也使河

---

① 邱志荣《海侵对浙东江河文明发展影响的初探》，载宁波市水文化研究会，绍兴市鉴湖研究会编《浙东水利史论：首届浙东（宁绍）水利史学术研讨会论文集》，宁波出版社，2016年。

② 韩曾萃、戴泽蘅、李光炳等著《钱塘江河口治理开发·绪论》，中国水利水电出版社，2003年，第2页。

流改向。南岸姚江平原上,河姆渡至罗江一线以西的地表流水,由向北入杭州湾而转向东流入甬江。根据姚江切穿河姆渡第一文化层的现象,改道年代距今不到5000年。绍兴一带出会稽山的溪流,也同样不能北入钱塘江,而折向东流,汇成西小江,在曹娥江口入杭州湾。[①]

"河口湾",是"河流的河口段因陆地下沉或海面上升被海水侵入而形成的喇叭形海湾"[②]。是否在钱塘江喇叭口形成时,河口湾即是今日的杭州湾岸线,有研究者认为,既然原来的钱塘江河口在富阳一带,此河口的东北向延伸也会有一个渐进的过程[③]。

三、浦阳江河口

海进海退对浦阳江下游河口的影响变化,也可以从萧山湘湖地区的自然地理环境分析。在假轮虫海退鼎盛时期,湘湖之地远离海岸线,钱塘江河道流贯其西缘,并且在这里的低洼之地会有一些自然湖泊,是跨湖桥等地区先民的生息之地。可以从跨湖桥地区山川形势分辨当时与外界沟通的主要水道大致有后来的渔浦出海口、湘湖出海口和临浦出海口,其中临浦出海口即后来的西小江,又是主要的连通萧绍平原的水道。

而到卷转虫海侵的全盛期(距今约7000—6000年),宁绍平原成为一片浅海,湘湖之地也就成为海域,所在大部分山体成为海中岛屿,形成了一个海湾。海退后,这里又成为一片沼泽之地。之后,这一地区又形成了诸多湖泊,最主要的是临浦、湘湖和渔浦。这一时期的浦阳江主要沿着湘湖一带散漫入海,钱清江是渔浦通往山会平原的一条河道,当时的主要出口并不在后来的三江口。

四、曹娥江河口地质证明

这里还要举例的是21世纪初编制的《浙江省曹娥江大闸枢纽工程初步设计工程地质勘探报告》佐证资料。

该工程位于曹娥江河口,钱塘江南岸规划堤防控制线上,距绍兴城市直线距离约29千米,距上虞城市直线距离约27千米。自卷转虫海退至20世纪末,这里一直处在河口海湾之中。地质勘探土(岩)层的数据显示:顶板高程(黄海,下同)-24.8—-21.4米为淤泥质粉质黏土夹粉土,厚度10.6—21.9米;顶板高程-44—-33.1米为粉质

---

① 韩曾萃、戴泽蘅、李光炳等著《钱塘江河口治理开发》,中国水利水电出版社,2003年,第25—26页。

② 夏征农主编《辞海》,上海辞书出版社,2000年,第1087页。

③ 邱志荣《绍兴三江新考》,载《中国鉴湖》第二辑,中国文史出版社,2015年,第28页。

黏土、粉土互层,厚度 7.0—20.9 米;顶板高程 -55.1—-42.1 米为淤泥质黏土,厚度 0.5—10.6 米;顶板高程 -61.6—-50.22 米为粉砂,厚度 1.4—10.2 米;顶板高程 -67.3—-56.0 米为中粗砂,厚度 8.0—15.5 米;顶板高程 -66.3 米为含砾中粗砂,厚度 7.3 米;顶板高程 -71.5—-68.71 米为粉质黏土,厚度 4.5—11.0 米;顶板高程 -82.5—-73.6 米为粉细砂,厚度 2.7—11.7 米;顶板高程 -85.3—-85.2 米为含砾中粗砂,厚度 3.85—17.4 米;基岩面高程 -102—-89.15 米,为砂岩、砂砾岩。以上所列土(岩)层结构的变化便是当时海侵海退形成地貌地层的有力证明。

第三节　越族的迁徙

一、越族流散

卷转虫海侵使东海海域内侵到了今杭嘉湖平原西部和宁绍平原南部,其地成为一片浅海。于是环境开始变得恶劣,越部族生存的土地面积大量缩减,一日两度咸潮,从钱塘江和其他支流倒灌入平原内陆纵深之地,土壤迅速盐渍化,水稻等作物难以生长。

此前生活繁衍于平原上的越族人民纷纷迁移。第一批越过钱塘江进入今浙西和苏南丘陵区的越人,后来成为句吴的一族,是马家浜文化、崧泽文化和良渚文化的创造者;第二批到了今宁绍南部的会稽山麓和四明山麓,河姆渡遗址就是越人在南迁过程中创造的,他们在山地困苦的自然环境中,度过了几千年的迁徙耕种和狩猎的生活;第三批利用平原上的许多孤丘安居,特别是今三北半岛南缘和南沙半岛南缘的连绵丘陵;第四批运用长期积累的漂海技术,用简易的木筏或独木舟漂洋过海,足迹可能到达台湾、琉球、日本南部等地。《越绝书》卷八中所称的"内越"指的就是移入会稽山、四明山的一支;"外越"则指离开宁绍平原而漂洋过海的一支。

二、先民与大自然的抗争

越部族后退到会稽、四明山地是被迫的。不可抗拒的自然力量,使原本美丽富饶的平原、聚落被海水吞没,退到了山丘。而在会稽山沿山麓线一带及平原孤丘上仍然居住着众多的越族人民。同时可以肯定海侵前在平原上使用过的众多的舟楫,为退居会稽山南麓的越族居民继续使用,用于水运和捕捞,水上航运没有衰退而是成为生产、生活之需要。面对海进和海退,退居山地的越族人民一直开展与海水争夺水土资源的活动。主要方式是筑堤拦截潮水,形成山麓地带聚落和生产基地。因之笔者认为对于目前会稽山麓冲积扇地带常能见到的古塘遗址,如位于绍兴城南的坡塘和秦望村的古塘等,不能简单地认为只是越王句践时留下的工程[①]。早于句践时期,越族人民进行围堤筑塘御潮,扩大生产、生活之地的活动便已开展。而在宁绍平原,这一以筑海塘和围涂改造自然环境的方式一直延续至今。这一判断可以在河姆渡文化遗址中的最早海塘堆积物中得到佐证[②]。

三、越族重返山麓地带

卷转虫海侵的全盛期(距今约 7000—6000 年),宁绍平原成为一片浅海,越部族的活动中心退到了会稽、四明山区。《吴越春秋》记载当时"人民山居"。大约距今4000 年,海岸线后退到了柯桥—绍兴—上虞—余姚—句章—镇海一线。于是越部族开始有居民从会稽山、四明山地逐年北移,加快对一些受咸潮影响较小的山麓冲积扇地带的垦殖。此外,平原上多有高度在 20—100 米左右的山丘,这便为越族聚落发展和生产范围向平原扩大创造了有利条件。但海侵过后的宁绍平原仍多为湖泊沼泽和咸潮出没之地,不利于人们在平原生产、生活,因之越部族的中心活动区域仍主要是迁徙耕种和狩猎,即《吴越春秋》卷六所称:"随陵陆而耕种,或逐禽鹿而给食。"

海岸线的稳定为越国走出山丘向北部平原开发创造了条件。越王句践即位于公元前 5 世纪初,其地约在今平水镇附近的平阳县。《越绝书》卷八:"句践徙治山北,引属东海,内外越别封削焉。"越部族的生产活动中心,已从宁绍平原南部山区,进入了北部的一系列山麓冲积扇地段。

从海退结束到平原较大规模开发(约前 2000—前 600 年),有一个发展过程,也并非越王句践一蹴而成。地理环境有一个改造的过程,生产力和国力也有不断发展的历史进程。

[①] 盛鸿郎、邱志荣《坡塘》《南池》,《中国水利报》1992 年 10 月 7 日,1992 年 7 月 4 日。
[②] 金普森、陈剩勇主编《浙江通史》,林华东著《史前卷》,浙江人民出版社,2005 年,第 74 页。

第二章　大禹治水　地平天成

> 盖九州之中，禹之迹无弗在也，禹之庙亦无弗有也。而论山川之灵秀，殿宇
> 之宏壮，则当以会稽为最。
>
> ——李协《会稽大禹庙碑》

禹迹茫茫，九州遍布。而论传说之早，遗迹之多，记载之详，祭祀之盛，庙宇之宏壮，山川之灵秀，文化之深厚，非越莫属。以绍兴为中心的浙东之地是我国大禹文化传承、保护、弘扬最好的区域，而禹之治水精神，为绍兴水文化基石。

第一节　大禹治水记载与传说

一、大禹在越

（一）文献记载

大禹在越治水的历史传说在古代普遍流传，见之于众多的史籍文献记载。此外，司马迁在年轻时，曾经南游江、淮，《史记·太史公自序》记载他曾"上会稽，探禹穴"。并在《史记·夏本纪》中记述"十年，帝禹东巡狩，至于会稽而崩"。《史记·秦皇本纪》又记秦始皇在位三十七年（前210）来到越地，"上会稽，祭大禹，望于南海，而立石刻颂秦德"。

（二）禹得天书于宛委山

相传大禹在治水之始，在会稽之地遇到了艰难险阻，终于有一天在睡梦中受玄夷苍水使者指点，便在若耶溪边的宛委山下设斋三月，得到金简玉字之书，读后知晓山河体势，通水之理，治水终于成功。此事《水经注》《吴越春秋》《十道志》《太平御览》等史籍中均有记载。司马迁《太史公自序》叙及"二十而游江淮，上会稽，探禹穴"，其中的"禹穴"即大禹得天书处。《水经注·浙江水》载"东游者多探其穴也"。

宛委山又称石匮山、玉笥山，位于绍兴古城东南约6千米处，海拔279米，北连石帆山、大禹陵，南倚香炉峰，是会稽山中自然风光、人文景观的荟萃之地。孔灵符

（？—465）《会稽记》中记宛委山：

> 会稽山南有宛委山。其上有石，俗呼石匮，壁立千云，有悬度之险，升者累梯，然后至焉。昔禹治洪水，厥功未就，乃跻于此山。发石匮，得金简玉字，以知山河体势。于是疏导百川，各尽其宜。[①]

宛委山中今有一巨石，石长丈余，中为裂罅，阔不盈尺，深莫知底，传闻此洞即禹穴，亦名阳明洞。《嘉泰会稽志》注云："自旧经诸书皆以禹穴系之会稽宛委山，里人以阳明洞为禹穴。"宛委山是传说中大禹来越治水的佐证，也是其获取治水经验之处，此说流传广泛，影响深远，还留下了神秘的传说。

宛委山中有石名曰飞来石，其势欲倾，石高 4 米，长 8.8 米，世传此石从安息国飞来，上有索痕二道。飞来石上有唐贺知章龙瑞宫题记，至今清晰可辨，其中也有关于大禹在此得天书的记载：

宫　记

秘书监贺知章

> 宫自黄帝建候神馆，宋尚书孔灵产入道，奏改怀仙馆。神龙元年再置。开元二年，敕叶天师醮，龙现，敕改龙瑞宫。管山界至：东秦皇、酒瓮、射的山；西石簧山；南望海、玉笥、香炉峰；北禹陵内射的潭、五云溪、水府、白鹤山、淘砂径、茗坞、宫山、麂迹潭、葑田荬池。洞天第十，本名天帝阳明紫府真仙会处。黄帝藏书磐石，盖门封宛委穴，禹至开，得书治水，封禹穴。

关于龙瑞宫的历史、所管山界、道教地位、藏书由来、宛委穴变为禹穴由来，该题记都讲得很清楚。

（三）治水毕功于了溪

关于大禹治水"毕功于了溪"之说在越地流传甚广。了溪，地处今嵊州城北 7 千米处的禹溪村。据传，大禹治水到此，治水终获大成，"了溪"因而得名。

（四）禹会诸侯，会稽得名

对大禹来越治水，当以战国时人著述，东汉人袁康、吴平加以辑录增删的《越绝书》记载为详[②]，此书记载大禹曾两次来越，并葬于会稽山。《越绝书》卷八："禹始也，忧民救水，到大越，上茅山，大会计，爵有德，封有功，更名茅山曰会稽。及其王也，巡狩大越，见耆老，纳诗书，审铨衡，平斗斛。"

《嘉泰会稽志》卷一："会稽者，会计也。"追根溯源，是因传说大禹在"茅山""大会计"而名"会稽山"，此地因此得名会稽。

---

① 傅振照、王志邦、王致涌辑注《会稽方志集成》，团结出版社，1992 年。
② 陈桥驿《点校本〈越绝书〉序》，载陈桥驿著《吴越文化论丛》，中华书局，1999 年，第 165 页。

（五）大禹斩杀防风氏

《韩非子·饰邪》："禹朝诸侯之君会稽之上,防风之君后至而禹斩之。"《史记·孔子世家》亦记："吴伐越,堕会稽,得骨节专车。吴使使问仲尼:'骨何者最大?'仲尼曰:'禹致群神于会稽山,防风氏后至,禹杀而戮之,其节专车,此为大矣。'"

绍兴民间有"十里湖塘七尺庙"之说,湖塘位于绍兴西部,七尺庙位于湖塘街上。据传建此庙时,掘土得7尺长骨,因此地离刑塘近,疑为防风氏遗骨,瘗于神座之下,因此,乡人名之曰"七尺庙"。此虽为传说,也是对古防风氏的纪念。

（六）禹葬会稽

据《越绝书》等文献所载,大禹第二次来越,病故并葬于会稽山。《越绝书》卷八:"及其王也,巡狩大越,见耆老,纳诗书,审铨衡,平斗斛。因病亡死,葬会稽。苇椁桐棺,穿圹七尺;上无漏泄,下无即水;坛高三尺,土阶三等,延袤一亩。"

《史记·夏本纪》:"帝禹东巡狩,至于会稽而崩。"大禹埋葬在会稽,有了大禹陵、庙。

（七）越为禹后说

《史记·越王句践世家》记载:"越王句践,其先禹之苗裔,而夏后帝少康之庶子也。封于会稽,以奉守禹之祀。"

《越绝书》卷八:"故禹宗庙,在小城南门外大城内,禹稷在庙西,今南里。"越王句践很注重树立大禹形象和发扬禹文化,他在建设以今绍兴城卧龙山为中心的越国大小城的同时建立"禹宗庙"。又据《吴越春秋·句践伐吴外传》,越王句践二十七年(前470)在临终前对太子兴夷说"吾自禹之后",明确了家族是大禹的后代。

二、海侵与大禹

（一）海侵印记

关于大禹是否来越治水,并留下工程实绩,尚无明确的考证,但至少以下几点可以确定:

第一,宁绍平原4000年前是海侵过后的一片浅海或沼泽之地,在当时的生产力和特定的地理条件下,人类不可能有能力较大范围地改造这一自然环境。

第二,考古发现的钱塘江流域的跨湖桥文化遗址、河姆渡文化遗址和良渚文化遗址,无法与传说中同一时期的大禹治水产生融合与互证。

第三,据相关记载和现代考证,越部族大规模开发山会平原、兴修水利始于约2500年前的越王句践时期,此前越族活动中心主要在会稽丘陵,正如《吴越春秋·越王无余外传》所载"随陵陆而耕种,或逐禽鹿而给食"。

第四,促成宁绍平原由浅海变为咸潮直薄的沼泽之地,并逐渐具备开发条件的根本原因是第四纪的自然循环,即气候由暖变冷,导致海平面下降,出现海退。此为自然界的演变,非人类活动。

第五,同一时期在我国广西出现了"盘古开天地"的传说,在西方诞生了"诺亚方舟"神话。

以上分析产生两种可能:

一是当越民族在会稽山上俯视这片茫茫大海,曾使他们望而生畏的水环境逐渐变为沼泽地,生存环境有所改变时,他们必然会难以理解,会思索是何种神力造成了这一改变。由于人们无法解释海退的自然现象,必然会将此变迁归功于大禹治水,地平天成。

二是如果大禹当时未曾来过会稽,来越治水是神话传说,随着文化的流传和丰富,民族统一的趋势,也会流传到古越并得到弘扬。

(二)文化传承

说绍兴大禹治水,还必须看到以下四点:

第一,司马迁《史记·夏本纪》有"十年,帝禹东巡狩,至于会稽而崩"之说。《史记·越王句践世家》记:"越王句践,其先禹之苗裔,而夏后帝少康之庶子也。封于会稽,以奉守禹之祀。"《史记·秦始皇本纪》载:"(秦始皇)上会稽,祭大禹,望于南海,而立石刻颂秦德。"足见大禹之影响力。

第二,绍兴会稽山下有著名的大禹陵、庙、祠,总体规模为全国之最,为世所公认。

第三,这里流传着许多关于大禹治水的传说和与之相关的地名,禹得天书于宛委山、禹毕功于了溪之说流传广泛,即李绅《龙宫寺碑》所谓"禹疏凿了溪,人方宅土"。

第四,大禹治水的传说在绍兴产生了广泛深远的影响,尤其是从精神上影响着绍兴历代治水功臣,他们崇尚和实践"献身、负责、开拓"的大禹精神,缵禹之绪,弘扬光大,取得了伟大的治水成就。陈桥驿评价说:"宁绍平原这个地区,既是这个传说的发源地,也是这个传说的受惠者。因为卷转虫海侵以后,这一大片沮洳泥泞的沼泽地,确确实实是用禹治水的方法,即疏导的方法,把它整治成为一片富庶的鱼米之乡的。"[1]

"禹陵风雨思王会,越国山川出霸才。"[2]大禹的精神,激励和影响着绍兴历代名士精忠报国,为国奉献。

综上,大禹在越治水之说有着悠远的自然环境变迁因素和深厚的历史渊源。

---

[1]陈桥驿《关于禹的传说及历来的争论》,《浙江学刊》1995年第4期。
[2]〔明〕陈子龙《钱塘东望有感》。

第二节　大禹陵、庙

《越绝书》记载大禹曾两次来越巡狩，因病去世，并葬于会稽山。在绍兴，大禹治水的传说可谓源远流长，千百年来，人们崇敬其治水精神，缅怀其功德，祭祀经久不断，而历经无数春秋依旧金碧辉煌、雄伟壮观的大禹陵、庙正是这一历史凝成的丰碑。

一、大禹陵

大禹陵在绍兴城稽山门外东南3千米处，会稽山麓、鉴湖南畔，是一处合陵、庙、祠于一体的古建筑群，高低错落，各抱形势，展示了我国传统的建筑美。

《汉书·地理志》卷二十八上载："会稽山在南，上有禹冢、禹井，扬州山。"汉代大禹陵在会稽山的记载是十分明确的。据《墨子》"禹葬会稽，衣裘三领，桐棺三寸"和《越绝书》卷八大禹陵"穿圹七尺，上无漏泄，下无即水，坛高三尺，土阶三等，廷袤一亩"之说，大禹似为薄棺深葬，葬礼简朴。由于年代久远，陵基确址已无从稽考。至明代，于山之西麓，原禹祠之上，兴建大禹陵碑亭，以志永久。大禹陵坐东朝西，面临禹池，有山丘分列左右，会稽主峰环绕其后。入口处有牌坊，内辟百尺青石通道，尽头处为大禹陵碑亭，亭中碑高丈余，有"大禹陵"三字，端庄凝重，气势宏大，每字一米见方，系明嘉靖年间绍兴知府南大吉所书。

二、大禹庙

大禹陵的北侧便是蔚为壮观的禹王庙，相传最早为启所建。《越绝书》卷八载："故禹宗庙在小城南门外，大城内，禹稷在庙西，今南里。"《水经注·浙江水》记载会稽山"山上有禹冢，昔大禹即位十年东巡狩，崩于会稽，因而葬之"。又《史记正义》引孔文详云："宋（指南朝刘宋）末，会稽修禹庙，于庙庭山土中得五等圭璧百余枚，形与《周礼》同，皆短小。此即禹会诸侯于会稽，执以礼山神而埋之。其璧今犹在也。"《十四道蕃志》也有"（南朝）宋孝武（454—464）使任延修禹庙，土中得白璧三十余枚，明知万国所执。梁初治庙，穿得碎珪及璧百余片"的记载。均证明禹庙年代之久远，以及历代祭祀留下的遗物之丰富。禹王庙建成以来屡有兴废，现存禹王庙，基本保留了明代的建筑规模和清代早期的建筑风格。

正殿正中央耸立着大禹塑像，高5.85米，衮袍冕旒，执圭而立，神态端庄，令人肃然起敬。这一艺术形象，是后人对大禹功德的极高赞誉。

塑像之后壁所绘的九把斧钺，象征着大禹疏凿九州、劈山开河的艰难困苦和治水伟绩。

殿前有御碑亭,碑文系清乾隆祭禹诗句。左右两侧分别竖有两块碑文,右侧为《会稽大禹庙碑》,系民国二十三年(1934)中国水利工程学会会长李协所撰。左侧是《重建绍兴大禹陵庙碑》,为民国二十二年(1933)著名学者章太炎所撰。再过东庑房便为碑房,陈列着数十块明清两代帝王和官员在此祭祀大禹的碑文。

殿东小丘之上,有"窆石亭",内置一秤锤形窆石,高2米,顶端有一碗口大小的洞。其或谓下葬工具,或称葬后之镇石,亦有称陵墓所在之标志,石上有许多刻字,其中有的据鉴定为汉时所刻,足见其年代之久远。

三、大禹祠

大禹陵的南侧数十米处有一片古朴典雅的平房,为禹祠。据传始立于少康时。建祠3000余年来,屡废屡建。今禹祠重建于1986年。祠分前后二进。第一进右面为大禹三过家门而不入的砖刻图,左边为砖刻大禹纪功图;第二进中央为禹塑像,此为禹治水时辛劳朴实的形象。塑像高约2米,头戴笠帽,脚着草履,手拿石铲,目光炯炯,有开天辟地、重振山河的英雄气概,却又是一位普通劳动者的形象。

禹祠左前侧有禹井,相传大禹治水时在此居住,凿井取水,后人饮水思源,称之为"禹井"。

四、祭祀

祭禹之典,传说发端于夏王启。《吴越春秋·越王无余外传》:"禹崩……启遂即天子之位,治国于夏。遵禹贡之美,悉九州之土以种五谷,累岁不绝。启使使以岁时春秋而祭禹于越,立宗庙于南山之上。"之后,"禹以下六世而得帝少康。少康恐禹祭之绝祀,乃封其庶子于越,号曰无余。""无余质朴,不设宫室之饰,从民所居。春秋祠禹墓于会稽。"无余之后,王位传了十多代,禹王的祭祀又中断过,直到无壬承接越国王族的统绪,又恢复对禹王墓的祭祀。按《吴越春秋》的记载,祭禹开始较简单,这或与禹的勤俭生活和简朴葬礼有很大关联。祭禹之典不仅历史悠久,而且有多种形式:或宗室族祭,或皇帝御祭,或遣使特祭,或在秋例祭。

(一)皇帝御祭

据《史记·秦始皇本纪》记载,公元前210年秦始皇"浮江下,观籍柯,渡海渚。过丹阳,至钱唐。临浙江,水波恶,乃西百二十里从狭中渡。上会稽,祭大禹,望于南海,而立石刻颂秦德"。此为历史上第一次由皇帝亲临会稽祭大禹,也是秦始皇唯一一次到先代帝王陵寝亲祭(他去湖南祭舜是望祀),可见大禹在秦始皇的心目中地位崇高。此举也开创了国家大禹祭典的最高礼仪。这也说明当时祭禹中心就在会稽。

秦二世胡亥即位后,也到会稽礼祀大禹。

《史记·封禅书》云:"二世元年(前209)春,东巡碣石,并海南,历泰山,至会稽,皆礼祠之,而刻勒始皇所立石书旁,以章始皇之功德。"胡亥此行与其父皇出游一样,也由丞相李斯随从。他为了"以章始皇之功德"而提升自己的威望,故凡其父皇所礼祠之处"皆礼祠之"。《汉书·郊祀志》的记载与上引《史记·封禅书》相同。秦二世是亲祭大禹的第二位皇帝。

康熙二十八年(1689),康熙第二次南巡,二月十四日祭大禹陵,是继秦二世之后又一次皇帝亲祭。康熙题禹庙匾"地平天成",又题禹庙联"江淮河汉思明德,精一危微见道心"。又写下《谒大禹庙》诗:

> 古庙青山下,登临晓霭中。梅梁存旧迹,金简纪神功。
>
> 九载随刊力,千年统绪崇。兹来荐蘩藻,瞻对率群工。

乾隆十六年(1751)三月初八,乾隆祭大禹陵。题禹庙"成功永赖"匾,题禹庙联:"绩奠九州垂万世,统承二帝首三王。"又写《谒大禹庙恭依皇祖元韵》诗:

> 展谒来巡际,凭依对越中。传心真贯道,底绩莫衡功。
>
> 勤俭鸿称永,仪型圣度崇。深惟作民牧,益凛亮天工。

(二)皇帝遣使祭

皇帝遣使祭分两类,一类称特遣专官告祭,简称告祭。明、清两朝皇帝即位特遣专官告祭,清代又规定国有大事亦特遣专官告祭。另一类称遣使致祭,简称致祭。致祭又分传制祭、随即祭,一般是皇帝派专任使臣送香帛、祝文到绍兴府,明代由绍兴府知府担任主祭;清代或由杭州(或乍浦)副都统(正二品,相当于中将级武官)担任主祭。清代,遣官致祭达44次之多[①]。洪武四年(1371)有转官告祭文,是为朱元璋统一天下后对先祖大禹的祭祀和献礼。

(三)地方公祭

据《旧唐书》记载,唐代有"三年一祭,以仲春之月。牲皆用太牢,祀官以当界州长官,有故,遣上佐行事"之制。自宋至清,历朝规定岁时春秋祀禹以太牢,祀官为本州(府)长官。

(四)民祭

民祭起源甚早,《吴越春秋·越王无余外传》中的"众民悦喜,皆助奉禹祭,四时致贡,因共封立,以承越君之后,复夏王之祭"便是民祭的形式。绍兴民间的农历三月初五为大统节序之一。《嘉泰会稽志》卷十三:"三月五日俗传禹生之日,禹庙游人最盛,无贫富贵贱,倾城俱出。士民皆乘画舫,丹垩鲜明,酒樽食具甚盛。宾主列坐,

---

① 沈建中《大禹陵志》,研究出版社,2005年。

前设歌舞。小民犹相矜尚，虽非富饶，亦终岁储蓄以为下湖之行。春欲尽，数日游者益众。千秋观前，一曲亭亦竞渡不减西园。"届时，自禹庙山门外至南镇殿前近三华里处，路旁帐篷接踵，万商云集，游人不息，社戏连台，空巷观望。民谣云："桃花红、菜花黄，会稽山下笼春光，好在农事不匆忙，尽有功夫可欣赏。嬉禹庙，逛南镇，会市热闹，万人又空巷。"[1]。

（五）族祭

族祭为大禹后代专祭，如姒、夏、鲍、余、娄等姓氏的祭祀，以及守陵村之祭。

禹陵村（或称庙下村）姒姓人都尊大禹为始祖，禹庙也是姒姓全族（包括所有分支）的祖庙，无论是留居禹陵或是迁居他地，每年都举族到禹庙祭禹，禹祀不绝。禹陵村姒姓村民每年族祭大禹两次。第一次在农历元旦；第二次族祭，在大禹生日的农历六月初六，祭仪与元旦时相仿，只是以鼓乐代替鸣铳。陵庙有 20 亩祭田，祭田收益作祭费，祭仪、祭品的规格，均有严格规定[2]。

（六）当代国家祭祀

1995 年 4 月 20 日，在绍兴大禹陵隆重举行"浙江省暨绍兴市各界公祭禹陵大典"，全国政协副主席钱正英、孙孚凌和中央有关部委、省、市领导，学者和海内外包括大禹后裔在内的各界代表千余人致祭。是年以后，祭禹成为绍兴市一个常设节会，采取公祭与民祭相结合的方式，每年举行祭祀活动。

2006 年 5 月，"大禹祭典"入选第一批国家级非物质文化遗产名录。

2007 年 4 月 20 日，文化部与浙江省政府共同主办公祭大禹陵典礼，"大禹祭典"成为中华人民共和国成立后的国家级祭祀活动。

（七）其他

工程师节及大禹纪念歌。民国三十六年（1947），中国工程师学会决议以农历六月初六大禹诞辰日为中国工程师节。又于当年公开向全国征求大禹纪念歌词、歌曲，共得应征作品 96 件，阮璞作词、俞鹏作曲的《大禹纪念歌》获得第一名。

第三节　文化传承

一、治水精神

大禹是我国远古时代治水英雄的杰出代表，是中华民族立国之祖的象征，在越地，大禹治水传说可谓源远流长。清乾隆帝称赞："绩奠九州垂万世，统承二帝首三

---

[1] 绍兴市文联编《绍兴百俗图赞》，百花文艺出版社，1997 年，第 265 页。
[2] 沈建中著《大禹陵志》，研究出版社，2005 年，第 102 页。

王。"大禹治水的核心思想是天人合一,核心价值是国家和民族的利益高于一切,核心精神是"献身、求实、创新"。绍兴今天能成为美丽富饶的鱼米之乡,依靠的是"缵禹之绪",代代不息兴修水利,实现天人和谐。康熙《会稽县志·总论》中称:"越多贤郡守,皆加意于水利,而著绩乎水利焉。"其中历史上被绍兴人民称为"三公"的马臻、汤绍恩、俞卿更是大禹精神实践的典范。

宋代著名文人王十朋《马太守庙》诗云:

> 会稽疏凿自东都,太守功从禹后无。
>
> 能使越人怀旧德,至今庙食贺家湖。

记述了马臻筑鉴湖与大禹的承继关系、鉴湖的效益及人们对马臻的纪念。

明代著名文人徐渭在汤太守祠有题联,上下联分别写汤绍恩建造三江闸和萧良干修缮三江闸的功绩,并给予了高度的赞誉:

> 凿山振河海,千年遗泽在三江,缵禹之绪;
>
> 练石补星辰,两月新功当万历,于汤有光。[①]

此亦可为绍兴人对历代贤牧良守传承大禹治水精神,取得辉煌业绩的高度概括和由衷赞颂。

郦学泰斗陈桥驿有《大越治水》诗曰:

> 神禹原来出此方,洪海茫茫化息壤。
>
> 应是人定胜天力,稽山青青鉴水长。[②]

揭示了远古绍兴的历史地理环境、大禹产生的时代背景、改造自然的思想,以及绍兴成为鱼米之乡的原因。

明陈子龙《钱塘东望有感》诗云:"禹陵风雨思王会,越国山川出霸才。"大禹治水是为了国家和民众的利益奉献的崇高事业。越民为大禹治水及大禹陵在会稽感到自豪。明末志士、清末辛亥英杰都留存着禹文化的历史基因。此外,越地普遍流传着大禹娶涂山女的传说,也就在绍兴的曹娥江产生了曹娥孝感天地的故事。

二、会稽大禹庙碑

在绍兴大禹陵气势雄伟的正殿两侧,分别竖有两块石碑,其右侧为会稽大禹庙碑,碑文系民国二十三年(1934)中国水利工程学会会长李仪祉所撰。李仪祉(1882—1938),名协,字宜之,后以仪祉出名,陕西蒲城人,是民国年间水利工程界的主要代

---

① 程鸣九纂辑《三江闸务全书·上卷》,载冯建荣主编《绍兴水利文献丛集》,广陵书社,2014,第65页。

② 邱志荣《鉴水流长·后记》,新华出版社,2002年,第406页。

表人物,中国水利工程学会的创始人和首届会长。大禹陵中有众多著名碑文,多颂扬之词、传承之语,而会稽大禹庙碑以现代科学的思想和求实的态度来评说大禹和大禹陵。碑文共496字,其要旨如下:

(一)要以科学精神研究大禹

碑文曰:"禹何人?斯崇之者以为神,否其为神者则并否有其人,研经者之不以科学之道,而好奇之士喜为诙诡之说以求立异,均非可以为训也。"大禹是中华民族精神上的第一个朝代的开国君王,关于大禹的记载反映了中华民族悠久的历史文化,象征着民族的团结和凝聚力,表现了改造自然的科学治水精神,塑造了执政者无私为民奉献的形象。大禹时代距今已有4000多年,由于年代久远,难有确凿的史实记载,真正有价值的应是大禹的形象和精神。正如碑文中称"夫禹之德行,孔氏、墨氏言之至矣;禹之功业,孟轲、史迁述之详矣,后起之人虽欲赞一辞而不得"。司马迁是我国西汉时期伟大的史学家,他的敬业精神和著述成就在当时是空前的,他所能看到的关于大禹的记述,听到的关于禹的传说也是后来者无可比拟的。据此,后来者要超过司马迁对大禹的研究和记述,除非有重大的考古发现和科学测定,这又谈何容易。但后来者出于不同的需要,有的把大禹当成了神,有的把大禹当作国家统一的象征,无充分依据的考证和发现,便著书立说。虽有众多考古之作、离奇传说,但皆缺少科学根据,难以定论,更有的与大禹精神背道而驰。碑文又指出:"至禹崩何所,禹穴何在,论者纷然,窃皆以为无关宏旨。"李仪祉的观点,至今对大禹研究仍有指导意义。大禹代表整个中华民族开创者的形象和精神,从枝叶末节上去争论一些问题,反而失去了意义,甚至成为无稽之谈。

(二)会稽大禹陵、庙有着独特的地位

李仪祉认为:"盖九州之中,禹之迹无弗在也,禹之庙亦无弗有也。而论山川之灵秀,殿宇之宏壮,则当以会稽为最。"李仪祉为现代水利专家,对古代水利史研究之深,对当代水利了解之广,常人难及。他的足迹遍布全国各地,所见之禹迹、禹庙,为数众多,而论"灵秀""宏壮",他认为会稽应排在中华大地之首位,鉴于此,他已确定会稽禹庙为天下第一大禹陵庙。又认为:"且禹大合诸侯于斯,其一生事功,至是可谓大成,则即以斯地为禹穴所在,又何不可?"此说一是肯定了会稽为大禹治水毕功之地;二是对全国多处所称的禹穴及其真实性持怀疑的态度,同时又认为将绍兴大禹陵称为禹穴未尝不可。以上肯定了绍兴大禹陵、庙独特的历史和地理地位。

(三)大禹伟大品格和精神非一朝一夕形成

碑文所传达的,一是历史上不朽之治水业绩是人民创造的,碑中指出:"思天下大业非一二人所可为力,必众擎乃易举。"二是领袖在其中起着关键性的领导作用。"而此所谓众者,必有一致之目的,一贯之精神,群策群力,用于一涂,乃可有济。唯目的趋于一致尚易,而精神统于一贯实难。必有一极高尚之人格,其德业可以为全国万世之所共同崇仰而不渝者以为师表,始可以合千万人而一之。"三是大禹已成为中华民族伟大品格和精神的象征。"吾华民族每一行业,必有其所祀之神,尚在乎斯。矧天下大业,容有逾于平成者乎?亘古人格,容有过于大禹者乎?"此决非短期可成,而是民族文化精神的集聚。

(四)万众一心,缵禹之绪,才能拯救中国

此碑写于中华民国二十三年(1934),时当苏浙大旱,黄河大水。李仪祉先生率领他的水利同仁怀着忧国救民之心、防灾减灾之意来到绍兴大禹陵,目的是为统一思想、弘扬精神,拯救国难、振兴中华。"方今水政废弛,旱潦频仍,民困财竭,国将不国。"水利和国之强弱密切关联,水利兴则国家强,水利废则国家弱,要救中国,改造自然和社会,必须万众一心,发扬伟大的大禹精神。如碑文所言:"拯民救国,厥惟继禹而兴者有其人,禹功非一二人所可即,则在吾众众俱以禹为宗,则千万人者一人也,四千年者旦暮也。朝夕而尸祝,为奉其旨、师其意,本其精神以治事,为旱潦容有不息者乎!"透过这篇碑文,我们也可看到李仪祉先生治水思想"既包容了现代水利的科学内核,也闪烁着我国传统治水思想的智慧,超越了他所在的时代"[①],也超越了水利本身。

第四节　禹迹图

一、禹迹和禹迹图

所谓禹迹,是根据史料中有关大禹治水及其他活动足迹传说的记载,留存至今的有关大禹的自然、历史物质遗存。

禹迹图是标绘禹迹分布、分类及说明的地图。

二、《绍兴禹迹图》

《绍兴禹迹图》由中共绍兴市委宣传部和绍兴市鉴湖研究会联合编制。由"前言""图""表""照片"组成。主要内容是以大禹治水为主体的历史文献记载、重要传说故事、现存纪念建筑、地名等,共有禹迹127处。其中陵、庙、祠类21处;地名类22处;山、湖自然实体类25处;碑刻、摩崖、雕塑类59处等。这些禹迹主要分布于近代绍兴行政区域,其中萧山、余姚各2处。本图还收录有代表性的照片14张。2018年4月16日《绍兴禹迹图》在绍兴举行的"2018年公祭大禹陵典礼"新闻发布

---

① 周魁一《李仪祉的治水思想及启示》,《水利的历史阅读》,中国水利水电出版社,2008年,第639页。

会上发布。

三、《浙江禹迹图》

浙江是中国传说中禹迹留存最多的地方之一,《浙江禹迹图》是中国第一张以省为单元绘制的大禹文化遗产分布图。

《浙江禹迹图》包括浙江 11 个地级市的禹迹。《浙江禹迹图》还包括历史文献、实地调查资料、研究论文等成果,是大禹文化、地方历史的重要资料。本图共记有禹迹 209 处,其中有自然类 46 处,祭祀建筑类 119 处,人工建筑 12 处,歌舞类 2 处,地名类 30 处。《浙江禹迹图》还收入了与大禹活动相关的遗迹,其中防风氏遗址 4 处,越地舜迹 37 处,"浙江大禹同时代新石器文化遗址" 30 处。中国文史出版社 2019 年 3 月出版发行。

四、《绍兴禹迹标识导读》

在《浙江禹迹图》编制之后,绍兴在大禹文化保护、传承、利用方面再一次创新和示范,促进绍兴禹迹图的活态延伸。《绍兴禹迹标识导读》由绍兴市文化广电旅游局、绍兴市鉴湖研究会编,何俊杰、邱志荣、张卫东主编,中国文史出版社 2021 年 11 月出版。

"绍兴禹迹分布导读"从"地理位置""简介""图""照片""附录"等方面全面介绍绍兴市范围内 64 个禹迹点,特点是取源于民间土壤,又还原于社会大众。

"大禹志题史料选编"分"历史文献""近现代研究""大禹相关的碑铭研究""绍兴尧舜遗迹新考"" '绍兴禹迹标识设计' 专家评审意见",是对大禹文化多学科、跨区域的最新探索研究成果。

文旅融合。设置二维码,扫描进入后可了解绍兴禹迹大全,全程导览。

五、《中国禹迹图》

2021 年 4 月,绍兴市文化广电旅游局委托绍兴市鉴湖研究会开展《中国禹迹图》编制。之后,全国各地水利、文物、文史、测绘等学科的 35 位专家及同仁依据《禹迹图编制导则》规范,汇集研究成果,开展了《中国禹迹图》(2022 年版)编制工作;22 位水利、文物、文史、测绘等领域的专家学者对本图进行指导帮助。

2022 年 4 月 19 日,《中国禹迹图》由绍兴市文化广电旅游局主持在绍兴图书馆正式发布。本图审图号为:GS 浙(2022)1 号。

除了不可移动的自然、历史物质遗存,本图收录的"禹迹",还包括少量可移动文物和非物质文化遗产等。

本次禹迹图编制的重点为列入全国重点文物保护单位和省级文物保护单位的相关禹迹，历史文献中关于禹迹记载的印证遗存；选取数量上，考虑了各省份之间的平衡等。

资料来源主要为文献查阅、现场考证、委托调查。本图由正图、说明、表格、照片、资料汇编等五部分组成。共精选全国26个省、自治区、直辖市323个禹迹点，分属11个流域，其中：全国重点文物保护单位31处，省级文物保护单位27处，市县级文物保护单位11处；计不可移动遗产308处，可移动文物13件，涉及非物质文化遗产2项。本图图例标注14类，基本按《中国文物地图集》《浙江禹迹图》确定。这是我国第一张上溯至夏朝，以大禹文化记载、传播、考证与发展的视角绘制的禹迹历史地图。

六、东亚禹文化传播

通过海上丝绸之路，大禹文化在日本、韩国、朝鲜等东亚地区广泛传播，影响深远。

（一）日本

大禹文化约在公元5世纪通过《论语》等儒家经典流传到了日本，并深深扎根、发扬光大。在伟大的大禹精神感召之下，在1500年前，日本皇室效仿大禹，治理洪水，成就卓著。因此，皇室传承了大禹文化，并以大禹为治国和道德楷模。

1.《大禹戒酒防微图》

日本京都宫殿的《大禹戒酒防微图》，便是以大禹的形象和精神来警示当政者要勤政爱民，防微杜渐，不沉迷酒色。

2."平成"年号

日本自1989年启用的"平成"年号，取自《尚书·大禹谟》中的"地平天成"和《史记·五帝本纪》中的"内平外成"。

3.《日本禹王遗迹分布图2019》

日本之地自然灾害多发的环境，也是大禹文化广泛传播的一个背景。大禹作为治水神，既是治水精神的象征，也是日本民众不断学习和探索治水技术的强大动力。据2017年统计，日本有禹迹132处。并且日本崇拜大禹，祭祀大禹成为习俗。据研究成果统计，截至2019年3月，日本共有142处大禹文化遗迹被发现，遍布全日本。

（二）朝鲜半岛

朝鲜半岛和大禹有关的地名有8处，其中5处是自然地名。禹姓的发祥地（本贯地）有7处。集中在咸兴附近和南部的罗东江流域。

在韩国江原道六香山有禹王碑，这是1662年许穆从中国原碑的文字拷贝过来的，被称为"大韩平水土赞碑"；韩国还有较多"禹"姓及祭祀传承。

第三章　山居水行　水利兴越

必先省赋敛，劝农桑；饥馑在问，或水或塘，因熟积以备四方。

——《越绝书》卷四

《越绝书》卷七载越王句践对子贡称越地为"僻陋之邦，蛮夷之民"。《越绝书》卷四记载："西则迫江，东则薄海，水属苍天，下不知所止。交错相过，波涛浚流，沉而复起，因复相还。浩浩之水，朝夕既有时，动作若惊骇，声音若雷霆，波涛援而起，船失不能救，未知命之所维。念楼船之苦，涕泣不可止。"越王句践面对这样的水利形势，忧虑不安，食不甘味，常思改造之计，多议治水之事。为振兴越国，发展生产，改造水环境，他接受了大夫计倪的建议，以范蠡为主实施兴建了一批水利工程。《越绝书》较详细地列记了公元前493年至公元前473年越国治水工程，主要有吴塘、苦竹塘、富中大塘、练塘、古水道和山阴小城、大城等。按工程类型可分为堤塘、河渠和防洪城墙三大类；按地形划分又分为山麓水利、平原水利和沿海水利三部分；形成了与"山—原—海"台阶式地形相适应的春秋越国水利[①]。

第一节　山原海各类工程

一、山麓水利

（一）南池

《嘉泰会稽志》记载："南池在县东南二十六里会稽山，池有上下二所。旧经云：范蠡养鱼于此。又云：句践栖会稽，谓范蠡曰：'孤在高山上，不享鱼肉之味久矣。'蠡曰：'臣闻水居不乏干熇之物，陆居不绝深涧之宝。'会稽山有鱼池，于是修之。三年致鱼三万。"南池亦称"牧鱼池"或"目鱼池"。建成年代应在句践返国后（前490）不久。

出绍兴城南门，过九里、官山岙、下施家桥，有南池乡的南溪，发源于秦望山。《水

---

① 陈鹏儿、沈寿刚、邱志荣《春秋绍兴水利初探》，载盛鸿郎主编《鉴湖与绍兴水利》，中国书店，1991年。

经注·浙江水》记载："又有秦望山，在州城正南，为众峰之杰，陟境便见。"又云："秦始皇登之，以望南海。自平地以取山顶七里，悬嶝孤危，径路险绝。"

沿溪边卵石路而上，至秦望村，有大堤东西横亘于大笠帽山和童子山山麓。据称此坝俗名塘城岗，相传塘上游曾是一个湖。新中国成立后在塘北侧建一砖瓦厂，挖泥时塘中还残留有木桩基及树干、芦竹等。

据考证，古塘全长约220米，比附近田面高16.3米（田面黄海高程为20米），底宽为106米，面宽65米。塘东已有一大缺口，长约56米，溪水流贯其中。坝体由当地红黏土填筑而成，局部夹杂其他土质，北侧多为粉砂土，可能是随涌潮自然堆积而成。据地形图测量，南池溪控制集雨面积15.87平方千米，塘内以35米等高线计，面积为0.53平方千米。塘坝高为16.3米，估算库容约为300万立方米[1]。

据此推断：其一，该塘的地理位置及有关兴建年代，与《嘉泰会稽志》中关于南池的记载相符；其二，塘坝系人工挑筑无疑，基本可确定为南池坝址；其三，该塘地处山麓冲积扇地带，其下已是山会平原。塘东坝头东南约50米处的山岙可作为天然溢洪口。在我国水利史上，南池应是最早的水库工程之一，其主要作用为蓄淡及养鱼，建成年代或在范蠡之前。

（二）坡塘

嘉庆《山阴县志》记载："朱华山在府城南二十里，郡城龙脉祖鹅鼻而宗朱华，朱华之脉北委于陈家岭、茅阳、方前以及张家山、应家山，又起琶亭诸山，迢递入城。"

朱华山海拔351米，由朱华山发源的"三江四渎之流"以下，原绍兴县坡塘乡盛塘村沿山而踞。当年范蠡养鱼有池两处，"上池宜于君王，下池宜于臣民"，"上池"即在此地。

据考证[2]：在村北侧，桃象山的山麓，村民称一距山脚约20米的平坦山坡，古代曾建有一座望潮亭，每至潮水由北面海上滚滚而来，可由亭中观望。潮汐穿过方圆几十里的山会平原到会稽山北麓，这种情形在鉴湖兴建以前才可能出现，其时山会平原应是沼泽连绵，人们多山居。在横亘于村中的解南公路处，曾有一条高出路面6—7米的土坝，相传为坡塘遗址。当地人称坝为掘断坝，系黏土填筑而成，由于现代建公路及附近砖瓦厂用土，堤坝已被夷平。有村民曾在砖瓦厂取土时，见到塘坝中有木桩、树枝等物。坡塘溪集雨面积5.51平方千米，在经东西的庙山和大窑山之间有一条长约250米、高10米左右的大坝，其内形成一个水面约0.24平方千米，蓄水量约为80万立方米的蓄水库。范蠡的另一养鱼池南池水面约0.53平方千米，相比之

---

① 盛鸿郎、邱志荣《南池》，《中国水利报》，1992年7月4日。

② 盛鸿郎、邱志荣《坡塘》，《中国水利报》，1992年10月7日。

下坡塘又显得较小。但这竟和"上池宜于君王，下池宜于臣民"在规模上较相符合。

坡塘与南池面积加在一起约为1155亩。"三年致鱼三万"，南池与坡塘两大鱼塘，开我国水库养鱼之先河，其养殖经验在范蠡的《养鱼经》中有所反映。

二、平原水利

（一）山阴故水道

1.地理位置

《越绝书》卷八记载："山阴古故陆道，出东郭，随直渎阳春亭。山阴故水道，出东郭，从郡阳春亭。去县五十里。"《越绝书》卷八"地传"是越国山川地理、政治、宗教活动、生产区域、水利工程、交通航运等的集中记述篇。

这里需要指出的是，"山阴古故陆道""山阴故水道"和《越绝书》卷二中"吴古故陆道""吴古故水道"一样是专条记载的，因之，山阴水陆故道同吴水陆故道类同，应分别是两国当时主要的水路和陆路。

山阴故水道"出东郭，从郡阳春亭"，"东郭"和"阳春亭"均在今绍兴城东的萧绍运河边。"去县五十里"和《越绝书》卷八中记载的绍兴东部的练塘位置相同："练塘者，句践时采锡山为炭，称'炭聚'，载从炭渎至练塘，各因事名之，去县五十里。"练塘的地名今尚在，称炼塘，位于今上虞东关街道之西，在距今萧绍运河200米处。从绍兴城东至炼塘村，按古代里程算，约为五十里。练塘为句践冶炼之处，"旧经云：越王铸剑之处"。据考证，炼塘之西北面为称"稷山"等的一片紧邻的小山丘，东北面则有前高田头村、后高田头村。"村处小河两岸，地势较高，故名高田头。"[1]由此可见练塘一带为平原内地势较高、受潮汐影响较小之地，练塘之塘应为早期之堤塘及沿海码头，外阻潮汐，内为冶炼基地，又沟通了山阴故水道，为水上交通便捷之地。《越绝书》卷八所记的山阴故水道正是在绍兴城东郭，至阳春亭东向直达练塘的。

2.建成年代

笔者认为山阴水道建成年代应早于越王句践时代。这里不但可以《越绝书》"山阴古故陆道"句中的"古"字证之，又可用故水道所处的地理位置和作用佐证。

前文已经提到卷转虫海退是渐进的，而海退后山会平原成为一片海潮直薄之地。同时越族居民向平原开发和发展也是一个渐进的过程。这里就必须注意到以下问题：

一是在这一片海潮直薄之地之中，即《越绝书》卷四所谓"西则迫江，东则薄海，水属苍天，下不知所止。交错相过，波涛浚流，沉而复起，因复相还。浩浩之水，朝夕既有时，动作若惊骇，声音若雷霆。波涛援而起，船失不能救，未知命之所维"的环境

---

① 浙江省上虞县地名委员会编《上虞县地名志》，1984年，第172页。

中，要开发生产和保障生活安全，必须筑塘实行御潮蓄淡。《越绝书》卷八中对此类塘的记载为数不少，如富中大塘、苦竹城、练塘、吴塘等。

二是自海退至越王句践时期，越部族如《越绝书》卷四所载"以船为车、以楫为马"，在平原内必然会有众多河道可行舟，舟楫是越族主要交通工具。

三是句践到山会平原建城，不可能在无交通基础条件的区域内形成一个政治、经济、文化中心。其实，关于绍兴河道如何形成，明代王士性有很好的解释："日久非一时，人众非一力。"① 反映了古代绍兴河道形成和变迁的客观规律。

最早开挖山阴故水道并非仅是为航运，应主要是为了挡潮和发展塘以南的生产基地。因为处在海潮直薄的沼泽之地和感潮河段上，只有建塘才能改变自然生态环境，御咸蓄淡，开展农业生产灌溉。在开挖河道时，以其泥土石块在紧邻的河岸上筑起故陆道，形成了一河一路的格局。随着环境的改善，生产基地不断向北部平原拓展，故水道和故陆道的交通航运地位便随之不断上升。而到越王句践时，随着迁都平原及东部地区发展经济、政治和军事的需要，必定会对并存的此水、陆两要道进行集中统一整治建设，使其成为越国东部主要的交通通道。

3.主要作用

（1）促进越国水上交通网络的形成

山阴故水道在句践之前便已建成，至句践时又被进一步疏凿和整治，和古陆道一起成为越国主要的水陆交通主干道，沟通了纵横交错的越国水上交通网络。

山阴城内河道：

山阴故水道沟通了山阴城内的河道，主要作用有二：一为水上航运，二为向城内提供淡水资源，调节水位。

若耶溪河道：

若耶溪发源于今绍兴市柯桥区平水镇上峋岙村龙头岗，北至城区稽山门，全长26.55千米，集雨面积152.42平方千米，多年平均来水量7804万立方米②，是山会平原南部山区北向最大的河流，为"三十六源"之首。若耶溪支流众多，来水丰沛，交注汇合，至龙舌嘴分为东西两江，东江过今绍兴大禹陵东侧进入平原河网，西江沿今绍兴城环城东河进入山会平原，流注泗汇头、外官塘至三江口入海，可谓山会平原南北向的中心河。

若耶溪不仅在山会平原地理位置上十分重要，并且在越民族的发展史上也有着极为重要的地位，被称为越民族的母亲河。从越王无余之旧都，到越王句践迁都至平

①〔明〕王士性《广志绎》，中华书局，1981年，第71页。

②《悠悠若耶溪》，邱志荣《鉴水流长》，新华出版社，2002年，第118页。

阳,又迁都至城址至今未变的山阴小城和大城,越国都城均在若耶溪周边,越族政治中心可谓一直以若耶溪为中轴线发展。

　　关于若耶溪在越王句践时便是山会平原的重要南北向航道的记载在《越绝书》卷八中也得到佐证,即"美人宫,周五百九十步,陆门二、水门一,今北坛利里丘土城,句践所习教美女西施、郑旦宫台也。女出于苎萝山,欲献于吴,自谓东垂僻陋,恐女朴鄙,故近大道居。去县五里"。美人宫所在土城,又称西施山。康熙《会稽县志·山川志》:"越王作土城以贮西施,故亦名西施山。今五云门外,皆曰土城村、西施里。"位置在若耶溪下游东侧,五云门外。后人多有记述之文,其遗址今尚可寻。

　　若耶溪古水道早已存在,"西子采莲"便发生在若耶溪的河道上。唐李白有《子夜吴歌·夏歌》记其热闹场景:

　　　　　　镜湖三百里,菡萏发荷花。

　　　　　　五月西施采,人看隘若耶。

　　　　　　回舟不待月,归去越王家。

　　山阴故水道在东郭门外与若耶溪相交,连通了山会平原东西部和越族中心若耶溪的水上交通。

　　山会平原西部河道:

　　山阴故水道、故陆道均位于绍兴城东部,而《越绝书》中有关山会平原西部的记载多为越国军事基地、沿海码头等。是否山会平原西部当时尚未开发或无横亘东西的主水道?陈桥驿先生认为:"《越绝书》为先秦古籍,经东汉初人整理辑缀,增入汉事而删节越史,其所记古运河显有缺佚。山阴为秦所建县,既称'山阴故水道',则此水道必流贯山阴全境'水道'而称'故'。足证此古运河为先秦所存在。"[1]

　　春秋越国时从山阴城至西部钱塘江的水上要道究竟位于何处,可做如下解释:东汉鉴湖大部分湖堤形成时间要早于汉代,从海侵海退到句践时逐渐筑土坝形成湖堤是一个长期的过程,到东汉马臻时则进行了堤防全面的加固加高和众多涵闸设施的系统完善,基础仍是故水道和故陆道。鉴湖堤坝在绍兴城东部以山阴故水道和故陆道为基础,此已得到一致的定论,而绍兴城西部的古鉴湖堤基本与东部的古水道在同一东西向轴线上。从山会平原的地理基础、自然环境,以及越部族开发山会平原的规律,可推断当时的西部故水道应为古鉴湖西部堤线南缘过西小江至固陵一线。

　　《绍兴交通志》记载越国古道中的西北干道:"此为连接越、吴两国都城的干道。由大越城西至固陵(今萧山西兴),过钱塘江北经御儿(今桐乡)、石门、槜李(今嘉兴);

---

①陈桥驿《运河纪事·序》,邱志荣主编《浙东古运河——绍兴运河园》,西泠印社出版社,2006年,第3页。

过吴江达吴国都城姑苏（今苏州），北道中原。"[①] 其图中大越城至固陵段陆道基本与后来的唐宋古道图中的鉴湖堤线一致。

此外，越国的造船业十分发达，造船基地及所建船只较多用于军事，使用范围大都在山会平原西部及钱塘江固陵一带。因之，此地必有一主航道与固陵相通，并沟通四通八达的航线。

山阴故水道过曹娥江再东到句章港的航道：

句践灭吴后掌握了当时全国沿海5个港口中的3个，即句章、会稽、琅琊，"而主要港口还是句章"[②]，既然句章作为港口，必有从山阴往句章的内河与之相连，否则，这一港口难以发挥作用。

曹娥江以东的姚江到甬江的航道，在《汉书·地理志》中就有"渠水东入海"的记载，说明此段河道已有部分是经人工运河通海港入海的，开凿这段航道，除为当地航运，更是为了使之与过曹娥江的山阴故水道航线连通。

曹娥江的航运条件要好于钱塘江。钱塘江是著名的强涌潮河流，钱塘江河口的形态是典型的三角港口式，也就是喇叭状的河口，外口大，内口小。"距今五六千年前已具雏形，其后逐渐扩大，至明代与现今边界基本相近。"[③] 钱塘江以其壮观的涌潮闻名古今中外，《越绝书》卷四中所记述的"浩浩之水"，便指以此为主的环境。《史记·秦始皇本纪》记载了秦始皇一行由于钱塘江河口段怒潮滔天而不得不沿钱塘江北岸西行至今富阳一带，渡过钱塘江沿浦阳江至诸暨的情形。

相对于钱塘江，曹娥江属感潮河流，潮汐要小得多，水面航行也就平稳得多。《世说新语·任诞》就记载了王子猷夜航曹娥江的故事："忽忆戴安道，时戴在剡，即便夜乘小船就之，经宿方至，造门不前而返。"显然写的是从绍兴城至曹娥江水波不惊、航道顺达的状况。

（2）连通各生产、军事基地

连通东部地区各生活、生产基地：

山阴城东部地区是越国当时的政治、经济中心，也是当时句践在东部地区的主要活动地点。如《越绝书》卷八记载："句践之出入也，齐于稷山，往从田里，去从北郭门。炤龟龟山，更驾台，驰于离丘，游于美人宫，兴乐中宿，过历马丘。射于乐野之衢，走犬若耶，休谋石室，食于冰厨。"

稷山。康熙《会稽县志》卷三记载："稷山者，句践斋戒台也。""（稷山）在县东五

① 罗关洲主编《绍兴交通志》，中山大学出版社，2007年，第14页。

② 董楚平《吴越文化新探》，浙江人民出版社，1988年，第278页。

③ 钱塘江志编纂委员会编《钱塘江志》，方志出版社，1998年，第82页。

十里,称山南",位于今上虞区道墟街道。

中宿台。《吴越春秋》卷八注云:"越旧经:'中宿在会稽县东七里。'"

石室。《吴越春秋》卷五:"燕台在于石室。越旧经:'宴台在州东南十里。'"

乐野。《越绝书》卷八:"乐野者,越之弋猎处,大乐,故谓乐野。其山上石室,句践所休谋也。"乐野与石室应在同一处。

锡山。《会稽县志》卷三:"(锡山)在县东五十里宝山旁。旧经云越王采锡于此。"《越绝书》卷八:"句践时采锡山为炭,称炭聚。"锡山既是采锡基地,又是伐木烧炭之地。据康熙《会稽县志》卷三"(银山)在县东五十里"之记载,锡山应在银山的近处,在今上虞区。

称山。康熙《会稽县志》卷三记载:"称山在县东北六十里丰山西北,北环大海。《旧经》:越王称炭铸剑于此,俗呼称心山。"这里既是沿海码头,又是冶炼基地,位于今上虞区道墟街道。

铜姑渎。《越绝书》卷八:"姑中山者,越铜官之山也,越人谓之铜姑渎。长二百五十步,去县二十五里。"《越绝书》卷十一:"若耶之溪,涸而出铜。"据此,这一产铜基地应在若耶溪的上游,即今柯桥区平水镇的平水铜矿处。

赤堇山。《越绝书》卷十一:"赤堇之山,破而出锡。"康熙《会稽县志》卷三:"(赤堇山)在县东三十里,会稽山东南。"采锡基地赤堇山的地理位置应在若耶溪东,大约位于平水镇上灶村。

葛山。《越绝书》卷八记载:"葛山者,句践罢吴,种葛,使越女织治葛布,献于吴王夫差。去县七里。"葛山是越国种葛织布之所,位于今越城区的若耶溪下游。

犬山。《越绝书》卷八:"犬山者,句践罢吴,畜犬猎南山白鹿,欲得献吴,神不可得,故曰犬山。其高为犬亭。去县二十五里。"犬山为越国的畜牧之地,今称吼山,在今越城区皋埠街道境内。

鸡山。《越绝书》卷八:"鸡山、豕山者,句践以畜鸡豕,将伐吴,以食士也。鸡山在锡山南,去县五十里。"鸡山是越国的又一个畜养基地,位于今上虞区长山、长塘、樟塘的交界处。

连通山阴城以南生产基地:

南池。《嘉泰会稽志》:"南池在县东南二十六里会稽山,池有上下二所。旧经云:范蠡养鱼于此。"南池亦称"牧鱼池"或"目鱼池"。

坡塘。"坡塘"因范蠡当年养鱼得名,即:"上池宜于君王,下池宜于臣民。""上池"即指坡塘。

连接西部基地:

木客大冢。《越绝书》卷八:"木客大冢者,句践父允常冢也。初徙琅琊,使楼船卒二千八百人,伐松柏以为桴,故曰木客。去县十五里。一曰句践伐善材,文刻献于吴,故曰木客。"在今柯桥区兰亭街道里木栅村,是一个木材采伐基地,通过娄宫江,再经故水道等河道运送至各地。

越王峥。为越王句践屯兵之处。乾隆《绍兴府志》:"越王山,一名越王峥,又名栖山。……上有走马岗、伏兵路、洗马池、支更楼故址。"

官渎。《越绝书》卷八载:"官渎者,句践工官也。去县十四里。"乾隆《绍兴府志》引《嘉泰会稽志》:"(官渎)在县西北一十里。"

朱余。《越绝书》卷八:"朱余者,越盐官也,越人谓盐曰'余'。去县三十五里。"据考,在距今绍兴城北35里处的朱储村,既是盐业基地,又是故水道通向沿海区域的主要河道。

此外还有吴塘、固陵、航坞、石塘等,都是连接越国的迎送之地。

灵汜桥。灵汜桥是绍兴历史上最古老、最有文化底蕴的一座古桥,并且灵汜乃越国神秘水道,通吴国震泽,又处于越国最早园林"灵文园"之中。《水经注·渐江水》载:"城东郭外有灵汜,下水甚深,旧传下有地道,通于震泽。"

《嘉泰会稽志》卷十一:

> 灵汜桥在县东二里,石桥二,相去各十步。《舆地志》云:山阴城东有桥,名灵汜。《吴越春秋》:句践领功于灵汜。《汉书》:山阴有灵文园。此园之桥也,自前代已有之。

《嘉泰会稽志》卷十一又记载:

> 《尚书故实》:辨才灵汜桥严迁家赴斋,萧翼遂取《兰亭》,俗呼为灵桥。

萧翼以计谋从辨才处巧取《兰亭序》的故事也与此桥有关。

唐代李绅有《灵汜桥》诗:

> 灵汜桥边多感伤,分明湖派绕回塘。
> 岸花前后闻幽鸟,湖月高低怨绿杨。
> 能促岁阴惟白发,巧乘风马是春光。
> 何须化鹤归华表,却数凋零念越乡。[1]

灵汜桥是越王句践接受封赠之地,故历来文人学士、迁客骚人至此多有伤怀之作。据记载,当时越国被吴国击败,后句践入吴为奴3年,吴王夫差赦免句践回越,仅封他百里之地:东至离越国都城60里的炭渎,西至都城以西约40里的周宗,南到会稽山,北到后海(杭州湾),东西窄长的狭小之地,即《吴越春秋》卷八所载"东至炭渎,西止周宗,南造于山,北薄于海"。灵汜桥既是越王句践受封之地,也是他之后"十

---

① 丁方晓等编《全唐诗》第五册,岳麓书社,1998年,第607页。

年生聚，十年教训"之地。

经考证，可断定今绍兴五云门外"小陵桥"位置应为古灵汜桥遗址。

阳春亭。《越绝书》中记载了"阳春亭"的大致位置：其一，此亭在大城东近处；其二，地处水陆交通要道边；其三，为古越迎送之地。虽今遗址不存，然今五云门外有"伞花亭"遗存，正处于合理的位置。又亭东侧还竖立着"绍兴外运"的大门牌，到20世纪末，这里还是绍兴城东的外运基地。

美人宫。《越绝书》卷八："美人宫。周五百九十步，陆门二，水门一。"《吴越春秋·外传第九》载："乃使相工索国中，得苎萝山鬻薪之女，曰西施、郑旦，饰以罗縠，教以容步，习于土城，临于都巷，三年学服，而献于吴。"西施姓施，名夷光，一作先施，又称西子，春秋末期越国句无（今诸暨市）苎萝村人，郑旦与西施同为苎萝山中美女。王象之《舆地纪胜》："土城山在会稽县东六里。"孔晔《会稽记》："句践索美女以献吴王，得诸暨苎萝山卖薪女西施、郑旦。先教习于土城山。山边有石，云是西施浣沙石。""土城山"，又称"西施山"，是西施习步的宫台遗址，位置在今绍兴城东五云门外，原绍兴钢铁厂处。1959年在山南开挖河道，见有大量越国青铜器，以及印纹陶、黑皮陶、原始青瓷等，西施山一带也是重要的越国遗址。

灵文园。《汉书·地理志》卷二十八上载："越王句践本国，有灵文园。"《嘉泰会稽志》明确记载"灵汜桥"为"此园之桥也，自前代已有之"，位置已很明确。

通过对以上绍兴城东附近越国时的故水道、故陆道、灵文园、灵汜桥、美人宫等遗址的考证，可以认为这里是句践时越国的一个重要的水陆交通枢纽、迎送之地、后花园。再向东则是以富中大塘等为中心的生产基地。

（二）富中大塘

公元前494年，吴越交战，越国为吴国所败，越王句践夫妇在吴为质三年，回国后忍辱负重，经历了"十年生聚，十年教训"的卧薪尝胆时期。短暂的20年间风云变幻，越国由弱变强，终于一举灭吴。越国取得胜利虽有着诸多因素，但富中大塘的兴建，确实为复兴越国起到了至关重要的作用。

《越绝书》卷八："富中大塘者，句践治以为义田，为肥饶，谓之富中。去县二十里二十二步。"据考，富中大塘位于山会平原东部，大致西起今绍兴城外若耶溪东岸，至东湖绕门山向南，到东湖坝口，再沿东偏北方向到富盛江西侧的坝头山止，介于若耶溪和富盛江之间，除去山丘面积，塘内有约6万亩宽广肥沃的农田[①]。

富中大塘与紧邻的北山阴故水道是关联工程。在工程建设上，山阴故水道的开

①陈鹏儿、沈寿则、邱志荣《春秋绍兴水利初探》，载盛鸿郎主编《鉴湖与绍兴水利》，中国书店，1991年，第117页。

挖必然要在两岸堆积大量泥土,尽可能地利用这些土方建故陆道和富中大塘,就地处理土方筑堤十分便利,节约了劳力,使工程早日建成。

在防洪、排涝的保障上,富中大塘及周边主要有三条山溪来水:西为若耶溪,因若耶溪到河口的集雨面积为 136.73 平方千米,富中大塘之内无法调蓄若耶溪汛期洪水,因此,富中大塘摒若耶溪于塘之外,使若耶溪洪水不再危害这一地区;中为攒宫溪,至河口的集雨面积为 30.6 平方千米;东为富盛溪,到河口的集雨面积为 9.7 平方千米。此两江可年产径流约 2815 万立方米[①]。以上两江之水直接纳入富中大塘之内,淡水资源可谓充足。一方面,平时富中大塘塘坝在与故水道及若耶溪相隔处有闸堰存在,起到了蓄水作用,塘内水位略高于故水道水位;另一方面,每至汛期洪水来临,塘内水位高涨时,开启沿塘闸门,进行行洪排涝,使塘内不受淹。

在御咸、蓄淡、水资源调蓄上,由于故水道、故陆道的存在使北部咸水不再侵入富中大塘之内,塘内蓄起了丰富的淡水资源,山阴故水道成为富中大塘的灌溉运河。在夏秋季节干旱时,塘内水位低于故水道和若耶溪水位,水资源出现短缺,开启闸门可直接引淡水至塘内以供生活、生产之用。

在交通运输上,由于故水道和故陆道在富中大塘北缘,为塘内生活、生产提供了十分便捷的交通条件,既有陆路大道,又有水上要道,可谓当时越国交通最发达之地。

富中大塘建成以前,越部族的农业生产相当落后,其时产量低下,粮食匮乏,主要农业生产在南部山丘一带。此塘兴建后,山会平原的水利条件有了一定范围的改变,农业生产的重心开始由山丘向平原水网地带转移,这是越族自卷转虫海侵后较大规模向平原开发发展的第一步。水稻逐步成为主要农作物,良好的种植条件又使稻谷产量和质量不断提高,《吴越春秋》卷五称"三年五倍,越国炽富",甚至吴王夫差也称:"越地肥沃,其种甚嘉,可留使吾民植之。"到公元前 481 年,约 30 万人口的越部族,已经储备了能够供应 5 万精锐部队的粮食,其主要粮产区便在富中大塘。此塘的建成也为山会平原自然环境的改造和经济、文化的发展奠定了重要基础。

《文选·吴都赋》载:"富中之甿,货殖之选。"说明富中居民的家境富裕,《文选》注在引书中把《越绝书》称为《富中越绝书》,由此可见富中大塘在当时越国的地位之重要和影响之大。

当然,随着越国社会经济发展,开发能力增强,富中大塘也呈向东不断开发扩展的趋势,范围应该会到后来东鉴湖的东岸线。

东汉永和五年(140),会稽郡太守马臻在这一地区主持兴建了鉴湖,发挥效益达 600 年之久的富中大塘,遂被纳入鉴湖之中而废弃。

[①] 数据资料来源于绍兴市水文站。

三、滨海水利

（一）越国主要港口

钱塘江与浙东地区地形高低不一，河湖水位也有高低，给全线连续性的航运带来困难。对这一自然难题，古代越人采用了多种办法。一是从越国各种造船的形制看，有海船和内河船之分，以适应江河湖海不同的航运之需。二是在越国时已建立了沿海港口码头，以连接不同的江海船运，诸如《越绝书》卷八中的"固陵""石塘""防坞"等。钱塘江河口沿岸如此，在曹娥江两岸及姚江，当时也必然有类似港口码头，连接两岸航运及承接人员货物往来。

越国的主要沿海港口有：

1. 句章港

宁波三江地区见之于史书的早期城邑有三处，分别为句章、鄞、鄮。《宝庆四明志》卷一《沿革论》记载：此三地最初为越国采邑，秦时成为会稽郡属县。关于句章城始于春秋越国之说，现存史料有北魏阚骃的《十三州志》，书中关于"句章"的记载，见于《后汉书·臧洪传》章怀太子注的引文："《十三州志》云：'句践之地，南至句无，其后并吴，因大城句，章伯功以示子孙，故曰句章。'"此为句章来历，此城应为句践时建。

唐张守节《史记正义》云："句章故城在越州县鄮西一百里。"《宝庆四明志》则说："古句章县在今县（慈溪）南十五里，面江为邑，城基尚存，古老相传曰城山，旁有城山渡，西去二十五里有句余山。"这里的"城山渡"在今宁波江北区乍山乡城山村。明清以来的地方志书记载多与此一致，即句章故址城山位于余姚江南岸，东距三江口（余姚江和奉化江合流为甬江之处）22 千米，由此顺余姚江流东去，可经由三江口入甬江，再北行，由镇海大浃口（宁波镇海区）入海[①]。

据 2009 年 6 月 23 日宁波市文物考古研究所举行新闻通报会公布的重大考古成果，"句章故城"东到焦家山、南临姚江、西倚大湾山、北至今王家坝村南。

又据宁波市文保所发布新闻，《句章故城考古再获突破性进展》（2011 年 6 月 4 日《宁波日报》第三版）：此次考古工作者在汉晋时期句章城址东南癞头山周边（现江北慈城王家坝村一带），发现了春秋末叶至战国中晚期的城址文化堆积及城内相关遗迹，与后世地方文献的相关记载基本吻合，可互为印证。

---

① 刘桓武、王力军《试论宁波港城的形成与浙东对外海上航路的开辟》，李英魁主编《宁波与海上丝绸之路》，科学出版社，2006 年，第 124 页。

2.固陵港

固陵港,《越绝书》卷八记载:"所以然者,以其大船军所置也。"固陵应是越国第一大沿海港口,在越国对外军事、经济、文化等活动中发挥了十分重要的作用。

《越绝书》卷八记载:"浙江南路西城者,范蠡敦兵城也。其陵固可守,故谓之固陵。所以然者,以其大船军所置也。"《吴越春秋》卷七记载:"越王句践五年五月,与大夫种、范蠡入臣于吴。群臣皆送至浙江之上,临水祖道,军阵固陵。"水退之后,句践一行往南从鸡鸣山落船,渡钱塘江去吴。又记载了越王夫人所唱《怨歌》,是在越王"遂登船径去,终不返顾"时,越王夫人"乃据船哭,顾乌鹊啄江渚之虾,飞去复来,因哭而歌之"曰:

仰飞鸟兮乌鸢,凌玄虚兮号翩翩。集洲渚兮优恣,啄虾矫翩兮云间。任厥性兮往还。妾无罪兮负地,有何辜兮谴天?

帆帆独兮西往,孰知返兮何年?心惙惙兮若割,泪泫泫兮双悬。

这是生离死别的绝唱。

鸡鸣山位于今杭州滨江区浦沿街道境内,海拔 28.1 米,越国时曾是钱塘江南岸的一重要渡口[1]。《越绝书》卷八记载:"句践将降,西至浙江,待诏入吴,故有鸡鸣墟。"此地后成为重要集镇。三国吴黄武年间(222—229)至隋开皇九年(589),这里成为永兴县治所。郦道元《水经注·浙江水》:"浙江又迳固陵城北,昔范蠡筑城于浙江之滨,言可以固守,谓之固陵,今之西陵也。"据《越绝书》等典籍所载,固陵应是钱塘江的南下通道,当时为越国主要水上屯兵的要塞之地和通河口主码头。据《吴越春秋》卷七所记,越王句践于此地为越国将士壮行,句践应是从绍兴城向西乘舟到钱塘江边,固陵既为军事要地,又是通钱塘江的主要码头,因此绍兴城至固陵必有一条东西向水上要道。据《水经注》等的记载,可推断这个主要的军事要塞码头位于固陵城北。

据考证,西陵即为今之萧山西兴。关于固陵地理位置有两种说法:一说是西兴即固陵[2]。西兴地处钱塘江南岸,东距萧山4.5千米,西与长河街道为邻,东与城厢街道毗连,是浙东运河的西起始点。明嘉靖年间萧山知县王世显《西兴茶亭碑记》称西陵为"浙东首地,宁、绍、台之襟喉,东南一都会也"。"六朝至唐,因其位于会稽西端,遂易名西陵",后梁乾化二年(912)八月,以"陵"非吉语,始名西兴。另一说即"固陵者越王城山,西陵者今谓西兴"[3]。据考,越王城位于萧山西偏南约1500米处,海拔128米,由东南面仰天螺山与西北面马山组成,在湘湖砖瓦厂城山上,南临湘湖,

①陈志富《萧山水利史》,方志出版社,2006年,第127页。

②《杭州市西兴镇志·概述》,杭州市西兴镇人民政府编印,2000年,第4页。

③陈志富《萧山水利史》,方志出版社,2006年,第127页。

西距闻堰三江口 5000 米,北距西兴街道 1500 米。越王城山被史学界和考古学界鉴定为目前保存最为完整的春秋战国时期的城堡遗址[①]。近山顶处可见一豁口,即越王城的出入口,两边对峙山峰称"马门",两侧山脊仍可辨微隆的土城垣,环绕至山顶。山上还有洗马池、古井、佛眼泉等古迹。越王城山由于有钱塘江为天堑,又众山相连,易守难攻,因名固陵,越国便以此为水军基地和北通钱塘江的码头。笔者认为越王城山因山及海湾而成春秋战国时期的城堡遗址,固陵是当时山北的一个港口,而西兴是港口北边的一个聚落,山不变,而港口聚落会随河口变化而略有变动,三者关系大致如此。

固陵应是越国第一大沿海港口,在越国对外军事、经济、文化等活动中发挥了十分重要的作用。据载,前 494 年,越王句践亲率越国水军 3 万人,数百艘战船,浩浩荡荡驶出固陵港,经钱塘入笤溪迎战吴军。前 484 年,越国丰收,以蒸熟过的稻种万石水运送吴。句践又使大夫诸稽郢率兵 3000 渡江,助吴伐齐。前 482 年,越国从固陵出发,水手 2000 人,水师 47000 人,战舰数百艘,分两支军队,一支出海入长江,另一支经钱塘直趋苏州与吴作战。前 473 年,"于越灭吴"以后,越国北上争霸,从固陵港出发到达琅琊港的海船就有 300 艘。以上军事活动,均由固陵港出发,其中伐吴的水军由固陵港出发后,一路过钱塘沿古笤溪水,分赴嘉兴、太湖;一路则出浙江,航海北上[②]。

越国的故水道东西向主航线通过固陵港沟通了钱塘江的各港口及海上航线。

3. 白洋港

白洋港起源于 6000 年前越族先人的第一次海外迁徙,白洋海口就是他们漂洋过海的出发地之一。据考古发掘,白洋山一带后海沿岸古文化遗址分布密集,有马鞍仙人山、凤凰墩新石器时代古村落遗址,陶里金白山、壶瓶山和安昌后白洋商周时代文化遗址等,遗址中出土了大量农耕、生活石器和陶器,品类众多,器形、纹饰独特[③],这是港口所在地曾有较多滨海聚落的实物证据。春秋时期,越国还在白洋海口附近兴建了一系列军事设施,包括舟师港湾石塘、海防要塞防坞、造船基地舟室等,还开辟了后海沿岸的杭坞航道。到了汉代,固陵港出现淤塞趋势,明州港尚处于起始阶段,且具有连接会稽郡城又直面后海的白洋海口,应该是会稽郡通向海外的主要港口。

4. 柳浦港

该港渡位于杭州城南凤凰山、将台山之西南麓,南临浙江,周围有金家山、将台山、乌龟山、慈云岭、玉皇山、大慈山环抱,港址呈"∩"字形,两翼南伸的一对岬角和

---

① 沈青松主编《历史文化名湖——湘湖》,方志出版社,2006 年,第 23 页。

② 吴振华编著《杭州古港史》,人民交通出版社,1989 年,第 29—30 页。

③ 绍兴县文物保护管理所编《绍兴县文物志》,浙江古籍出版社,2002 年,第 5—8 页。

分布于谷口的白塔、樱桃诸山（原系港湾口处的岛屿）起着防波堤的作用，是船舶停泊、避风的良港。直到清代，岭上的老玉皇宫崖壁上尚有"上下马（码）头必经之路"的刻文，这是古代有港口之明证[①]。

5.定山浦港

该港渡位于杭州西南部的转塘乡狮子山东麓，东、南两面滨临钱塘江，春秋时处于钱塘江与浦阳江的汇合处北岸，南与渔浦港相对，是钱塘以西地区南渡的主要港渡。

6.渔浦港

该港渡位于钱塘江与浦阳江汇合处的东岸（今萧山闻家堰之西），是春秋时期钱塘江南岸又一个重要军事港渡。

（二）早期海塘

1.石塘

《越绝书》卷八载："石塘者，越所害军船也。塘广六十五步，长三百五十三步。去县四十里。"其与《越绝书》记载的"防坞者""杭坞者"不但与县之间的距离相同，而且均在西北方向。"石塘者，越所害军船"，这里的"害"字，应为"妨害"之意，或为阻挡之意。由此推断石塘应是越国军事要塞和水军基地码头。至于石塘是砌石护坡抑或是抛石护坡已无从考证，但从当时的工程技术水平和有关史料分析，石塘是抛石护坡的可能性更大一些。

2.杭坞

《越绝书》卷八载："杭坞者，句践杭也。二百石长买卒七十人，度之会夷。去县四十里。"杭坞，位于航坞山麓。航坞山亦名龛山、杭坞山、王步山，别名吹楼山。位于萧山坎山、衙前和瓜沥境域，海拔299米。春秋时期航坞山与其北部的赫山相对，形成钱塘江海门，史称"南大门""鳖子门"。吴越争霸，此为两国兵家必争之地。"杭"与"航"字义相通，为水边码头渡口之意。"坞"是水边营造航船和泊船之地。杭坞既是越国造船基地、通航渡口，也是水军战略要地，分布于当时航坞山山麓的大小海湾之间。

3.防坞

《越绝书》卷八记载："防坞者，越所以遏吴军也。去县四十里。"防坞也应位于航坞山麓，是越国水陆军队阻击吴国军队之处，与石塘、杭坞形成通航港口码头和军事要塞。

第二节　工程特色

春秋绍兴水利因地制宜，规模不是很大，又大多分布在以富中大塘为主的东南

---

① 吴振华编著《杭州古港史》，人民交通出版社，1989年，第31页。

部，但这些水利工程适应了越国的生产力发展要求，为农业、养殖、制盐、冶金、制陶、纺织、酿造生产，以及军事的发展提供了基础条件。各类各具特色的水利工程，其兴建年代、建筑规模、技术水平以及所产生的工程效益，毫不逊色于同时期黄河流域的水利工程，在中国水利史上留下了光辉的一笔。主要特点如下：

一、综合性强

春秋绍兴水利工程围绕复兴越国、国家战略、发展生产来规划建设。富中大塘的修建，促进了生产力发展，使原为咸潮出没的平原之地成为肥饶的富中义田。同时，在吴越交战、兴废存亡的危急关头，越国兴建的水利工程必然具有鲜明的军事色彩，开辟富中农业区也是为了建立军粮基地。筑练塘，是为了在海潮直薄的沼泽地开辟冶炼锡、银等金属的基地。从山阴城东部到曹娥江边的东西向山阴古水道整治，不仅是为了沟通这一区域的湖泊与南北向自然河流，也是为了沟通各生产基地和越国都城的交通运输。而冶金业则是与军备密切相关的基础工业。所兴建的石塘，应属海岸码头，兼及军事、海运、对外交往等多种功能。

二、建设速度快

春秋绍兴水利的建设期不过 20 年左右，所建工程仅《越绝书》记载的就有塘 5 处、河道 1 处、城墙 2 处。其工程规模，吴塘填土方约 35 万立方米，古水道挖土方至少 200 万立方米，小、大两城筑墙的土石方多达 100 万立方米以上。如此土石方量的工程规模，即使在今天来说，也相当于一个中型工程。而生产技术尚处于青铜器向铁器过渡时期，仅 30 万人口的于越部族，在如此短暂的时间内，建成了如此多的具有一定规模的水利工程，其建设速度之快，在我国春秋时期的地区性水利来说，实属罕见，亦可见越国重视水利的程度和对水利的投入。

三、技术先进

春秋绍兴水利的建设，主要在公元前 493 年—公元前 473 年，时期之早不仅居于浙江之首，而且在全国也属领先。横亘于山会平原东部长约 25 千米的山阴故水道和20 余里的富中大塘，成功地阻遏了咸潮的侵袭，使塘内 6 万余亩农田有较好的水利条件。塘沿岸又必定会设置堰、闸之类的工程，堤防的综合水利设施已较完备，且达到一定规模。富中大塘兴建时间比战国时期黄河流域的同类工程早了 100 多年。再以渠系的拦蓄坝而言，我国早期拦河坝的代表是太原附近的智伯渠坝，原系壅水攻城而筑,后开渠引水灌田,成为有坝取水枢纽[1]。而越国的吴塘筑于公元前473年左右,拒潮蓄淡,名为"辟首",拦蓄库容可达300万立方米,至今大部分坝体尚存,其兴建年代比智伯渠坝早20年,并且还用自然山岙作为溢洪道,充分显示了越人因地制宜,善假于物的智慧和能力。至于在杭坞山附近海岸修筑的石塘,更是我国史料中首次记载的海塘。从空间位置的分布来看,春秋绍兴地区沿"山—原—海"阶梯状地形,依次在山麓冲积扇、沼泽平原和沿海地区,兴建了不同类型的水利工程,形成自南向北的水利工程体系。在一个具有多种地理形态和自然条件的区域范围内,兴建与之相适应的众多水利工程,这样的空间位置分布,体现了较高的科学性和合理性,在我国春秋时期的水利中不多见,已经具备了一定的系统规划的思想。

堤塘工程又可分为系统堤防和蓄水堤坝。在堤塘的断面设计上,最有代表性的当推吴塘。吴塘,坝断面的技术数据基本符合记载春秋战国时期水利理论和工程技术的权威文献《考工记》的设计理论,这也说明历来被认为晚于中原开发的我国南方钱塘江流域的水工技术,在春秋战国之际实已达到了与当时中原地区同等的水平。这是由越地特定的水环境所决定的。

又由于地理环境的需要,这些水利工程建设中要设置大小不一的蓄、排水闸,越国水利灌排设施可以认为是以木结构为主。此以香山大墓排水设施为例[2]:

香山大墓位于越城区若耶溪下游东侧香山东南麓,这是一座带宽大长墓道的长方形竖穴坑木椁(室)墓。墓室基全部为木制,长47米,宽4.8米。香山大墓就文物价值而言,文物部门自会做出结论。就可合理推理的水利价值而论,至少有以下几方面:

其一,基础处理牢固。该墓室基础先以截面约50厘米×50厘米的柏树方木沿南北方向在平整后的土基上排成两条间距宽约4米,长50余米的道木,此为第一层。平整后,再以长5余米,粗20余厘米的杂木(不去皮),东西向紧密架于木道之上,此为第二层。平土后再以长5米余,截面大小约50厘米×50厘米的柏树方木东西向每间隔约5米铺一条,此为第三层。再以截面约50厘米×50厘米的柏树方木,沿南北向,东西间隔约3.5米铺成木道,此为第四层。之上再以长约5米,截面约50厘米×50厘米的柏树方木紧拼合成南北向约50米长的墓室底平面,此为第五层,中部承放棺椁。同方木纵横相交处都设榫卯,以起固定作用。以上是墓室之基础,周边还以坚实条木加固。以上基础处理充分利用力学原理,地基承载面较宽厚,受力宽广均匀,榫卯结构精密牢固,均是成熟的基础处理技术,柏树又为极好的防腐木材。墓室

---

① 武汉水利电力学院、水利水电科学研究院《中国水利史稿》编写组《中国水利史稿》上册,水利电力出版社,1979年,第74页。

② 邱志荣《上善若水》,学林出版社,2012年,第50—54页。

历经 2500 年左右，至今不坏，便是其坚实基础的见证。

其二，排水系统设置先进合理。整个墓室呈南北向，两头略高，中间稍低，第四层道木面上中部凿刻一条南北向宽约 10 厘米，深约 3 厘米的排水小沟，在道木中间段分别凿两处约 10 厘米 × 10 厘米的深孔，通过第三层横道木凿约 15 厘米 × 15 厘米的木槽，再承以圆木开排水沟，将积水通过一木制排水沟（宽约 25 厘米，树木剖开后凿木槽，再合上），长 10 余米，排入墓室以西河沟内。以上可见此木制排水沟制作已非常精细和完备，制作技术也很科学合理。

其三，防腐技术水平高。木椁及排水系统均髹漆，有的漆至今尚存，而且当时所用的漆制绘画技术已相当高超。

以上所述香山越国大墓的基础处理、排水技术、防腐技术，必然会在当时被广泛应用，诸多的水工基础、闸、排水关键结构部位，都会以上述工艺技术施工处理而充分发挥效益。

这种以木结构为主的技术，也是河姆渡建筑技术的传承与发展，后来鉴湖能建各种型制的斗门、闸、堰等水门 69 座，应当与此技术的推广和应用关联密切。

第三节　工程效益

一、农业重心转移

据《管子·水地》记载，越国之地当时是"水浊重而泪，故其民愚疾而垢"的环境，我国早期的地理著作《禹贡》在土地划分中，将越地列为"下下"等。对于这种现实，雄才大略的越王句践也曾叹息越国为"僻陋之邦"，其民为"蛮夷之民"。

为振兴越国，发展生产，改造水环境，句践接受了大夫计倪重视农田水利，关心民生，"或水或塘，因熟积以备四方"的建议，以范蠡为主持者兴建了一批水利工程。《越绝书》较详细地记载了公元前 493 年至公元前 473 年越国建设的一批水利工程，主要由吴塘、苦竹塘、富中大塘、练塘、古水道和山阴小城、大城等组成。形成了与"山—原—海"台阶式地形相适应的春秋越国水利，其中，山阴故水道水利、航运基础综合功能尤为重要。

句践以前，越部族主要活动在会稽山山麓地带，种植粢、黍、赤豆、稻粟、麦、大豆、果等作物。初步估算，当时山麓地带的可耕地面积不超过 6 万亩（海拔 5.5 米以上），其中可种水稻的耕地面积不足 3 万亩，还要遭受山洪和潮汐的侵害，水体浑浊，粮食匮乏，所以老百姓"愚疾而垢"。越国水利工程的相继建成，部分消除了咸潮直薄和山洪的威胁，沼泽平原得以开发，使农业的重心逐步从南部山麓地带转移到北部平原水网地带。水稻种植面积大量增加，稻米生产成了农业的中心。

二、促进社会经济发展

春秋绍兴水利促进了越国农业生产的迅速发展。句践以前，北部沼泽平原尚未得到大规模开发，于越部族"水行山处"主要活动在山麓地带，又面临作物种类少和耕地面积小的问题，还要遭受山洪和潮汐的侵害，只能如《管子·水地》所载"随陵陆而耕种"，所以产量低下，粮食匮乏，其民"愚疾而垢"。随着越国水利工程的相继建成，稻田大量增加，稻米生产成了农业的中心。由于土地肥沃，水源丰富，水稻产量提高，越国成为富中之地。从公元前490年句践自吴返越开始兴修水利，到公元前481年，即句践伐吴的前一年，前后不过10年，就有效地储备起能够供应5万精锐部队需要的粮食等军需品，说明当时由于水利条件的改变，农业发展速度是十分惊人的。可以想象，没有这一系列的水工程，没有这些工程效益的发挥，没有粮食的丰产、交通的便利，越国复兴大业难以成功，水利之功如此巨大。

由于春秋绍兴水利在"山—原—海"的不同地形上均有建树，特别是对水土资源丰富的沼泽平原进行了卓有成效的开发，积累了在这片山洪漫流、海潮泛滥、沼泽连绵的土地之上围堤、蓄水、建闸、灌排、改造良田等方面的宝贵经验，因而其效益和影响是十分深远的。此后，如鉴湖、平原河网和后海海塘、围涂等，都是春秋时期的堤塘、水道和石塘的延伸与发展，前后之间有着不可分割的联系。

受当时生产力发展水平和地理环境等因素的限制，春秋越国的水利工程设施兴建范围有限，主要集中在山会平原东南部地区。总体上，山会平原抗御洪潮、防旱灌溉能力还不强。春秋越国水利的基本格局，一直延续到西汉末年，无较大的调整变化。

三、促进文化交流

山阴故水道东西向连通山会平原，不仅在御潮蓄淡、防洪灌溉、区域航运上起到了重要作用，而且向北通过钱塘江南岸的固陵，过钱塘江至吴国，是沟通吴越两国再通往中原各地的水上交通要道，又向东通过曹娥江至句章等港口至海外，在对外通航、物产交易与文化交流上起到了十分显著的促进作用。

（一）与吴国交往

姚汉源认为："江南运河修建大致自春秋后期的吴越控制时代开始。"[①]此言极是。

吴国通往越国的航道中，见于记载的有"百尺渎"。《越绝书》卷二："百尺渎、奏江，吴以达粮。""百尺渎"入钱塘江处称"百尺浦"，《咸淳临安志》卷三六《盐官志》

---

① 姚汉源《京杭运河史》，中国水利水电出版社，1998年，第34页。

载："百尺渎在县西四十里。《舆地志》云：'越王起百尺楼于浦上望海，因以为名。'今废。"又称"越王浦"。"百尺浦"原在今海宁南盐官镇西南四十里河庄山侧，在钱塘江北岸[①]。直到宋元之后，钱塘江渐走北大门，其山已在钱塘江南岸，今萧山境内。故百尺渎这条从吴国国都（今苏州）向南，经过吴江、平望、嘉兴、崇德，到今浙江省海宁南盐官镇西南约 40 里的河庄山的水道是和越国相通的，可见吴越之间水上交通便利[②]。《越绝书》卷二又记载："吴古故水道，出平门，上郭池，入渎，出巢湖，上历地，过梅亭，入杨湖，出渔浦，入大江，奏广陵。"此故水道应自今苏州西北行，穿过漕湖，逆太伯渎与江南运河而上，再经阳湖北入古芙蓉湖，然后由利港入于长江，以达扬州[③]。这是当时从山阴故水道到长江以北的通航情况。

《越绝书》卷七载："吴越二邦，同气共俗，地户之位，非吴则越。"《吕氏春秋·知化篇》曰："吴之与越也，接土邻境，壤交通属，习俗同，言语通。我得其地能处之，得其民能使之，越于我亦然。"吴越二国有十分接近的语言、习俗、生产、生活方式、民俗性格，其形成的主要原因之一便是二者相邻，并拥有基本相同的地理环境，共同拥有"三江、五湖之利"等所致。《孙子·九地篇》说："夫吴人与越人相恶也，当其同舟而济，遇风，其相救也如左右手。"

据《吴越春秋》卷九《句践阴谋外传》记载，为战胜吴国，文种曾向句践进献著名的"九术"，其中"五曰遗之巧工良材，使之起宫室，以尽其财"，于是句践"使木工三千余人，入山伐木"，终于得到"天生神木一双"，"大二十围，长五十寻。阳为文梓，阴为楩柟，巧工施校，制以规绳，雕治圆转，刻削磨砻。分以丹青，错画文章，婴以白璧，缕以黄金。状类龙蛇，文彩生光"。此木材有相当规模，并且雕刻装饰具有相当高的艺术水平。工成后由文种亲自进献吴王。由越到吴的运输是走水路，如此大的木材要非常小心地运输，可见当时吴越的水路畅通，航运能力不凡。

（二）与楚国交往

越国的青铜冶铸、陶瓷、建筑及音乐歌舞等对楚国产生过较大影响。《越绝书》卷十一记载楚王"于是乃令风胡子之吴，见欧冶子、干将，使之作铁剑"。

汉刘向《说苑·善说》中记载了这样一件生动的水上趣事："君独不闻夫鄂君子皙之泛舟于新波之中也？乘青翰之舟……越人拥楫而歌……鄂君子皙曰：'吾不知越歌，子试为我楚说之。'于是乃召越译，乃楚说之曰：'今夕何夕兮，搴舟洲流。今日何日兮，得与王子同舟。蒙羞被好兮，不訾诟耻。心几顽而不绝兮，得知王子。山有木

---

①《海宁县志稿》卷八《名迹》："胡家山，旧名黄山，又称越（城）山，在河庄山东一里。……越王起百尺楼望海，疑即其处，故越城所由名耶。"

②张承宗、李家钊《秦始皇东巡会稽与江南运河的开凿》，《浙江月刊》1999 年第 6 期，第 147 页。

③陈桥驿主编《中国运河开发史》，中华书局，2008 年，第 320 页。

兮木有枝，心说君兮君不知！'于是鄂君子晳乃揄修袂，行而拥之，举绣被而覆之。"

（三）与中原交往

《今本竹书纪年》卷下载："（周成王）二十四年，于越来宾。"这说明早在公元前1001年，越国就派使者至远在今陕西的周王朝进行外交。此"来宾"应为从会稽山麓乘舟过山会平原走钱塘江走水路至周。

《管子·水地》："越之水浊重而洎，故其民愚疾而垢。"这是春秋时期齐国名相管仲对越地的印象。齐国人也是乘舟渡钱塘江来越的，他们所见到的越地是一片沼泽平原。由于历史上海侵对文明发展的不利影响，此时越部族的政治中心尚在会稽山，平原多为零星部族，相对于当时中原地区，越地在生产力和文化发展上均要落后得多。而正是由于故水道的存在，齐国使者能来到越地，开始两国之文化交流。

《古本竹书纪年》载魏襄王七年（前312）四月，"越王使公师隅来献舟三百、箭五百万及犀角象齿"。当时越国的船队大约是走海道至淮河口，溯淮西上，再循鸿沟水系西北至魏都大梁[1]。这不但证明越国造船业之发达，也表明越国对外航道之畅达。

四、保障越国对外水战河道畅达

（一）齐越之战

据《管子·轻重甲》记载，齐桓公二十三年（前663）前后，齐越两国曾经发生过一次海战。"桓公曰：'天下之国，莫强于越。今寡人欲北举事孤竹、离枝，恐越人之至，为此有道乎？'管子对曰：'君请遏原流，大夫立沼池，令以矩游为乐，则越人安敢至？'桓公曰：'行事奈何？'管子对曰：'请以令隐三川，立员都，立大舟之都。大身之都有深渊，垒十仞，令曰："能游者赐千金。"未能用金千，齐民之游水，不避吴越。'桓公终北举事于孤竹、离枝。越人果至，隐曲蒉以水齐。管子有扶身之士五万人，以待战于曲蒉，大败越人。"此次水战，齐出兵五万，可以肯定越之兵船也为数不少。齐当时为中原大国，越国敢于主动偷袭，并且是从海上绕开吴国等国去作战，也证明越军水战之超常能力和当时航道之畅达。

（二）就李之战

该战发生于公元前496年，其时越王允常去世，句践继位。吴王阖闾企图乘越国新政权未稳定之时一举消灭越国，双方在就李大战。《越绝书》卷六对此战有较为详细的记载，吴王阖闾在此战中被飞箭射中，饮恨身亡。伍子胥率兵退出战场，深感对不起吴王阖闾，便披头散发，号哭累年。后夫差即位，"吴王夫差兴师伐越，败兵就

---

[1] 武汉水利电力学院、水利水电科学研究院《中国水利史稿》编写组《中国水利史稿》上册，水利电力出版社，1979年，第94页。

李"。此战时"大风发狂,日夜不止。车败马失,骑士堕死。大船陵居,小船没水"。水上之战规模颇大,并空前激烈。

（三）夫椒之战

战事发生在公元前494年,其时句践胜吴不久,闻夫差欲报仇雪耻,练兵备虞紧密,于是句践在条件未成熟,敌我双方力量估计不足时,企图先发制人,率兵攻吴,双方战于"五湖"[①],结果反被夫差击败于夫椒,仅以余兵五千人保栖于会稽。据今人魏嵩山、王文楚考证,句践这次伐吴当由百尺渎北上至今桐乡崇福镇,然后循今江南运河入于松江、太湖[②]。

（四）姑苏之战

该战发生在公元前482年,据《吴越春秋·句践伐吴外传》所载,句践趁夫差争盟黄池,国内兵力空虚之际,"乃发习流二千人,俊士四万,君子六千,诸御千人",分兵三路进攻吴国[③]。据《国语·吴语》记载,东路军由句践亲自率领,"溯江以袭吴,入其郛,焚其姑苏,徙其大舟"而归;南路军由大夫畴无余、讴阳率领,袭击吴国国都姑苏;另由范蠡、舌庸率军阻截吴王夫差由黄池回救。虽然当时邗沟、荷水已凿,但越国要暗中绕过吴国直入淮河,海道仍是必经之路,《国语·吴语》称"沿海溯淮以绝吴路"。据嘉庆《山阴县志》卷四记载,句践伐吴雪耻,出师之日,越国父老以美酒为句践饯行,越王投酒于越都城河中,以示与将士随流共饮,一往无前。后人称此河为"投醪河""箪醪河"或"劳师泽"。宋人徐天祐有诗曰:

> 往事悠悠逝水知,习波尚想报吴时。
>
> 一壶解遣三军醉,不比商家酒作池。

此战越国取得了决定性的胜利,吴王夫差自尽。

吴越水战充分反映了越国水上战斗力之强大和航运之发达,其源源不断的兵员和物资正是通过故水道过钱塘江到达水上战场的。

---

① "五湖",三国韦昭《三吴郡国志》以太湖及其东边的游湖、莫湖、胥湖、贡湖为五湖。
② 魏嵩山、王文楚《江南运河的形成及其演变过程》,《中华文史论丛》,1979年第2辑。
③ 孟文镛著《越国史稿》第六章《越国的崛起》,中国社会科学出版社,2010年,第260页。

第四章　境绝利溥　莫如鉴湖

　　苍苍凉凉红日生，葱葱郁郁佳气横。鉴湖春色三百里，桃花水涨扁舟行。花间啼鸟传春意，声落行舟惊梦寐。胡床兀坐心境清，转觉湖山有风味。鉴中风物几经春，身在鉴中思古人。禹迹茫茫千载后，疏凿功归马太守。太守湖成坐鬼责，后代风流属狂客。狂客不长家鉴湖，惟有渔人至今得。日暮东风吹棹回，花枝照眼入蓬莱。回首湖山何处是，欸乃声中画图里。

——宋·王十朋《鉴湖行》

　　鉴湖，又有庆湖、镜湖、贺家湖、贺监湖、贺鉴湖、照湖、南湖、长湖、大湖、带湖等多个别名，位于东汉时会稽郡山阴县境内（今属绍兴柯桥区、越城区、上虞区），由东汉会稽太守马臻于东汉永和五年（140）主持修建，是我国长江以南最古老的具有蓄水、航运等功能的大型综合性水利工程之一。

第一节　兴建前的环境

一、会稽山"三十六源"

　　春秋时期的山会平原，南为会稽山，北滨后海（杭州湾），东靠曹娥江，呈"山—原—海"的台阶式特有地形。郦道元《水经注·沔水》对这一地区的描述是"东南地卑，万流所凑，涛湖泛决，触地成川，枝津交渠，世家分牒"。

（一）会稽山脉

　　会稽山脉是一片较广阔的丘陵地，东西最宽约 50 千米，东南至西北最长约 100 千米，其中丘陵的分布和走向较多变且复杂。会稽山脉的主干聚于山阴、会稽和诸暨、嵊州边界，海拔约 700 米。从会稽山脉主干按西南东北走向，分列出一批海拔约 500 米的丘陵，形成西干山脉和化山山脉，分别成为浦阳江和曹娥江的分水岭。

　　西干山脉和化山山脉以北的丘陵，又称稽北丘陵，面积约 460 平方千米。再往北是广阔的冲积平原，平原海拔高程一般在 4.5—6.5 米之间。据统计，这一地区南部山区有溪流 43 条,流入平原之中[1]。此外,东小江(曹娥江)流经会稽东境,西小江(浦阳江)流贯山会平原西境和北境,两江均在北部的三江口附近注入后海(杭州湾)。

(二)主要河流

石泄江。源于富盛镇石泄村后青山,过调马场、青塘,在北山经上虞区银山以东入运河,长 9.5 千米,境内主流长 6.3 千米,支流长 4.1 千米,集雨面积 24.43 平方千米。

富盛江。源于皋埠街道青龙山,经富盛镇万金村、章家溇,在甫前孟入运河,主流长 9.4 千米,支流为平原水网,集雨面积 41.50 平方千米。

攒宫江。源于富盛镇五丰岭山坑口,经旧埠、上蒋,折西过坝口、东湖注入运河,主流长 5.5 千米,支流长 50.5 千米,集雨面积 48.98 平方千米。

若耶溪。发源于今柯桥区平水镇上嵋岙村龙头岗,流经岔路口、平水村、铸铺岙、望仙桥后注入若耶溪水,经龙舌嘴,北至绍兴市区稽山门。长 26.55 千米,集雨面积 152.42 平方千米,多年平均来水量 7804 万立方米,是绍兴平原南部山区最大的河流,为"三十六源"之首。若耶溪至龙舌嘴分为东西两江,东江过绍兴大禹陵东侧进入平原河网,西江沿绍兴城环城东河进入绍兴平原,流注泗汇头,外官塘至三江口入海,可谓山会平原南北向的中心河。

南池江。南池江经南池、陆家荮、任家塔,在南门汇入绍兴城环城河。主流长 6.7 千米,支流长 22.6 千米,集雨面积 21.43 平方千米。

坡塘江。源于南池岙底坞妃子岭,经施家桥、栖凫、琶山、横桥,于廿亩头汇入绍兴城环城河,主流长 4.1 千米,支流长 8.7 千米,集雨面积 13.39 平方千米。

娄宫江。又名兰亭江。源于兰亭街道妃子岭,经谢家桥、花街、分水桥、娄宫、凌江岸,在偏门汇入鉴湖。主流长 21.55 千米,支流长 98.05 千米,集雨面积 111.31 平方千米。

离渚江。嘉庆《山阴县志》:"离渚溪在县西南三十里,发自六峰诸山,北入镜湖。""漓渚在府城西三十里,发源自唐里六峰诸山,合于离渚溪,唐康使君所居。"又据传句践时范蠡在此发展生产,故地名"蠡驻"谐音"漓渚"[2]。源于棠棣刘家村太山岭,经九板桥、义桥、下娄、徐山,于钟堰汇入鉴湖。主流长 20.4 千米,支流长 44.15 千米,集雨面积 57.23 平方千米。

秋湖江。嘉庆《山阴县志》:"秋湖在县西三十五里,广三顷。"源于福全镇豆腐尖,经王七墩、秋湖,在彤山东侧注入鉴湖。主流长 6.6 千米,支流长 16.5 千米,集雨面

---

① 盛鸿郎、邱志荣《古鉴湖新证》,载盛鸿郎主编《鉴湖与绍兴水利》,中国书店,1991 年,第 27 页。

② 《浙江省绍兴县地名志》,绍兴县革命委员会,1980 年。

积 12.09 平方千米。

项里江。相传楚霸王项羽早年曾活动于此,故有地名项里。源于柯桥镇州山冷水湾岗,经项里,在彤山西侧注入鉴湖。主流长 4.7 千米,支流长 13.85 千米,集雨面积 13.78 平方千米。

型塘江。源于湖塘街道俞家山村九岭下,经潜家桥、型塘,出寿胜埠头注入鉴湖。主流长 18.65 千米,支流长 16.6 千米,集雨面积 28.61 平方千米。

陌坞江。发源于湖塘街道陌坞一字岗,经陌坞、古城,在西跨湖桥注入鉴湖。主流长 6.75 千米,支流长 10.35 千米,集雨面积 14.03 平方千米。

夏履江。发源于湖塘街道黄山岭下凉帽尖,流经华丰、夏履桥、汪家埭、九曲河,至前童连通西小江。主流长 32.6 千米,支流长 94.6 千米,集雨面积 148.4 平方千米。

西小江。上游为进化溪(古称麻溪、在今萧山境内),源于蠡斯岭,经晏公桥进入江桥镇,经杨汛桥,在钱清街道附近穿越浙东运河,折东北经南钱清、新甸、管墅、华舍、嘉会、下方桥、狭猻湖,于荷湖与直落江会合,经三江闸,由新三江闸总干河注入曹娥江。长 91.6 千米,绍兴境内共长 58 千米。

(三)湖泊

地质调查揭示,海侵极盛时期,整个宁绍平原成为一片浅海,海水直拍平原南部山麓。就是在这片浅海上自南向北沉积而成了今日的宁绍平原。根据浅海地带水沙运动的规律,成陆过程通常有一个湖相沉积阶段,因此在平原北进的同时,就有一大批湖泊随着岸线的北退不断出现。平原南部的天台、四明、会稽、龙门四组山脉都呈北北东走向,和当时的海岸斜交,因此岸线曲折、海湾众多。海湾受到泥沙的封积,其中一部分逐渐发育成潟湖,泥沙继续沉积,岸线进一步后退,潟湖就转为淡水湖。卷转虫海侵后的海退,大致结束于距今 4000 年左右,据此推断,大约在原始社会末期,海岸线离开平原南部山麓地带,潟湖转化成淡水湖。

在鉴湖建成之前,山会平原南部山麓最有名的湖泊是庆湖。据三国谢承《会稽先贤传》记载,(春秋)鲁昭公二十七年(前 515),因公子光之祸,吴王子庆忌的家族曾南渡浙江,隐居在会稽山地以北的平原地区,越人"予湖泽之田。俾擅其利,表其族曰庆氏,名其湖曰庆湖"。庆湖就是镜湖前身的一部分,从贺氏家族(庆氏后又改为贺氏)世居"外山"的史实中可得到印证[①]。外山位于今绍兴城南约 1 千米处的一座孤丘(俗称"癫山"),此山地处会稽山北麓、山会平原的南部。这里的"庆湖"或并非专指一个湖泊,而是山会平原西部沼泽平原上几个湖泊群的统称。这片"庆湖",成为

[①]绍兴县修志委员会编《绍兴县志资料第一辑》第七册《氏族下》,民国二十六至二十八年(1937—1939)铅印本。

后来鉴湖工程的地理基础。而"外山"则与其他孤丘一起,在东汉永和以后,均被鉴湖堤拦蓄入内,成为湖中洲岛。

以上所述也说明,在公元前六世纪初,海岸已经离开镜湖所在的平原南部地区,而在这一带留下了许多湖泊。据《越绝书》卷八"越人谓盐曰余",余暨(今萧山)、余姚历史上曾经都是盐场所在。说明海岸在萧山—绍兴城—东关—余姚一线时,这里已经渐成于越部族的活动之地,而历史上分布在平原中部浙东运河沿线的湖泊,如萧山的湘湖、戚家湖;绍兴的牛头湖、瓜渚湖;上虞的上妃湖、白马湖;余姚的牟山湖、乐安湖;慈溪的太平湖、云湖等,都是由这一时期的潟湖演化而来的。

越王句践七年(前490),于越开始在今绍兴城定都,而当时的盐场朱余(即今绍兴朱储村)距今绍兴城已达35里,今浙东运河沿线以北直到汉唐古海岸之间的平原地区所分布的许多湖泊,如绍兴的狭獜湖、贺家池,余姚的余支湖、桐木湖,慈溪的沈窖湖、灵湖等,也是这一时期的潟湖转化而成。

还要说明的是,卷转虫海侵过后,当时的山会平原是一片向西延伸的沼泽平原,南为会稽山,北滨后海,东临曹娥江,西濒浦阳江。平原以北的会稽山"三十六源"之水顺流而下,在沼泽平原构成众多自然河流,分别注入曹娥江和后海。钱塘江主槽在后海出南大门,紧逼山会平原北缘掠三江口而过。钱塘涌潮沿曹娥江、浦阳江等自然河流上溯平原,与会稽山水及山麓线以下的湖泊相顶托。这些湖泊在枯水期彼此隔离,仅以河流港汊相连,一旦山水盛发或大潮上溯,则泛滥漫溢,成为一片泽国。

二、人口与经济

句践灭吴后,迁都琅琊,带走了大部分军队和大量部族居民,使越国故地的人口骤然减少。之后,越部族居民纷纷流散,南迁到浙南、福建、广东等地,即所谓三越[1]。秦在建会稽郡、设山阴县的同时,把这个地区余留的于越居民迁移到钱塘江以北的乌程、余杭等地[2],又从北方移入部分汉民,目的是融合民族文化,使越民汉化,巩固政权。当时不愿接受强制迁移的越族居民就向南流散[3]。因此,在上述时期中,山会地区的人口减少,经济发展缓慢,终西汉一代,山阴一直是会稽郡下的一个普通属县。据《汉书·地理志》所载:会稽郡共有223038万户,计1032604人。当时全郡26县,每县平均还不到4万人。司马迁《史记·货殖列传》说这里"地广人希,饭稻羹鱼,或火

---

① 明焦竑《焦氏笔乘续集》卷三:"此即所谓东越、南越、闽越也。东越一名东瓯,今温州;南越始皇所灭,今广州;闽越今福州。皆句践之裔。"

② 陈桥驿《历史时期绍兴城市的形成与发展》,《吴越文化论丛》,中华书局,1999年,第362页。

③ 《浙江地理简志》,浙江人民出版社,1985年,第343页。

耕而水耨，果隋蠃蛤，不待贾而足，地势饶食，无饥馑之患。以故呰窳偷生，无积聚而多贫。是故江淮以南，无冻饿之人，亦无千金之家"。

东汉永建四年（129），大体以钱塘江为界，实现了吴（郡）会（稽郡）分治。江北为吴郡，郡治仍在吴；江南为会稽郡，郡治设在山阴。吴会分治是这一地区生产力发展加快的反映。清道光三年（1823），山阴县杜春生在富盛镇跳山发现刻于东汉建初元年（76）的"建初买地刻石"，为当时的买地券文，券文及所载内容也反映了当时生产力水平提高、土地买卖交易兴起的情况。

三、水利难题

越王句践时期，山会地区兴修了南池、坡塘、山阴古水道、富中大塘、石塘等堤塘蓄水工程，对越国的社会经济发展起到了重要的促进作用，但这些工程的控制和受益范围有限，不足以满足之后整个平原社会发展和水利基础保障的要求。

秦至西汉时期，山会地区人口减少，经济停滞，因此，在水利方面无大的建树。

东汉时期，山会地区早于鉴湖兴建的是回涌湖工程。《南史·谢灵运传》：

> 会稽东郭有回踵湖，灵运求决以为田，文帝令州郡履行。此湖去郭近，水物所出，百姓惜之，颇坚执不与。

宋《嘉泰会稽志》卷第十：

> 回涌湖在县东四里，一作回踵，《旧经》云：汉马臻所筑，以防若耶溪溪水暴至，以塘湾回，故曰洄涌。

据考，回涌湖应为东汉一代名将马援的后代马棱所建[1]。《嘉泰会稽志》卷第二记载："马棱，扶风茂陵人，和帝时转会稽太守，治有声。"《后汉书·马援传》中也有记载："棱，字伯威，援之族孙也。……赈贫赢，薄赋税，兴复陂湖，溉田二万余顷，吏民刻石颂之。"

东汉永元十四年（102），马棱由广陵太守调任会稽太守，见郡城以南山会平原最大的溪河若耶溪经常洪水肆虐，对郡城及下游的农田、村落造成极大危害，根据自己丰富的治水经验，马棱决定在今绍兴城东建回涌湖。回涌湖的主要作用为拦截山会平原最大的溪河若耶溪的洪水，利用弯回的堤坝和与之配套的溢洪道，使盛发的山水下泄受阻，造成回涌之势，使山水不致直泻为害。其主要作用是滞洪，尚不能根据需要为下游提供较充足的淡水资源。

东汉鉴湖建成后，取代了回涌湖防止若耶溪溪水暴至的作用，与鉴湖连通后，回涌湖也就废弃了。

---

[1] 盛鸿郎、邱志荣《回涌湖新考》，载盛鸿郎主编《鉴湖与绍兴水利》，中国书店，1991年。

会稽在西汉时之所以被司马迁视为地广人稀之地,是由于当时山会平原北部虽多土地,但这些土地在农业生产、生活上受水利条件的严重制约,淡水资源十分短缺,水、旱、潮之灾频发。要发展经济、繁荣社会,必须改变越王句践时期留下的生产与经济重心在平原东南部之格局,把新的经济生长点置于平原北部的开发。

据雍正《浙江通志》卷一一一《职官一》载,从汉和帝时期(89—105)庆鸿任会稽太守起到马臻在会稽任太守的近50年间,共有10位会稽太守,其间约比马臻早35年的马棱在会稽南部建成了著名的回涌湖。这项重要的防洪工程建设,充分说明了这一地区对农田水利的重视。但回涌湖未解决平原北部的灌溉用水问题。

以富中大塘为例,其内开发历史自越王句践起已有五百余年,此地是平原粮仓,许多富豪大族居住在此。可推断马臻筑鉴湖之前,富中大塘及历史上有记载的庆湖以内地区,农业开发已颇具规模。在此筑堤蓄水建湖,将无可避免地严重影响短期内向朝廷上缴的赋税,会增加劳役,也会侵犯相当一部分人的利益。此举还会导致农田受淹,房屋动迁,祖坟易地。绍兴又多有世家豪族居住,在朝廷有较深厚之根基,得罪这些人有很大的风险。

第二节　工程规模

鉴湖工程的成功,就技术而论,首先在于系统规划。马臻巧妙地利用了自南而北的山—原—海台阶式特有地形,将总体工程分成上蓄、中灌、下控三部分。目前所能见到关于鉴湖最早的资料,是刘宋孝武帝大明年间(457—464)会稽太守孔灵符所著的《会稽记》,其中记载:

> 汉顺帝永和五年,会稽太守马臻创立镜湖,在会稽、山阴两县界。筑塘蓄水,高(田)丈余,田又高海丈余。若水少则泄湖灌田。如水多则开湖泄田中水入海。所以无凶年,堤塘周回三百一十里,溉田九千余顷。[①]

一、上蓄

据庆元二年(1196)五月时任会稽县尉的徐次铎《复鉴湖议》文中记:

> 会稽、山阴两县之形势,大抵东南高,西北低。其东南皆至山而北抵于海,故凡水源所出多自西东南。今众流所聚者曰平水溪,即古若耶溪也,曰上灶溪,曰攒宫溪,曰龙瑞宫溪,皆在会稽;曰兰亭溪,曰南池溪,曰漓渚溪,皆在山阴。其他一派一坑所出,总之三十六源。当其未有湖之时,三十六源之水,盖西北流入

---

①转引自《太平御览》卷六十六。

于江，以达于海。自东汉永和五年，太守马公臻始筑大堤，潴三十六源之水，名曰"镜湖"。

　　堤之在会稽者，自五云门东至于曹娥江，凡七十二里；在山阴者，自常喜门西至于西小江（又名钱清），凡四十五里。故湖之形势亦分为二，而隶两县。隶会稽曰东湖，隶山阴曰西湖。东西二湖由稽山门驿路为界，出稽山门一百步，有桥曰三桥，桥下有水门，以限两湖。湖虽分为二，其实相通。

徐次铎所处时代正是鉴湖逐渐埋废之时，但此时鉴湖的基本轮廓和主要水利设施还在，就宋及以前所记述鉴湖的文章而论，此文可谓最详细的一篇，对鉴湖的勾勒大致是准确的。当然，他对此前鉴湖水系、水利变迁的记载也难免有着时代的局限。

以下在前人研究的基础上，结合历史文献记载进行野外调查，并应用现代水利学科知识和测绘成果做了精细的测量统计，确定鉴湖的主要规模范围[1]。

（一）湖区

马臻在山会平原南部筑成东西向围堤，纳会稽的三十六源之水和原近山麓湖泊、农田于鉴湖之中。湖的南界是稽北丘陵，北界是人工修筑的湖堤。鉴湖南部山区集雨面积为419.6平方千米，主要汇入湖区的溪流有43条，鉴湖总集雨面积610平方千米。

（二）湖堤

以会稽郡城为中心，分东西两段：

东段。自城东五云门至山阴故水道到上虞东关街道，再东到中塘白米堰村南折，过大湖沿村到蒿尖山西侧的蒿口斗门，长30.25千米。

西段。自绍兴城常禧门经柯桥区的柯岩、阮社及湖塘宾舍村，经南钱清乡的塘湾里村至虎象村，再到广陵斗门（即为西古水道的堤线），长26.25千米。以上东西堤总长56.5千米。

东、西湖堤的分界线为从稽山门到禹陵的古道，全长约3千米[2]。东湖和西湖通过"三桥闸"沟通水系。

（三）蓄水

鉴湖湖区总面积为189.95平方千米，除去湖中岛屿17.23平方千米，水面面积为172.72千米，其中西湖面积为85.09平方千米，东湖面积为87.63平方千米。湖底平均高程为3.45米，鉴湖的平均水深为1.55米，正常水位高程在5米上下，东湖

---

[1] 主要参考盛鸿郎、邱志荣《古鉴湖新证》，载盛鸿郎主编《鉴湖与绍兴水利》，中国书店，1991年。

[2]《嘉泰会稽志》卷六记"大禹陵"："旧经云：禹陵在会稽县南一十三里。"此系指会稽县治到禹陵之路。

水位一般比西湖高 0.1—1 米。正常蓄水量为 2.68 亿立方米左右。

二、中灌

鉴湖围堤后,由于湖面比北部平原农田高 2.5 米左右,在鉴湖工程的斗门、闸、堰、阴沟四种排灌设施的有效控制下,湖区蓄水量丰富,沿海潮水被阻,灌区内水网密布,灌溉农田十分便利。《水经注·浙江水》称:"沿湖开水门六十九所,下溉田万顷,北泻长江。"[1]

据统计,古代山会平原鉴湖以北、曹娥江以西、浦阳江东南及其附近、萧绍海塘以南的农田约有 47 万亩。

三、下控

鉴湖是通过沿海地带的海塘和斗门、水闸控制水,实行排涝和挡潮。南朝宋孔灵符《会稽记》称:"筑塘蓄水,高(田)丈余,田又高海丈余。若水少则泄湖灌田,如水多则开湖泄田中水入海。"这个控制入海的鉴湖枢纽工程便是玉山斗门。

东汉时期山会平原的海岸线应以玉山斗门为中心,当时玉山斗门控制的主要是山会平原鉴湖以北以直落江为主流的河道,曹娥江和浦阳江均在玉山斗门控制之外。

鉴湖初建时,玉山斗门东西沿海必定还会有以土塘为主的海塘和部分河口处的水闸设施,否则海潮会直接侵入灌区而无法实行农灌。当然较多的河口平时是封闭的。

第三节　工程设施

一、斗门

斗门,又称陡门。如万历《绍兴府志》卷十七目录中称"闸陡门",在正文中又称"闸斗门"。姚汉源先生认为"闸、斗门、水门三者常混称,但严格说实有区别,闸有门,可启闭通舟船;水门为铁楗窗,可上下启闭通船;斗门与闸不易区别,但浙东通舟船者常不名斗门"[2]。鉴湖斗门一般设置在湖与外江的交汇之处,多选择在两山河道流经峡谷之处,形似门斗;斗门上下水位落差较大,形势陡峭;其主要作用为泄洪、御咸、蓄淡,不通航。鉴湖工程的 4 种排灌设施,以斗门为最大,斗门相当于一种大的水闸。由于斗门是鉴湖最大的泄水工程,故若鉴湖水位高出正常水位,且外江水位低于鉴湖

---

①此处的"长江"指钱塘江。
②姚汉源《京杭运河史·浙东运河史考略》,中国水利水电出版社,1998 年,第 745 页。

时,可开斗门泄洪;若鉴湖水位正常,斗门一般是关闭的。

据庆元二年(1196)五月时任会稽县尉的徐次铎《复鉴湖议》文中记:"其在会稽者,为斗门凡四所:一曰瓜山斗门,二曰少微斗门,三曰曹娥斗门,四曰蒿口斗门。"又,"在山阴者,为斗门凡有三所:一曰广陵斗门,二曰新泾斗门,三曰西墟斗门。"综合历来文献记载中的斗门主要有广陵斗门、新泾斗门、柯山斗门、西墟斗门、玉山斗门、瓜山斗门、曹娥斗门、蒿口斗门等,其中有的是东汉鉴湖建成后再修建完善的,也有的是与闸混同取名的。

现可考在鉴湖的主要斗门:

(一)蒿口斗门

蒿口斗门为鉴湖东部最边缘之斗门。现存记载中最早的关于鉴湖具体涵闸设施的著述为曾巩的《鉴湖图序》,文内列入的斗门有朱储、新泾、柯山、广陵、曹娥、蒿口6处,其中新泾斗门建于唐太和年间(827—835),曹娥斗门建于宋天圣年间(1023—1032),均有史可考,而蒿口斗门在当时便无从稽考,表明其建筑年代要远早于曹娥斗门,且为鉴湖建成东缘必备之斗门。《新建广陵斗门记》:"按记云:马侯作三大斗门,自广陵外不著其名……惟广陵、柯山、蒿口不详其始,当即记所称之三大斗门矣。且就地势而论,广陵泄西湖之水以入于西江,蒿口泄东湖之水以入于东江,又于其中置柯山以资灌溉助宣泄。"[1]

1988年9月15日,笔者在上虞蒿一村考察时[2],据家中数代管清水闸等闸门启闭的老人钟本杰介绍,蒿口斗门应在当时茶叶公司蒿市附近的峡谷之中,现已为桥。

蒿口斗门是沟通东鉴湖与曹娥江的主要通道,此斗门边或有堰之类的水利设施相辅,以资通航。

(二)广陵斗门

在今柯桥区南钱清虎象村虎山与象山之间。《嘉泰会稽志》卷第四:"广陵斗门在县西北六十四里。"据1988年考察所得[3],今虎象村的虎山和象山之间有广陵桥。在桥西侧60米处原有一三眼闸,20世纪70年代初填废,所填之处至今还可见原闸槽。在桥与闸之间又有一堤坝遗址,约高于地面1米。1971年大旱,村民挖河,见有较多木桩和泥煤,此应为古广陵斗门的位置。20世纪80年代初,环保科研所等部门对鉴湖底质泥煤层进行了地质调查,发现广泛分布于鉴湖范围的泥煤,唯有夏履江及清水

---

① 《绍兴县志资料第一辑·碑刻》,绍兴县修志委员会,民国26—28年(1937—1939)。
② 盛鸿郎、邱志荣《古鉴湖新证》,载盛鸿郎主编《鉴湖与绍兴水利》,中国书店,1991年。
③ 盛鸿郎、邱志荣《古鉴湖新证》,载盛鸿郎主编《鉴湖与绍兴水利》,中国书店,1991年。

闸一带（西墟斗门遗址）缺失，这是河流有力冲刷的结果[1]。

今广陵桥所处的地面高程在 5.2—5.4 米之间，古代咸潮可沿夏履江上溯至此，斗门有防洪、御咸、蓄淡之功能。

古代关于广陵斗门记载较详细的是宋嘉祐八年（1063），由张焘撰并书，李公度篆额的《越州山阴新建广陵斗门记》。

此碑记述与说理并重，为广陵斗门以及鉴湖的研究提供了珍贵的资料。碑于 2002 年 3 月 25 日移至绍兴环城河治水纪念馆中。

鉴湖堙废，广陵斗门功能改变，随之废弃，但之后其址仍建有闸，因为此时仍需将夏履江的洪水及咸潮阻挡在外。或要到钱清江成为内河后闸才渐废，今所见遗址中的河岸处尚存闸柱。

（三）西墟斗门

宋徐次铎的《复鉴湖议》对西鉴湖斗门有如下记载："其在山阴者，为斗门凡有三所，一曰广陵斗门，二曰新迳斗门，三曰西墟斗门。"经过发掘考证[2]，在今越城区东浦街道西鲁墟村与清水闸村交界的河道处，即古鉴湖西墟斗门遗址。其地有残存闸柱及部分基础砌石，其中闸柱高约 5 米，截面 0.6 米 × 0.6 米，闸槽清晰可辨，浸水表层部分已被侵蚀成圆柱。在开挖中，发掘者发现闸柱基础处理坚实，底部有较多松桩打入加固，经北京大学历史系 ^{14}C 测定，确定其年代为 1670 ± 70 年。结果与 20 世纪 80 年代末期对古鉴湖堤底木桩测定的年代 1670 ± 189 年基本吻合[3]。

西墟斗门亦为古鉴湖早期兴建的斗门，至唐代，山会平原北部海塘修建逐渐完成，西墟斗门功能逐渐减弱，至宋基本废坏，后在稍往南的河道上新建清水闸，以拦蓄、抬高水位及排洪，今遗址尚存。

西墟斗门遗址下的木桩为东汉时期打入，但所见石闸柱亦有可能与玉山斗门类同，为宋代改建，之前为木结构。

（四）玉山斗门

位于距绍兴城北 15 千米的斗门街道东侧金鸡、玉蟾两峰的峡口水道之上，三江闸建成以前，玉山斗门为山会平原水利的枢纽工程，发挥效益达 800 多年。

玉山斗门又称朱储斗门，为鉴湖初创三大斗门之一。

《新唐书·地理志》记朱储斗门建于唐贞元元年（785）："山阴……北三十里有越王山堰，贞元元年，观察使皇甫政凿山以蓄泄水利。又东北二十里作朱储斗门。"

① 绍兴地区环保科研所等《鉴湖底质泥煤层分布特征调查及其对水质影响的试验研究》，1988 年。

② 盛鸿郎、邱志荣《古鉴湖西墟斗门考述》，见《绍兴晚报》2001 年 7 月 26 日第 9 版。

③ 盛鸿郎、邱志荣《古鉴湖新证》，载盛鸿郎主编《鉴湖与绍兴水利》，中国书店，1991 年。

宋嘉祐四年（1059），沈绅《山阴县朱储石斗门记》记玉山斗门："乃知后汉太守马臻初筑塘而大兴民利也，自尔沿湖水门众矣。今广陵、曹娥是皆故道，而朱储特为宏大。"

宋曾巩于熙宁二年（1069）作《鉴湖图序》云："其北曰朱储斗门，去湖最远，盖因三江之上、两山之间，疏为二门，而以时视田中之水，小溢则纵其一，大溢则尽纵之，使入于三江之口。"①

以上是唐以前玉山斗门的情况。

鉴湖工程是一个体系，包括水库、大坝、河流渠系、沿海塘坝、涵闸、斗门等。孔灵符《会稽记》虽未专记玉山斗门，然"若水少则泄湖灌田，如水多则开湖泄田中水入海"，"泄田中水"说明这是一个可控制性的工程，这个泄田中水入海的关键性工程显然是玉山斗门。若无此工程，鉴湖的效益便无法实现。陈桥驿认为：在永和年代，作为鉴湖枢纽工程的玉山斗门，作用还不十分显著，因为当时海塘和江塘尚未修筑完成，从鉴湖流出的各河，大部分注入曹娥、浦阳两江下游，而并不汇入直落江②。因此，玉山斗门所能控制的范围不大，其调节作用自然也就不能和后来相比。所以从东汉永和至唐贞元的六百多年中，玉山斗门还没有受到很大的重视。唐玄宗开元十年（722），会稽县令李俊之主持修筑会稽县境内的海塘，这是山会海塘有历史记载的首次修筑。此次修筑以后，山阴诸水虽仍和浦阳江密切相关，但由于曹娥江下游江塘连接完成，会稽诸水从此不再注入曹娥江，而汇入直落江。于是，山会平原上的内河水系范围扩大，玉山斗门对鉴湖的调节作用也得以提高。因此，在李俊之主持修塘50年以后，浙东观察使皇甫政接着于贞元初改建玉山斗门，把原来的简易斗门改成八孔闸门，以适应流域范围扩大而增加的排水负荷。陈桥驿关于玉山斗门在上述时期的作用和演变的考证、分析判断基本准确。

唐开元十年（722），会稽县令李俊之主持修建防海塘。防海塘东起上虞，北到山阴，全长百余里，基本隔绝了平原河流与潮汐河流曹娥江，使原北流注入曹娥江的东部河流，从此汇入平原中部的直落江河道，北出玉山斗门入海。玉山斗门对鉴湖和平原河流的调节作用也随之加强。

皇甫政任浙东观察使时，在山会平原沿海多有水利建设，但朱储斗门应是重修，之前此水道和斗门无疑已在。无此斗门，鉴湖无法形成灌区，宋以前斗门为木制，需经常维修或重建。皇甫政改建玉山斗门，把二孔斗门扩建成八孔闸门，名玉山闸或玉山斗门闸。

---

① 〔宋〕孔延之《会稽掇英总集》卷二十。
② 陈桥驿《古代鉴湖兴废与山会平原农田水利》，《地理学报》1962年第3期，第194页。

宋沈绅嘉祐四年（1059）有《山阴县朱储石斗门记》，较详细记载嘉祐三年五月，"赞善大夫李侯茂先既至山阴，尽得湖之所宜。与其尉试校书郎翁君仲通，始以石治朱储斗门八间，覆以行阁，中为之亭，以节二县塘北之水"的过程。这次整修将原玉山斗门的木结构改成了石结构。

沈绅在此碑中对朱储斗门蓄淡水灌溉的功能有具体的记载："以节二县塘北之水，……溉田三千一百十九顷有奇。"这与孔灵符《会稽记》中的"溉田九千余顷"还是有较大差距，主要是统计范围不同，这里主要是指山会平原北部"东西距江百有十五里，总一十五乡"。实际控制受益的农田当远不止这些，当然，沿江海塘也会有其他配套水闸。

此外，碑中"及观《地志》与乡先生赵万宗石记，则谓贞元中观察使皇甫政所造，此特纪一时之功尔。后景德二年（1005）大理丞段棐为县修之，其记存焉。繇汉已来且千岁，唯政、棐二人名表于世，而人不忘"，也阐述了朱储斗门为皇甫政所造。但此文只是记载了一个时期的重修，而非自汉以来的全部情况，更多的修治也就随历史而湮没了，而当时的《地志》及赵万宗的碑石记是有关修玉山斗门更详尽的记载。

玉山斗门有多次修复的记载，其事迹主要收于宋及之后的碑文。

三江闸的建成，切断了钱清江的入海口，平原内河与后海隔绝，三江闸替代玉山闸，玉山闸遂撤闸板，废启闭，成为闸桥。1955年10月，拆除闸桥，在原闸基上建成每孔宽11.6米、桥面高3.3米的3孔钢筋混凝土平梁桥，名"建设桥"。1981年又拆除"建设桥"，拓宽河道，建成2孔、净孔宽78米（40＋38米）、桥面宽4.8米的钢架拱公路桥，名"斗门大桥"。

玉山斗门是鉴湖灌区滨海的控水、挡潮枢纽工程。当时鉴湖以北的平原河网依赖鉴湖补充水源，自鉴湖建成到明代绍兴三江闸建成（140—1537），绍兴平原之水主要由玉山斗门调控。

2003年6月中旬，绍兴市古运河整治办工作人员在河道调查中发现，斗门大桥原金鸡山侧河岸中有微露水面的石槽。请人下水勘察后，工作人员发现水底有不少散落石柱和石板，于是决定打捞上岸收集保护。经研究考证，这是一组完整的闸体纵立面，包括主闸柱（靠岸闸柱，用以置放内外闸门板）二根，石砌横挡土石墙三面，石柱二根。此立面全部直立于山体上，与岩基凿榫相接。闸体宽约4.5米，残高1.8米，估计上部闸柱已断。

玉山斗门遗存是年已移到绍兴运河园"运河风情"景点重组保护。时年届80高龄的陈桥驿先生在得悉这一消息后，专程赶到古运河工地现场，指导玉山斗门的布展，并撰写《古玉山斗门移存碑记》：

> 此是汉唐越中水利遗迹，亦为越人治水之千古物证。后汉永和五年（140），

会稽太守马臻兴修鉴湖，于玉山与金鸡山间建玉山斗门（亦称朱储斗门），为全湖蓄泄枢纽。而稽北九千顷土地得以次第垦殖。至唐贞元二年（786），浙东观察使皇甫政改二孔斗门为八孔闸门，以适应垦区扩展而日益增加之蓄泄负荷。自此以后，鉴湖南塘以北，连片沼泽，悉成良田，皆玉山斗门蓄泄之功。明成化十二年（1476），太守戴琥在郡城佑圣观前府河中设置水则，并立碑明示，按水则所标水位，控全境涵闸启闭蓄泄，而玉山斗门仍是其中枢纽。嘉靖十六年（1537），太守汤绍恩兴建三江闸，玉山斗门于是功成身退。综观越中水利，自马臻初创至汤绍恩建闸，玉山斗门枢纽全境蓄泄排灌达 1400 年，变沮洳泥泞为平畴阡陌，化潮汐斥卤成沃壤良田。诚越人繁衍生息之命脉，越地富庶昌盛之关键。兹岁绍兴市致力于古运河整治，而此千古水利遗迹，竟于斗门镇原地发现，石柱依旧，闸槽宛然，溯昔抚今，令人钦敬振奋。现移存此千古水工杰构于古运河之滨，用以展示越中水利文化之悠远璀璨，既可供后人纪念凭吊，亦有俾学者考察研究。特书数言，以志其盛。

陈桥驿谨识
二〇〇三年七月

除以上 4 处斗门，现可考的斗门还有：

新迳斗门。《嘉泰会稽志》卷四：“在县西北四十六里。唐太和七年，浙东观察使陆亘始置。”

曹娥斗门。《嘉泰会稽志》卷四：“在县东南七十二里。俗传曾宣靖公宰邑所置。曾南丰《鉴湖序》云：湖有斗门六所，曹娥其一也。”

二、闸

鉴湖的水利设施中，水闸为调控湖与灌区水位的主要设施，并有通航作用。正如明徐光启《农政全书》卷十七《水利》中称：“水闸，开闭水门也。间有地形高下，水路不均，则必跨据津要，高筑堤坝汇水，前立斗门，甃石为壁，叠木作障，以备启闭。如遇旱涸，则撒水灌田，民赖其利。又得通济舟楫，转激碾硙，实水利之总揽也。”鉴湖之水闸设置于湖与湖以北主要内河沟通之处，规模不及斗门。

据徐次铎《复鉴湖议》载，在会稽县，“为闸者凡四所：一曰都泗门闸，二曰东郭闸，三曰三桥闸，四曰小凌桥闸。”在山阴县“为闸者凡三所：一曰白楼闸，二曰三山闸，三曰柯山闸”。

又《嘉泰会稽志》卷四“闸”条载：“瓜山闸。在县东四十里。少微山闸。在县东五里。曹娥闸。在县东南七十二里。”以上应在会稽县。又载：“玉山闸。在县北一十八里。唐正（贞）元元年，观察使皇甫政始置斗门，泄水入江，后置闸。”

据上也可知《嘉泰会稽志》闸和斗门常不做区分,同一地点里程也不一致。

三、堰

堰亦设置于湖与湖以北主要内河沟通之处,而堰比闸更为简单。堰的主要作用是行洪排涝,以及供给内河灌溉和通航之水。堰不但控制正常湖水的水位高程,还有拖船过堰通航之作用。

据徐次铎《复鉴湖议》所载,在会稽县:

> 为堰者凡十有五所,在城内者有二:一曰都泗堰,二曰东郭堰。在官塘者十有三:一曰石堰,二曰大堞堰,三曰皋步堰,四曰樊江堰,五曰正平堰,六曰茅洋堰,七曰陶家堰,八曰夏家堰,九曰王家堰,十曰彭家堰,十有一曰曹娥堰,十有二曰许家堰,十有三曰樊家堰。

在山阴县:

> 为堰者凡十有三所:一曰陶家堰,二曰南堰,皆在城内;三曰白楼堰,四曰中堰,五曰石堰,六曰胡桑堰,七曰沉壤堰,八曰蔡家堰,九曰叶家堰,十曰新堰,十有一曰童家堰,十有二曰宾舍堰,十有三曰抱姑堰,皆在官塘。

据《嘉泰会稽志》卷四"堰"条记载,鉴湖上的堰主要有:

会稽县

> 曹娥堰。在县东南七十二里。唐光启二年,钱镠破韩公汶于曹娥埭,与朱褒战,进屯丰山,后埭遂为堰。治平中,齐祖之撰《曹娥重修廨宇记》云:自阳武之越堤,开封之翟桥,总为堰者二十七,曹娥其一也。

> 东郭堰。在县东南三里。

> 陶家堰。在县东四十里。

> 都泗堰。在县东三里,宋何(胤)至都赐埭,去郡三里,因曰:"仆弃人事,此埭之游,于今绝矣。"梁江总言:"王父昔莅此邦,卜居山阴都赐里。"都赐,今作都泗。

> 茅洋堰。在县东三十里。

> 矾江堰。在县东二十二里,俗作凡江。

> 政平堰。在县东十五里。

> 王家堰。在县东五十里。

> 瓜山堰。在县东四十二里。熙宁中,越州检照会稽、山阴共管碶闸水砪一十六所,瓜山堰之一。

> 白米堰。在县东六十五里。

> 言家堰。在县东三里。

新埭堰。在县东七十里。

夏家堰。在县东四十五里。

彭家堰。在县东五十二里。

石堰。在县东五里。

山阴县

南堰。在县南一里。

湖桑堰。在县西十里，堰旁有小市，居民颇繁。

白楼堰。在县西四里常喜门外。堰之西有则水牌，政和中立。旧经云：汉江夏太守宋辅于种山南，教授白楼亭。《世说》：许玄度、孙兴公共商略先达人物于此。注云：亭在山阴，临流映壑，今堰属山阴县界，下临溪流，昔之白楼亭斯近之矣，俗呼常喜堰，又名湖塘堰。

四、阴沟

阴沟，明徐光启《农政全书》卷十七《水利》载："行水暗渠也。凡水陆之地，如遇高阜形势，或隔田园聚落，不能相通，当于穿岸之傍，或溪流之曲，穿地成穴，以砖石为圈，引水而至。"阴沟系沟通湖与农田的小型通水渠，主要作用为灌溉。徐次铎《复鉴湖议》："若其他民各于田首就掘堤，增为诸小沟，泊古诸暗沟及他缺穴之处，难遍以疏举，大抵皆走泄湖水处也。"说明阴沟数量众多。

鉴湖工程从初创到所有工程设施全部完成，及至效益的充分发挥，应该有一个过程，但总体规划、大的格局应在初创时已确定。

第四节　工程技术

兴建鉴湖的工程技术在当时我国水利、土木、航运方面处于领先地位。

一、完整性和规模

鉴湖工程根据山会平原的地形系统规划，蓄、灌、排、挡设置科学、布局合理，效益发挥充分。鉴湖堤长 56.5 千米，水面面积 172.7 平方千米，蓄水 2.68 亿立方米，蓄泄水利配套工程设施门类之多，堪称世界之最。《水经注·浙江水》称"沿湖开水门六十九所，下溉田万顷，北泻长江"。根据东、西湖微地貌的不同，以湖中堤分隔鉴湖，并以闸控制水位、交汇及航运，可谓因地制宜，上承越国山阴古水道之水闸设置技术，下启浙东运河航道之水位控制运用规划。

二、基础处理

1987 年，绍兴县（今柯桥区）安昌建筑公司在湖塘乡挖掘湖村桥工程桥基，该工程地处湖塘乡西跨湖桥桥北 35 米左右的堰下江上（南北向），地面高程为 5.1 米，地处古鉴湖西湖湖堤的一个堰体。在挖掘至高程（黄海）2.6 米处时，工作人员发现较多松木桩基，较多已腐烂变质，有的已呈泥煤状。在约 143 平方米的开挖面之中，木桩北面较少，南面较密（开挖时尚未到尽头）。东西分布基本对称，明显呈东西走向。密集处每平方米约有 4—5 根木桩。

通过对所见木桩进行 ^{14}C 测定，确定其距今年代为 1670 ± 189 年。鉴湖筑于 140 年，与木桩出土时隔 1847 年，因此，基本可以认为这是筑鉴湖时打入的桩基。

此外，沿古鉴湖堤一线的乡村，在近几十年来的挖河和建桥过程中，都发现塘基有木桩和泥煤，这表明鉴湖堤上的排灌设施及一些重要地段，兴筑时多采用了以木桩先入地基处理的办法。又从开掘时所见到松桩上横摊着的已呈泥煤状的竹、树枝等斑迹来看，筑鉴湖时采用了泥土和柴竹的沉排筑法。以木桩及沉排技术处理工程基础在当时已属先进。当然，如属山阴故水道的堤坝，时间会更早。

三、控制计量

鉴湖工程设计了有效的水位控制，主要依据水则调控水位，徐次铎《复鉴湖议》载：

> 湖之势高于民田，民田高于江海，故水多则泄民田之水入于江海，水少则泄湖之水以溉民田，而两县湖及湖下之水启闭。又有石牌以则之，一在五云门外，小凌桥之东。令春夏水则深一尺有七寸，秋冬水则深一尺有二寸，会稽主之；一在常喜门外，跨湖桥之南，令春夏水则高三尺有五寸，秋冬水则高二尺有九寸，山阴主之。会稽地形高于山阴，故曾南丰述杜杞之说，以为会稽之石水深八尺有五寸，山阴之石水深四尺有五寸，是会稽水则几倍山阴。今石牌浅深乃相反，盖今立石之地与昔不同。今会稽石立于濒堤水浅之处，山阴石乃立湖中水深之处，是以水则浅深异于曩时。其实会稽之水常高于山阴二三尺，于三桥闸见之；城外之水亦高于城中二三尺，于都泗闸见之，乃若湖下。石牌立于都泗门东，会稽山阴接壤之际，春季水则高三尺有二寸，夏则三尺有六寸，秋冬季皆二尺。凡水如则，乃固斗门以蓄之；其或过则，然后开斗门以泄之。自永和迄我宋几千年，民蒙其利。

此文对几个鉴湖水则点高差控制的情况记述得比较详细。

杜杞鉴湖水则。杜杞（1005—1050），字伟长，宋无锡人，曾任两浙转运使，是主管两浙水陆运输等事务的地方行政长官。他所处的北宋时代，古鉴湖被侵占情况日益严重，鉴湖被占及水位降低既造成蓄水减少、水患增多、农业减产，也影响浙东运河主航道鉴湖之航运，作为两浙转运使的杜杞对此事高度重视，因此在庆历七年（1047）与相关官员"同定水则于稽山之下"。

> 转运使、兵部员外郎、直集贤院杜杞，议复镜湖畜水溉田，时与司封郎中、知州事陈亚，左班殿直、勾当检计余元，太常寺太祝、知会稽县谢景温，权节度推官陈绎，同定水则于稽山之下，永为民利。

庆历十年十月一日题

此"水则题记"在今绍兴城东南若耶溪边的宛委山飞来石摩崖石刻上还可见。

刻石的具体位置，宋曾巩《鉴湖图序》云："杜杞则谓鉴湖为田者利在纵湖水，一雨则放声以动州县，而斗门辄发。故为之立石则水，一在五云桥，水深八尺有五寸，会稽主之；一在跨湖桥，水深四尺有五寸，山阴主之。而斗门之钥，使皆纳于州，水溢则遣官视则，而谨其闭纵。"说明北宋时根据新的水情，对鉴湖水则又进行了调整。鉴湖堤上的斗门、堰闸的启闭，主要以以上两水则为依据。

湖之北灌区内的水位控制则依据建在都泗门东与会稽山阴交界处的水则确定。《复鉴湖议》又云："凡水如则，乃固斗门以蓄之；其或过则，然后开斗门以泄之。"此指玉山斗门的启闭。

总的调控应有水利官员根据调度原则进行综合监管。用则水牌量测控制水位，科学调蓄，为当时一流管理水平。

《嘉泰会稽志》卷四"堰"条中，记："白楼堰。在县西四里常喜门外。堰之西有则水牌，政和中立。"这一水则应在鉴湖之中。

又："三江门外堰。在县东北七里。堰之北有则水牌。"这一则水牌应该在鉴湖之外的直落江上，用于对鉴湖之外的水位控制。这里的"三江门"是指绍兴城的北水城门（亦称昌安门），即《嘉泰会稽志》卷一"城郭"条中所载的"正西曰迎恩门，北曰三江门""北门引众水入于海"。

四、水闸结构技术

越国在山会地区采用木制结构建筑工程由来已久。如建于约2500年前的香山越国大墓的排水设施就采用了木制结构，其技术和工艺在当时已比较精致和成熟。

鉴湖斗门或水闸沿湖设置，数量较多，早期应以木制为主。宋沈绅《山阴县朱储石斗门记》载："始以石治朱储斗门八间……昔之为者，木久磨啮，启闭甚艰。"[①] 由此

---

① 〔宋〕孔延之《会稽掇英总集》卷十九。

可见北宋已将玉山斗门的原木结构改成石制。又以 2001 年实地发掘考察的西塘斗门为例，在对闸柱的开挖中，发现这一斗门，基础处理坚实，底部有较多松桩打入加固。上部则采用精巧、坚实的石质卯榫结构。修筑鉴湖的木桩基础处理、木制斗门、水闸等水工技术及水闸工程布局水平在当时处于领先地位。

第五节 效益

一、防洪御潮

鉴湖建成，调蓄了上游会稽山 419 平方千米集雨面积的暴雨径流，基本消除了会稽山降雨时对山会平原的水患威胁。

玉山斗门及日益完善的沿海海塘建设，防御了山会平原以东的东小江、西边的西小江洪水，减轻了海潮的直薄平原之害。

二、蓄水灌溉

鉴湖蓄水 2.68 亿立方米，为北部平原 9000 余顷土地的灌溉提供了可控制的自流式丰沛水源。

据统计，古代山会平原鉴湖以北、曹娥江以西、浦阳江东南及其附近、萧绍海塘以南的农田约为 47 万亩，所谓"都溉田九千余顷"。由于当时大部分用水无法回收使用，按每亩 500 立方米计，年需水量为 2.35 亿立方米，在这种情况下，需要建设鉴湖这样一个正常蓄水量约为 2.68 亿立方米的大型人工蓄水工程。

三、综合发展

唐韦瓘《修汉太守马君庙记》中说：镜湖"横合三百余里，决灌稻田，动盈亿计。自汉至今，千有余年，纵阳骄雨淫，烧稼逸种，唯镜湖含泽，驱波流潵，注于大海。灾凶岁，谷穰熟，俾生物苏起，贫赢育富，其长计大利及人如此"。

（一）人口增长

《史记·货殖列传》："楚、越之地，地广人希，饭稻羹鱼，或火耕而水耨，果隋赢蛤，不待贾而足，地势饶食，无饥馑之患。以故呰窳偷生，无积聚而多贫。是故江淮以南，无冻饿之人，亦无千金之家。"说明其时越地自然资源丰富，但大部分土地没有得到充分开发，社会财富贫乏，经济落后于中原地区。

鉴湖水利兴建后，山会平原北部农田得以较大规模开发，尤其是东晋和南北朝，效益显现之际，正是我国北方地区战火连绵、兵荒马乱之时。在朝廷南迁时，大量人口涌入山阴,见到了这里安定的社会、肥沃富饶的土地、秀美的山川、浩大的鉴湖,这正是他们梦寐以求的生活居住环境。东晋咸和二年(327),首都建康发生了苏峻之乱,宫阙化为灰烬,三吴人士甚至提出迁都会稽的主张,说明在当时大江以南的诸多城市中,除了建康之外,山阴已处最优越地位。

(二)经济发展

一大批从北方地区迁移而来的富裕人家在此定居,也带来了先进的生产技术。因此,山会平原的农业、交通运输业、酿酒业、养殖业、陶瓷业都得到了较快发展。由此促进了经济增长、城市繁荣、人口增多,孔灵符在《会稽记》中形容:今绍兴一带当年已是村落遥相连接,境内无荒废之田,田无旱涝之忧的富庶地区。

到东晋南朝时,越地一跃成为东南富庶之地。《晋书·诸葛恢传》称"今之会稽,昔之关中"。沈约(441—513)在《宋书·孔季恭传》中更是详尽描绘了这里经济发达的情况:"会土带海傍湖,良畴亦数十万顷,膏腴上地,亩直一金,鄠杜之间,不能比也。"其时会稽郡的富裕程度居然胜过了关中地区,平原的土地全部开垦成良田,达到"亩直一金"的珍贵程度,并出现了"民多田少"的现象。南朝宋大明年间(457—464),由于山会之地人多地少,甚至出现把山阴县一些民众迁徙到余姚、鄞等地,以开垦湖田生产定居的情况。此时期绍兴经济的迅速发展,固然有政治中心南移、人口增长等原因,但鉴湖水利对经济发展的作用尤为重要。

唐代是鉴湖全盛之时,其效益和作用仍很显著。绍兴平原因有鉴湖的滋润,稻作一向发达,而小麦一般多种植于山地,随着排水条件的改善,唐代小麦种植在平原也有了发展。唐代除粮食种植业发达外,蚕桑、水产业也很发达。越州的丝绸名闻全国,唐人称浙东"机杼耕稼,提封七州,其间茧税鱼盐,衣食半天下",而越州又列于浙东富庶之州的前位。

(三)生态改变

鉴湖也从根本上改变了山会地区的生态环境。《管子·水地》称"越之水浊重而洎,故其民愚疾而垢",咸潮直薄,人民生活环境恶劣的山会平原,由于鉴湖的兴建而成为山清水秀的鱼米之乡。"人在鉴中,舟行画图。五月清凉,人间所无。有菱歌兮声峭,有莲女兮貌都。"[1]北部平原约47万亩土地得到了冲淡改造,成为水网密布,河流纵横,五谷丰登,百草丰茂,绿树成荫,气候宜人,自然环境优越之地。

(四)航运兴盛(见第五章第二节)

综上,鉴湖效益巨大,所谓"境绝利溥,莫如鉴湖"。

---

[1]〔南宋〕王十朋《会稽风俗赋并序》,载《王十朋全集·文集》卷十六,上海古籍出版社,1998年。

四、文化创作

《嘉泰会稽志》卷第一《风俗》载：

> 自汉、晋奇伟光明硕大之士固已继出。东晋都建康，一时名胜，自王、谢诸人，在会稽者为多，以会稽诸山为东山，以渡涛江而东为入东，居会稽为在东，去而复归为还东，文物可谓盛矣。

因为其地环境优越，生活安定，其时朝廷派遣官员到会稽，首先要选拔有较高文化素养的优秀人才，达官贵人养老，富商巨贾安家，文人墨客会集也多来此。（详见本书第五章）

第六节 完善与管理

一、水利配套

六朝至唐、五代时期，鉴湖灌区开挖新河、增建斗门、修筑海塘，水利系统进一步完善。

晋代会稽内史贺循（260—319）主持开凿了西兴运河，使鉴湖西部地区渠系布置更加合理，灌排更趋有效。《嘉泰会稽志》卷十载："晋司徒贺循临郡，凿此以溉田。"当时开凿此河首先是为了与鉴湖工程配套和灌溉。这条运河自西兴起，东流经萧山县城北，又东接西小江，过钱清、柯桥到绍兴城，全长100余里。西兴运河大体上与鉴湖堤平行，大部分在鉴湖以北5千米，实际上成了鉴湖灌区东西向的一条总干渠。由于绍兴平原的河流大多是南北走向，故在鉴湖堤与这些河流的相交处设置了一系列涵闸，湖水一般南北向出斗门流入沿海地区。如此，存在的问题是南北向河流之间无法沟通，水源的调配、排涝、航运都受到限制。西兴运河开成后，河渠都与运河东西相交，改善了湖区的排灌条件，更有利于河渠之间的水量调节，运河的开凿还加快了平原河网化的形成。之后随着经济的发展，这条运河的通航运输作用也日渐得到发挥，西兴运河成为主航道。

唐代开始在沿海地区大规模修筑海塘。唐以前可能已经修筑零星的海塘，但咸潮还没有完全与山会平原隔断。唐代对山会平原的海塘进行全线兴修，在萧山、山阴一带筑海塘50里，其中山阴海塘筑于垂拱二年（686），因其位于两县交界处，故称之为"界塘"。会稽海塘筑于开元十年（722）。《新唐书·地理志五》载：会稽"东北四十里有防海塘，自上虞抵山阴百余里，以蓄水溉田，开元十年，令李俊之增修"。之后大历十年（775）观察使皇甫温、大和六年（832）会稽县令李左次又先后两次增修。这段海塘因大部分位于曹娥江口沿岸，又称为东江塘。大致到唐中后期，西起萧山，东迄上虞的海塘已经连成一线，形成了比较完整的海塘工程体系。由于它横亘于古代山会平原的北部，所以又称之为北塘，而称鉴湖堤为南塘（亦称官塘），前者防潮，后者蓄淡，水利体系更为完备。

唐代又一重要的工程是玉山斗门的扩建。唐代鉴湖灌区的海塘系统建成后，山会平原河网的水流，汇入干流直落江，经玉山斗门宣泄出海。此处地势低下，泄水迅速，但唐以前玉山斗门仅有 2 孔，作用有限。为了适应水流形势的变化和排水负荷的增加，贞元元年（785），浙东观察使皇甫政改建玉山斗门为 8 孔闸门。吴庆袤《陡门闸考记》说："唐以前有斗门而无闸，……陡门之有闸，始自唐德宗贞元初，浙东观察使皇甫政就玉山斗门而改建也。"唐代还开展鉴湖以北河网的整治，元和十年（815），观察使孟简在山阴县北 5 里开新河，西北 10 里开运道塘，运道塘走向是从迎恩门直至萧山界。以上水利配套使山会平原水利排涝的综合能力显著提升。

二、维护管理

《南史·谢灵运传》记载了谢灵运欲把鉴湖以南的回涌湖作为私家庄园之事：

> 会稽东郭有回踵湖，灵运求决以为田，文帝令州郡履行。此湖去郭近，水物所出，百姓惜之，颇坚执不与。灵运既不得回踵，又求始宁休崲湖为田，颇又固执。

谢灵运其时已经在始宁墅建有规模颇大的庄宅园林，为何还要专意于求会稽城东南的回涌湖为田宅？其中可见始宁之地虽自然山水风光秀美、环境幽雅，然由于东汉鉴湖的兴建，此时的会稽经济发达，湖光山色奇丽，综合人居环境更胜始宁之地一筹，使谢灵运更希望拥有回涌湖这块风水宝地。然由于遭到了百姓和地方行政长官的强烈反对，只得作罢。此事件也说明鉴湖在兴建不久后遭到了垦湖为田的侵占危害，地方政府与权贵之间已产生矛盾。

鉴湖工程主要是依靠湖堤增强蓄水能力，因此从工程整体性而言，维护湖堤最为重要，至迟在南朝时已形成了岁修制度。《南齐书·王敬则传》称"会土边带湖海，民丁无士庶皆保塘役"，否则将"致令塘路崩芜，湖源泄散"，"良由陂湖宜壅，桥路须通，均夫订直，民为用。若甲分毁坏，则年一修改；若乙限坚完，则终岁无役"。明确指出了鉴湖堤防维修是鉴湖水利的关键。由此可见，主要的塘役是维护鉴湖湖堤。塘役摊派于民间，无论士族和百姓都要承担此义务。其时（齐武帝时）将塘役折算为现钱，征收入官库。可见鉴湖的维修制度建立甚早。建立岁修制度是保证鉴湖长期运行的重要措施之一。

唐末、五代吴越国时期，吴越王钱镠定杭州为西府，越州为东府。他自己曾先后于乾宁四年（897）、天复元年（901）、后梁开平三年（909）三次驻节越州，擘画经营，建树甚多，在疏浚整治鉴湖的同时，还制定了详细的管理法规。北宋曾巩《越州鉴湖图序》称："钱镠之法最详，至今尚多传于人者。"吴越时期一方面加强浚治养护工作，开挖淤泥，修理堤防、闸涵；另一方面加强水土之政，不允许豪强随意围垦，影响水利。史称"富豪上户，美言不能乱其法，财货不能动其心"。所以当时，鉴湖之利"未尝废"，鉴湖发挥着良好的效益。

第七节　鉴湖堙废

一、原因

（一）人口增多

北宋末叶，北方战乱，开始有移民南迁。宋室南迁以后，随着移民的大量涌入，山会地区人口迅速增长。建炎三年（1129）至绍兴元年（1131），宋高宗赵构驻跸越州，改元绍兴，升越州为绍兴府。浙江为当时普通移民的聚居区域，《建炎以来系年要录》称"四方之民，云集二浙，百倍常时"。一时，跟随高宗的朝廷官员及许多来自赵、魏、秦、晋、齐、鲁的士大夫渡江者，纷纷举家南迁绍兴。到绍兴末（1157—1162），王十朋《蓬莱阁赋》中的绍兴"周览城闉，鳞鳞万户"[1]，已经是一座拥有四五万人口的大城市了。宋代山会地区人口增长迅速，移民的大量迁入是主要原因。

（二）土地稀缺

宋代山会地区正处于从唐代"人—地—水"关系基本平衡，到人多田少，以侵占水域达到新的平衡的转折时期。

面对皇室驻跸和移民剧增，首先要解决粮食问题。当时山会地区的粮食供应，如以25万人口计算，达到年人均500斤的水平，则需粮食1.25亿斤，按当时农田每亩年产300斤计，约需42万亩良田。据估算，当时鉴湖以北灌区农田为47万亩，除去上虞、萧山约8万亩的农田，以及当时还未开垦的玉山斗门至三江闸之间约1.3万亩的农田，实际可耕农田面积约为38万亩。这些农田当然不是自给自足，而是要交赋税皇粮的。可见当时可耕农田十分紧缺。

南宋还是绍兴酿酒业发展较快的时期，《宝庆会稽续志》卷八引孙因《越问》，称当时山会地区"糯种居其十六"。当地所生产的粮食，大部分用于酿酒，使得口粮锐减。遇到灾害时，便出现粮荒。大致从南宋开始，绍兴逐渐从余粮地区转为缺粮地区。

南宋时绍兴土地资源有限还表现在南部会稽山区可供耕种的山谷坡不多，加之旱地种粮产量不高，无潜力可挖。此时，北部山会海塘以外的滩涂资源尚未得到有效

---

[1]《王十朋全集·文集》卷十六，上海古籍出版社，1998年。

利用,钱塘江江道虽然在宋代已出现北移趋势,但经常南、北摆动,使海塘外滩涂为涌潮吞没。因此,南宋鉴湖周边之民,便将围垦鉴湖作为新增农田的重要途径。并且湖田一经围垦便成非常适合种植水稻的良田。这也是驱使沿湖之民敢于不顾禁令,与水争地,盗湖为田的现实原因。

(三)海塘建设

唐垂拱以来,大规模修建后海沿岸山会海塘后,海塘体系逐步完善,与鉴湖湖堤一起,在山会平原鉴湖灌区形成南、北两塘并存的局面。山会海塘外御咸潮,内蓄鉴湖流入灌区河湖网的淡水,再经玉山斗门根据水势调控入海。唐代是鉴湖的全盛时期,北部平原进入全面开发阶段,按照当时居民点的分布来看,垦殖区已经到达当时海塘前缘,这也促使以西兴运河为主干道的北部河湖网进一步发展。河湖网渐趋密集,蓄水量日益增多,部分取代了鉴湖的蓄水功能,后海塘的地位不断提升。海塘建设也有利于鉴湖以北湖泊的形成,诸如狭猻湖、瓜渚湖、夏家池等,并发挥蓄淡灌溉的作用。

又从宋宁宗嘉定十二年(1219)起,钱塘江下游江道有了北移的趋势之后,钱塘江对山会地区北部的冲袭减轻,有利于海塘安全,对这一地区水利调整也起到一定的作用[1]。如此,也更有利于海塘安全防御能力的提高。

(四)水土流失

大约在春秋越国之前,无论是会稽山地还是山会平原,天然森林都发育良好。最大的原始森林分布在稽南丘陵和稽北丘陵。当时,绍兴以南的丘陵之地常被称为南山,而这片森林又称南林。

自从晋室南迁以后,山会地区森林的破坏开始加剧,唐代以后尤甚。其主要原因是越窑的再次兴起对稽北丘陵森林的危害,以及会稽山大面积种茶所造成的水土流失。烧窑和植茶叠加引起水土流失,导致鉴湖迅速淤积。在唐代,鉴湖中的葑田已成片出现,到南宋初,湖的一部分"高仰去处"已经出露成陆。淤积最为严重的库尾甚至在北宋嘉祐年间(1056—1063)到了"与堤略平"的程度。据1990年对新中国成立以来会稽山地多年平均侵蚀模数的调查,计算自鉴湖兴建至此的1850年中,湖区内平均淤积厚度为1.15米[2]。以此估算,鉴湖从兴建到乾道元年(1165)基本堙废,平均淤积厚度约已达0.64米,按鉴湖全盛时平均水深1.55米,湖面面积172.7平方千米计算,蓄水量相应从2.68亿立方米下降到1.57亿立方米,减少了约41%。

---

[1]《宋史·五行志》载:"十二年,盐官县海失故道,潮汐冲平野三十余里,至是侵县治。"表明江道北移。

[2] 盛鸿郎、邱志荣《古鉴湖新证》,载盛鸿郎主编《鉴湖与绍兴水利》,中国书店,1991年。

北宋越州知州王仲嶷曾提出鉴湖逐渐被垦湖为田主要是"自然淤淀"造成的。这里所指的"自然淤淀"就是水土流失的结果。所以到北宋时期，由于湖底迅速淤高，甚至类似于五代时钱镠的疏浚工程也已经无法进行。此为大规模围垦鉴湖创造了非常有利的条件。可见水土流失也是造成鉴湖埋废的主要因素。

（五）政府管理不当

鉴湖是围湖还是复湖，是宋代地方政府主要行政长官，甚至是皇帝都十分关切的问题。由于当时战事频发、国力疲弱、粮食短缺，当政者一直处于对眼前利益和长远目标把握不定的犹豫之中，最后也就出现了全面失管状态。这也是鉴湖埋废的重要原因。

二、过程

（一）有限禁止

据《宋史·河渠志七》，从大中祥符到熙宁江衍立牌前（约1008—1077）约69年间，盗湖者8000余户，盗为田700余顷，不到最后所垦湖田数的三分之一。据王十朋《鉴湖说》所载，朝廷的态度初为"三司、转运司犹切责州县，使复田为湖"，当时"官亦未尝不禁，而民亦未敢公然盗之也"。继而动摇，派江衍去调查处理。徐次铎《复鉴湖议》："衍无远识，不能建议复湖，乃分石牌以分内外。牌内者为田，牌外者为湖。"朝廷承认先前盗湖之田合法，虽做了妥协，但也划定了禁止盗湖的界限。

（二）少量围垦

从熙宁江衍立牌到政和三年（1113）约35年间，虽未见垦湖为田数的记载，但由于政府承认了部分围湖的合法性，至少牌内尚存的水面会被围垦成田，湖田规模进一步扩大。

（三）全面围垦

从政和四年废湖为田到绍兴末年鉴湖被围垦趋尽（1114—1162），不过48年，所垦湖田从700余顷猛增到2300余顷，增加了2.3倍，这是鉴湖围垦史上规模最大也是最后的围湖高潮，造成不可逆转的质变性后果，其主要责任人就是政和四年至六年（1114—1116）越州太守的王仲嶷。据王十朋《鉴湖说》所载，王仲嶷"内交权幸，专务为应奉之计"，"输其所入于京师"，以致"奸民豪族，公侵强据，无复忌惮"，全面放任垦湖为田的结果。牌外之湖也垦以为田，共籍得湖田2267顷25亩，每岁得租米5万多石，上输京师。于是环湖之民可以合法围垦，鉴湖基本开垦成田。徐次铎《复鉴湖议》说此时"湖之不为田者，无几矣"。

《宋史·河渠志》记载，直到宣和三年（1121）宋徽宗认识到废鉴湖将导致山会地区严重的水旱灾害并严重影响农田灌溉，遂下诏书曰："越之鉴湖，明之广德湖，自措置为田,下流堙塞,有妨灌溉,致失常赋,又多为权势所占,两州被害,民以流徙。宜令陈亨伯究实,如租税过重,即裁为中制;应妨下流灌溉者,并驰以与民。"虽言辞严厉,但废湖已是大势所趋,难以逆转。

宋孝宗隆兴元年(1163)十一月,绍兴知府吴芾请求开浚鉴湖。《宋史·河渠志》:"鉴湖自江衍所立碑石之外,今为民田者,又一百六十五顷,湖尽堙废。今欲发四百九十万工,于农隙接续开凿。"这是鉴湖最后一次较大规模的浚治活动。工程先从禹庙后唐贺知章放生池开浚,百余日完工,开湖田270余顷,又修治斗门堰闸13所。第二年吴芾奏:"自开鉴湖……夏秋以来,时雨虽多,亦无泛溢之患,民田九千余顷,悉获倍收。"此奏可能有些夸大,未过多久,由于湖水失泄处过多,所开湖如徐次铎《复鉴湖议》所言,"皆复为田"。

乾道元年(1165)二月二十四日,宋孝宗听从绍兴知府的建议,下诏:"绍兴府开浚鉴湖,除唐贺知章放生池旧界十八余顷为放生池水面外,其余听从民便,逐时放水,依旧耕种。"此时鉴湖除唐贺知章放生池外,其余湖区都允许民众放水耕种,鉴湖也就很快堙废了。庆元二年(1196),徐次铎说:"湖废塞殆尽,而水所流行,仅有纵横支港可通舟行而已。"《宋会要辑稿》食货六十一之一四九,载嘉定十五年(1222)四月臣僚言:"越之鉴湖……今官豪侵占殆尽,填淤益狭,所余仅一衣带水耳。"

鉴湖堙废后,原来注入鉴湖的三十六源之水,就直接流入运河及北部诸多湖泊,再通过北部河网从玉山斗门入海。原鉴湖区域内重新形成纵横河道和数十处小湖泊。万历《会稽县志》卷八称"凡诸河道纵横一皆镜湖遗迹"。新形成的湖泊在后世继续遭到围垦。

三、废复湖之争

南北宋之交,北方为金人所占,《建炎以来系年要录》卷一五八称"四方之民,云集二浙,百倍常时"。宋室南迁,越州在建炎年间两度成为临时都城,第二次为期达1年零8个月之久,当地成为南方的政治经济中心,于是在近200年时间内人口增加一倍多,与水争地的情况日益严重,正如《天下郡国利病书》卷八十五所载,绍兴"八邑自嵊、新昌外,其大邑俱以湖为水库,农夫望之为命,盛夏时争水,或至斗相杀。然上下历代则田日增,湖日损,至今侵湖者犹曰未已,地狭人稠,固其势也"。鉴湖被蚕食围垦集中在宋代,也就在近200年内,围垦湖田增至2200多顷。一个有如此大规模的,在会稽经济社会和人民生活中有着十分重要的作用,又有颇大影响的蓄水工程,在较短的时期内,在宋王朝的眼皮底下被围垦殆尽,其中有着诸多原因,而关键原因是直接利益的驱动和政府的管理不力及放任。绍兴自古多有远见卓识之士,面对着鉴湖日甚一日地被围垦,他们深感不安和忧虑,既担忧因此将造成严重水旱灾害,又深虑绍兴自然环境将被破坏,于是围绕鉴湖,展开了一场复湖与废湖的大争辩。

(一)废湖为田说

盗湖为田的除了沿湖的一些乡民,更多的是一些豪族世家。提出"废湖为田"的有政和四年越州太守王仲嶷,绍兴年间宰相秦桧等。其理由大致有三:鉴湖已自然淤淀而成田陆;围垦鉴湖不妨民间水利;围垦后将增加粮食生产和赋粮收入等。

(二)废田为湖说

面对鉴湖被侵占为田的趋势,较早提出"废田为湖"的有景祐三年(1036)越州太守蒋堂。嘉祐八年(1063),绍兴知府张伯玉曾带领随从官员对当时鉴湖中已开垦的700多顷湖田逐一调查,并提出疏浚方案。关于复湖的文章,以曾巩《鉴湖图序》、王十朋《鉴湖说》、徐次铎《复镜湖议》、陈槖《上傅崧卿太守书》最为著名。

宋代有诸多有识之士通过各种形式论述了水利对农田、人之生存以及社会稳定的重要性。鉴湖虽然终归废弃,但这些争论有着十分积极的意义,这使后来在越当政者能更清醒地认识到水利之重要性,以致积极兴修水利,改善水利,调整水利,努力使人水关系达到平衡;同时也使后来的绍兴人能以史为鉴,更清醒地认识到保护水面、水环境的重要性。

四、废湖之害

鉴湖的埋废是山会平原水利的重大变迁,这是在尚未完成新的水利调整的情况下,一次有较大盲动性和放任性的变迁。绍兴损失的不仅是水利资源,而且是综合性的核心竞争力资源。一定程度满足了当时人们对土地的要求,却对后世水利和生态环境构成危害,对资源的供应造成不利,从而带来了巨大影响。

绍兴十八年(1148)越州大水,因没有鉴湖的拦蓄,洪水盛发,直接威胁州城的安全。当时五云门都泗堰水高一丈,幸未破堰入城。王十朋对此说道:"假令他日湖废不止于今,而大水甚于往岁,则其危害当如何?"[1]据统计,北宋的166年中,绍兴见于记载的旱灾有1次,水灾共有7次;而南宋的153年中,水灾多至38次,旱灾竟有16次[2]。水旱灾害频仍,给绍兴人民带来的灾难是可想而知的,而这种状况,一直要延续到明嘉靖十六年(1537),绍兴知府汤绍恩主持兴建了三江闸,基本完成绍兴平原新的水利调整,水旱灾害才得以减少。

鉴湖埋废,不可复得;山川变易,贻害至今。宋以后绍兴区域实力减弱,发展迟缓,在全国地位降低,鉴湖埋废是一个重要的原因,给后人以极其深刻的教训。

---

[1]〔南宋〕王十朋《鉴湖说上》,载《王十朋全集·文集》卷二十三,上海古籍出版社,1998年。
[2]陈桥驿《古代绍兴地区天然森林的破坏及其对农业的影响》,《地理学报》,1965年第2期。

第八节　今存鉴湖

自宋以后，鉴湖的面积不断减少，原本的"长湖"，成为一片狭窄的河道和大小不一的小湖，后人对鉴湖范围的理解与认识也有不同。在此根据古鉴湖范围，对该范围内今存水域及相关资源做一梳理。

一、水源

"三十六源"水源泛指会稽山西干山脉、化山山脉流入绍兴平原河网之水。古今山不变，水源也无大的变化。

二、水域

（一）今鉴湖范围

主要有以下划分：

1. 按古鉴湖原范围，今所遗留水面为鉴湖。

古鉴湖堙废后，虽大部分成为耕地，却又形成了为数众多的小湖泊和港汊河道。当时，在原东湖新潴成的有浮湖、白塔洋、谢憩湖、康家湖、泉湖、西跸湖等；在原西湖的新湖则有周湖、孔湖、铸浦、石湖、容山湖、秋湖、阳湖等。尔后这些湖泊继续堙废，今则除了稠密的河流外，湖泊所剩不多。

据 1989 年对古鉴湖范围内尚存的河湖面积的统计，原西湖区域尚存 14.78 平方千米，原东湖区域尚存 15.66 平方千米，合计 30.44 平方千米。正常蓄水量按平均水深 2 米计，约为 6000 万立方米[①]。

2. 今一般将原西鉴湖范围内的水域称为鉴湖。

3. 按《浙江省鉴湖水域保护条例》，除原西鉴湖范围水域，将原鉴湖以北的青甸湖也纳入主体保护水域。

4. 陈桥驿认为，鉴湖堙废后，水体北移，故绍兴平原河网可称之为新鉴湖。

（二）主要湖泊

1. 鉴湖

今习惯上所称的鉴湖是古鉴湖西湖的残余部分。其主干道东起亭山乡，西至湖塘乡，东西长 22.5 千米，最宽处可达 300 米以上，最窄处仅 10 余米，平均宽度 108.4 米，平均水深 2.77 米，正常蓄水量 875.9 万立方米。如今的鉴湖形如一条宽窄相间

---

① 盛鸿郎、邱志荣《古鉴湖新证》，载盛鸿郎主编《鉴湖与绍兴水利》，中国书店，1991 年。

的河道,镶嵌在绍兴平原上,并在平原南部构成了特有的河港相通、河湖一体的塘浦河湖体系。长期以来一直是这一带人畜用水、工农业生产用水、航运等综合利用的水源。

2.顷石湖

在柯桥区福全街道,属古鉴湖东湖的残留水域。水域面积17.9万平方米,正常蓄水量50.48万立方米。

3.白塔洋

在今陶堰街道,属古鉴湖东湖的残留水域,南与百家湖相连,东北有白塔山,山西麓有白塔寺。水域面积125.4万平方米,正常蓄水量339.33万立方米。

4.洋湖泊

在今皋埠街道,为古鉴湖东湖残余水域,东有百家湖。水域面积43.3万立方米,正常蓄水量117.17万立方米。

5.百家湖

在今陶堰街道,为古东鉴湖的残余水域,面积66.9万平方米,正常蓄水量149.94万立方米。水面宽阔,河道纵横。

(三)水位

古鉴湖正常水位(黄海)约为5米。今绍兴平原河网在古鉴湖区域内的正常水位为3.5米。

第五章　浙东运河　好运天下

天下古桥说绍兴，八字立交负盛名。

最是纤桥世罕有，悠悠千载运河情。

千古浙东大运河，至今千里泛清波。

江南鱼米之乡地，众口同称赖此河。

——罗哲文《浙东古运河》

　　越为水乡泽国，人们的生产、生活、军事等活动均有赖于水运。考古发现距今8000—7000年的萧山跨湖桥文化遗址已有完整独木舟[①]；河姆渡文化遗址发现了更多的木船桨[②]，考古成果证明，古越舟楫使用历史悠久，该地区水运素来发达。

　　浙东地区最早的运河称"山阴故水道"，早于春秋越国时期便已存在。曾巩《越州鉴湖图序》称"漕渠"，《新唐书·地理志》称"运道塘"，《宋书·河渠志七》称"运河"，徐次铎《复鉴湖议》称"官塘"，今称"浙东运河"，其各段的称谓又有"西兴运河""萧绍曹运河""虞甬运河"等。主要航线北起钱塘江南岸，经西兴街道到萧山，东南到钱清街道，再东南过绍兴城至曹娥江，过曹娥江以东至梁湖街道，东经上虞丰惠旧县城到达通明坝而与姚江汇合，全长约125千米，此段为人工运河。之后，经余姚、宁波汇合奉化江，合流后称为甬江，东流镇海以南入海，此段以天然河道为主，亦有部分人工改造工程，自西兴街道到镇海，全程200余千米。

第一节　浙东运河的历史演变

　　"灌溉运河或许是与农业同时开始的，比作为航运之河的发展要早得多"[③]。浙东

[①] 徐峰等《中国第一舟完整再现》，《杭州日报》2002年11月26日第3版。

[②] 浙江省文物管理委员会《河姆渡遗址第一期发掘报告》，《考古学报》1978年第一期，第61页。又载汪济英、林华东等《浙江文物》，浙江人民出版社，1987年，第14页。

[③] *The Concise Columbia Encyclopedia*（《哥伦比亚简明百科全书》），P.135. Columbia University Press，1893.

运河兴建之初主要作用是农业灌溉，之后沟通和扩大了内河航运，再之后又成为这一地区对外交往的水上要道，形成浙东商贸航线和海上丝绸之路，运河对浙东地区经济社会发展起着不可或缺的保障作用。浙东运河通过钱塘江连接钱塘江以北运河航线，是中国大运河之南起始端。

一、越国时期

（一）山阴故水道（本目主要内容在第三章中已有详细介绍）

《越绝书》卷八载："山阴古故陆道，出东郭，随直渎阳春亭。山阴故水道，出东郭，从郡阳春亭。去县五十里。"此故水道，西起今绍兴城东郭门，东至今上虞区东关街道西的炼塘村，全长约25千米。

由于故水道东西横亘于平原南北向的自然河流之中，其人工沟通有一个过程，其连通时间必然早于越王句践建城时，这条河流应随着越族人民在平原活动范围的不断扩大，而逐步形成东西向航运要道。至句践到平原建城时对其疏挖整治，形成整体，并使其更充分发挥航运、水利等综合作用。同时由于山会平原西部的开发和连通钱塘江以及与中原各地的需要，当时在山会平原西部必然也会有一条东西向与故水道相连的人工运河。在越王句践时期已形成了一条东起东小江口（后称曹娥江），过炼塘，西至绍兴城东郭门，经绍兴城，沿今柯岩、湖塘一带至西小江再至固陵的人工水道。它贯通了山会平原东西，并与东、西两小江相通，连接吴国及海上航道，又与平原南北向诸河贯通。

秦始皇灭六国后，为加强对东南地区的控制，注重对这一带河渠道路的整治，在太湖西北面开凿了一条从丹徒至丹阳的河道。在太湖东南面，秦始皇还下令开凿另一水道，《越绝书》卷二记载："秦始皇造道陵南，可通陵道，到由拳塞，同起马塘，湛以为陂，治陵水道到钱唐，越地，通浙江。"以此，基本形成了由今江苏镇江，经丹阳、苏州、浙江嘉兴，直到杭州的航线，沟通了长江和钱塘江，形成了江南运河的基本走向，进而使得山会地区与北方航运交通更加畅达。秦始皇巡越促进了南北航线较大规模的整治，山会航道又有了新的发展。

（二）历史地位

姚汉源先生言："其开凿，引江河湖泉以为源，涓滴以上皆为用。东南多水，故其创始于江浙，司马迁谓：'通渠三江、五湖。'"[1] 山阴故水道的基本形成至少有2500年的历史，作用主要有三：一是沟通了纵横交错的越国水上网络；二是为越国强盛提供了基础保障；三是促进了对外通航与文化交流。

---

[1] 姚汉源《京杭运河史·浙东运河史考略》，中国水利水电出版社，1998年，第16页。

山阴故水道的经济、社会效益十分显著。当时越国的生产生活基地主要在山会地区东南部,也就是《越绝书》记载的故水道所经之地。故水道为富中大塘等生产基地所提供的防洪、排涝和航运效益十分显著,也为山会地区自然环境的改造、水利建设和经济、文化的发展奠定了重要基础。

山阴故水道在我国航运史上有着十分重要的地位,《水经注·济水》引《徐州地理志》:"偃王治国,仁义著闻,欲舟行上国,乃沟通陈、蔡之间。"陈国的国都在今河南周口市淮阳区,蔡国的国都在今河南上蔡县,这条人工运河位于沙水和汝水之间。《中国水利史稿》称此运河为最早的人工运河[1],但这条运河究竟在什么位置,史实已难以考证。有明确记载的为春秋后期鲁哀公九年(前486),吴人开的邗沟,沟通了江淮两大水系。开邗沟后的第4年(前482),吴人又"阙为深沟,通于商、鲁之间,北属之沂,西属之济"[2],沟通了泗水和济水,也就是沟通了黄淮两大水系。而山阴故水道开挖年代应该可以基本论定,所处地理位置也十分明确,该水道不但是越国之命脉,而且通过钱塘江沟通吴越两地,通过沿海码头沟通海外。山阴故水道可谓我国历史上兴建年代最早,并且至今依然保存较好、发挥作用的人工运河之一。

二、汉唐时期

(一)鉴湖航运

鉴湖北堤是在山阴故水道的基础上增高堤坝,新建和完善涵闸设施建设而成,西起广陵斗门,东至蒿口斗门,全长56.5千米。西鉴湖过西小江至钱塘江边的西兴渡口,沟通钱塘江航道。东鉴湖向东过白米堰、曹娥堰后到曹娥江,东经上虞,至姚江可达明州;西北则为曹娥江通往杭州湾的航道。另一条航道至白米堰往南过蒿坝,沿曹娥江可达嵊州、天台。鉴湖建成后,水位抬高和设施完善使航运条件更为优越。鉴湖初创至晋代,山会地区主航线即为鉴湖,至晋唐,西线(山阴县)的航线渐为西兴运河所取代,而东线(会稽县)鉴湖仍为主航线并延承至现代。

(二)西兴运河

鉴湖兴建,为山会地区提供了优越的水利条件,使会稽经济、社会迅速发展,同时也对水利、航运等基础设施提出了新的要求。于是公元300年前后,在晋会稽内史贺循(260—319)的主持下,又开凿了著名的西兴运河。《嘉泰会稽志》卷十:"运河在府西一里,属山阴县,自会稽东流县界五十余里入萧山县,旧经云:晋司徒贺循临郡,

---

[1] 武汉水利电力学院、水利水电科学研究院《中国水利史稿》编写组《中国水利史稿》上册,水利电力出版社,1979年,第87页。

[2] 引自《国语·吴语》。

凿此以溉田。"它自郡城西郭西经柯桥、钱清、萧山直到钱塘江边,起初称漕渠。因运河从萧山向北在固陵与钱塘江汇合,而固陵从晋代即称西兴,故名西兴运河。开凿之初,首先是为了灌溉。这说明随着山会平原西部农业生产发展,对灌溉和用水调度提出了更高的要求。由于运河与鉴湖湖堤基本平行,相距多在10里之内,鉴湖的多处闸、堰都和这条运河相通,这使得鉴湖的排灌效益大为提高,又由于沟通了山会平原西部、鉴湖以北的南北向河流,对调节水量也十分有利。西兴运河东至绍兴西郭门入城,再向东,过郡城东部的都赐堰进入鉴湖,既可溯鉴湖与稽北丘陵的港埠通航,也可沿鉴湖到达曹娥江边,西兴运河沟通了钱塘江和曹娥江两条河流。当然,这条运河的航运功能随之发挥并不断扩大,成为这一地区的主航道。

(三)隋唐航运

1.江南运河开挖的影响

《读史方舆纪要》称:"运河即江南河也。隋大业中将东巡会稽,乃发民开江南河,自京口至余杭八百余里。"[①] 于此,第一,说明隋炀帝开挖江南运河的主要目的之一是"东巡会稽";第二,既然隋炀帝要到会稽,浙东运河段肯定也要进行大规模整治。隋炀帝最后虽未到过会稽,但却使江苏、浙江、福建等地大受其惠,之后,通过大运河使沿途经济带距离缩短、文化传播加快、水运效率提高。以杭州为起点,主要航线有两条:一是沿钱塘江上溯到江西,再到达广东;另一条是经浙东运河到越州,再由海路到福建、广东等地。正是由于运河水运作用的发挥,促使浙东地区经济发展、农业增产、人口增多、城市日趋繁华。由于浙东运河的巨大作用,使越州有了一条稳定的直通华东、华中、华北各地的航线,形成了得天独厚的海港城市,促成了之后明州的形成和实质性发展。唐开元二十六年(738),从越州分析出鄞县等四县为明州,明州成为一个独立的行政区域。

2.唐代运河地位的提升

唐代西兴运河的航运地位更加突出。元和十年(815),观察使孟简开运道塘,这是对西兴运河的一次重要整治,也是运河通航和管理标准提升的重要标志。又《嘉泰会稽志》卷十:"新河在府城西北二里,唐元和十年观察使孟简所浚。"新河由城西西郭直通城北大江桥,与小江桥相连,因此缩短航线,避免壅塞,促进沿运商贸。

唐代浙东地区重视农田水利,据《新唐书·地理志》载:唐代会稽增修防海塘;山阴凿越王山堰,作朱储斗门,置新迳斗门;上虞置任屿湖、黎湖;明州置小江湖,开西湖,增修广德湖,筑仲夏堰等。此外,唐大和七年(833),鄞县(今宁波鄞州区)令王元

---

① 〔清〕顾祖禹撰,贺次君、施和金点校《读史方舆纪要》卷八十九,中华书局,2005年,第4110页。

昉兴建了位于今宁波西南 50 余里的鄞江桥西樟溪之上著名的它山堰工程。这些举措不但提高了农田灌溉能力,还为当时明州城内运河航运提供了较稳定的水源,充分反映了水利的综合效益。运河水利的兴盛对促进当地经济社会发展的作用是巨大的,唐代越州刺史元稹在长庆年间(821—824)有《再酬复言和夸州宅》,诗中称"会稽天下本无俦,任取苏杭作辈流"。

3.作用与地位

关于隋唐时期浙东运河的作用,现代日本汉学家斯波义信在《宁波及其腹地》中作如此评述:

> 在隋唐时期……凭借经余姚、曹娥把宁波与杭州联系起来的水路及浙东运河,宁波实际上成了大运河的南端终点。而且,由于杭州湾和长江口的浅滩和潮汐影响,来自中国东南的远洋大帆船被迫在宁波卸货,转驳给能通航运河和其他内陆航道的小轮船或小帆船,再由这些小船转运到杭州、长江沿岸港口以及中国北方沿海地区。[①]

唐代尤其是晚唐是浙东海上丝绸之路发展较快的时期,由于鉴湖和西兴运河的交通便利,使甬江和钱塘江通过浙东运河的交通运输业快速发展,越州城成为浙东航运的中心枢纽城市,不但与国内各地加强了商贸交易,还通过明州港口与日本、朝鲜及南洋加强商贸与文化交往。

三、两宋时期

宋代是浙东运河最辉煌的时期。

(一)兴盛原因

其一,浙东地区经济继续快速发展,北宋绍兴城市彰显繁华盛况,地位非同一般,嘉祐五年至六年(1060—1061)任越州太守的刁约有《望海亭记》,文中认为:"越冠浙江东,号都督府。"[②]

其二,南宋是绍兴城市发展史上的飞跃时期,绍兴已成富庶的鱼米之乡,在全国城市中有杰出地位。建炎三年(1129),宋高宗赵构从杭州过浙东运河到越州驻跸州治。绍兴元年(1131),赵构驻越州,改元绍兴,升越州为绍兴府,绍兴由此得名,次年回临安。

其三,对于南宋都城临安,浙东运河是其通向南、北、东的三条水运干道之一,绍

---

① 〔日〕斯波义信《宁波及其腹地》,〔美〕施坚雅主编,叶光庭等译,陈桥驿校《中华帝国晚期的城市》,中华书局,2000 年,第 470 页。

② 〔宋〕孔延之《会稽掇英总集》卷十九。

兴、明州、台州成了临安的主要后方,也是通向海上丝绸之路的门户。正如南宋姚宽在《西溪丛语》卷上中说:"今观浙江之口,起自纂风亭(地名,属会稽),北望嘉兴大山(属秀州),水阔二百余里,故海商舶船,畏避沙潬,不由大江,惟泛余姚小江,易舟而浮运河,达于杭、越矣。"[①]政府因之全面加强了对运河的管理、维修。

其四,宋代是明州历史上的鼎盛时期。宋代的明州城,在唐代明州城的基础上更加完善。宋明州罗城共有十个城门,主要街巷有五六十条。城内人口密集,北宋元丰年间,城内居民达11.5万多户。城内建立了各种专业性坊,主要有酿酒、纺织、铸冶、造船等手工业作坊和制造军器的"作院",还有竹行、花行、饭行等商业比较集中的商行以及表演杂剧、曲艺和杂技等的娱乐场所。

(二)北宋航运

北宋中期,两浙路向朝廷所纳的粮食、布帛和赋税增加,由于鉴湖和西兴运河的交通便利,甬江和钱塘江通过浙东运河的交通运输业快速发展,"两浙之富,国用所恃,岁漕都下米百五十万石,其他财赋供馈不可悉数"[②],当地对漕运的要求也必然显著提高。据《嘉泰会稽志》卷十记载,北宋末叶,知明州军蔡肇曾记载了他从杭州到明州运河沿途所见:"三江重复,百怪垂涎,七堰相望,万牛回首。"熙宁五年(1072),日本僧人成寻率弟子七人搭乘宋商孙忠的船只从肥前半岛出发到明州。明州不许入港,又乘船沿海而行,经越州、萧山到杭州。在杭州获准参天台国清寺后,又乘船从杭州出发,沿浙东运河经越州、曹娥江,溯曹娥江而上,到剡县,又坐轿去国庆寺。回杭州后,又沿江南运河经秀州、苏州、扬州去五台山[③]。可见从浙东运河入京杭运河河道之畅达。

(三)南宋航运

至南宋,鉴湖堙废,以西兴运河及原东鉴湖为主形成的浙东运河航运地位更加突出。据《建炎以来系年要录》卷一五八记载,宋室南渡后,"四方之民,云集二浙,百倍常时"。南宋定都临安,政治、经济形势发生巨大变化,浙东运河的重要性更加凸现,文献中关于此河流的记载也就不断增多。顾炎武(1613—1682)《天下郡国利病书》卷八十五记载:

> 且又往时之运道,一在湖中,一在江海上。在湖中者,东自曹娥循湖塘,经城南至西兴。在江海上者,宋都钱塘时,凡闽广漕运入钱塘者,必经绍兴北海上,凡塘下泊处,辄成大市。今皆废矣。

①〔南宋〕姚宽《西溪丛语》,中华书局,1993年,第25页。

②〔宋〕苏轼《进单锷吴中水利书状》,《苏轼文集》卷三十二,中华书局,1986年,第916—917页。

③〔日〕成寻著,白化文、李鼎霞校点《参天台五台山记》,花山文艺出版社,2008年。

这里的"湖中"应指鉴湖，也说明鉴湖是运河航道。南宋绍兴二年（1132）定都临安后，这条运河成为繁华富庶的绍兴府、明州和浙东运河沿岸其他城镇的水上交通要道。如漕米、食盐、布匹及其余物资的运输和官来商去，都经由此河。如闽、广、温、台等地的漕粮钱物皆由海道至定海、明州、余姚等地换船，或直接通过杭州湾运到杭州，或由浙东运河运往杭州。运到国都杭州的漕粮，又分别储存到南宋政府在临安设置的"上界""中界""下界"三仓。又因南宋陵园设在绍兴（今绍兴富盛宋六陵），帝后梓宫迁运，非水路不办，全靠这条运河水道。同时浙东运河也成为当时临安与海外联系的重要通道。亦如南宋姚宽在《西溪丛语》卷上中说：

> 今观浙江之口，起自纂风亭，北望嘉兴大山，水阔二百余里，故海商舶船，畏避沙潭，不由大江，惟泛余姚小江，易舟而浮运河，达于杭、越矣。

说明杭州湾的航运存在着海潮和沙堆的危险，由明州至杭州的商船多走浙东运河航线。

南宋状元王十朋《会稽风俗赋》描述浙东运河的水运状况、途经线路、繁盛景象："堰限江河，津通漕输。航瓯舶闽，浮鄞达吴。浪桨风帆，千艘万舻。"[1]

根据《嘉泰会稽志》及其他史料记载，可将运河各段分述如下。萧山运河路："东来自山阴县界，经县界六十二里，西入临安府钱塘县界，胜舟二百石。"山阴运河路："东来自会稽县界，经县界五十三里一百六十步，西入萧山县界，胜舟五百石。"会稽运河路：即东鉴湖航道，水深于西兴运河，胜舟超过五百石。上虞运河路："在县南二百二十步。东来自余姚县界，经县界五十三里六十步，西入会稽县界，胜二百石舟。"余姚江路："西来自上虞县界，经县界五十五里，东入庆元府（明州）慈溪县界，胜舟五百石。"余姚城至明州西渡堰约82里。综上，西兴堰至西渡堰总长约383里。又："曹娥江路南来自上虞县界，经县界（会稽县）四十里北入海，胜五百石舟。"这是运河由曹娥江入海的情况。

宋代爱国诗人陆游在《法云寺观音殿记》中描绘了地处绍兴城西法云寺边的漕运较发达，其地富庶的景象：

> 出会稽城西门，循漕渠行八里，有佛刹曰法云禅寺。寺居钱塘、会稽之冲。凡东之士大夫仕于朝与调官者，试于礼部者，莫不由寺而西，饯往迎来，常相属也。富商大贾，揿柂挂席，夹以大橹，明珠大贝翠羽瑟瑟之宝，重载而往者，无虚日也。又其地在镜湖下，灌溉蓄泄，最先一邦，富比封君者，家相望也。[2]

陆游在宋乾道五年（1169）受命通判夔州，坐船从绍兴城出发，沿浙东运河经萧

①《王十朋全集·文集》卷十六，上海古籍出版社，1998年，第852页。

②〔南宋〕陆游《陆放翁全集·渭南文集·记》卷十九，中国书店，1997年。

山、杭州,又经江南运河过秀州、苏州、真州,再逆长江而上去四川,对此,他的《入蜀记》中有较详细记载。

(四)运河管理

运河航运繁盛,政府也对管理和运河整治提出更高要求。据《宋史》卷九十七《河渠七·东南诸水下》记载,绍兴年间,浚治上虞县梁湖堰东运河、余姚县境内运河、萧山县西兴通江闸堰等的状况,无论是中央政府还是地方政府都高度重视对运河的整治和管理,整治里程之长,投入之多,管理人员要求之高都是少有的。

《宝庆会稽续志》卷四记载南宋嘉定年间,浙东运河"自西兴至钱清一带为潮泥淤塞,深仅二三尺,舟楫往来,不胜牵挽搬剥之劳"。针对此状况,知府汪纲于嘉定十四年(1221)上奏朝廷,请求开浚,资金由地方政府自筹和朝廷添助相结合。治理后,河道通畅,行舟便利,民众称好。是年,汪纲又组织对西兴至绍兴府城的运河新堤的整治,使堤岸"徒行无褰裳之苦,舟行有挽纤之便,田有畔岸,水有储积",还建施水坊于田野郊远之地,以供路人暂息。此举对运河的整治和管理都起到重要完善作用。

四、明清时期

(一)明代运河

1.河湖整治

明代初年钱清江的航运状况堪忧,舒瞻所撰《重修明绍兴太守汤公祠堂碑文》记载:

> 钱清故运河,江水挟海潮横厉其中,不得不设坝,每淫雨积日,山洪骤涨,大为内地患。今越人但知钱清不治田禾,在山、会、萧三县皆受其殃,而不知舟楫之厄于洪涛,行旅俱不敢出其间,周益公《思陵录》可考也。[1]

明代成化九年(1473),戴琥任绍兴知府,对绍兴平原河网及运河进行了集中整治。明嘉靖十五年(1536)七月,绍兴知府汤绍恩主持兴建了著名的滨海三江大闸,正常泄流量可达280立方米每秒。三江闸建成,山会海塘连成一线,始与后海隔绝,至此,山会平原形成了以三江闸为排蓄总枢纽的绍兴平原内河水系网,完成了从鉴湖水系向运河水系的演变,绍兴平原河网格局基本形成,也开创了绍兴水利史上通过沿海大闸全面控制水利形势的新格局。三江闸的建成不但使这一地区水旱灾害锐减,还为航运、水产等创造了有利的条件。此外,明代中叶以来,浦阳江进行了人工改道,经临浦过碛堰山北流至渔浦入钱塘江,西小江不再受浦阳江干扰。于是浙东运河的主要河段,即由钱塘江南岸经过绍兴到曹娥江的约200里的航道,通航条件大为改善,

---

① 〔清〕平衡《闸务全书续刻》卷一。

不再有"牵挽般剥之劳"。

2.运河整治

明代政府对运河的整治也十分重视,明嘉靖四年(1525),绍兴知府南大吉主持大规模修整府城内外运河,修砌塘身。明弘治中(1488—1505),山阴知县李良重修河道,甃以石。明季湛然僧再修之,石塘宽不逾丈。至此,运河堤岸多成石塘。

3.航线

明万历《绍兴府志》卷七载:"运河自西兴抵曹娥,横亘二百余里,历三县。萧山河至钱清长五十里,东入山阴迳府城至小江桥,长五十五里,又东入会稽,长一百里。"明王稚登《客越志》:"有风则帆,无风则牵,或击或刺,不舍昼夜。"其繁盛可见一斑。

明代弘治年间是史上中国大运河河道比较畅通的时期。弘治元年(1488),朝鲜官员崔溥在海上遇险后漂流至浙东台州沿海,上岸后由官府接待,沿运河北上抵达北京,北返归国。他在后来写的《漂海录》一书中详细记载了一路的见闻,比较完整地反映了运河的实际情况,这也是浙东运河沿途经济、社会、文化兴盛的重要史证[1]。

根据明朝徽商黄汴编纂的《天下水陆路程》,和清朝憺漪子编纂的《天下路程图引》记载,经整理,明清杭州至宁波的水路如下:

> 自杭州武林驿(在今杭州市北武林门外)出发,往南25里至浙江水驿(在今杭州市南,滨钱塘江),渡浙江(水不急,有巨潮之防)18里至西兴驿(在今萧山县城内),经50里,至钱清驿(在今绍兴市西北之南钱清),再50里到绍兴府蓬莱驿(在今绍兴市内),又80里达东关驿(在今上虞县西东关镇),渡曹娥江(江面狭,水甚急)10里,至曹娥驿(在今上虞县百官镇),经90里到姚江驿(在今余姚县余姚镇东),再60里至辛厩驿(在今余姚县东南车厩),又60里达宁波府四明驿。[2]

以上总443里。

(二)清代运河

1.康乾南巡

康乾盛世中,两位帝王尤重拜祭大禹,因此在乘龙舟途经浙东运河时留下了辉煌的篇章,为清代大运河增添异彩。《南巡盛典》也记载了当时为迎接乾隆帝祭禹和整治浙江海塘、浙东运河的情况,以及乾隆在运河的途经之处和所写的诗文。

---

[1] 崔溥著,葛振家点注《漂海录》,社会科学文献出版社,1992年,第77—79页。

[2] 童隆福主编,《浙江航运史》编委会编《浙江航运史·古近代部分》,人民交通出版社,1993年,第131页。

清乾隆五十五年(1790)前后,朝廷制作了大运河全图[①],第二部分绘制的是从绍兴府经杭州直至京城的大运河,详细反映了运河沿途各府县周边水道、湖泊、山川、河流间沟通关联济运情形,足证浙东运河为中国大运河的南起始端。

2.民间捐修

晚清运河河段多民间捐修之善举,包括塘和桥之类[②]。今上虞区东街道关澎家堰村运河段,有澎家堰老桥,桥之东侧有一块桥头石碑。此碑高约0.8米,底厚约0.35米,顶部厚约0.28米,长约3.5米,自重在3吨左右,安装在桥东侧之北面,碑南面无字,北面镌刻:

> 是桥自康熙辛酉吾族武成公建后,历久渐敧,行旅危之。立夫凤寿,爰议集腋重修。适章子小品,亦为乐酿资赞助。遂由凤寿经理,卜吉从事焉。功既竣,因缘数言,并镌捐助姓氏于石上。……(以下是捐款大洋名单及数量,共助洋六百三十四元,略)

经理:杜凤寿识

光绪丁酉冬吉旦

以上碑文表明:其一,此桥建于康熙辛酉年(1681),由杜姓氏族武成公主持修建。其二,桥至光绪年间时已倾斜成危桥,已危及航运及人行安全,又由杜凤寿在光绪丁酉年(1897)发起集资捐款重修。修建完成后便根据事由经过,写成短文并附上捐款人姓名刻于碑上。其三,萧绍运河虽属官河,但在维修整治上,多民间捐助和主持兴修之举。

桥北两幅横额,南为"巽水腾蛟",北为"太乙生元"。其意应北为"自然精气,造就万物",南为"风调雨顺,人才辈出"。

为有利于商运,晚清也有宁绍商家提出开深梁湖一带运河。绍兴皋埠段也有记载同治年间捐修运河纤道塘的塘石刻记。

晚清及民国时期国家积弱,政府财政贫乏,航运管理松弛,对运河河岸整治及疏浚也不力,倒是民间商业界及有实力之士对浙东运河绍兴段多捐修河塌之举,今柯桥区段、绍兴城区段运河多见此类刻石题记。

3.内河航运权

鸦片战争后,清政府屈从于英国侵略者,于1842年签订《南京条约》,次年又签订了《五口通商章程》。自此,宁波港作为向西方开放的口岸,浙东被纳入新的经济

---

① 刘枫主编,全国政协文史和学习委员会编《九省运河泉源水利情形图》,浙江古籍出版社,2006年。

② 邱志荣《上虞市东关镇古运河西段考查记》,邱志荣著《上善之水——绍兴水文化》,学林出版社,2012年,第405—407页。

贸易圈中,并受到西方文明较大的影响。1904年至1905年,浙江人民取得了抵制和反对法国强索绍兴内河权斗争的胜利。1908年7月,宁波人虞和德邀集同乡,并联合绍兴巨商集股创办了宁绍商轮股份有限公司,不但打破了外国航运势力和封建势力对甬沪线的垄断局面,并且在较长一段时间内和外国航运势力进行坚决斗争并最后取得重大胜利。

五、近现代

(一)民国运河

1.航线

清至民国时期浙东运河航道无大变化。

《浙江全省舆图并水陆道里记》修于光绪十六年(1890),至光绪十九年(1893)完成。该书首图为《浙江全省百里方图》,一格代表百里;每府有二十里方图,一格为二十里;每县有五里方图,每格为五里。县五里方图上的山脉、河流、道路、村庄、桥梁标注规范且清楚,是图可作为研究当时浙东运河状况的重要依据。又据万历《绍兴府志》卷二所载,绍兴境运河水路为"绍兴府城之西北,出西郭水门,由运河西至于钱清镇,又西北至于萧山之西兴镇渡钱塘江,凡一百二十里,达于杭州。又由钱清之水路,西南至于临浦,达于钱塘,凡一百里"。又"东出都泗门,由运河南过五云门,又东至于绕门山,又东至于东关之曹娥江渡江,由运河又东南至于上虞,过县之东,又东至于大江口坝,入于余姚江,又东至于余姚,过江桥,又东达于宁波之慈溪,凡二百七十五里,东通宁波,入于东海。又由东关南至于蒿坝,由剡溪而上,南至于嵊县,过县,又东南由陆路至于新昌,由新昌东南山路达于台州之天台,凡三百七十里"。这里记载的运河航道:由西兴经绍兴到宁波的距离为395里;由钱清到临浦的距离为120里;又由东关南折过蒿坝,沿曹娥江水路可到今嵊州,之后走陆路到新昌,再到天台,其间距离是375里。

2.整治方案

此时期江浙经济发展较快,浙东运河之水运地位尤为重要。浙东地区在外海轮船航运、内河轮船航运、港口、船舶修造等方面均有较快发展。由于浙东运河地位显得日趋重要,全线整治也提上了议事日程。据杨健《浙东运河之重要性与整理意见》载:

> 浙东运河,起自钱江南岸之西兴镇,止于鄞县之新江桥,计长一百七十余公里,横贯钱江、曹娥江,并顺姚江达甬江而通于海,就天然阶段,可将全线划分为钱塘曹娥段、曹娥姚江段、及姚江本身等三大段。

又言:

> 吾国主要江河,流向均由西而东,惟运河则由北而南,起自北平,南迄宁波,

长达二千余公里，贯通后可使黄河、扬子、钱塘、曹娥各流域之航运，得以联络一气，产物得以相互接济，关系全国交通、经济、国防者甚大。故整理运河，为整个国家之建设大计；而宁绍杭为沿运生产最富之区，整理浙东运河，实为贯通全运之嚆矢。此关于联络全国航运，浙东运河之应行整理者。①

此为杨健时受浙江省建设厅委派，计划进行对浙东运河整治所提的意见方案，其成果系统、深入、周密，具有很强的可操作性。这样一个事关国家和民生，且已列入国家计划、上报中央政府的大运河整治工程方案，惜因次年日本发动七七卢沟桥事变，全面抗日战争开始而未能实施。

3. 孙中山浙东运河之行

（1）绍兴段行程

民主革命的先行者孙中山曾 3 次来浙江考察，第 3 次先后到了绍兴和宁波，他乘船走浙东运河绍兴段，又乘火车到宁波，其间给浙东人民以深刻的教益和启示，也为浙东运河增添了光辉的历史篇章。

据《民国日报》1916 年 8 月 23 日载：

1916 年 8 月 19 日晨刻，孙中山由杭州清泰第二旅馆至督军署辞行后，即乘舆出凤山门至南星桥渡江东行。随行者为胡汉民、邓家彦、朱执信、周佩箴、陈去病等 5 人。时值退潮沙见，浪静波恬，先生容舆中流，四顾甚乐。轮渡过江达西兴稍憩，即换乘越航（越安公司轮船），由汽船拖带而行。午后四时抵柯桥，学商军警相迎，众居民亦倾巷来观。五时抵西郭门外育婴堂河埠，军队官绅已争出迎迓，遂登岸，乘舆入城。时花巷布业会馆作"行台"，士女夹道欢呼，莫不称叹。

8 月 20 日清晨，孙中山一行从布业会馆乘轿到卧龙山，步行登高，游龙山、登望海亭，望绍兴山水。上午十时，回布业会馆，应商会之请，在觉民舞台召开的欢迎大会上发表演说，他说："浙民知识较他省为优，西湖岸上之烈士墓纪念尚存。绍兴河畔之牌坊不少，此非有知识之作为而何？……知当今之国家，非一人之国家，乃我人民之国家。……国家之强弱，人人有莫大之责任矣！"下午县知事宋承家、银行行长孙寅初、商会会长陶荫轩陪同乘三明瓦即"烟波画舫"游禹陵展谒神像，并登窆石亭摩挲古碣，叹为未见。当晚，出席布业巨商陶荫轩的宴会。

8 月 21 日清晨，孙中山仍由宋承家等陪同，坐"烟波画舫"出游鉴湖，登岸又游陆游快阁。然后下画舫去娄宫，上岸，骑坐天章寺备的驴子，配上兜轿，游王右军的兰亭及唐林三侠士墓。下午仍坐画舫去五云门外游东湖，谒陶焕卿祠，召

---

① 民国二十五年（1936）《浙江省建设月刊》第十卷，第三期。

见陶的父亲陶品三,叫秘书写一手谕给浙江都督府,意谓:从民国五年开始,追加陆军上将陶成章烈士年抚恤金七百元正。表示对烈士家属的关怀,同时还为陶祠题"气壮山河"匾额,表示对烈士的敬仰。然后,再坐画舫30里,去孙端孙德卿家,参观上亭公园[1],瞻仰明末乡贤朱舜水遗像。

8月22日清晨,孙中山由孙端转曹娥江到百官镇,改乘曹甬铁路火车前往宁波。[2]

（2）殷切之望

其一,孙中山对越中山水风光、人文历史非常热爱。绍兴的主要行程,他几乎都是在船上,作西兴运河、鉴湖之游。在卧龙山登高望远,赏稽山鉴水风光;至鉴湖观快阁胜景,仰放翁遗风;到兰亭看书圣笔迹,赏曲水流觞之高雅;在运河之畔的东湖,既拜谒辛亥先烈,又饱览"残山剩水"之奇绝。以至于随行的胡汉民途中欣然作诗一首:"西湖三日共勾留,乘兴扁舟更远游。我有一言君信否,会稽山水胜杭州。"[3]

其二,期望浙东水利、水运加快发展。从钱塘江乘船经运河至迎恩门进绍兴城,他在绍兴看到了鉴湖和三江闸的巨大效益;之后,又到了宁波,见到了三江口的浩大、海洋资源的丰富和海运的发达,因之希望浙东水利、航运,既要传承历史,充分利用资源优势,更要规划好大的工程,加快宁波港、海上丝绸之路的发展,建东方大港。

其三,希望浙东要振兴实业,在政治、经济、城市、金融、社会管理等方面领先于国家其他各省。《孙中山全集》第三卷:"苟能亟疾经营,则即不难成为中国第二之上海,为中国自己经营模范之上海。是在诸君子勉为之耳。"

孙中山先生宁绍之行,为浙东地区、浙东运河沿线谋划了发展方向,勾画了宏伟蓝图,产生了深远影响。

（二）当代新杭甬运河

1. 原杭甬运河

原杭甬运河起自杭州艮山港,出三堡入钱塘江,绕道浦阳江至临浦,经碛山闸入萧绍内河。之后大多沿原浙东运河线入姚江,穿宁波市区、甬江达终点镇海码头,全程258.09千米。该航线自1979—1983年全线疏浚后,能通航20—40吨级船舶,达

---

[1] 上亭公园建设主要由孙德卿出资,是一个以个人筹建为主,民间相助为辅,以为民众服务,宣传和推广民主、民生、科学思想为目的而建设的综合性公园,也是绍兴第一个农村公园。1915年建成,时公园面积达20余亩。孙中山先生来绍兴,到上亭公园参观,亲题"大同"二字相赠,可见孙中山对其建园主旨的肯定和造园风格的赞赏。详见邱志荣著《绍兴风景园林与水》,学林出版社,2008年,第106—107页。

[2] 摘自《绍兴文史资料专辑》第五辑。

[3] 摘自《绍兴文史资料专辑》第五辑。

到八级航道标准。但由于受杭甬运河沿线升船机和局部航段限制，实际只能通 25 吨级船舶[①]。

2. 新杭甬运河

新杭甬运河为浙江省"十五"重点工程项目。新杭甬运河地处杭州、绍兴、宁波水网地区，西起杭州三堡，途经萧山、绍兴、上虞、余姚、宁波，东达宁波甬江口，其中杭州段长 43.543 千米，绍兴段长 101.729 千米，宁波段长 93 千米。全长 238.272 千米，沟通了钱塘江、曹娥江、甬江三大水系。工程全线按四级航道标准改造，分航道护岸、桥梁、船闸、土（石）方等工程。杭甬运河航道面宽不低于 60 米，底宽不低于 40 米，水深不低于 2.50 米，桥梁净高不低于 7 米，最小弯道半径 R ≥ 330 米，建设后可通航500 吨级船舶。杭甬运河改造工程总投资达 74.2653 亿元。

新建的杭甬运河建设标准、现代化程度高，投入大，具有航运、防洪、灌溉、旅游、战备等方面的综合效益。又从节约资源和环保而论，其效益和前景更是十分广阔。

工程于 2002 年开工，除宁波三期工程外，至 2009 年 9 月全线实现通航。

第二节　工程技术

浙东运河独特的工程技术的产生由来已久，其形成原因是由浙东地区的地理环境和浙东人民的生活习俗所决定的，这是古代浙东人民在水利、水运上的杰出创造。其中既有功能上的需要，也包含了审美和艺术的因素。亦所谓"一些很少受到物理及水平测量原理教育的人，竟然能将如此伟大的工程完成得尽善尽美，真是让人难以相信"[②]。

一、系统的航道水位控制工程

（一）闸堰

2500 年以前建成的越国山阴故水道，在东西向运河和南北向自然河道的交汇处，已设有木制的水闸类控水工程。浙东运河是诸多的河流和湖泊连接而成的，其所穿越的钱塘江、钱清江、曹娥江、余姚江落差较大，又受潮汐影响，因此，运河通航水位必须依赖闸、堰调节。在鉴湖时期，有闸、堰 69 处。鉴湖航运必须使湖与外江及以北平原航线沟通，由于鉴湖上的闸多在湖与平原河网的连接处，在水位落差不是很大的

---

① 罗关洲主编《绍兴市交通志》，浙江人民出版社，2007 年，第 43 页。
② 〔法〕李明著，郭强、龙云、李伟译《中国近事报告 1687—1692》，大象出版社，2004 年。李明，法国传教士。

情况下可以开闸通航。鉴湖与外江通航主要依靠堰坝，堰一般是用泥或石建砌而成，表面光滑，高程与鉴湖常水位相当。

西兴运河开凿之初必须解决钱塘江与运河的堰坝之隔，因此可以肯定运河形成之始，堰坝体系已经存在，有的堰坝出现时间可能更早。《读史方舆纪要》记载：

> 六朝时谓之西陵牛埭，以舟过堰用牛挽之也。……齐永明六年（488），西陵（即西兴）戍主杜元懿言：吴兴无秋，会稽丰登，商旅往来倍多常岁，西陵牛埭税官格，日三千五百，如臣所见，日可增倍，并浦阳、南北津、柳浦四埭，乞为官领摄，一年格外可长四百余万。会稽太守顾宪之极言其不可，乃止。[①]

可见当时钱塘江南岸堰埭之多，经济发展和水运之繁盛。

《嘉泰会稽志》卷十记载北宋浙东运河"三江重复，百怪垂涎，七堰相望，万牛回首"。"三江重复"是指把运河分隔成多段落的钱塘江、钱清江、曹娥江三条潮汐河流，一条接一条横截于运河上，最后总归杭州湾；"百怪垂涎"，是指运河沿途山丘河流众多、蜿蜒而下、变化多端；"七堰相望"则指西兴堰、钱清北堰、钱清南堰、都泗堰、曹娥堰、梁湖堰及通明堰；"万牛回首"，指小者挽牵、大者般剥，主要依靠牛力，老牛负重，盘旋回首，步履艰难，形成一条运河风景线。通明堰是浙东运河东部人工运河和自然河流的标志性分界点。《嘉泰会稽志》卷四："通明北堰在县东一十里。"通明堰所处地势险要，运河与余姚江水位落差较大，船运很不便利。又有通明南堰，《嘉泰会稽志》卷四记载：

> 嘉泰元年冬始置，海潮自定海历庆元府城，南抵慈溪，西越余姚，至北堰，几四百里。地势高仰，潮至辄回，如倾注。盐运经由需大泛，若重载当碛，则百舟坐困，旬日不得前。于是增此堰，分导壅遏，通官民之舟，而北堰专通盐运。

关于以牛牵轮拖船过堰的情况，在日本人成寻（1011—1081）《参天台五台山记》中也有记载：

> 自五云门（萧山）过五十里，未时至钱清堰，以牛轮绳越船，最希有也。左右各以牛二头卷上船陆地，船人多从浮桥渡——以小船十船造浮船，大河一町许……又以水牛八头付辘轳绳，大船越堰，船长十丈，屋形高八尺、广一丈二尺。[②]

所记的牛是水牛，因水牛善于负重并耐劳。具体方法是以牛牵转盘，将船牵到陆地上，接着引船入河而至江口，又从江面越堰入河。船只大小不一样，所用牛的数

---

①〔清〕顾祖禹撰，贺次君、施和金点校《读史方舆纪要》卷九十二，中华书局，2005年，第4216页。

②〔日〕成寻著，白化文、李鼎霞校点《参天台五台山记》，花山文艺出版社，2008年。

量也不同。如《参天台五台山记》中记都泗门堰"过五里,有都泗门,以牛二头令牵过船"。

(二)水则

浙东运河在绍兴平原段河湖密布,东西又存在水位差,由于各地和不同季节对河湖的防洪、排涝、灌溉、航运有着不同的要求,因之对水位必须统一调度。南朝宋孔灵符《会稽记》称:"筑塘蓄水,水高(田)丈余,田又高海丈余。若水少则泄湖灌田,如水多则闭湖泄田中水入海。"这个控制鉴湖河网入海的枢纽工程便是位于绍兴城正北25里的玉山斗门。由此入海的主要河流即是直落江,亦是稽北丘陵干流若耶溪的下流,玉山斗门的主要作用为挡潮和控制北部平原河网水位。宋曾巩在《鉴湖图序》中说得更清楚:

> 其北曰朱储斗门(即玉山斗门),去湖最远。盖因三江之上,两山之间,疏为二门,而以时视田中之水,小溢则纵其一,大溢则尽纵之,使入于三江之口。

这便是鉴湖早期的水位调控。

到北宋庆历中,两浙转运使、兵部员外郎杜杞又根据当时实际水位,立水则于鉴湖。《鉴湖图序》又云:

> 杜杞则谓盗湖为田者,利在纵湖水,一雨则放声以动州县,而斗门辄发。故为之立石则水:一在五云桥,水深八尺有五寸,会稽主之;一在跨湖桥,水深四尺有五寸,山阴主之。而斗门之钥使皆纳于州,水溢则遣官视则,而谨其闭纵。

鉴湖水则在管理调控水位上有明确有效的操作规范和制度。

杜杞(1005—1050),字伟长,宋无锡人(一说金陵人),曾任两浙转运使,是主管两浙水陆运输等事务的地方行政长官。他所处的北宋时代,古鉴湖被侵占情况日益严重,鉴湖被占及水位降低既造成蓄水减少、水患增多、农业减产,同时水位降低也影响浙东运河主航道及鉴湖之航运,作为两浙转运使的杜杞对此事引起了高度重视。《越中金石记》卷二《鉴湖题名》记载杜杞又刻石宛委山"同定水则于稽山之下,永为民利"。

明戴琥于成化十二年(1476),在深入实地调查和总结历史经验的基础上创建了一座山会水则(水位尺),置于河道贯通于山会平原诸河湖的绍兴府城内佑圣观之前河中,并在观内立有一块可供观测使用的《山会水则碑》。按此碑观测"水则",管理十多千米以外的玉山斗门的启闭,可以调节整个山会平原河网的灌溉和航远,这是山会平原河湖网系统整治和有效管理的标志,也是绍兴水利、航运史上的一个杰出创造。这座水则使用了六十年,直到汤绍恩主持建成三江闸才废弃。

三江闸建成后,在闸上游的三江城外和绍兴府城内各立一石制水则,自上而下刻有"金、木、水、火、土"五字以作启闭准则。按水则启闭水闸,外御潮汐,内则涝排旱蓄,控制水位,确保航运。万历十二年(1584),郡守萧良干修闸,之后实行更科学有效的用水管理方法。程鸣九《闸务全书》上卷《萧公大闸事宜条例》:

> 立则水牌于闸内平澜处,取金、木、水、火、土为则。如水至金字脚,各洞尽开;至木字脚,开十六洞;至水字脚,开八洞。夏至火字头筑,秋至土字头筑,闸夫照则启闭,不许稽迟时刻。仍建则水牌于府治东祐圣观前,上下相同,观此知彼,以防欺蔽。

二、早期的木桩基础、木制设施技术

山阴故水道在越王句践时已得到了全面整治,使其东西向贯通山会平原,连通钱塘江与曹娥江。在建设故水道时,越国尽可能综合利用开挖的土方,建成故水道以南的富中大塘,并且为阻挡北部平原潮水侵入,控制上游洪水,排涝和满足富中大塘灌溉之需,沿河岸设置闸、堰、涵洞一类的设施,这类设施中的闸应以木结构为主。

至于后来鉴湖能建各种型制的水门69所,当与此木制设施技术的推广和应用关联密切。水闸使用木制技术在鉴湖早期斗门、闸的建设中也可得到印证。以玉山斗门为例,宋嘉祐四年(1059),沈绅《山阴县朱储石斗门记》中称:"嘉祐三年五月,赞善大夫李侯茂先既至山阴,尽得湖之所宜。与其尉试校书郎翁君仲通,始以石治朱储斗门八间,覆以行阁,中为之亭,以即二县塘北之水。"至此已将原木结构改为石制结构。玉山斗门闸在宋代前采用的是木制结构,可见越地使用木制水闸技术之高超和使用范围广泛。

据盛鸿郎、邱志荣《古鉴湖新证》考证,1987年在绍兴县湖塘乡西跨湖桥北的堰下江上开挖所见的松树桩基,确定距今年代为1670±189年,基本可以确认这是筑鉴湖时打入的桩基,并推断湖村桥应为古时鉴湖的"童家堰"所在地。此外,沿古鉴湖堤一线的乡村,在近几十年来的挖河和建桥过程中,都发现塘基有木桩和泥煤,这表明在鉴湖堤上的排灌设施及一些重要地段,都采用了以木桩先入地基的处理技术。

此外,在今绍兴越城区东浦街道西鲁墟村与清水闸村交界河道处,2001年实地考证发现了古鉴湖西墟斗门遗柱及部分基础[①],在对闸柱的开挖中,发现基础处理坚实,底部有较多松桩打入加固,确定地质年代距今1670±70年,也表明了鉴湖木桩沉排技术在初建时的广泛应用。

---

① 见《绍兴晚报》2001年7月26日第9版。

三、堤、桥营建工艺

（一）石堤

浙东运河沿线钱塘江、西小江、曹娥江、余姚江水位落差较大，而内河航运水位年际变化并不大，一般在 1 米上下，河势相对稳定。运河由人工开挖，必须筑堤岸护河，山阴故水道的堤岸除涵闸设施采用部分砌石及木制结构外，基本为土堤。至唐代，观察使孟简在山阴西兴运河南岸建运道塘，此为岸路合一的工程，部分路段已从泥塘改为石塘，之后运河堤岸建设标准逐渐向石塘路发展。

古代浙东运河航船或靠摇橹，或靠风帆，或依靠堤岸纤夫背纤。由于摇橹费力而速度慢，且浙东地区一般风力平常，背纤便是行船的主要方式之一。运河的建设和保护需要堤岸，背纤要有纤道路，因此便形成了浙东运河闻名于世的古纤道。绍兴古纤道是浙东运河上古代人们行舟背纤和躲避风浪的通道，也是我国航运技术史上的杰出创造。古纤道西起钱清，东至曹娥，长约 150 里，其主要地段位于柯桥至钱清一带的运河上，纤道路可分为单面临水和双面临水两大类，根据地形和实际需要建造。

1. 单面临水

一面临水、一面依岸的纤道路一般在河面不甚宽阔之处，路基的砌筑方法主要有两种：一种是用条石错缝横平砌丁石，层层上叠；另一种则采取"一顺一丁"之法垒叠。其路面高出水面约 1 米，一般以石板横铺而成，每块石板的宽度在 0.7—0.96 米之间；长度（即纤道的宽度）则基本相近，为 1.50—1.60 米。由于铺路石板的背面较粗糙，有时难以使路面保持平整，石匠便在石板与路间垫入若干大小不一的石片进行校正。

2. 两面临水

两面临水的纤道路多在水深河宽之处，砌筑难度相对较大，是纤道中的精华所在。它可分为实体纤道路和石墩纤道桥两种。

实体纤道路。路基及路面砌叠方式与一面临水、一面靠岸的纤道相一致。最长的一段要数从柯桥街道东首至谢桥塘湾潄的纤道路，全长约 3 里，平面略呈"S"形弯曲，这种形状，既具有砌筑技术上的稳定性，又在一定程度上抗击抵消了波浪对塘路的冲击，同时也使塘路呈现了曲折多变的动感之美。古代河塝砌筑不可能如同现代采用围堰技术，须技艺高超的石工，在水下直接用石砌工艺技术操作，主要采用定位、放样、搭排架、平整基础、打桩、放盘石、砌筑基面等方法。

石墩纤道桥。一名"铁锁桥"，在阮社太平桥至湖塘板桥一带的运河上，有两段。据现存于纤道桥上的清光绪九年（1883）八月乡绅章文镇、章彩彰撰，匠人毛文珍、周大宝凿刻的《重修纤道桥碑记》记载，自太平桥起至板桥止，所有塘路以及宝、玉带桥，共计281洞。如今其中的一段全长有502米，149桥孔；另一段全长有377.4米，112桥孔。这种纤道桥每隔2.36—2.75米设一桥墩，采用"一顺一丁"之法干砌，墩与墩之间桥面用三块长3.37—3.51米，宽0.49—0.52米的大石梁并列砌成，通宽在1.5米左右。有的还间以系石，以增加桥面的稳定性。此外，一般采用桥梁微微拱起，两边夹紧顶实的方法增加牢固度，以免断裂，同时也使纤道本身既有整体形成的壮观美，又平添了个体的弧线美。

由于实体纤道路上船只无法横穿，石墩纤道桥亦多贴近水面，只起到贯通水体作用，倘若船只需进出，或遇到较大的风雨时，便必须通过与纤道平行的凸起拱桥和梁桥由外官塘主航道进入里官塘躲避风雨，以防翻船之险。里官塘河宽一般为20余米，河道长短及配套由主河道及其地理位置决定。

（二）石桥

至于运河南北行人的往返，便必须有赖于横跨运河且有一端衔接纤道的大中型石桥。据统计，浙东运河上多横架之桥，仅绍兴古纤道上就有这类石桥40余座[1]，它们形式多样，多姿多彩，是纤道不可分割的组成部分。其中荫毓桥、融光桥、太平桥、迎恩桥、会龙桥和泾口大桥，在我国水利桥梁建筑史上具有较高的研究价值和地位。至于余姚的"通济桥"，是浙东地区跨度最大的圆拱大石桥，故称之为"浙东第一桥"。据《建桥碑记》所说："海舶过而风帆不解。"

第三节　文化风情

浙东地区文化发达、沉积深厚、交流广泛，运河又起着巨大的承载作用。运河文化的产生发展大致包括三部分，一是运河本地产生的文化；二是外地精英带来的优秀文化以及在浙东创作的文化作品；三是通过运河形成对外的文化交流。

一、文化学术承载之河

绍兴为越文化的中心，浙东运河从其雏形山阴故水道起就一直是这里的文化滋生和传播之地。

舜禹传说在浙东之地流传甚广。《水经注·浙江水》："《晋太康地记》曰：舜避丹朱于此，故以名县，百官从之，故县北有百官桥。"此便为上虞"百官"地名之来历，亦为曹娥江古名"舜江"的由来。由于传说和史书中记载大禹治水来到会稽山下，又有

---

[1] 周燕儿《绍兴古纤道考查记》，载盛鸿郎主编《鉴湖与绍兴水利》，中国书店，1991年，第224页。

大禹"三过家门而不入""诛杀防风氏""涂山娶妻"等动人的传说,会稽山下也就有了历史悠久、殿宇宏伟的大禹陵。

《吴越春秋》卷七记载了越王句践入臣于吴,群臣送浙江之上时,越王夫人据船而哭的《愁歌》,这是感人肺腑、生离死别的绝唱。《越绝书》卷八还记载了句践习教美女西施、郑旦的"美人宫",在东郭门外的山阴故水道边。之后,又有了西子于此采莲的传说。汉刘向《说苑·善说》记载"君独不闻夫鄂君子晳之泛舟于新波之中也?乘青翰之舟……越人拥楫而歌",这是古越水文化与楚文化交流之写照。

《越绝书》卷四记载浙东"西则迫江,东则薄海",潮起潮落,波涛汹涌,变幻莫测,令人惊颤。于是越人心中产生了海潮之神,是神的意志主宰着这一自然现象。最著名的当属伍子胥和文种的神话故事。又《吴越春秋》卷六:"葬一年,伍子胥从海上穿山胁而持种去,与之俱浮于海。故前潮水潘侯者,伍子胥也;后重水者,大夫种也。"这一故事也就在运河沿岸广泛传播。

曹娥江畔运河边还流传着一个凄切而优美动人的孝女曹娥的故事。《后汉书·列女传·孝女曹娥》记载:"孝女曹娥者,会稽上虞人也。父盱,能弦歌,为巫祝。汉安二年(143)五月五日,于县江溯涛迎婆娑神,溺死,不得尸骸。娥年十四,乃沿江号哭,昼夜不绝声,旬有七日,遂投江而死。"《上虞县志》言:"曹娥(130—143),皂湖乡曹家堡人。"后人为纪念其孝,名此江为曹娥江。曹娥庙中亦留下了东汉蔡邕和杨修"绝妙好辞"的故事。

鉴湖建成后,会稽的自然环境起了转折性的变化,而西兴运河的建设又使山会平原水利、社会环境更趋优越。于是越文化的神秘、会稽山的高深莫测、古鉴湖的风光无限、古水道的悠远,吸引众多的文人学者、迁客骚人,或沿鉴湖、西兴运河航线畅游,或定居湖畔、河岸,于此挥毫泼墨、著书立说、吟唱咏颂,留下了丰富多彩、脍炙人口的作品。魏晋南北朝时期,会稽成了相对偏安之地,于是文人学士多会于此。《晋书·王羲之传》:"会稽有佳山水,名士多居之。"谢灵运在会稽所作的山水诗很有影响力,开一代风气,他与谢惠连、谢朓并称"三谢",在运河之畔多有佳作。

唐代有更多文人学士闻名来越游览,这条线路大致范围为从钱塘江到西兴,之后一条线路是经西兴运河到绍兴城;另一条线路是从鉴湖到绍兴城,或至若耶溪,或沿东鉴湖至曹娥江,经剡溪到天台山。这些诗人多为唐代诗人中的杰出代表,沿途创作了大量的优秀诗篇,此线路被誉为"唐诗之路"。孟浩然《济江问舟人》诗中写出了仰慕越中山水之情:"潮落江平未有风,扁舟共济与君同。时时引领望天末,何处青山是越中。"

贺知章,字季真,号四明狂客,唐越州永兴(今萧山)人,早年迁居山阴。贺知章在鉴湖边、运河畔写下脍炙人口的《回乡偶书》二首。

李白的《送王屋山人魏万还王屋》被称作是浙东山水诗中的神品，此诗主要描述歌咏了浙东运河的行程和沿岸的名胜风光。"挥手杭越间，樟亭望潮还。涛卷海门石，云横天际山。""秀色不可名，清辉满江城。人游月边去，舟在空中行。"

南宋诗人陆游家靠近西兴运河，从少小离家到晚年家居，常泛舟运河之中，或记述事物，或歌咏风光，多有妙篇佳作。如《钱清夜渡》诗："轻舟夜绝江，天阔星磊磊。地势下东南，壮哉水所汇。月出半天赤，转盼离巨海。清辉流玉宇，草木尽光彩。"写钱清江渡口月出时分的壮丽气象。又《西兴泊舟》："衰发不胜白，寸心殊未降。避风留水市，岸帻倚船窗。日上金镕海，潮来雪卷江。登临数奇观，未易敌吾邦。"此为西兴渡口所见江潮奇观。明清文人在浙东运河歌咏之作不断，明袁宏道有"钱塘艳若花，山阴芊如草"句广为传颂；清齐召南有"白玉长堤路，乌篷小画船"句脍炙人口。

浙东运河及沿海港口也是这一地区对外文化交流的重要承载之地。由于古越地处四通八达的河湖流域且滨临大海，又因为故水道的东西向连通，使得越人能利用水上航行进行航海和对外文化交流。春秋战国时期，我国有五大港口，越国拥有三大贸易港口（琅琊、会稽、句章），其中两个在浙东。那时的越族人民漂洋过海去今天的日本列岛和韩国济州岛等地。对彼岸经济文化，尤其是在稻作农耕、养蚕纺织、建筑、冶炼、艺术语言等方面产生深远之影响[1]。

唐朝时，促进中日两国交流成就最突出者是高僧鉴真。他不畏艰险，东渡日本，讲授佛学理论，传播博大精深的中国文化，有效地促进了日本佛学、医学、建筑和雕塑水平的提高，受到中日人民和佛学界的尊敬。鉴真自天宝二年（743）始，历十一载，遭五次失败，双目失明，终于在第六次东渡成功，受到日方隆重接待，被奉为"大僧都"，为日本律宗始祖，留居日本。据赵朴初先生考证，鉴真第五次东渡，是从越州城出发，取道浙东运河。

在宋代，日本僧人成寻（1011—1081）一行于1072年（日本白河天皇延久四年，中国宋神宗熙宁五年）三月十五日自日本松浦壁岛登上中国商船，成寻从这一天开始写日记，后成《参天台五台山记》，其中记下了成寻乘船从钱塘江出发，过萧山，经古运河，过曹娥、嵊州、新昌，最终到天台的行程等，不但记述了运河水道，还记载了诸多沿运山川风光、风土人情。

至于500多年前朝鲜人崔溥写的《漂海录》，因其所见所闻都是明代中国人运河沿岸的第一手资料，所以深受朝廷重视，"朝鲜《海东文献总录》及《文献备考》都把它作为重要古籍收入"。"据悉，日本早在1769年便由清田君锦把《漂海录》译成日文，改名《唐土行程记》。美国也于1956年由约翰·迈斯凯尔将《漂海录》译成英文，

---

① 方杰《越国文化》，上海社会科学出版社，1998年，第349页。

名为《锦南漂海录译注》"①，可见其影响之深远。

17世纪中叶两次来华并在浙江杭州、绍兴、金华、兰溪、宁波传教的意大利传教士卫匡国，为了向欧洲介绍中国历史文化，于清顺治十一年（1654）在欧洲出版了《鞑靼战纪》，书中不仅详细记载清军南下攻占整个浙江的过程，而且还介绍了运河水城杭州、绍兴等城市的风貌，书中称绍兴是中国最美丽的城市②。

冈千仞（1833—1914），字振衣，号鹿门，日本仙台藩人，是著名汉学家。1884年6月，冈千仞来华，游历三百余日，著《观光纪游》《观光续纪》《观光游草》之书。《观光纪游》近十万字，是近代日本所著汉文体中国游记中最有代表性的一部，书中记载冈千仞曾路过绍兴，到过柯岩。

运河沿岸不但有丰富的工程文化遗存，亦有众多的非工程类文化遗存名闻遐迩，为世人交口赞誉。

会稽大禹祭典是中国历代王朝的重要祀典之一，因其绵延不绝，2006年5月，"大禹祭典"入选第一批国家级非物质文化遗产名录。

"梁祝传说"形成于东晋穆帝至孝武帝时代，距今已有1600余年，"梁祝传说"产生地在浙江上虞城南运河边的丰惠街道蔡岙的祝家庄。"梁祝传说"蕴含追求爱情自由、婚姻自主和反对封建礼教的思想，具有强烈的震撼作用，形成以来，在社会中广泛流传，艺术创作形式和内容多样。"梁祝传说"于2006年入选第一批国家级非物质文化遗产名录。

"绍兴师爷"，以其独特的传奇、巧计、智慧等在民间颇有口碑，这就产生了"绍兴师爷故事"和"徐文长故事"。"绍兴师爷"成为老百姓心目中的才学和智慧的象征。

此外，"绍兴水乡社戏""绍兴乌毡帽""绍兴背纤号子""妈祖信仰""百年龙舞""麻将亿元的故事"等文化遗存以其悠久的历史、丰富的内容在浙东运河边影响深远、流传广泛。

绍兴在越王句践时就有酿酒、饮酒的历史记载，有投醪河闻名于世。鉴湖建成后，为当地酿酒业提供了优质水源，使黄酒品质提高。古鉴湖地区广泛分布着泥煤层，这使鉴湖、运河一带河水具有水色低、透明度高、溶解氧高、耗氧量少等优点，宜于酿酒。清梁章钜在《浪迹续谈》中称："盖山阴、会稽之间，水最宜酒，易地则不能为良，故他府皆有绍兴人如法制酿，而水既不同，味即远逊。"运河沿岸的湖塘、阮社、柯桥、东浦、东关一带酒坊遍布，酒香千里，酒旗斜耸，船行不绝，运送不断。绍兴酒为黄酒

---

① 葛振家《译序》，崔溥著，葛振家点注《漂海录》，社会科学文献出版社，1992年。
② 〔意〕卫匡国著，戴寅译《鞑靼战纪》，杜文凯编《清代西人见闻灵》，中国人民大学出版社，1985年，第35—36页。

之冠，1988 年，"古越龙山"加饭酒被定为国宴酒，2006 年，绍兴黄酒又被列入国家非物质文化遗产。

越人自古能歌好咏，运河沿岸及周边河道的水上戏台是当地人演唱弹歌的舞台，戏曲艺术的不断发展也形成了富有水乡特色的剧种。绍剧，又称绍兴大班、绍兴乱弹，为浙江主要剧种之一，唱腔激荡高亢，粗犷豪放，善于表现激昂壮观的场景，代表作有《孙悟空三打白骨精》等。越剧，源于嵊州，又称绍兴文戏，演唱风格委婉、细腻、质朴，主要作品有《梁山伯与祝英台》《红楼梦》《西厢记》等。绍兴莲花落，以绍兴方言演唱为主，唱腔朴素流畅，内容生动活泼，极富民俗生活气息，主要节目有《血泪荡》《回娘家》等。此外，绍兴平湖调、新昌调腔也颇有影响和特色。

二、名人志士荟萃之地

浙东运河地处山川灵秀之地，《三国志·虞翻传》注引《会稽典录》称越地"海岳精液，善生俊异"。宋陆佃在《适南亭记》中记："会稽山川之秀，甲于东南。自晋以来，高旷宏放之士，多在于此。"此地具有重要的区域位置和水乡泽国主航道地位，众多历史精英人物荟萃于此。

《史记·秦始皇本纪》记载秦始皇巡越，"上会稽，祭大禹，望于南海，而立石刻颂秦德"，并乘舟山阴故水道上，于是运河边有秦望村和秦望桥，东湖绕门山相传为秦始皇驻马之地。

东汉王充（27—约97），字仲任，上虞人，著名唯物主义哲学家。据《后汉书·王充传》记载，他在浙东运河所经的曹娥江畔"闭门潜思"，绝庆吊之礼，户牖墙壁各置刀笔。著《论衡》八十五篇，二十余万言。此书在哲学思想史上具有振聋发聩的力量和作用，对人们正确地认识人与自然、人与水环境有重要的启迪作用。

东汉会稽太守刘宠为官清廉，甚为百姓爱戴，离任时，乡间五位老人各送其100大钱作为盘缠，宠仅收一枚表示感谢，又在沿运河途经的西小江时将钱投入江中，相传江水因此变得清澈，从此西小江又称钱清江。这也是历史上亲民爱民的循吏值得永志纪念的事迹。后来乾隆帝在钱清清水亭中有《钱清镇》诗曰："循吏当年齐国刘，大钱留一话春秋。而今若问亲民者，定道一钱不敢留。"

东汉大学者蔡邕（133—192）曾浪迹会稽，相传在今绍兴柯桥的竹亭取亭中竹椽制成长笛，吹出悠扬的乐声闻名越中，后人为纪念其人其事，在柯桥运河边重建柯亭，至今尤延存。又相传晋代竹林七贤之阮籍、阮咸在西兴运河畔的阮社嗜酒如命，文章风流。今柯桥运河边的荫毓古桥有楹联："一声渔笛忆中郎，几处村酤祭两阮。"

永和九年（353）三月初三，书圣王羲之（303—361）与名流41人会集会稽山下，鉴湖之畔，在"有崇山峻岭、茂林修竹；又有清流激湍、映带左右"的兰亭饮酒赋诗，畅叙幽情，留下了不朽名篇和千古书法绝本《兰亭序》，这是人与自然和谐交融的结晶。

谢安（320—385），字安石，东晋陈郡阳夏（今河南太康）人。《晋书·谢安传》称其"少有重名"，谢安曾任佐著作郎，并以疾辞，"寓居会稽"，在东山隐居。与名士王羲之、许询、孙绰，名僧支遁等交游。《晋书·谢安传》："出则渔弋山水，入则言咏属文，无处世意。"谢安为江东名士领袖，朝野瞩望。足迹遍及运河、曹娥江两岸。因此有"东山再起"之说。

据《越中杂识》上卷《帝王》记载，南宋理宗、度宗两位皇帝早年于西兴运河畔、绍兴城西入口迎恩门边生活，而后登龙庭，今浴龙宫、全后宅、会龙桥是其生活和纪念之地。

王守仁（1472—1529），字伯安，明代著名哲学家、教育家，当年离职还乡，在山阴故水道南侧若耶溪畔的宛委山中的阳明洞天处结庐而居，设帐讲学，因以为号，人称王阳明、阳明先生。据说他二次到宛委山阳明洞天，潜心求索，终于大悟"格物致知"的道理，应当自求诸心，不当求诸物，后创立"致良知"说，又称"心学"。

刘宗周（1578—1645），初名宪章，字启东，一作起东，号念台，学者称蕺山先生，为一代儒学名臣。刘宗周于明崇祯四年（1631）在浙东运河边的山阴创建"证人书院"，结"证人社"，以诚意、慎独之学纠正王学末流的空疏之失。从学者不下千人，因而称之为蕺山学派。至今绍兴蕺山书院门墙上依然高挂着"浙学渊源"四个大字。

浙东学派是我国历史上颇具特色和成就的学术流派，起源于宋代，经元明过渡时期，在清代到达鼎盛。其代表人物黄宗羲（1610—1695）为余姚人，万斯同（1638—1702）为鄞县人，全祖望（1705—1755）为鄞县人，章学诚（1738—1801）为会稽人，他们的一个共同特点是从小受浙东运河自然环境的养育，接受浙东文化的哺育和熏陶。梁启超在《中国近三百年学术史》八《清初史学之建设》中评价清代"浙东学风，从梨洲（黄宗羲）、季野（万斯同）、谢山（全望祖）起以至于章实斋（章学诚），厘然自成一系统，而其贡献最大者实在史学"。他们的学术成就也就如浙东运河，其历史一脉相承，其源流绵延悠长。

遥想当年清康、乾两帝先后横渡钱塘江，沿运河浩荡南下，一时间紫气蔽日，彩云遮天，龙舟独尊，千帆竞发，沿河百官黎民云集，迎接圣驾，是何等壮观气象。至于孙中山为拜谒大禹陵，沿运河乘越安专轮来绍兴宣传民主革命，瞻览绍兴风景。"在汽笛声中，驶到西郭门外育婴堂河埠……绍兴群众，倾城出动。"[1] 又孙中山在绍演说时称："绍兴河畔之牌坊不少，非有知识之作为而何？"[2] 这是对绍兴沿运文化的充分肯

---

[1] 陈德和《孙中山先生游越记实》，《绍兴文史资料选辑》第五辑。
[2]《民国日报》，民国五年（1916）八月廿三日。

定。周恩来在抗战危急关头,乘舟于运河中,宣传抗日,激励民众。这些意义非凡的历史场景均已载入史册,为绍兴人民广为传颂。辛亥革命前后,绍兴更有徐锡麟、秋瑾、陶成章、鲁迅、蔡元培等人的光辉业绩功垂史册,是浙东之骄傲。毛泽东有《七绝二首·纪念鲁迅八十寿辰》诗曰:"鉴湖越台名士乡,忧忡为国痛断肠。剑南歌接秋风吟,一例氤氲入诗囊。"可谓不尽名人在浙东,处处胜迹留运河。

三、历史名胜卓绝之乡

浙东属山—原—海的地貌地形,千岩竞秀、万壑争流,河湖广阔、碧水长流,东海无垠、万岛所聚,风调雨顺、物产丰富。加之数千年的文化积淀,于是在浙东运河沿岸有着奇特的自然山水风光和众多的名胜古迹。

(一)会稽风光甲天下

"浙东之郡,会稽为大。"[1]宋王象之《舆地纪胜》卷第十《绍兴府》:"鉴水环其前,卧龙拥其后,稽山出其东,秦望直其南。自浙以东,最为胜处。"浙东运河沿运的中心城市绍兴是国务院1982年首批公布的全国二十四座历史文化名城之一,这座城市已有2500年历史。古代浙东运河穿绍兴城而过。运河经迎恩门入绍兴城后分为二支。《越中杂识·水利》记载:"其纵者自江桥至南殖利门,北至昌安门;其横者自都泗门至西郭门,中间支河甚多,皆通舟楫。"绍兴水城可谓镶嵌在浙东运河之中的一颗璀璨明珠。

明刘基在《游云门记》中称:"语东南山水之美者,莫不曰会稽。岂其他无山水哉?多于山则深沉杳绝,使人憯凄而寂寥;多于水则旷漾浩汗,使人望洋而靡漫。独会稽为得其中,虽有层峦复冈,而无梯磴攀陟之劳;大湖长溪,而无激冲漂覆之虞。于是适意游赏者,莫不乐往而忘疲焉。"[2]明张岱在《古兰亭辨》中说:"会稽佳山水,甲于天下,而霞蔚云蒸,尤聚于山阴道上,故随足所至,皆胜地名园。"祁彪佳《越中园亭记》楚人胡恒所作序称:"越中众香国也,越中之水无非山,越中之山无非水,越中之山水无非园,不必别为园。越中之园无非佳山水,不必别为名。"诸如柯岩、东湖、羊山都是绝妙胜景。

(二)名镇古村重文史

1.柯桥

柯桥古镇在绍兴城西北偏西12千米处,为今柯桥区的政治、经济、文化中心。柯

---

[1]〔南宋〕陆游《法云寺观音殿记》,载《陆放翁全集·渭南文集·记》卷十九,中国书店,1997年。

[2]〔明〕刘基著,林家骊点校《刘基集》,浙江古籍出版社,1999年,第104页。

桥历史悠久，文化厚重。明张元忭《三江考》："今山阴三十里有柯桥，其下为柯水。"汉末蔡邕避难会稽，留宿柯桥东北高迁亭（即柯亭），见屋椽竹可以为笛，取用果有异声，故名之。清乾隆游江南时曾慕名来此，在镇西柯亭旁放生庵内立有"放生御碑"，上面镌刻着"御驾亲临放生"六个大字。

柯桥古镇有古街、纤道、雨廊，具有典型的江南水乡集镇特色。柯桥古镇为柯桥区经济重镇，纸扇、豆腐干、黄酒为当地传统特色产品，素有"金柯桥"之美称。设于镇东的"中国轻纺城"为全国最大的纺织品交易市场。镇南有名胜柯岩，西北之古纤道为全国重点文物保护单位。

2. 东浦

东浦位于绍兴城西约 7.5 千米的运河边，面积 30.78 平方千米，是浙江省历史文化名镇，也是典型的水乡、桥乡、酒乡。东浦街道历史悠久，水网密布，风景秀丽，古代人才辈出，仅明、清两代就有进士 15 人、举人 19 人。素有 72 溇、72 弄之说。有216 座形态各异的古今桥梁[①]。东浦因桥多，还流传着这样一首民谣：

磕头跪拜上大桥，乘船上城马院桥，东浦老酒越浦桥，吹打说唱薛家桥，说东道西大木桥，买鱼买肉过洞桥，哭哭啼啼走庙桥，欢天喜地跨新桥，求医看病西巷桥，革命传统下大桥。

据说每座桥还有一个动听有趣的故事。

"三山"（石堰山、韩家山、行宫山）为陆游在鉴湖之畔卜居之地。沿湖还有画桥、道士庄、流觞亭、柳姑庙、清水闸等景点。东浦也有辛亥革命先驱徐锡麟的故居。清人孙垓曾有《过东浦口占》诗赞曰："紫樱桃熟雨如丝，村店村桥入画时。忽忽梦回船过市，半江凉水打鸬鹚。""南湖白小论斗量，北湖鲫鱼尺半长。鱼船进江曲船出，水气着衣闻酒香。"[②] 描写了东浦水秀、桥美、鱼鲜、酒香之形象。

东浦素有"醉乡""酒国"之称，每年农历七月初六至初八三天要举行迎酒神赛会，村村演戏，家家办酒，宴请宾客，热闹非凡，酒香浓郁。在赏祊村戒定寺酒仙神殿中有著名的《酒仙神诞演庆碑记》[③]。

3. 安昌

安昌位于绍兴城西北约 25 千米处，全镇面积 23.65 平方千米，是浙江省历史文化名镇。古镇历史悠久，相传大禹于此会盟诸侯，并在镇东娶涂山女为妻。又相传镇之东南有西扆山（古称涂山、旗山），山之东有斩将台，禹在涂山会诸侯，防风氏后至，

① 陈云德等编《东浦镇志·概述》，1998 年，第 8 页。
② 陈云德等编《东浦镇志·诗文辑录》，1998 年，第 652 页。
③ 陈云德等编《东浦镇志·酿酒》，1998 年，第 276 页。

筑台斩之。因血流至山下河中,故有桥名红桥[①]。唐中和年间(881—884),钱镠驻兵于此,平董昌之乱后,定名安昌。安昌古代寺庙众多,较著名的有涂山寺、安康教寺,庙有城隍庙。安昌镇还有诸多官邸宅院和著名藏书楼,其中藏书最多的是天官第抱遗阁藏书楼。安昌是名士辈出之地,明、清两代共有进士16人、举人31人。安昌也以出师爷闻名,师爷是指官署中协助处理刑名、钱谷、文牍等事务的"干办",无官衔,但有建议权或处置权。安昌古镇素有"碧水贯街千万居,彩虹跨湖十七桥"之美誉。古镇有老街长1747米,平均宽5.7米,古镇布局大体以河道为骨架,呈"折扇形"。主要街景依水而建,石驳河埠、各种类型的踏道、形式多样的古桥、茶馆、酒店、水阁、沿河长廊、古民居及庭园是古镇特色,水乡风情颇浓。

4. 皋埠

皋埠位于浙东运河北岸,为清末绍兴(山会二县)四镇之一。曾于此短期设会稽县治。主街临河,萧甬铁路、浙东运河经过主街。有清《皋部志》等乡土文献。

皋埠老街。皋埠和樊江历史上曾称"市",是唐宋朝以后因商品经济发展而滋生的"草市",老街依托运河,一直以来市街繁荣,经久不衰,清康熙时就设有急递铺,清同治年间始有曹娥至西兴的客运船经过,民国时有杭甬铁路、公路(今104国道)经过。皋埠老街为旧时浙东运河绍兴段重要的商贸交易集散镇街之一。老街现东西长约300米,现保存传统建筑约40%左右,多为民国时期建筑,砖木结构,二层楼房,前店后宅,建筑临街立面为重檐结构,门窗装修讲究;街道旧为石板路面,老街轮廓依然清晰。

皋埠大桥。在皋埠老街南侧的浙东运河上,有南北向六孔梁桥横跨运河,全长140米,桥面宽4米,南北两侧为引桥,其中北侧引桥长25.20米,南侧长22.50米,为实体引桥,东西两面墙皆由条石丁顺砌筑而成。主体桥墩条石与块石结合叠砌,前后桥墩迎水方向砌成弧形,以减小水流的阻力。桥墩纵深大于桥面宽度,东西两头外凸,居中桥墩高于两侧桥墩。钢结构桥梁,上覆混凝土桥面板,桥面两侧设钢筋混凝土望柱、钢管扶手。虽为梁桥,然而整体造型略呈拱状,落坡无台阶。此桥建于1965年10月,保存基本完整,具有一定的时代特征。

5. 陶堰

陶堰位于越城区东部,距绍兴市区13千米。据《绍兴县志》载:"东汉永和年间,会稽太守马臻筑鉴湖置堰,陶姓宗族聚居于下,遂名陶堰。"陶堰为绍兴平原东部水乡,山阴故水道、东鉴湖、浙东运河都在境内东西向穿过。

今陶堰境内河湖交叉,白塔洋和百家湖以水面浩大、风光秀丽在越中闻名,且人

---

① 包昌荣主编《安昌镇志·文教》,中华书局,2000年,第365页。

文历史深厚。白塔洋边，魏晋嵇康留下历史名曲《广陵散》，唐代诗人独孤及有诗记述其事。陶堰的泾口大桥、茅洋桥为浙东运河上的名桥。

陶堰人杰地灵，以"耕读传家"闻名。明清两代仅陶堰村先后出过43位进士，69位举人，83位贡生。陶堰亦是著名爱国人士"和平老人"邵力子、杰出民主革命家陶成章的故乡。邵力子故居在陶堰前街；陶成章故居在陶堰村西上塘，系晚清建筑，1998年被列为绍兴县文物保护单位、爱国主义教育基地。

陶堰文物众多，原在严助庙（百家庙）中有明代徐渭为抗倭志士、会稽典史吴成器生祠所撰碑文，内容、书法、石刻均为上乘，惜在20世纪被毁。现存秋官里牌坊，是珍贵文物。该牌坊亦称陶怿进士牌坊，在陶堰街道甫前村。陶怿，明弘治年间进士，曾授刑部主事，故称秋官。牌坊为四柱三间门楼式，方柱抹角。通高7.5米，宽7.7米，单檐歇山顶。额枋双面均深雕双狮嬉球、仙鹤、云龙等吉祥图案。正中刻"秋官里"三字，上层竖书"赐进士"三小字。额枋背部刻"湖山毓秀"四字。牌坊东西两侧又置双柱，高4.4米，宽4.5米。梁上均饰龙凤、仙鹤、麒麟等深雕图案，惜部分已遭损坏。此牌坊俗称上马下马牌坊。

第六章　水系变迁　河湖整治

镜中看竹树，人地总神仙。

白玉长堤路，乌篷小画船。

有山多抱墅，无水不连天。

朝暮分南北，风犹感昔贤。

——清·齐召南《山阴》

南宋鉴湖堙废，水体北移；浦阳江改道，出钱清江，此为山会平原水环境的重大改变，区域内水旱灾害因之骤增。宋末至明中期也是山会水利的重要调整时期，绍兴地方政府面临的主要水利任务，一方面是开碛堰、堵麻溪，引浦阳江水归钱塘江，阻断浦阳江和西小江；另一方面则是开展对平原河网的整治，其主要内容：工程措施为疏浚河道、整修水闸、加固海塘；管理对策则是提升对平原河网系统调度的能力和水平，以及协调与浦阳江上游诸暨的关系。而明成化年间绍兴知府戴琥又是这一时代整治山会水利的集大成者，其在山会水利整治中的理论和实践也为之后三江闸的建设奠定了基石。

第一节　浦阳江改道

浦阳江为钱塘江的一级支流。历史上，浦阳江下游出钱塘江之口问题比较复杂，早期曾在湘湖之地散漫流入钱塘江。到唐宋时期，萧绍地区海塘建设逐渐完成，江水下泄受阻，浦阳江也曾经改道由临浦、麻溪经绍兴钱清，至三江入海。又由于鉴湖堙废，会稽山之水直接进入北部平原，因此，造成山会平原排洪压力骤然增大，水患剧增。明代萧绍水利的重点便是对浦阳江下游进行人工调整，主要水利工程则是开碛堰和堵塞麻溪坝。这一调整使这一地区达到新的水利平衡，并且是由政府为主导，带有行政命令强制实施的。为保证山会地区的整体利益，也必然使局部利益受损。天乐乡就是这一时期水利调整中典型的受害之地。

一、浦阳江

浦阳江发源于浦江县西部岭脚,河长 150 千米,流域面积 3452 平方千米。东南流经花桥,折东流经安头,再东流经浦江县城,至黄宅折东北流,至白马桥入安华,在诸暨安华纳大陈江,续东北流至盛家,纳开化江,北流经诸暨,至下游 1.5 千米处的茅渚埠,分为东西两江。西江西北流至石家(祝桥),经五泄溪,折北流经姚公埠,至湄池与东江合流。东江自茅渚埠分流后,至上沙滩会高湖斗门江,北流至大顾家,纳枫桥江,经三江口至湄池,与西江会合。东、西江会合后,北流,纳凰桐江,经临浦,出碛堰山,西北流至义桥,纳永兴河,至闻堰小砾山,汇入钱塘江。

二、改道过程

(一)唐代以前

唐以前浦阳江下游属自然状态,浦阳江以北出临浦注入钱塘江为主。《汉书·地理志》:"余暨、萧山,潘水所出,东入海。"阚骃《十三州志》:"浙江自临平湖南通浦阳江。"历史文献中均已说得很清楚。当时临浦、渔浦水面宽阔,水深不可测。一遇浦阳江流域山洪暴发,洪水的出口以临浦、渔浦为主,其余主要呈散漫状态,亦有部分来水东北流入西小江。由于当时河口排洪能力大,滞洪区宽广,均未给这一地区带来自然灾害,没有产生人与洪水之间较大的区域性矛盾。

(二)唐宋时期

唐以后出现了浦阳江下游排水不畅的问题:

一是湖泊的淤积、围垦埋废。渔浦在盛唐时是一个大湖,而到北宋仁宗时期却出现了刁约《过渔浦作》所说"市肆凋疏随浦尽"的状况;湘湖到北宋中期已成为一片低洼的耕地,到北宋末期才又恢复成湖;至于临浦,到北宋中期,亦已因围垦基本埋废。这些湖泊的埋废无疑大大减弱了浦阳江下游的排洪、滞洪能力。

二是海塘的修筑闭合使浦阳江北出受阻。唐末西兴塘、西江塘、北海塘先后兴建,与山会海塘连成一片,使原来遍布河口、可顺流直下的浦阳江水不复故道,排水能力远不如以往。

三是鉴湖埋废加重浦阳江排水压力。南宋鉴湖埋废,原湖西部的滞蓄之水,直接进入平原而到西小江,加重了内涝之时西小江的排涝压力,于是西小江的排洪压力骤然加大。

浦阳江河口排水大部进入西小江有一个较长的过程,湖泊埋废的过程是渐进的,海塘也有一个从泥塘到石塘的进程。在尚为泥塘时,每临大汛,多人工决塘放水,山阴、萧山、诸暨三县排水矛盾并不突出,但之后随着水利条件的改变,人口、农田的增多,淹没损失的增加,使矛盾日益增加。

碛堰是浦阳江改道的主要工程之一,位于义桥与临浦交界处的新江碛堰山峡口。碛堰山史称戚堰山、七贤山,名碛堰山当与碛堰有关,其主峰海拔 160 米,鞍部峡口宽度不足 20 米。《唐律疏议》:"激水为湍,积石为碛。"碛为浅水中的砂石,堰是"壅水为之堰"。既是碛,又是堰,说明碛堰是用石块筑成的既挡水又可过水的低坝。现有资料首记碛堰的是《嘉泰会稽志》卷四:"碛堰在县南三十里。"这说明在碛堰山山呑建筑的堰坝在南宋之前就已存在,其作用主要有蓄水、排洪、航运等。陆游有诗《渔浦》:"桐庐处处是新诗,渔浦江山天下稀。安得移家常住此,随潮入县伴潮归。"说明他是取道渔浦经临浦到山阴的,但不确定是否走碛堰。至明代初期,浦阳江来水西出口之路条件更差,在临浦以下,不仅走西小江,有相当一部分是通过萧山中部河网进入西兴运河到西小江入三江口的。

（三）明代改道完成

碛堰的出现虽早于南宋时期,但当时肯定不作为浦阳江的主要出口,到了明代中叶,碛堰已到了非开不可的地步,而且当地政府将其作为当时迫切需要实施的重要水利基础工程来对待。至明代中叶完成人工改道,浦阳江经临浦过碛堰山,全部北流至渔浦到钱塘江。

浦阳江下游河口地区古代河湖形势比较复杂,文献记载不一,学术上争论颇多,关于明代浦阳江改道的时间主要有四说:宣德(1426—1435)说;天顺(1457—1464)说;成化(1465—1487)说;弘治(1488—1505)说。

综上,浦阳江改道时间之长、问题之复杂、涉及知府人数之多,说明了一条河流重大的水利工程建设与水资源调整完善可能会经历数次反复,需要政府的决策、决断与行政强制,也要多代人的不懈努力。

从浦阳江改道,至三江闸建成,西小江成为内河。山会平原因此减少了洪涝灾害,也减少了宝贵的水资源。

第二节　戴琥平原河网治理

戴琥,字廷节,明江西浮梁人,成化九年(1473)任绍兴知府。他在绍兴水利的建树可概括为:承上启下,开拓创新。

一、山会水则

鉴湖水利工程埋废后,在山会平原农田水利上产生了河、湖水位的控制和涵闸的管理问题。因鉴湖埋废,原来湖中的蓄水,已广布于整个山会平原,而平原各地出现了河湖水位的深浅各不相同的情况。农田灌溉、水产养殖、航运对河湖水位也有不同的要求。由于不能统一管理，各乡村便按自己的需要控制所属的涵闸，保护自身的利益，结果出现了诸多的矛盾和纠纷，加重了山会平原的水旱灾害。对此，戴琥在经过深入实地考察和研究的基础上，于成化十二年（1476）创建了一座山会水则（水位尺），置于绍兴府城内佑圣观前的河中，观内立有一块可供观测使用的"山会水则碑"，碑文如下：

> 种高田，水宜至中则；种中高田，水宜至中则下五寸；种低田，水宜至下则，稍上五寸亦无伤，低田秧已旺。及常时，及菜麦未收时，宜在中则下五寸，决不可令过中则也。收稻时，宜在下则上五寸，再下恐妨舟楫矣。水在中则上，各闸俱用开；至中则下五寸，只开玉山斗门、扁拖、凫山闸；至下则上五寸，各闸俱用闭，正、二、三、四、五、八、九、十月不用土筑，余月及久旱用土筑。及水旱非常时月，又当临时按视以为开闭，不在此例也。

成化十二年十二月朔旦

按水则碑观测"水则"，管理十多千米以外的玉山斗门的启闭，可以调节整个山会平原河网的灌溉和航远，这是山会平原河湖网系统整治和有效管理的标志，也是绍兴水利史上的一个杰出创造。这座水则使用了六十年，直到汤绍恩主持建成三江闸才废弃。

二、《戴琥水利碑》

明成化十八年（1482），戴琥在离任绍兴知府前夕，根据他在绍兴十年的治水经验，写了著名的《戴琥水利碑》，并立碑于府署，以供后来治水者沿用或参考。碑面分上下两部分。上半部高84.2厘米，为绍兴府境全图，绘刻府属8县的山川河湖、城池、堰闸的位置等内容。下半部高81.9厘米，为碑文。此图所标上北下南，左西右东，极易辨认，在明代绍兴水利地形图示中是最详尽、逼真、全面的，并且至今仍保存完好。

《戴琥水利碑》，图文并茂，既记载了绍兴水利形势，又探索提出了治水方略。更难能可贵的是它不拘泥于历史传统，而是切合实际，与时俱进，提出了切合实际的治水思路，可谓明代绍兴水利史上的"水经"和"治典"。此碑不但反映了戴琥守越治水的艰辛实践、不懈探索和真知灼见，同时也反映了与他同时代的一批共事者和民众的共同努力。

三、戴琥治水的影响

戴琥所处的时代正是从宋代鉴湖堙废到明代河湖整治的调整时期，而戴琥作为一个有作为的地方长官，面对前代水利之遗留问题，肩负起历史的重任，勇于开拓绍兴水利整治的新格局,无论是实践还是理论上都卓有成效,并为后来者治水奠定了基础,对后世水利产生了深远影响。明代曾任礼部右侍郎的丘浚(1420—1495)著有《戴公重修水利记》,对戴琥在绍兴的治水业绩有中肯和高度的评述。

戴琥之后,绍兴平原河网的治水思路及基本格局与其一脉相承。再开碛堰,使历经多次变迁的浦阳江下游基本回归钱塘江故道。戴琥所提出的于滨海山石之间兴建排涝挡潮水闸的思路,启后来者之实践。至明嘉靖朝,绍兴知府汤绍恩完成了这一壮举,在玉山斗门以北约6里的彩凤山与龙背山之间的钱塘江、曹娥江、钱清江汇合处建造当时总钥山会平原河网的三江闸,闸成后,西小江成为一条内河,形成了鉴湖堙废后平原河网调整的新格局:以三江闸为排涝、蓄水、御潮总枢纽的山会平原河网水系。

戴琥的治水实践和思路也是绍兴治水历史上的巨大财富,永载史册。今《山会水则碑》和《戴琥水利碑》均存于绍兴大禹陵内,成为珍稀的历史文物[①]。

第三节　综合治理

一、上灶溪治理

《嘉泰会稽志》卷九有记载:"(若耶山)山发洪水,树石漂拔。"

上灶溪是若耶溪的主要支流。据康熙《会稽县志》卷四载:"万峰之瀑交注于上灶之川,既泻而为石堰,又泻而环穴禹,其滨则皆稼穑之地。"至明嘉靖初年上灶溪因沙塞岸坅,致使"舟楫莫通而行人悉劳,桔槔无功而农人载病"。

南大吉(1487—1541),字元善,号瑞泉,明陕西渭南人。正德六年(1511)进士。嘉靖二年(1523)以部郎出知绍兴府。其间,兴利除弊,广浚河道,成效显著。据康熙《会稽县志》卷四,为治理上灶溪,解救民患,南大吉前往实地察看现场,并十分感叹地说:"越川病涸矣,吾何惜此区区不一拯救耶?"并于嘉靖四年(1525)主持上灶溪的修浚工程,还在溪上修筑石桥,订立日常修理规章,并刻石立碑引为戒例。与此同时,南大吉又对境内主要的渠、溪、堰、浦逐一加以疏浚,共计二百余里。又石帆山下有独桥,已十分陈旧危险,且尚未修复,有平民薛怀请求捐款载石修桥,南大吉对其说,你能修复桥梁、整治河道,是你积阴德的做法,于是在南大吉的支持下,薛怀高兴地召石匠修复了桥梁。

据康熙《会稽县志》卷四记载,在河道整治中,南大吉提出了"天下未有不顺人情

---

① 朱元桂《戴琥及其〈绍兴府境全图记〉》,载盛鸿郎主编《鉴湖与绍兴水利》,中国书店,1991年。

而能成事者，亦未有不暂拂人情而能立事者，顾在顺其公而拂其私，所顺者大而所拂者小也"。此说对后来为民举事者是有益的启示。有越地民歌记述南大吉治理上灶溪事以及颂扬其事迹。

二、狭猕湖整治

嘉庆《山阴县志》卷四："狭猕湖在县北一十里，周回十余里，俗呼黄鱼鲦湖，潦则盈，旱则涸。"狭猕湖距绍兴城北约 8 千米，面积 234.68 万平方米，容积 635.04 万立方米，是目前绍兴平原最大的湖泊。

狭猕湖避塘位于越城区东浦街道湖口村狭猕湖上。始建于明崇祯十五年（1642），清代重修。据嘉庆《山阴县志》卷二十载："狭猕湖塘湖周回四十里。……明天启中有石工覆舟遇救，得免，遂为僧，发愿誓筑石塘，十余年不成，抑郁而死。会稽张贤臣闻而悯之，于崇祯十五年建塘六里。"避塘全长 3500 米，宽约 2 米，高约 5 米。塘路弯曲，其中有天济、普济、德济、平济、中济 5 座石桥。避塘建成后形成了俗称的外湖内河地形。内湖水面宽约 20 米，如遇大风，外湖船只进入内湖便无风浪冲击之患。避塘以本地的大条青石从湖底叠垒而成，坚实稳固，又在表面铺设大青石板，浑然形成一体，造型大气宏壮，厚重朴质。避塘宛如一条玉龙起伏跃腾，可谓越中奇观。常水位下避塘距水面约 1 米，行人行走于上，极具亲水之感。

三、清水闸引水

清水闸又称蒿坝清水闸。位于原会稽县东六十里，龙会山与蒿尖夹水处的古鉴湖蒿口斗门附近，为明三江闸建后所设。

随着南宋鉴湖堙废，蒿口斗门排水冲淤功能降低，斗门之外曹娥江河床不断抬高，遇较大洪潮便发生洪水倒灌内地平原的灾害，因之在明嘉靖以前蒿口斗门已废为堰。《蒿口新闸辨》记载："明嘉靖间汤侯既成应宿闸，而复建清水闸，始决堰为桥，而堰外东南两路之水，均西出三江大闸矣。"[1] 清水闸建成，蒿堰废而成坝，故称蒿坝。清水闸则成为与蒿坝配套的引排水闸，故亦称蒿坝为清水闸。

据《蒿口新闸辨》所载，清水闸建成后，与三江闸形成"东首北尾"互相呼应的水利形势，不但可以济山会平原"水旱之事"，而且开创了引曹娥江水入山会平原之先例。后由于蒿坝当地乡民唯恐曹娥江洪潮破闸而入，竟在建闸后不久，将清水闸堵塞，以致外水既不得入，内水亦无法出，闸外港道迅速淤塞，"清水闸以外之水始而流塞而源断"。

---

① 《蒿口新闸辨》，载《绍兴县志资料》第一辑《塘闸汇记》。

乾隆二十九年（1764），曹娥江至蒿坝一带涨地尽坍，又筑曹娥江塘（属东江塘），塘的西南端与蒿壁山麓连接。蒿塘建成后，清水闸废弃。同治中，三江闸外淤涨，严重阻碍排水，又有"开蒿闸以刷三江淤沙之议"[1]。光绪年间，蒿塘决口，会稽绅士钟念祖等审形势，出家资，在凤山之麓建成每孔净宽 2.25 米的三孔新闸。在闸内"开水道百九十余丈而外迎剡江"，在闸外"开水道四百余丈以引来源"，使"内河常有余，而应宿闸不至久闭得长流，以为出口刷沙之用"。工程始于光绪二十五年（1899）八月，迄于光绪二十七年（1901）十二月[2]。随着曹娥江江道东移，此闸引水受外低内高的地理条件限制，闸遂于民国 16 年（1927）废弃[3]。

四、徐渭《水利考》

徐渭（1521—1593），山阴人，字文长，别号天池生，晚年号青藤道人。明代著名的文学家、书画艺术家。

徐渭才气横溢，性格豪放不羁，刚直不阿。徐渭一生困苦多难，袁宏道《徐文长传》称"古今文人牢骚困苦，未有若先生者也"，但"百世而下，自有定论"。

在徐渭的生平中，未有他直接从事水利建设的记载，然他对绍兴水利的历史和现状，尤其是对南宋鉴湖堙废、明代浦阳江改道后的水利形势与发展进行过深入的研究，写下了颇有见地和卓识的名篇《水利考》。

《水利考》收入《青藤书屋文集》卷十八，为徐渭所编纂万历《会稽县志》卷八中的一篇。文章首先回顾了绍兴的水利史，对东汉鉴湖的水利效益和马臻的功绩予以充分肯定。接着作者对当时绍兴尤其是会稽县的水利形势做了提纲挈领的阐述，由此归纳出山会两县的农田灌溉"沿山者受浸于泉源，而其滨海者取给于支流，既获其租，又免其患，两利而兼收者，实赖后海塘以为之蓄泄也"。进而指出："前乎汉而无海塘，则镜湖不可不筑；后乎宋而无镜湖，则海塘不可不修。""宋时虽有复湖之议，而今则有不必然者矣。"鉴湖堙废后，曾有不少社会名流对于复湖与废湖争议不休，徐渭却不拘泥于历史，不模拟前人之说，他注重现实，从水利发展变化的趋势，肯定了鉴湖堙废后的山会海塘实际上已逐渐取代了此前鉴湖的重要地位，以使人们对治水有一个清醒的认识。其见解确实非常人能及。

南宋以来，浦阳江借道钱清江，以至山会平原蓄泄十分困难，造成了这里无休止的水旱灾害。对此，徐渭在《水利考》中做了详尽的记述："盖浦阳、暨阳诸湖之水俱

---

[1]〔清〕徐树兰《书余忠节公论蒿坝后》，载《绍兴县志资料》第一辑《塘闸汇记》。

[2]〔清〕孙祖德《会稽钟公祠碑记》，载《绍兴县志资料》第一辑《塘闸汇记》。

[3]《蒿坝清水闸》，《绍兴水利》1989 年第 2 期。

入暨阳江，西北折而入浙江，其势回环，不能直锐，遂逾渔浦流注钱清江，北出白马等闸以入于海。迄今闸久淤塞，水道不通，一有泛滥，则不东注，而以会稽为壑，虽有玉山斗门，不足以泄横流之势，每于蒿口、曹娥、贺盘、黄草沥、直落泗等处开挖塘缺，虽得少舒一时之急，而即欲修补以备潴蓄，则又难为工矣，是以恒有旱干之虞。"《水利考》也成为后来者考证这一史实的权威资料。对如何治理这里的水旱灾害，徐渭首先提出了综合治理的办法："浚诸河渠而使之深，则可储蓄而不患于旱"；"增修堰闸而使之多，则可散泄水势而不患于潦"；"修筑海塘而使之完且高，则可捍御风潮而不患于泛溢"。

绍兴有"山—原—海"的台阶式地形，针对地貌不同，徐渭又提出具体的治理方法：东南部的小舜江治理"泉可蓄"，"各因其势而利导之，则其田皆可获"。平原"不患其不蓄，而患于所以泄之者有弗时也"；山乡之田，"其地高，其土砂砾，其水涌，不患其不泄，而患其所以蓄之者有弗豫也"；又东南山乡苍洋湖，"为众山之壑，淫雨浃旬，洪水泛溢，所谓内涨也。内涨不泄，遂成积恶，故涨于内者求所以泄之而已"；海滨之乡，"兴风时作巨涛啮汰，所谓外涨也。外涨不防，遂成坍江，故涨于外者求所以防之而已"。

由上可见，《水利考》不仅对山会水利有历史和现实的客观记述，还提出了切合实际、行之有效，既统筹全局又具体的治理办法。《水利考》是经认真研究思考后写成的治水经典，而决不同于"志水利者不究其源而徒泥其迹，于利害所在漫不加省"之流。非潜心研习过水利之人、出类拔萃之辈，不能有此至论。

从徐渭的这篇《水利考》分析，其时三江闸应尚未建成，徐渭出生于1521年，汤绍恩于明嘉靖十四年（1535）来绍兴任太守，那么徐渭写此文时还不到18岁。徐渭的《水利论》对汤绍恩来绍后精准地分析水利形势，下决心建设三江闸应该具有启示作用。

徐渭之《水利考》也表明绍兴历史上的诸多文人学士重视水利、研究水利的优良传统。这种传统对绍兴水文化的形成和发展起到十分积极的作用。

第七章　三江水利　永固保障

凿山振河海，千年遗泽在三江，缵禹之绪；

炼石补星辰，两月新功当万历，于汤有光。

——明·徐渭《三江汤太守祠联》

第一节　三亹历史变迁

钱塘江河口段的江流主槽，历史上有过三条入海通道，史称"三亹变迁"。"三亹"即南大亹、中小亹、北大亹。"三亹变迁"对绍兴三江口、萧绍海塘、萧绍平原的环境变迁、地域拓展产生了重大影响。

一、钱塘江

钱塘江是浙江省最大的河流，也是我国东南沿海一条独特的河流，以雄伟壮观的涌潮著称于世。钱塘江的历史可以追溯到 6000 万年前，地质构造运动导致了钱塘江的诞生和远古时期的变迁，今天所见的上、中游河道格局就是当时形成的。钱塘江，古名浙江，最早见于《山海经》，名浙江，三国时始有"钱唐江"之名。《水经注·渐江水》："防海大塘在县东一里许，郡议曹华信家议立此塘，以防海水。始开募，有能致一斛土者，即与钱一千。旬月之间，来者云集，塘未成而不复取。于是载土石者，皆弃而去，塘以之成。故改名钱塘焉。"钱塘江当时或仅指流经钱唐（塘）县境的河段，民国时期才作全江统称。其下游钱塘县（今杭州）附近河段，又有罗刹江、之江、曲江等名称。

钱塘江有南、北两源，均发源于安徽省休宁县，在建德梅城会合后，流经杭州市，东流出杭州湾入东海。河长以北源为长，总长 668 千米，平均坡降 1.8‰，流域面积 55558 平方千米。

钱塘江干流的上游为南、北两源，中游为富春江，下游为钱塘江。富春江在闻家堰小砾山西侧纳浦阳江后称钱塘江，至河口长 207 千米，其间流域面积 17240 平方千米。钱塘江在小砾山以下由东北流折为西北流，经闻家堰又折向东北流，经杭州以后东流，至绍兴新三江闸外有曹娥江汇入，继续东流，"在北岸上海市南汇县芦潮港闸与南岸浙江省宁波市镇海区外游山的连线上注入东海"[1]。钱塘江河段上承山洪,下纳强潮,洪潮作用剧烈,江道变化无常。

二、三亹演变

在钱塘江河口段,历史上有过三条入海通道,史称"三亹变迁"。导致变迁的原因包括:杭州湾口拓宽,进潮量加大,外海潮流直逼澉浦,受海盐南部诸山阻拦和导流,折南向南岸曹娥江口,再反射向北岸,直指海宁,造成海宁潮流动力增强;径流丰枯剧变,顶冲位置不同,以致冲击性河流有自然演变为弯曲河流的趋势等。

据雍正《浙江通志》卷六十六记载,清雍正十一年(1733),内大臣海望等备陈江海情形修筑事宜疏云:"省城东南凫、赭两山之间,名曰南大亹;禅机、河庄两山之间,名曰中小亹;河庄之北,宁邑海塘之南,名曰北大亹。此三亹形势,横江截海,实为浙省之关阃也。"

自春秋至宋代,钱塘江入口主要是山会平原北部的凫山与赭山之间宽 6.5 千米的南大门(鳖子门),历史上称这一带为后海;山会平原的东小江(曹娥江)、西小江(钱清江)、直落江均汇于此,史称三江口。此时南大门之海潮有晋孝武帝时人苏彦《西陵观涛》诗为证:

> 洪涛奔逸势,骇浪驾丘山。
> 訇隐振宇宙,濆礚津云连。[2]

到南宋时,南大门曾一度到海宁(今盐官镇),随即南返。《钱塘江志》记载:"明末清初改走中小门,至康熙五十九年(1720),江道又由中小门全部移至北大门。乾隆十二年(1747),人工开通中小门,安流 12 年后至二十四年(1759),又改走北大门迄今。"[3]

钱塘江河口由于海潮和江口沙流造成的不稳定性也可在南宋姚宽《西溪丛语》卷上的记载中得到佐证:"海商舶船,畏避沙潬,不由大江,惟泛余姚小江,易舟而浮运河,达于杭、越矣。"这说明杭州湾的航运存在着海潮和沙堆的危险,由明州至杭州商船多走浙东运河航线。

清康熙年间,山阴程鹤翥所辑著的《三江闸务全书》中的两篇文章也记录了三江闸建成后,闸外三江地理形势的变迁与发展。

其一,《塘闸内外新旧图说》,记载了闸口自兴建到康熙年间发生的变化,还绘制

---

① 钱塘江志编纂委员会编《钱塘江志》,方志出版社,1998 年,第 67 页。
② 逯钦立辑校《先秦汉魏晋南北朝诗》晋诗卷一四,中华书局,2017 年。
③ 钱塘江志编纂委员会编《钱塘江志》,方志出版社,1998 年,第 66 页。

了简图。

其二,《三江纪略》,不但记载了曹娥江、钱清江、浙江三江之位置,还记载了三江口之坍涨无常造成的三礼变迁形势,尤其是对康熙庚戌年(1670)、辛酉年(1681)、戊寅年(1698)的海塘及滩涂形势记载较详。

民国18年(1929)《浙江省水利局年刊》所载《绍萧水利今昔情形述略》对三礼变迁又作如下描述:

> 古时钱塘江入海之道有三:一曰南大礼,又称鳖子门,在凫山、赭山之间;一曰中小礼,在赭山与河庄山之间;一曰北大礼,在河庄山与海宁县城之间。钱江怒潮,势如排山奔马,名闻中外,而尤以鳖子门一路为最猛。历考志乘,北海塘屡出大险,良有以也!近如清康熙五十二年(西历一七一四年)八月风雨大作,海波矗立数十丈;沿海一线土塘,顷刻尽崩,漂没禾稼室宇,不可胜计。翌年,太守俞卿筹资改筑石塘四十余里,始告安澜。乃天佑绍萧,至清雍正元年(西历一七三四年),江流变迁,而鳖子门竟涨塞矣。至乾隆二十三年(西历一七五九年),中小礼又淤为平陆,而成纵横各三十余里之南沙塘。外有此护沙沿塘,数十万户,可以高枕而卧,此又一变也。

三、曹娥江河口

(一)古代河口

研究表明,钱塘江三礼变迁对古代曹娥江河口影响甚大。

曹娥江古名舜江,以传说中汉代女子曹娥为救父溺于该江而得名。曹娥江干流长182千米,流域面积5931平方千米,发源于大盘山脉磐安县城塘坪长坞,流经新昌、嵊州、上虞3县(市、区)境,在绍兴新三江闸东北注入钱塘江,总落差597米,平均坡降3.3‰。

对曹娥江河口的汹涌潮水,古代文人的作品中也多有描述,李白有"涛卷海门石";刘禹锡有"须臾却入海门去"等句。明代王守仁有《玉山斗门》诗,记载当时玉山斗门外三江口汹涌澎湃的海潮:

> 胼胝深感昔人劳,百尺洪梁压巨鳌。
> 潮应三江天堑逼,山分两岸海门高。
> 溅空飞雪和天白,激石冲雷动地号。
> 圣代不忧陵谷变,坤维千古护江皋。

明以后三礼变迁使钱塘江潮水对北岸的冲击加剧,南岸淤涨,形成南沙,山会海所受潮汐影响相对减小。《祁彪佳日记》记载,明崇祯十五年(1642),祁彪佳"舟至龟山,因沙涨数十里,望海止一线耳"。时南大礼已成为很小的通道。之后,曹娥江河口不断变窄,清康熙、乾隆年间,萧绍海塘西北段塘外渐淤成大面积滩涂。咸丰年间(1851—1861),滩涂面积已超过 4 万亩。清末民初,滩涂向杭州湾延伸了十多千米[①]。广阔的曹娥江河口滩涂资源,为现代围涂创造了条件。同时,钱塘江南岸滩涂的不断扩大,也导致曹娥江出口江道抬高、水流延长,三江闸外淤积严重且难于处理,引起排洪涝不畅的问题。此亦被清光绪八年(1882)范寅《论古今山海变易》文中"不出百年,三江应宿闸又将北徙而他建矣"的预言所言中。

历史上曹娥江出口江道主槽摆动频繁,亦系曹娥江口外滩面较宽所致。滩面宽窄又取决于钱塘江尖山河湾主槽所处位置。钱塘江流域在丰水年,尖山河湾主槽靠北,曹娥江口滩面宽,出口江道主槽易出北,桑盆殿低潮位较高,对萧绍平原排涝不利;反之,钱塘江流域在枯水年,尖山河湾主槽靠南,曹娥江口滩面窄,出口江道主槽一般出东,桑盆殿低潮位较低,对排涝有利。若出口江道主槽出东北方向,桑盆殿低潮位介于上述两者之间。

(二)现代曹娥江河口

根据现代钱塘江尖山河湾治理规划,曹娥江出口江道走向为出东北方向,并一直按此开展整治。在整治过程中,出口江道主槽分别于 1988 年至 1989 年春,以及 1995 年冬至 1996 年春,两次出北,致使马山、三江闸下低潮位高于平原河网内河水位而形成严重内涝威胁。后曹娥江出现 1000—2000 立方米每秒的洪水,导致出口江道主槽走向变为出东北方向,萧绍平原内涝才得以解除。此后,绍兴、上虞两县市通过治江围涂加快了治理曹娥江出口江道的步伐。1995 年后,绍兴围垦九七丘,又向外抛筑了东顺坝,使出口江道又向外延伸 2.0 千米,出口江道基本上推进到尖山河湾南岸治导线。

现代研究资料也表明:曹娥江河口的泥沙主要来自海域,上游河道来沙较少。曹娥江河口海域来沙属细粉沙,具有易冲易淤的特点。据实测,小潮期含沙量低,大潮期和洪水期含沙量高,涨潮含沙量高于落潮含沙量[②]。据已有的水文测验资料,小潮时垂线平均含沙量低于 1 公斤每立方米,大潮时垂线平均含沙量约为 3 公斤每立方米,最高可达 10—20 公斤每立方米。当水流受潮汐控制时,因潮波的不对称性,涨潮流速大于落潮流速,涨潮含沙量及输沙量远高于落潮含沙量及输沙量,涨、落潮输沙量比值一般为 3—4,江道以淤积为主;反之,当上游下泄径流较大时,落潮流速加快,河口段江道发生冲刷。因此,年内河床冲淤特性表现为洪冲潮淤。

今曹娥江大闸已位于曹娥江河口与钱塘江交汇处,距绍兴城北东约 30 千米。

---

① 绍兴县水利志编纂委员会编《绍兴县水利志》,中华书局,2012 年,第 240 页。
② 浙江省水电勘察设计院《曹娥江船闸可行性研究专题报告》,2004 年 3 月。

四、潮水论述与记载

（一）王充论伍子胥兴潮

王充（27—约97），字仲任，上虞人。关于王充对潮水的认识，在子胥兴潮说中有集中阐述。王充《论衡·书虚篇》记载伍子胥被吴王夫差杀后"煮之于镬"，之后投之于江，于是伍子胥怨恨之气冲天，"驱水为涛，以溺杀人"的传说。文中认为，当时"会稽丹徒大江，钱唐浙江，皆立子胥之庙"，目的是"慰其恨心，止其猛涛也"。对这流传数百年的民间传说和潮起潮落、汹涌浩荡的钱塘江大潮，王充在文中细分缕析，首先认为"夫言吴王杀子胥，投之于江，实也；言其恨恚驱水为涛者，虚也"，不存在伍子胥被杀并投入江中会产生怨恨驱水的情况。他列举屈原、申徒狄、子路、彭越之死类似伍子胥，而不为怒涛，进行反证，指出何独伍子胥可以为涛？又进而分析，伍子胥之身躯不知投于何江，有丹徒大江，有钱塘浙江，有吴通陵江，却只"浙江、山阴江、上虞江皆有涛"，难道是将其躯体，散置在这三江之中吗？时过境迁，"吴为会稽，立置太守"，伍子胥之神又为何怨苦不息、为涛不止？进而伍子胥"怨恚吴王，发怒越江，违失道理，无神之验也"，这些从逻辑上都说不通。又从人的生死之变上论述："生任筋力，死用精魂。子胥之生，不能从生人营卫其身，自令身死，筋力消绝，精魂飞散，安能为涛？"如子胥之类，数百千人，乘船渡江，不能越水，而子胥成为羹菹，为何能成有害？以上王充通过细心思索、对比论证、逻辑分析、常理推测、生与死的考量、道义要求等证明了子胥为涛之不可能，否定了这一传说。既然证明了子胥为潮之不可能，那么潮水是如何形成的？王充认为："夫地之有百川也，犹人之有血脉也。血脉流行，泛扬动静，自有节度。百川亦然，其朝夕往来，犹人之呼吸，气出入也。天地之性，自古有之。"潮汐这种自然现象是自古就有的，与天地共生。"其发海中之时，漾驰而已；入三江之中，殆小浅狭，水激沸起，故腾为涛。""涛之起也，随月盛衰，小大满损不齐同。"这是中国历史上最早从天文、地理两个方面对涌潮现象所做的科学解释。在揭示了潮水形成变化的自然因素后，再进一步指出"夫谓子胥之神为涛，犹谓二女之精为风也"。总之，子胥兴潮只是一种神话传说而已。王充的精到观察、严密推理、合理解说，揭示了其实质。其论证反驳，可谓入木三分，锐不可当。

（二）燕肃潮碑

燕肃（961—1040），字穆之，益都（今属山东潍坊）人。宋大中祥符九年（1016）出任广东提点刑狱，又于天禧五年（1021）出知越州，次年移知明州，仕途所涉均系南海与东海的沿海区域，尤其是在知越期间，亲眼看见、亲手实测了举世闻名的钱塘江到曹娥江之涌潮，故有燕肃潮碑。又从碑文中所述自大中祥符九年观察潮位"十年用心"可知，该文应撰于天圣三年（1025）或稍后。另绘有《海潮图》，惜已亡佚。

碑文先录自宋姚宽（1105—1162）的《西溪丛语》，碑文中记述："旧于会稽得一石碑，论海潮依附阴阳时刻，极有理。不知其谁氏，复恐遗失，故载之。"[①] 之后，《嘉泰会稽志》卷一九又记载了此碑文并写明为燕肃撰。

该文为燕肃在十年海潮观测的基础上，论述了潮时、潮位、潮波、潮流与日月运行之间的内在联系，及钱塘江涌潮的形成原因，是继东汉王充《论衡·书虚篇》之后的我国古代又一篇经典潮论。

（三）范寅论三江口潮沙变迁

范寅（1827—1897），晚清绍兴学者，著有《越谚》一书，是记录当时越地（绍兴）方言的作品。书中对越地风俗、伦理、气象、农业、地理、聚落发展都有涉及。

书中很有价值和意义的是其附论中有《论涨沙》《论潮汐》《论古今山海变易》三篇，对绍兴的历史沿革，三江口的淤涨、潮汐、滩涂，越地山川变迁，以及沿海一带的产业经济都有较详尽的记述。范寅很重视实地调查，亲临第一线观察记录、综合分析。在当时的浙东，其研究方法和成果可谓所处时代之嚆矢。

尤为难能可贵的是，他善于推理判断，提出前瞻性的论断。如在《论古今山海变易》中提出"自句践二千三百余年，山则继长增高，海则涨沙成田"的观点之后，由此推定"不出百年，三江闸又将北徙而他建矣"。绍兴新三江闸建于1981年，历史发展证明他的论断之正确。当然他的一些论断，如对越国句践以来山脉增高的论述，还是有着明显的偏差和时代的局限性。

第二节　山会海塘

钱塘江河口两岸古海塘，分别位于太湖平原的南缘和宁绍平原的北侧，塘线总长317千米，除去山体，实长280千米。钱塘江古海塘规模宏壮、分布合理、构筑精实、工程巨大，在我国工程建筑史上写下了光辉篇章，与长城、运河被誉为我国古代三项伟大建筑工程[②]。山会海塘因地属山阴、会稽而得名，由萧绍海塘和百沥海塘组成。

一、萧绍海塘

《吴越春秋·句践伐吴外传》中有这样一个神话传说：越国大夫文种被害后，葬于种山（今绍兴城内的卧龙山）上。一年后，伍子胥掀怒潮挟其而去，以后钱江潮来时，潮前是伍子胥，潮后则是文种。这一故事虽是神话，但古代山会平原以北后海海潮可

---

①〔南宋〕姚宽，〔南宋〕陆游《西溪丛语　家世旧闻》，中华书局，1993年。

②朱偰《江浙海塘建筑史·引言》，学习生活出版社，1995年。

经平原诸河直达会稽山北麓却是事实。元代叶颙《浙江潮》诗云："滔天浊浪排空来，翻江倒海山为摧。"在这种自然条件下，古代越族人民要想在山会平原上生存，就必须兴筑海塘，隔断潮汐，开发平原，所谓"启闭有闸，捍有塘"，于是，经代代绍兴人的经营规划、辛勤劳作，也就有了历史悠久的萧绍海塘。

萧绍海塘西起今萧山临浦麻溪东侧山脚，经柯桥区至上虞区嵩坝清水闸闸西山麓，全长117千米。自西向东由西江塘（麻溪—西兴）、北海塘（西兴—瓜沥）、后海塘（瓜沥—宋家溇）、东江塘（宋家溇—曹娥）及嵩坝塘组成，海塘保护范围为今萧山、柯桥、越城、上虞境内的海塘以南，西至浦阳江，东濒曹娥江，南倚会稽山北麓的萧绍平原地区。

关于萧绍海塘的始筑年代，《闸务全书》记为"汉唐以来"。《越绝书》卷八记载："石塘者，越所害军船也，塘广六十五步，长三百五十三步。去县四十里。"萧绍海塘最初大概是为军事服务的港口堤塘，同时还建有防坞和杭坞，距城四十里，即今萧山境内的杭坞山一带，都是依山而建的。石塘应是当时后海沿岸零星海塘中的一段。这不仅是越对吴交战的需要，也是早期钱塘江南大门潮流颇有力的证明。东汉鉴湖建成，同时在沿海建玉山斗门，附近必然也会有连片海塘、涵闸，否则斗门不能发挥控制作用，但当时的海塘以土塘为主，标准较低。

《嘉泰会稽志》卷十载："界塘在县西四十七里，唐垂拱二年（686）始筑，为堤五十里，阔九尺，与萧山县分界，故曰界塘。"界塘位于山阴与萧山两县交界的后海沿岸。《新唐书·地理志》："会稽……东北四十里有防海塘，自上虞江抵山阴百余里，以畜水溉田，开元十年（722）令李俊之增修，大历十年（775）观察使皇甫温、大和六年（832）令李左次又增修之。"防海塘大部分位于会稽县的北部沿海，建成后，使山会平原东部内河与后海及曹娥江隔绝。与此同时又建成山阴海塘，山会平原后海沿岸的海塘除西小江外，已基本形成。

宋代，虽将萧绍海塘部分土塘改为石塘，但海塘结构还比较简单，难御较大潮汐冲击。王念祖《麻溪改坝为桥始末记》引朱孟晖《麻溪坝开塞议辨》曰："斗门海沙易淤，江流泛涨，时有横决之患。""海塘者，越之巨患也"。据《宋史》卷六十一记载，宋宁宗嘉定四年（1211）"八月，山阴县海败堤，漂民田数十里，斥地十万亩"。嘉定六年（1213）的一次风潮，山阴海塘"溃决五千余丈，田庐漂没转徙者二万余户，拆卤渐坏者七万余亩"[1]。时任绍兴知府赵彦俊，召民工万余人，主持大规模海塘修复工程，自汤湾至王家浦全长6160丈的堤塘全部修复一新，其中有三分之一用石料砌筑，此为绍兴历史上时间最早、规模最大的石砌塘工程。

---

① 绍兴市地方志编纂委员会编《绍兴市志·大事记》，浙江人民出版社，1996年。

明嘉靖十六年(1537)三江闸建成后,又建有长 400 余丈、广 40 丈的三江闸东、西两侧海塘,萧绍海塘至此才全部连成一片,沿海塘挡潮、排涝水闸等配套基本齐全,塘线此后无大变迁。

清代海塘建设得到进一步加强,康熙五十五年至五十六年(1716—1717),绍兴知府俞卿主持修筑自九墩至宋家溇的海塘,耗资四万两,投劳十余万工,"长堤四十里,俱累累叠以巨石,牝牡相衔"[①]。清代海塘建筑技术也不断提高,根据海塘所处的位置险要程度,分别将土塘、柴塘、箳石塘改建为各种类型的重力式石塘,主要有鱼鳞石塘、丁由石塘(条块石塘)、丁石塘、块石塘、石板塘等,现存的重力式石塘基本是清代新建或改建的,险要地段还筑有备塘,主塘一旦发生漫溃,备塘可减少受淹范围。塘前有坦水护塘,塘后还有塘河与护塘地,俾便堆料、运料、取土、抢险,堪称一整套布局合理而又有实效的防御体系。民国时期"西学东渐",新技术、新材料、新机具逐步推广,应用于萧绍海塘建设之中。萧绍海塘上不但有著名的三江闸,还有山西、姚家埠、刷沙、宜桥、楝树、西湖等闸。建设标准虽有提高,但清代仍有萧绍海塘决口之记载。

长数百里、犹若巨龙的萧绍海塘是水乡绍兴的壮丽奇观。清沈香岩《南塘观潮》:"声飞两浙天捶鼓,浪压三江雪满城。"三江潮是钱江涌潮的一部分,虽不及杭州湾之潮有翻江倒海、吞天盖日之气势,但却有变化无穷、跌宕起伏、寓奔腾千里与奇秀气象于一体的景象。每至农历七、八月间,海塘上常是人头耸动,静观以待,随着一声"潮来了",但见水天相连之处,有一条纤纤的白波飘曳而来,近则喧啸声声,如千军万马奔腾而过,无数浪花翻滚起伏,或冲入弯曲堤岸之处,溅起飞瀑数丈。更有英俊少年、粗壮汉子组成一班"弄潮儿",形成抢潮头鱼的惊心动魄场景。

中华人民共和国成立后,沿塘各地针对其薄弱环节,采取相应对策对海塘予以加固、改造;还建成了新三江闸、马山闸,从而提高了海塘抗洪御潮和内涝排泄能力。斗转星移,沧海变为良田,随着海涂围垦的发展,萧绍海塘许多部分已成为内塘,但仍是塘外海涂围垦和保护萧绍平原的坚强后盾。1998 年 12 月,萧绍海塘绍兴段被浙江省人民政府列为省重点文保单位。

二、张岱记白洋潮

张岱(1597—1689),一名维城,字宗子,号石公、陶庵、蝶庵、六休居士,山阴人。张岱是记述人物掌故、世俗风情的高手,观人察物,另具只眼。他写《白洋潮》一文,记载了他在绍兴萧绍海塘西北滨海处白洋山一带观潮之所见,写得非常逼真,气势宏伟,使人读后如身临其境,甚感惊心动魄。

---

①〔清〕陈绂《俞公塘记事略》,嘉庆《山阴县志》卷二十。

白洋潮

故事,三江看潮,实无潮看。午后喧传曰:"今年暗涨潮。"岁岁如之。庚辰八月,吊朱恒岳少师,至白洋,陈章侯、祁世培同席。

海塘上呼看潮,余遄往,章侯、世培踵至。立塘上,见潮头一线,从海宁而来,直奔塘上。稍近,则隐隐露白,如驱千百群小鹅,擘翼惊飞。渐近喷沫,冰花蹴起,如百万雪狮蔽江而下,怒雷鞭之,万首镞镞,无敢后先。再近,则飓风逼之,势欲拍岸而上。看者辟易,走避塘下。潮到塘,尽力一礴,水击射,溅起数丈,着面皆湿。旋卷而右,龟山一挡,轰怒非常,炮碎龙湫,半空雪舞。看之惊眩,坐半日,颜始定。

先辈言:浙江大潮头自龛、赭两山漱激而起。白洋在两山外,潮头更大,何耶?

第三节 三江闸

三江闸位于绍兴城北 16 千米的彩凤山与龙背山峡口,地处杭州湾南岸三江交汇处,由绍兴知府汤绍恩建成于明嘉靖十六年(1537)。三江闸系山阴、会稽、萧山三县(今绍兴市越城区、柯桥区、上虞区,杭州市萧山区、滨江区)河网水系挡潮、排涝、蓄淡的控制枢纽工程,也是我国古代最大的滨海砌石结构多孔水闸,开创了绍兴水利史上通过海塘和沿海大闸全控水利形势的新格局。三江闸的建成标志着山会平原又一次全局性的水系调整完成。

一、建闸前的水利形势

(一)水旱灾害严重

南宋鉴湖堙废,会稽山三十六源之水,直接注入北部平原,原鉴湖和海塘、玉山斗门两级控水转变为全部由沿海地带海塘控制。平原河网的蓄泄失调,导致水旱灾害频发。而南宋以来,浦阳江下游多次借道钱清江,出三江口入海,进一步加剧了平原的旱、涝、洪、潮灾害。

为了减轻鉴湖堙废和浦阳江借道带来的水旱灾害,自宋、明以来,山会人民在兴修水利上付出了巨大的努力,如修筑北部海塘,抵御海潮内侵;整治平原河网,增加调蓄能力;修建扁拖诸闸,宣泄内涝;开碛堰,筑麻溪坝,使浦阳江复归故道等,有效地缓解了平原地区的旱、涝灾害,但仍不足以解决旱涝频仍,咸潮内入的根本问题。当时的水利形势,正如清程鹤翥《闸务全书》,罗京等《序》中所称:"于越千岩环郡,北滨大海,古泽国也。方春霖秋涨时,陂谷奔溢,民苦为壑;暴泄之,十日不雨复苦涸;且潮汐横入,厥壤污卤。患此三者,以故岁比不登。"

（二）运河航运不利

浙东运河通过钱清江的航运状况也堪忧，如舒瞻《重修明绍兴太守汤公祠堂碑文》所载：

> 钱清故运河，江水挟海潮，横厉其中，不得不设坝，每淫雨积日，山洪骤涨，大为内地患。今越人但知钱清不治田禾，在山、会、萧三县皆受其殃，而不知舟楫之厄于洪涛，行旅俱不敢出其间，周益公《思陵录》可考也。

（三）钱塘江北移的有利时机

明代钱塘江江道北移，相对减缓了钱塘江洪水和涌潮对三江口的冲击，山会海塘线外滩涂开始淤涨，为建滨海三江闸创造了有利条件。

因此，兴建一处控制泄蓄、阻截海潮、总揽山会平原水利全局的枢纽工程，是继戴琥筑麻溪坝、建扁拖闸以后所面临的紧迫任务。

二、建设过程[①]

（一）主体工程

嘉靖十四年（1535），"郡守汤公由德安莅此土，化行俗美，民皆安堵，所忧者特潮患"。"一旦，公登望海亭，见波涛浩淼，水光接天，目击心悲，慨然有排决之志"。次年，"遍观地形，以浮山为要津，卜闸于此，白其事于巡抚周公暨藩臬长贰，佥'允议'"。此为最初选定的闸址，在"浮山"边。然"公乃祭告海神，筑基浮山之西，至再至三，终无所益"。看来是发现浮山之西不适宜作为闸址。于是"公又虑之曰：'事如是，可望其成乎？'又相地形于浮山南三江之城西北，见东西有交牙状，度其下必有石骨。令工掘地数尺余，果见石如甬道，横亘数十丈。公始快然曰：'基可定于斯，事可望其成矣。'即于丙申秋七月，复卜吉，祀神经始"。最后选定了玉山闸北、马鞍山东麓的钱塘江、曹娥江、钱清江汇合处的古三江口作为闸址，在彩凤山与龙背山之间倚峡建闸。从以上记载也可说明汤绍恩选定的建闸之地，原非河道，而是两山之间的一块平地，其下与山石相连。这也是大闸较快建成的重要原因之一，但也为之后建"新塘"实行河道改道带来了难度。

是年七月开始备料筑坝，到次年三月竣工，历时不足 9 个月。据民国《绍兴县志资料》第一辑《塘闸汇记》，闸体实际施工仅"六易朔而告成"，共费银 5000 余两。大闸左右岸全长 103.15 米，28 孔，净孔宽 62.74 米。孔名系应天上星宿，故又称应宿闸。取石之地在附近的石宕。此外，在闸上游三江城外和绍兴府城内各立一石制水则，自上而下刻有"金、木、水、火、土"5 字，以作启闭标准。全闸结构合理，建造精密，设

---

① 主要引用清程鹤翥辑著《三江闸务全书》《郡守汤公新建塘闸实迹》。

施完备,具有较好的整体性和稳定性。

(二)新塘工程

三江闸建成后,又在闸之西边建"新塘","长二百余丈,阔二十余丈"。这其实是一项河道改道工程,也就是说,新塘处是原河道出海口,由于三江闸建在新的山脚处,建成后必须对原河道实行封堵,使水归三江闸。《郡守汤公新建塘闸实迹》记载了建新塘工程的过程和艰难。又记载此新塘"其工之不易为与费之不可限,尤甚于闸。五易朔而告成,水不复循故道而归于闸矣"。至此才出现了"嗣后河海划分为二"的新格局。

三、工程效益

《郡守汤公新建塘闸实迹》载,三江闸建成后,"潮患既息,闸以内无复望洋之叹。因有改望海亭为'越望'又为'镇越'云。塘闸内得良田一万三千余亩,外增沙田沙地数百顷。至于蒲苇鱼盐之利,甚富而饶,驰骤往来,不似乘船之险,观游俯仰,咸称跨海之雄"。

(一)阻断钱清江潮汐

三江闸的首要功绩,是切断了潮汐河流钱清江的入海口。万历《绍兴府志》卷一七《陶谐建闸记》称"潮汐为闸所遏不得至",最终消除了数千年来海潮沿江上溯给山会平原带来的潮洪咸溃灾祸。闸成后,又筑配套海塘400余丈,与绵亘200余里的山会海塘连成一线,筑成了山会萧平原御潮拒咸的滨海屏障。钱清江从此成为山会平原的一条内河,所处钱清江西北之萧山平原诸河也随之成为内河。从而形成了以运河为主干、以直落江为主要排水河道、以三江闸为排蓄枢纽的绍萧平原内河水系。

(二)提高排涝能力

三江闸建成,山会萧平原河湖网成为内河。据测算,山会海塘内的山会萧平原面积(黄海高程10米以下)约为965平方千米。其中,河湖网水面约有142平方千米,平均水深2.44米,正常蓄水量有3.46亿立方米[①]。河湖网既是山会萧平原南部山水下泄的滞洪区,又是旱季平原抗旱的主要水源,为山会萧平原的社会经济、生产生活提供了水资源基础。

三江闸将钱清江流域纳入控制范围,成为山会萧平原整体的排涝枢纽。闸全开时,正常泄流量可达280立方米每秒,能使萧绍地区3日降水110毫米暴雨顺利排泄入海、安全度汛,三江闸的建成彻底改变了决海塘泄洪的被动局面,使"水无复郤行之患,民无决塘、筑塘之苦"[②]。

---

① 沈寿刚《试议绍兴三江闸与新三江闸》,载盛鸿郎主编《鉴湖与绍兴水利》,中国书店,1991年。
②《闽督姚公重修三江碑记》,载程鹤寿辑著《三江闸务全书》。

（三）控制蓄泄

三江闸改善了萧绍平原河湖网的蓄水状况。由于大闸主扼运河水系出海的咽喉，可以主动控制蓄泄，因而在一般情况下，均可闭闸蓄水，或开少数闸门放水，保持内河3.85米（黄海高程）的正常稳定水位，以提高平原河湖的蓄水量，满足灌溉、航运、水产和酿造的需要，正如康熙《会稽县志》记载的："旱有蓄，潦有泄，启闭有时，则山会萧之田去污莱而成膏壤。"

（四）增加了土地资源

建闸前，钱清江之北，山阴海塘之南，今下方桥、安昌一带的塘内之田，因受钱清江潮汐祸害，垦种不易，有的甚至弃之为荒。闸成后，钱清江成为内河，荒地始可全面开垦，清程鹤翥《郡守汤公新建塘闸实绩》称"塘闸内得良田一万三千余亩，外增沙田沙地百顷"，这对于人多田少的绍兴来说更是一笔宝贵的财富。

（五）改善航运

三江闸消除了鉴湖时期湖内外及平原河流与潮汐河流之间的水位差。闸成后，西起曹娥东至西兴的浙东运河段，从此"路无支径，地势平衍，无拖堰之劳，无候潮之苦"[1]，大大改善了航运条件。当时的内河水位，据民国时期对三江闸前水则牌所刻各字的高度测量，其黄海高程为："金"字脚4.5米，"木"字脚4.34米，水字脚4.22米，"火"字脚4.09米，"土"字脚3.95米，按照《修闸事宜条例》"水至金字脚各洞尽开，至木字脚开十六洞，至水字脚开八洞"的启闭规定，金字脚、木字脚作为排涝水位不计，则内河高水位为4.22米，中水位为4.09米，比当今的高水位和中水位分别高出2厘米和19厘米，灌溉、航运条件甚至还优于现在[2]。

四、历史地位

三江闸成为我国古代的滨海名闸，是绍兴水利史上的一座丰碑，历480余年屹立至今。三江闸是我国明代滨海水闸建筑科技和最高管理水平的代表工程。民国22年（1933）1月，浙江省建设厅厅长曾养甫撰《重修绍兴三江闸碑记》，其中赞道："浮山潜脉隐限钱清入海之口，引为闸基，上砌巨石，牝牡相衔，弥缝苴罅，惟铁惟锡。晚近西土工程，共夸精绝，以此方之，殊无逊色。而远在数百年前，有兹伟划，尤足钦矣！"[3]

---

[1]〔明〕黄宗羲《余姚至省下路程沿革记》，载《黄宗羲全集》第十册，浙江古籍出版社，2005年。
[2] 绍兴县水利志编纂委员会编《绍兴县水利志》，中华书局，2012年，第205页。
[3] 曾养甫撰《重修绍兴三江闸碑记》，载《绍兴县志资料》第一辑《塘闸汇记》。

（一）选址正确

三江闸位于玉山斗门以北约 3 千米的泄水要道上，地处彩凤山与龙背山两山对峙的峡口，不仅闸基是天然岩基，非常稳固，而且濒临后海，泄水极为顺畅。

（二）领先世界的水工技术

在钢筋混凝土工程出现之前，三江闸为世界上规模最大的滨海涌潮地段的砌石重力闸坝，其技术领先世界 300 多年。

1. 基础处理

在天然岩基上清理出仓面后，置石灌铁铺石板，施工方法为"其底措石，凿榫于活石上，相与维系"，再"灌以生铁"，然后"铺以阔厚石板"，底板高程不一，多数黄海高程在 1.92 米左右。

新塘施工的首要困难是在潮浪汹涌的入海口修筑，尤以封堵龙口更为凶险，屡筑屡溃，后采用"箬盛瓷屑及釜犁等铁，破筏沉之"，"以石灰不计其数投之，……复以大船载石块溺水，并下埽填筑，筑起而溃者，亦难数计"等办法，终获成功[1]。

2. 叠石方法

闸墩、闸墙全部采用大条石砌筑，条石每块多在 1000 斤以上，一般砌 8—9 层，多在 10 层以上，石与石"牝牡相衔，胶以灰秫"。"叠石为坊，渐高渐难。或曰砌石一层，封土一层，石愈高，则土愈高阔，后所欲加之石，从土堆拖曳而上，则容足有地，而推挽可施，梁亦易上，公从之，信然。即昔人碑不见龟、龟不见碑之意。"[2]

3. 闸门设置

闸墩顶层履以长方体石台帽，上架长条石，铺成闸（桥）面；墩侧刻有内外闸槽，放置双层闸门，闸底设内处石槛，以承闸板（各洞共有木闸板 1113 块）。计有大墩 5 座、小墩 22 座，隔 5 洞置一大墩，唯闸西端只 3 洞，因"填二洞之故"。由于天然岩基高低不等，孔高也不一致，深者 1.54 米，浅者 3.4 米，孔宽也略有差异，在 2.16 米—2.42 米之间[3]。

墩侧凿有内外闸槽各一道，每洞放置木闸门两道，既有利于启闭和更换闸板，又可在闸门中间筑土以防止枯水期漏水。每隔五洞置一大墩，全闸共有大墩 5 座，小墩 22 座，墩顶履以长方形石台帽，上承石梁以成路面，以增强闸的整体性和稳定性，也利于闸上交通。

---

① 〔清〕程鹤龡《郡守汤公新建塘闸实绩》，载《三江闸务全书》卷上。
② 〔清〕程鹤龡《郡守汤公新建塘闸实绩》，载《三江闸务全书》卷上。
③ 数据来自民国《绍兴县志资料》第一辑《塘闸汇记》。

4.闸体布局

闸全长 103.15 米,面宽 9.15 米,28 孔,总净孔宽 62.74 米,最大泄流量 384 立方米每秒,正常泄流量 280 立方米每秒,可控制流域内三日降水 110 毫米暴雨排泄入海,从而安全度汛。

5.建筑美学

中国是世界上开展天文学研究最早的国家之一。周代天象观测,已发现了二十八宿中的若干星宿。至春秋战国时代,二十八宿体系已经完备,二十八宿就是把沿黄道和天球赤道分布的星宿分为二十八组,其名称:角、亢、氐、房、心、尾、箕、斗、牛、女、虚、危、室、壁、奎、娄、胃、昴、毕、觜、参、井、鬼、柳、星、张、翼、轸,每一宿取一颗星作为度量标志。这样就建立起一个便于描述某一天象发生位置的较准确的参考系统。

三江闸 28 孔,孔名应天上星宿,故名应宿闸。《闸务全书·郡守汤公新建塘闸实绩》载:"公初意欲建三十六洞,因太长,止建三十洞,潮浪犹能微撼。又填二洞,以应经宿,于是屹然不动矣。"汤绍恩建大闸时,面对的海潮是人力难以控制和征服的,必须依靠天的力量与之抗衡。因此各闸孔名取自二十八星宿名,与天象密切结合,这不仅是汤绍恩等人祈求上天佑护,而且给人以一种天、地、水、人、神合一之感。从水文化主题看,这是一种超凡脱俗的杰出创造;从总体布局看,严整美观,主次分明,轴线贯通,层次井然,整体性强。

(三)管理科学

1.资金

三江闸从兴建到日后的管理都有一整套严格的管理制度。据《郡守汤公新建塘闸实迹》所载,建闸资金除"请动公币","各捐俸捐资外,于三邑田亩,每亩科四厘许,计得资六千余两。物料始具,其役夫起于编氓"。

大闸建成后,汤绍恩又担心日后闸有倒塌崩坏之患,预备了一定的钱币藏之于府中,作为专门的修闸之费。

2.启闭

闸之启闭,按三江城侧之"金、木、水、火、土"水则所示,"闭闸先下内板,开闸先起外板。"28 孔均配以闸夫和规则启闭。如"角、轸二洞名常平,里人呼减水洞,十一闸夫所共也。""除此二洞外,每夫派管二洞,深浅相配。""如开十一洞,每夫一洞,倍之则一人二洞,如开多开少不一,自有公议。""水小先开浅洞,大则先开深洞。倘闸内外俱有沙涨,又宜于小水微流处,先开几洞,借势疏通之。""洞虽分管,启闭未尝不通融相助。"[①]

3. 维修

万历十二年（1584），绍兴知府萧良干主持第一次对三江闸的大修，工程完成后，萧良干集三江闸运行47年之经验，制定了三江闸第一个较完备的管理制度——《萧公修闸事宜条例》。此条例不但系统且全面地管理三江闸，而且还规定详细，可操作性强，此外，还对之后三江闸等水利设施管理产生了重要的影响，具有借鉴作用。三江闸之管理也是当时绍兴政府水利管理的主要内容之一。

三江闸从建成至中华人民共和国成立，共经六次较大规模的修缮，主持者分别为明万历十二年（1584）绍兴知府萧良干、崇祯六年（1633）余煌、清康熙二十一年（1682）福建总督姚启圣、乾隆六十年（1795）工部尚书茹棻、道光十三年（1833）郡守周仲墀、民国21年（1932）浙江省水利局等。在三江闸建成后，历届绍兴政府十分重视其维修和养护管理，以保证三江闸运行安全和效益充分发挥。

4. 水政

《三江闸务全书续刻》第一卷记录了清咸丰元年（1851）政府水利专管机构知南塘厅的三江闸《预开水则示》，主要内容为根据山邑职员赵晓霞等呈"三江闸外新沙涌涨，内河浅狭，宣泄较迟，请于水则五行牌于水涨之初预开一字，庶无水患，至濠湖鱼籪最为阻水要道，并求渝禁"的建议，结合多年大汛涨潮泄水的困难和提出的解决办法，告示民众："嗣后如遇水涨，遵奉前议，妥为办理，毋得违误。……其濠湖鱼籪永禁再筑，如敢抗违，定即提究。"对乡民设置捕鱼设施阻水提出了禁止措施。

又记载了同年出示的《永禁私筑濠湖大籪示》："濠湖鱼籪地处大闸上游，最为阻水要害，上年蒙恩督拆，水流较畅，只恐日后故智复萌，渔利私筑。……嗣后濠湖地方毋许私筑箔籪，阻塞水道，致碍田禾。尚敢不遵，一经访闻，或被告发，定即押拆严办，该地总如有得规徇阴，一并重究，决不宽贷。"对近三江闸的主排河道濠湖段设箔置籪造成水道阻塞的状况加以严厉禁止，要求予以坚决拆除。

三江闸发挥效益近450年。岁月沧桑，随着水利形势的变化发展，1981年，绍兴人民又在三江闸北5里处，建成了流量为528立方米每秒的大型水闸——新三江闸，汤绍恩所建三江闸遂完成其光辉的历史使命，成为浙江省重点文物保护单位。作为我国古代著名的水利工程，三江闸已在水利史上留下了光辉的一页。

---

① 〔清〕程鹤翥《郡守汤公新建塘闸实绩》，载《三江闸务全书》卷上。

第八章　八山中藏　七水纵横

州城回绕拂云堆，镜水稽山满眼来。

四面常时对屏障，一家终日在楼台。

星河似向檐前落，鼓角惊从地底回。

我是玉皇香案吏，谪居犹得住蓬莱。

——唐·元稹《以州宅夸于乐天》

距绍兴建城已 2500 年，在世界上有如此悠久历史并且城址至今未变的城市并不多见。绍兴城既然作为水城，其城市的发展与水利必有密不可分的联系和相互依存的关系。

第一节　越国都城

一、越国聚落北进与水利建设

卷转虫海侵在 6000 年前达到高峰，宁绍平原成为一片浅海，当时越部族的活动中心在会稽、四明山区。《吴越春秋》记载当时"人民山居"，"随陵陆而耕种，或逐禽鹿而给食"。《水经注》记载：越部族的中心原有二处，一是"埤中"，在诸暨北界店口至阮市一带；二是"山南有嶕岘，岘里有大城，越王无余之旧都也"。无余，相传为禹五世孙少康氏之庶子。六朝夏侯曾先《会稽地志》记载古越城："越之中叶，在此为都。离宫别馆，遗基尚在。悉生豫章，多在门阶之侧，行伍相当，森耸可爱。风雨晦朔，犹闻钟磬之声。百姓至今多怀肃敬。"此古越城与《水经注》中的"大城"应为同一处[1]，位置约在若耶溪的支流，同康溪的源头，兰亭乡里黄现与平水镇同康的交界处，即《水经注》中"溪水上承嶕岘麻溪"之说。

越王句践即位于公元前 5 世纪初（前 496），随着部族生产力水平的提高，人口增

---

① 〔陈〕夏侯曾先《会稽地志》，载傅振照等辑注《六朝地域社会丛书·会稽方志集成》，团结出版社，1992 年，第 99 页。

多,随着海岸线北移,北部平原开发面积逐渐扩大。《越绝书》卷八:"句践徙治山北,引属东海,内外越别封削焉。"据清人毛奇龄考证,其地在今平水附近的平阳。这里地处会稽山北,地势广阔平坦,群山环抱,既利于生产种植,又易守难攻。越部族的生产活动中心,已从南部山区,进入了山北的一系列山麓冲积扇地段。《越绝书》卷八中"水行而山处,以船为车,以楫为马;往若飘风,去则难从",便形象地描述了当时越族居民的生活、生产环境。

据《越绝书》卷四记载,越王句践当时面对的是"西则迫江,东则薄海,水属苍天,下不知所止,交错相过,波涛浚流,沉而复起,因复相还。浩浩之水,朝夕既有时,动作若惊骇,声音若雷霆。波涛援而起,船失不能救。未知命之所维"这样恶劣的水环境,于是接受了大夫计倪"必先省赋敛,劝农桑。饥馑在问,或水或塘。因熟积以备四方"的建议,以范蠡为主,组织实施了一批水利工程。《越绝书》记载的越国水利工程主要有吴塘、苦竹塘、富中大塘、练塘、古水道、石塘等。这些水利工程按地形又分为山麓水利、平原水利和沿海水利三部分,形成了与"山—原—海"台阶式地形相适应的越国水利。这些山—原—海水利工程的建设和效益发挥,为越国向平原发展并建设新的都城奠定了重要的基础条件。

二、句践大、小城

句践在位时发生了吴越战争,越为吴所败,被迫接受了城下之盟,句践夫妇为人质入吴,三年后被释归国。《吴越春秋·句践归国外传》记载,为复仇雪耻,句践接受了越大夫范蠡提出的"今大王欲立国树都,并敌国之境,不处平易之都,据四达之地,将焉立霸王之业"的建议,决定在若耶溪下游西缘,以今卧龙山为中心之地建立都城。山会平原的地形由南向北总体呈山—原—海台阶式分布,是一个南北向的缓倾斜面,这种地势为海退后平原逐步由南往北开发提供了有利条件。并且这一地区的开发也是一个渐进的过程,在句践之前,这里的一些高燥之地已得到水土资源的开发并有人口集聚。句践于前490—前489年建立小城,即《越绝书》卷八所载"句践小城,山阴城也,周二里二百二十三步",位置在今卧龙山东南麓。这里位于山会平原的中心地带,是一片有大小孤丘九处,东西约五里,南北约七里,相对略高于平原的高燥之地。而山阴故水道环绕其外侧,阻隔了北部潮汐并拦阻了南部山区突发之洪水,并且成为水上航运的主干道,也使小城有了较充足的淡水资源;富中大塘又在其城东部,成为城市的主要粮食生产基地。正是这两处重要的水利工程,使绍兴城的形成有了基础保障,使建城成为可能。据考证:小城的西城墙,起于府山西尾,止于旱偏门,其长度在110米左右;南城墙由旱偏门至凤仪桥,长约820米;东南角连接东城墙,从今酒务桥起,经作揖坊、宣化坊至府山东北端与宝珠桥相衔接,长度约

1030 米[①]；北城墙为卧龙山体。小城"一圆三方"，城墙周围总长约 3 里，面积约 72 公顷。范蠡在构筑小城时，设"陆门四，水门一"。这是绍兴城市建设中的第一座水城门，位置在今绍兴卧龙山以南的酒务桥附近，沟通了当时小城内外的河道。之后，又建大城，《越绝书》卷八记载"大城周二十里七十二步，不筑北面"。

三、主要建筑

（一）城内

1. 越王台

越王台位于绍兴卧龙山东南麓的小城内，越国政治、军事中枢。《吴越春秋·句践归国外传》："周六百二十步，柱长三丈五尺三寸，溜高丈六尺。宫有百户，高丈二尺五寸。"宫台为皇家建筑所独有，是帝王大型活动或登临观赏之所，是一个颇具规模的王家园林。

2. 龟山怪游台

龟山怪游台位于今绍兴城南。《越绝书》卷八记载："龟山者，句践起怪游台也，东南司马门，固以照龟。又仰望天气，观天怪也，高四十六丈五尺二寸，周五百三十二步。"《吴越春秋·句践归国外传》记载："城既成，而怪山自生。怪山者，琅琊东武海中山也，一夕自来，百姓怪之，故名怪山。……范蠡曰：'天地卒号，以着其实。'名东武，起游台其上。东南为司马门，立增楼冠其山巅，以为灵台。"《水经注·渐江水》："越起灵台于山上，又作三层楼，以望云物。"这是我国最早见之于文献记载的天文、气象综合性观察台。

3. 禹宗庙

《越绝书》卷八："故禹宗庙，在小城南门外大城内。禹稷在庙西，今南里。"禹宗庙在大城之内。其形制可见 1982 年绍兴县坡塘乡发掘的春秋战国墓中的铜制房屋模型，或为 2500 年前越国庙堂建筑的真实形象，其中的歌伎和乐师的形态应与祭祀活动有关。

4. 雷门

《嘉泰会稽志》："五云门，古雷门也。……《十道志》云：'句践所立，以雷能威于龙也，门下有鼓长丈八，赤声闻百里。'"

（二）城周

1. 美人宫

《越绝书》卷八："美人宫，周五百九十步，陆门二，水门一。"《吴越春秋·勾践阴

---

① 方杰主编《越国文化》，上海社会科学院出版社，1998 年。

谋外传》载："乃使相工索国中，得苎萝山鬻薪之女，曰西施、郑旦，饰以罗縠，教以容步，习于土城，临于都巷，三年学服，而献于吴。"西施姓施，名夷光，一作先施，又称西子，春秋末期越国句无（今诸暨市）苎萝村人，郑旦与西施同为苎萝山中美女。王象之《舆地纪胜》："土城山在会稽县东六里。"孔晔《会稽记》："句践索美女以献吴王，得诸暨苎萝山卖薪女西施、郑旦。先教习于土城山。山边有石，云是西施浣沙石。""土城山"，又称"西施山"，是西施习步的宫台遗址，位置在今绍兴城东五云门外，原绍兴钢铁厂处。1959年在山南开挖河道，见有大量越国青铜器、印纹陶、黑皮陶、原始青瓷等，西施山一带也是重要的越国遗址。

2. 阳春亭

《越绝书》卷八："山阴古故陆道，出东郭，随直渎阳春亭。山阴故水道，出东郭，从郡阳春亭。去县五十里。"亭是最能代表中国建筑特征的一种建筑形式，目前所知最早的"亭"字是先秦时期的古陶文和古钵文。汉代以前亭的功能大致有四种：城市中的亭、驿站的驿亭、行政治所的亭、边防报警的亭。这里记载的阳春亭在绍兴城东郭门外，连接着当时的故陆道和故水道，应是交通、迎送休闲之场所。

3. 灵文园

《汉书·地理志》载："越王句践本国，有灵文园。"

4. 灵汜桥（本章有专文考证）

四、城市水系

当时的大小城已颇具气势和规模，当然城墙建筑应较简陋，以土木为主。大城设"陆门三、水门三"。大小城范围设四个水门，表明了城中河道水系之发达。据考证，当时城内水道有以下几条：

由东山阴故水道从东郭门进城至凤仪桥，再至水偏门（为水城中水门）；

从凤仪桥至仓桥的南北向环山河；

从南门至小江桥的南北向府河；

从酒务桥北向东过府河，再从清道桥经东街到五云门的东西向河道；

从大善桥南北接府河，东至都泗门的东西向河道；

从西迎恩门向东至小江桥，又至探花桥，再向南至长安桥，东至都泗门的东西向河道。

大城中的三座水门分别为东郭门、南门及都泗门。城北不筑门，无水门，但必有水道。而不开稽山水门大概是因为此水门处于若耶溪水直冲之地，若开此水门，则难以抵御山洪灾害。绍兴水城水系之大致格局至此已形成。

从句践的美人宫等也可推测，越国时城周边亦较为发达。

第二节　隋唐古城

由于鉴湖的兴建,水环境变好,南迁人口增多及人口素质提高,各行各业加快发展,经济总量提升,使山会地区在东晋和南北朝时期出现了一个发展高峰。

一、水利效益

鉴湖的兴建是会稽人民对山会平原自然环境的一次系统性改造,其结果是人、水、地关系的完美与和谐,从此以优越的环境滋养了绍兴,使其繁荣富强,人才辈出,闻名海内外。

（一）鉴湖

防洪、灌溉。鉴湖蓄水 2.68 亿立方米,由于鉴湖水面高于北部平原,为九千余顷土地的灌溉提供了自流式的丰沛水资源。

加快山会地区的综合开发与发展。农业生产得到迅速开发,手工业、交通运输业、酿酒业、养殖业都得到了较快发展。由此带来了经济增长、城市繁荣、人口增多。

生态环境得到全面改善。山会平原由于鉴湖的兴建变得山水宜人。王羲之《兰亭序》中的山麓交界地兰亭"有崇山峻岭,茂林修竹;又有清流激湍,映带左右"。《水经注·渐江水》称鉴湖之畔"山阴道上行,如在镜中游"。据《世说新语·言语第二》记载,顾长康所见会稽,"千岩竞秀,万壑争流,草木蒙笼其上,若云兴霞蔚";王献之笔下的山阴道上则是"山川自相映发,使人应接不暇。若秋冬之际,尤难为怀"。

（二）运河

公元 300 年前后,绍兴在水利上又有大的建树。在晋会稽内史贺循(260—319)的主持下,开凿了著名的西兴运河。运河自郡城西郭经柯桥、钱清、萧山直到钱塘江边,起初称漕渠。因运河从萧山向北在固陵与钱塘江汇合,而固陵在晋代即称西兴,故名西兴运河。

西兴运河东至绍兴西郭门入城,再向东,过郡城东部的都赐堰进入鉴湖,既可溯鉴湖与稽北丘陵的港埠通航,也可沿鉴湖到达曹娥江边,沟通了钱塘江和曹娥江两条河流。就山会平原西部而言,此运河的开凿弥补了原鉴湖水利和航道之局限。随着经济社会的发展,北部平原航运进入了一个新的发展时期,西兴运河在这一带的交通航运地位不断加强。

《新唐书·地理志》载:"(山阴)北五里有新河,西北十里有运道塘,皆元和十年(815)观察使孟简开。"又《嘉泰会稽志》卷十:"新河在府城西北二里,唐元和十年观察使孟简所浚。"一说新河是相对老河而名的,原来运河的城内河道由西郭门经光相桥、鲤鱼桥、水澄桥到小江桥河沿,由于运河商旅增多,孟简又开了一条由西郭直通大江桥与小江桥的"新河",以缩短航线,避免壅塞,促进沿岸商贸[①]。"运道塘"应是孟简对西兴运河塘路的改造工程,该工程将一些主要河岸的泥塘路改为石砌或铺石路段。

(三)海塘

唐代绍兴北部海塘进一步完善,一个重要的标志便是将原鉴湖灌区的枢纽工程玉山斗门由二孔斗门扩建为八孔闸门,使这一地区的蓄泄能力增强。其中的九千顷土地灌排因之得到更好的保障,农业生产水平有了更快的提高,百业因之而更发达。

二、隋代扩城

(一)地位提升

会稽郡山阴县到东晋和南北朝时迅速发展,呈现了《晋书·诸葛恢传》中"今之会稽,昔之关中"这般欣欣向荣的局面。《宋书·顾恺之传》中山阴已号称"民户三万,海内剧邑"。刘宋孝建元年(454),浙东的会稽、东阳、永泰、临海、新安五郡置东扬州,州治就设在会稽,山阴县城成为五郡之首府。刘宋大明三年(459),竟一度把扬州州治从建康迁到会稽。

会稽郡从梁代初年起,又升格为东扬州的郡治。随着城市的繁荣扩大,行政管理上就有了新的要求,《南齐书·沈宪传》中记载了早在南齐时就有人提出把山阴分成山、会两县的建议。到了不久后的陈朝,山、会分治终于成为现实,以绍兴城中心南北向的府河为界,分西部为山阴县,东部为会稽县。

(二)建设规模

隋开皇年间(581—600),绍兴进行了自从越王句践建城以来第一次有记载的大规模城市修建。首先是在卧龙山东南侧修建子城。沈立《越州图序》载:"唐杨素筑子城十里。"又《嘉泰会稽志》卷一记:"旧经云:子城周十里,东面高二丈二尺,厚四丈一尺,南面高二丈五尺,厚三丈九尺,西北二面皆因重山以为城,不为壕堑。"《嘉泰会稽志》不但紧接着记述了《越绝书》和《吴越春秋》中关于"小城"的记载,又记述"城南近湖,去湖百余步,会稽治山阴以来,此城即为郡城。案今子城陵门亦四,曰镇东军门,曰秦望门,曰常喜子城门,曰酒务桥门。水门亦一,即酒务桥北水门是也。其南秦望门,去湖亦仅百步,虽未必尽与古同,然其大略不相远矣"。这里不但基本肯定了越王句践所建小城和所建子城位置基本相同,只是"子城"比"小城"更完善和坚固一些,还记述和印证了鉴湖建成后,使山阴城西南自常喜门向南至大城

---

① 傅振照《绍兴史纲》第三章,百家出版社,2002年。

再向南数百米处,再东至后来的稽山门,向北至东郭门,再北至都泗门,均为鉴湖堤所环绕。

隋代在子城之外又建罗城。沈立《越州图序》:"罗城周围旧管四十五里,今实计二十四里二百五十步,城门九。"陈桥驿先生认为:"罗城的规模也比于越大城有了扩充。这一次扩建以后,绍兴城的总体轮廓基本上已经确定,其基址与今日环城公路已经大体吻合了。"[1]

三、唐代盛况

由于鉴湖和西兴运河的交通便利,使甬江和钱塘江通过浙东运河的交通运输业快速发展,绍兴城成为浙东航运的中心枢纽城市,不但与国内各地加强了商贸交易,又自唐开元二十六年(738)设置明州后,与日本、朝鲜及南洋等地的商来客往更加频繁,并且其运输大多自明州沿浙东运河过绍兴再过钱塘江北上。宋姚宽《西溪丛语》卷上载:"故海商舶船,畏避沙潭,不由大江,惟泛余姚小江,易舟而浮运河。"天宝七年(748)鉴真和尚第五次赴日,就是从绍兴出发沿此道东渡。浙东运河樯橹相接,帆船如梭,商旅不息,因此也促进了浙东运河海上丝绸之路的发展。在隋炀帝时,越州已以耀花绫品质优异著名,唐代越州丝绸更是闻名全国。陆羽在《茶经》中评价当时的全国瓷器,认为其中的盘和瓯以越州产品为第一。唐天复三年(903),阿拉伯地理学家伊本法基在其《地理志》中,把中国的陶瓷、丝绸、灯列为三大名牌货。

当时越州城经济发达,人口众多,商贸繁荣,风景优美。时任越州刺史的元稹在长庆年间(821—824)作《以州宅夸于乐天》诗,越州州宅成了他心目中的蓬莱仙境。

而时任杭州刺史的白居易在《答微之夸州宅》诗中写道:

> 贺上人回得报书,大夸州宅似仙居。
>
> 厌看冯翊风沙久,喜见兰亭烟景初。
>
> 日出旌旗生气色,月明楼阁在空虚。
>
> 知君暗数江南郡,除却余杭尽不如。

诗中讴歌越州,但认为余杭在越州之上。然元稹又作《再酬复言和夸州宅》,诗中更坚定地认为"会稽天下本无俦,任取苏杭作辈流"。

唐乾宁四年(897),吴越王钱镠定杭州为吴越国西府,越州为吴越国东府兼吴越国行都。并且钱镠先后于乾宁四年、天复元年(901)、后梁开平三年(909)数度驻节越州,在绍兴城市、水利建设上有颇多建树。

---

① 陈桥驿《历史时期绍兴城市的形成与发展》,载《吴越文化论丛》,中华书局,1999 年。

四、城市水利

《嘉泰会稽志》卷一："城门九，东曰都赐门（有都赐埭门），曰五云门；东南曰东郭门（有东郭埭），曰稽山门；正南曰殖利门（有南埭）；西南曰西偏门（有陶家埭），曰常喜门；正西曰迎恩门；北曰三江门。凡城东南门有埭，皆以护湖水，使不入河，西门因漕渠属于江以达行在所，北门引众水入于海。"这里阐明了鉴湖、西兴运河与绍兴城水系的主要关系：

其一，鉴湖水位高于城中之水位。曾巩《越州鉴湖图序》："又以湖水较之，高于城中之水或三尺有六寸，或二尺有六寸。"据考证，鉴湖水位高程约为 4.5—5 米，城内当时水位高程在 3.5 米左右，绍兴城地面高程多为 4.5—5 米，为防鉴湖水侵入，在鉴湖与绍兴城西南面的城墙之间还留着开阔的防洪地[①]。又在原水城门外设埭阻水，既防止湖水威胁城市，又兼顾适度引水和一般小船过坝通航。李白《送王屋山人魏万还王屋》诗中"秀色不可名，清辉满江城。人游月边去，舟在空中行"所描述舟行鉴湖中所见的越州城和舟中之观景，正是鉴湖水位高于城池内水位的结果。

其二，绍兴城主要靠引鉴湖水入城补充水量，由于绍兴地形东部略高于西部，故鉴湖以郡城东南从稽山门到禹陵全长 6 千米的驿路作为分湖堤，根据地理位置分东西两湖，东湖水位一般较西湖高 0.5—1 米。鉴于此水位差及西湖之水又高于平原及城内河流的实际，为满足城内水源供应和航运需要，故将都泗门改建成都泗埭，东郭门改成东郭埭、东郭闸，以调节城内水位（主要是东北部），更换水体。城市南部水体补充的另一办法是通过堰引水和凿城引湖水。吕祖谦《入越录》中记载："凿城引鉴湖为小溪，穿岩下，键以横闸，激浪怒鸣，过闸遂为曲水。"

其三，鉴湖、西兴运河航道通过绍兴城贯通东西。鉴湖建成后，鉴湖以北平原的河道，特别是晋以后西兴运河的船舶，必须通过西郭门等，过州城，然后从都泗埭或东郭埭拖牵而过堰闸，才能进入鉴湖。而从曹娥江过东鉴湖到西鉴湖或西兴运河，也必须通过都泗埭或东郭埭过州城才能到达。

其四，城北门为城市主要排涝通道。城市防洪及水体更换主要由北门排泄。

第三节 宋代名城

一、北宋大府

北宋是鉴湖水利最后的全盛时期，绍兴城也彰显其繁华盛况，其地位非同一般，

[①] 盛鸿郎、邱志荣《古鉴湖新证》，载盛鸿郎主编《鉴湖与绍兴水利》，中国书店，1991 年。

北宋嘉祐五年至六年（1060—1061）任越州太守的刁约在《望海亭记》中记有客曰：
"东南之邦，佳山水，侈台榭，丽于城邑者多矣。如其岚巘千屏，烟波数带，漕帆商楫，
往还于前，赪糊百雉，云屋万家，鸳刹虹檐，照映于下者，未见其比……"写尽了水城
的繁荣气象，又把绍兴城以卧龙山为中心，比作盘踞在泽国之上的一条巨龙："越冠浙
江东，号都督府。府据卧龙山，为形胜处。山之南亘东西鉴湖也，山之北连属江与海也。
周遭数里，盘屈于江湖之上，状卧龙也。龙之腹，府宅也；龙之口，府东门也；龙之尾，
西园也；龙之脊，望海亭也。"

北宋绍兴城蔚为壮观。著名词人毛维瞻（1011—1084）有《新修城记》记载嘉祐
六年（1061）春太守刁约修城的缘由及规模，认为"越为浙东大府，户口之众寡，无虑
十百万；金谷布币，岁入于县官，帑庾数又倍之。提封左右，襟带江湖，远扼闽岭之冲，
故屯宿禁旅，以备非常。州之子城颓圮，邸里亡有限隔，非所以为国家式遏海外之意
也"。言明了越州浙东大府之重要地位及山水形势，以及修子城之必要。新修后的子
城坚固雄壮，气势不凡，既是城墙，又是观景台。

北宋日本僧人成寻（1011—1081）于1072年4月—1073年7月在中国巡礼求
法，著有日记《参天台五台山记》，其中在熙宁五年（1072）五月七日（丙戌）沿运河过
绍兴城的记载："迎恩门如日本朱雀门，大五间，左右有廊，扉有间搌，通水料软。过
五里，有都督大殿，如杭州府。过五里，有都洄（泗）门，以牛二头令牵过通船。都洄
（泗）二阶，门楼五间，如迎恩门。"①所见迎恩门，都督大殿、都泗门均为当时大城市之
建筑，同时也记载了运河入城过堰情况。

二、南宋陪都

南宋是绍兴城市发展史上的飞跃时期。

（一）航运地位

北宋、南宋之交，虽是鉴湖的围垦期，但鉴湖创造和形成的效益正空前展现。南
宋初年，由于鉴湖围垦规模不断扩大，最后垦出湖田二千多顷，使山会平原增加了四
分之一的耕地面积，也产生了农业生产规模扩大的效益。南宋都临安，浙东运河是其
通向南、北、东的三条水运干道之一，绍兴、明州、台州成了临安的主要后方，也成为
通向海上丝绸之路的门户，因之政府全面加强了对运河的管理、维修。浙东运河河道
畅达，地位、作用更显重要，呈现了航运的黄金时代。南宋状元王十朋在《会稽风俗
赋》中写鉴湖："有八百里之回环，灌九千顷之膏腴。"写浙东运河："堰限江河，津通漕
输。航瓯舶闽，浮鄞达吴。浪桨风帆，千艘万舻。大武挽缡，五丁噪呼。榜人奏功，千

---

①〔日〕成寻著，白化文、李鼎霞校点《参天台五台山记》，花山文艺出版社，2008年。

里须臾。"[①]

(二)临时首都

由于金兵南下,宋室南迁,杭州成为全国政治、经济、文化中心,对毗邻的绍兴产生重大影响。绍兴两度成为南宋的临时首都。宋高宗赵构于建炎三年(1129)从杭州渡钱塘江来到越州,驻跸州廨,越州第一次成为南宋的临时首都。建炎四年(1130)初,南宋朝廷又以州治为行宫,越州第二次作为南宋的临时首都,历时一年零八个月之久。绍兴城市因此取得了空前的大发展。

建炎四年以后,宋高宗赵构改元为绍兴元年(1131)。宋朝廷于绍兴二年(1132)初开始迁都临安。之后,绍兴虽退居为府治,但朝廷仍规定临安以外的全国大邑40处,山阴名列其首。陆游在《嘉泰会稽志·序》中称:"今天下巨镇,惟金陵与会稽耳。"王十朋在"天高气肃,秋色平分"之日登上卧龙山之蓬莱阁,把酒临风,作《蓬莱阁赋》,记所见绍兴城之胜景:"周览城闉,鳞鳞万户。龙吐戒珠,龟伏东武。三峰鼎峙,列障屏布。草木芃葱,烟霏雾吐。栋宇峥嵘,舟车旁午。壮百雉之巍垣,镇六州而开府。"[②]《越州图经》记载,北宋大中祥符年间,城内之街坊,属于会稽县的有十二坊,总二十三坊。然《嘉泰会稽志》卷四载,到南宋嘉泰年间,府城内厢坊迅速扩大,全城已有五厢九十六坊。

(三)水系格局

鉴湖主体水域被围垦后,原绍兴城东南城门外拦蓄湖水之堤堰被废去,又形成了水偏门、植利门、东郭门、都泗门、昌安门、西郭门等六座水门,平原水网与城内河道合为一体。嘉定十四年至十七年(1221—1224),郡守汪纲等对罗城及水陆城门和城内路、渠、桥等基础设施进行大规模修缮,绍兴城内已建成了"一河一街""一河两街""有河无街"的水城格局,并形成以南北向府河为主干,以东西向河道为支流,河、池、溇、港纵横交错的水系网络。城内还石砌主要衢路,使之"经画有条""坦夷如砥"。经过这次大规模的改造,绍兴城内的厢坊设置、街衢布局、河渠分布、规模范围等,基本已成定局。此格局直到清末以至民国都没有大的变化。

第四节 明清水城

一、水利调整

南宋诸多社会发展和自然环境变迁的原因,使鉴湖水体在短期内产生了重大改

---

①《王十朋全集·文集》卷十六,上海古籍出版社,1998年。
②《王十朋全集·文集》卷十六,上海古籍出版社,1998年。

变,这一变化使山会平原优越的水环境和良好的水利条件产生了变化,使当地水旱灾害频发。

由于平原河湖的深浅及耕地高低不一,农田灌溉、水产养殖、航运对水位都有不同要求,因未能统一管理,出现了较多的用水矛盾和纠纷,加重了山会平原的水旱灾害。明成化十二年(1476),绍兴知府戴琥在实地考察和研究的基础上,创建了山会水利(水位尺)和山会水则碑,将山会水则碑置于绍兴城内佑圣观前的河中。按《水则碑》观测"水则",管理十多千米以外的玉山闸启闭,可以调节整个山会平原河网高、中、低田的灌溉和航运,这是山会平原河网得到系统管理的标志,也是绍兴水利史上的一个杰出创造,也反映了绍兴城内河道在山会水利中的地位。

明嘉靖十六年(1537),绍兴知府汤绍恩主持建成三江闸,钱清江从此成为内河。建闸后,又在闸两侧筑海塘四百余丈,使200余里的萧绍海塘稳固连成一体。至此,山会平原河网新的鉴湖水系调整基本完成,三江闸成为山会平原排涝、蓄淡的水利总枢纽,最大泄流量为384立方米每秒,正常泄流量为280立方米每秒,拦蓄平原河网水量达4亿余立方米。《闸务全书》上卷《总督陶公塘闸碑记》:"水无复却行之患,民无决塘筑塘之苦矣。闸之内,去海渐远,潮汐为闸所遏,不得至,渐可得良田万余亩。"

二、水城完善

明清时期,绍兴在浙江省仍居第四大城市之位,行政上一直是府治,并且以历史悠久、物产丰饶的典型江南水乡城市形象闻名海内外。明代文学家袁宏道有《初至绍兴》诗:

> 闻说山阴县,今来始一过。船方尖履小,士比鲫鱼多。
> 聚集山如市,交光水似罗。家家开老酒,只少唱吴歌。

讴歌了绍兴水城、水乡的大好风光。

经过明清两代的城河整治,绍兴城河体系更趋完善,"越郡城河,从鉴湖南入,直进江桥,分流别澮,号为七弦,固四达交通,发祥毓秀,为阖郡利益也"。此为清代绍兴知府俞卿在《知府俞卿禁碑》(收录于乾隆《绍兴府志》卷十四《水利志一》)中对绍兴城河之评述。据清光绪十八年(1892)《绍兴府城衢路图》记载,在全城7.4平方千米范围内,有大小河道33条,总长约60千米。另有港、溇多处,大小湖池27处,总水面约占全城面积的20%。有桥229座,城中每0.03平方千米就有一座桥。乾隆《绍兴府志》卷十四称府河"跨山会界,其纵者自江桥南至植利门,北至昌安水门;其横者自都泗门至西郭门,中间支河甚多,皆通舟楫"。民谣云:"大善塔,塔顶尖,尖如笔,写尽五湖四海;小江桥,桥洞圆,圆如镜,照见山会两县。"水城之景观特色,由此可见一斑。我国著名古代建筑史研究专家张驭寰先生在《中国城池史》中提出:"在城内形成一个水网,如苏州、绍兴城等等,那是规划比较整齐的。一条水为河街,一条水为水巷,南北东西相交,水网整齐。除这之外的一般城池的水网都比较简明扼要,并不像苏州、绍兴城那样全城成为水网,水系也不那样多。"[1]

绍兴水城各功能区划分也与水道密切相关。在卧龙山及西桥一带,河道水域较宽广,是当时的府治、县治行政中心;城南飞来山周边,地势高燥,河道畅达,上承南门之活水,多世家大户的台门院落;城北则河道密布,众水汇入,是处商肆繁华,为贸易之地;城东蕺山周边,街巷深重,水道弯曲,也就多锡箔等手工作坊。这种因河而产生的城市格局,也是绍兴城市的一大特色。康熙《会稽县志》的《府城图》中,在"绍兴府"右侧便为"水利厅"之政府办事机构,也可见水利在绍兴之重要地位。

康熙二十八年(1689),康熙一行由北京永定门出发,经陆路南行至宿迁,然后乘舟沿运河南下,进入江南,又在杭州登岸,过钱塘江,再沿浙东运河到绍兴城,又祭禹。回京后,由宫廷王翚等著名画家绘制《康熙南巡图》[2],其中不但描绘了浙东运河流域的山水风光,还浓墨重彩勾绘了绍兴水城"三山万户巷盘曲,百桥千街水纵横"的奇丽景观。康熙在杭州驻跸时还写了《驻跸杭州府》诗:

> 越境湖山秀,文风天地成。
>
> 南临控禹穴,西枕俯蓬瀛。
>
> 容与双峰近,徘徊数句盈。
>
> 我心多爱戴,少慰始终情。

乾隆六下江南,亦留下了《乾隆南巡图》,其中有多幅绍兴水城的精彩画卷,这些都是绍兴城在全国的地位和特色的反映。

三、环城河变迁

绍兴城最早的环城河位于句践小城之东,即南北向从凤仪桥至宝珠桥的环山河。大城建成后,西起府河鲍家桥,东至金刚庙前与投醪河相连,此河当时地处大城南城墙外,应为大城建成后形成的环城河。东城墙之外为若耶溪(平水西江),形成大城东环城河。

东汉鉴湖建成,使山阴城西南常禧门向南至大城往南数百米处,再东至后来的稽山门向北至东郭门,再北至都泗门外均为鉴湖湖堤所环绕。隋代罗城建成后,在南面与西南面的湖水之间还留有"百余步"的留置地。

至南宋鉴湖堤废后,绍兴环城河规模基本确定。平水西江河道形成东环城河,南

---

① 张驭寰《中国城池史》,百花文艺出版社,2003 年,第 393 页。

② 陈述主编,赵大川编著《京杭大运河图说》,杭州出版社,2006 年。

起稽山门,北至昌安门;鉴湖南门至西偏门的变窄河段形成南环城河;娄宫江自然河段形成西环城河;迎恩门至昌安门外又形成北环城河。明嘉靖二年(1523)绍兴知府南大吉修府城,同时浚治内外环城河,使北面环城河规模进一步扩大,排涝、航运能力增强。

《嘉泰会稽志》卷一:"旧经有云:城不为壕。今城外故有壕,但不甚深广尔。皇祐中有诏浚隍,太守王逵始治其事,旧经成于祥符,不及知也。"明万历《绍兴府志》载:宣和年间(1119—1125),越守刘韦合修筑州城,于"瓮城外凿壕,去大城三十步,上施钓桥,凡为三壕:第一重阔二十步,深二丈,水深四尺至七尺;第二、第三重遍减五尺,壕之内岸筑羊马城,去大城五步,高八尺,址阔五尺,上敛二尺"。又清悔堂老人《越中杂识·城池》记:"府城内外皆有壕,外壕广十丈、八丈、五丈不等,深一丈二尺、一丈、或八尺、九尺不等;内壕俱广一丈八尺,深七尺。"壕即为护城河,由人工开挖。而这里所记的壕与今日所指之环城河是基本不重合的,故不能把环城河称为护城河。而在护城河之外又有环城河(多为自然河流),以资城市外围之行洪排涝、航运、观景等,此亦为绍兴水城之一大特色。

宋代以前绍兴城墙主要采用夯土打筑,也有部分采用山石垒砌。至元代才改用砖筑城墙[①]。明万历《绍兴府志》载,元至正十三年(1353),任浙江廉访金事的笃满帖睦尔在主持修筑绍兴城墙时,"始甃以石,开堑绕之"。直至民国初年,绍兴古城墙仍是雄壮完整之形象,高7—8米,宽6—10米,周长13566米。绍兴古城墙在民国27年(1938),被当时的驻绍国民军以抗战为由拆除。至20世纪50年代,在城墙旧址建成沿环城河的环城公路。

第五节　城河水利碑与实践

据《越州图经》记载,南宋嘉泰年间(1201—1204),府城内厢坊迅速扩大,全城已有五厢九十六坊。城内水系发达,河港遍布,商肆繁华,人口增多,给不足8平方千米的绍兴城带来了城市拥挤和城河管理与排污的新难题。而到明清两代,河道淤塞、侵占、污染问题更为突出。因此,城市水系的综合治理,便成为当时绍兴知府必须亲自负责抓好的重大民生环境工程。今天所能看到的明清绍兴三篇著名水利碑文就是城市治水历史的重要印记。

---

① 张显辉《绍兴古城墙建拆始末》,《绍兴通讯》2006年第五期。

一、王阳明《浚河记》

王阳明（1472—1529），名守仁，字伯安，号阳明子，世称阳明先生。明代著名哲学家、思想家、教育家。王阳明的《浚河记》碑主要记载了绍兴知府南大吉治理城河的过程以及倡导、守护正义的议论。南大吉（1487—1541），字元善，号瑞泉，明陕西渭南人，正德六年（1511）进士，嘉靖二年（1523），以部郎出守绍兴府。

碑文开篇就记载了当时绍兴城河令人忧虑的状况："越人以舟楫为舆马，滨河而廛者，皆巨室也。日规月筑，水道淤隘，畜泄既亡，旱潦频仍。商旅日争于途，至有斗而死者矣。"[①]可见，该城河已久为沿河民居所侵占，杂乱凸现，淤积且狭小，填河的又都是当地有权势的大户，一般的民众敢怒而不敢言，官府也不敢过问。日侵月占，河道的蓄泄功能丧失，便出现了持续不断的洪涝灾害；绍兴自古以舟楫为主要交通工具，如城河淤隘，则航道堵塞，船行难通；水质污染，城市的环境和市民生活质量变差。

嘉靖三年（1524），南大吉组织民众对绍兴主要河道进行全面疏浚和整修，并首先对淤塞严重的城河加以浚拓，"南子乃决沮障，复旧防，去豪商之壅，削势家之侵"[②]，一举将府河拓宽六尺许。

"失利之徒，胥怨交谤，从而谣之曰：'南守瞿瞿，实破我庐；瞿瞿南守，使我奔走。'人曰：'吾守其厉民欤？何其谤者之多也？'"[③]南大吉在治理河道过程中与沿河势利之徒、奸猾小人有了直接冲突，恶意诽谤之声四起。

为支持南大吉，明辨是非之人启导民众支持南大吉"顺其公而拂其私，所顺者大而所拂者小"[④]，从而保护河道水环境。王阳明在《浚河记》中以事实充分肯定南大吉城河整治的效益："既而舟楫通利，行旅欢呼络绎。是秋大旱，江河龟坼，越之人收获输载如常。明年大水，民居免于垫溺，远近称忭。"

治水事业，功德无量，《浚河记》记载绍兴人民对南大吉的治河之举交口赞誉："又从而歌之曰：'相彼舟人矣，昔揭以曳矣，今歌以楫矣。旱之熇也，微南侯兮，吾其燋矣。霖其弥月矣，微南侯兮，吾其鱼鳖矣。我输我获矣，我游我息矣，长渠之活矣，维南侯之流泽矣。'"

碑文最后道明了为官之要和核心价值所在："人曰：'信哉！阳明子之言，未闻以

---

①〔明〕王守仁《浚河记》，《王阳明全集·外集五》卷二十二。
②〔明〕王守仁《浚河记》，《王阳明全集·外集五》卷二十二。
③〔明〕王守仁《浚河记》，《王阳明全集·外集五》卷二十二。
④〔明〕沈弘道《南公浚上灶溪本末》，康熙《会稽县志》卷四。

佚道使民,而或有怨之者也。'纪其事于石,以诏来者。"

王阳明的《浚河记》简明扼要,立意高远,把深刻的道理,以通俗的语言表明,弘扬正义,鞭挞丑恶,针砭时弊,是对后来绍兴从政者的激励、对民众的教育,也开创了绍兴城市河道水环境综合治理的先例。

二、俞卿《禁造城河水阁碑》

俞卿,生卒年不详,字恕庵,号元公,云南陆良人,清康熙二十年(1681)举人。康熙五十一年(1712)八月由兵部侍郎出知绍兴府。

到任后,俞卿见绍兴城河因一些居民常投污秽物于其中,污秽物堆积、污染并淤塞河道,乾隆《绍兴府志》卷十四称"一月不雨,则骤涸,舟载货物,用力百倍,入夏尤艰苦"。是年冬,俞卿组织民众对城河进行疏浚。当时俞卿初到绍兴,对清淤缺少经验,挖掘之土随意堆弃于两岸,到第二年汛期河水高涨,两岸堆土又重新滑落河中,出现了边浚边淤的状况,疏浚工作收效甚微。俞卿通过实地查考,总结失利原因,又布置新的疏浚办法,规定挖河必须深三尺,宽则极于两岸,河道开挖始于各小门,逐段推进,以一里为程,在起止处各筑土坝阻水,完工验收后开坝进水。为清除淤泥,用船将淤泥运到城外的深渊处,也有的由沿河居民挑倒到一些空旷低洼之地。挖河的费用,挑挖由河道官府出工钱,运土的船,则借于乡间,每"都"须出船若干艘,并须配有船夫一人,这样做,不逾月就完成了疏浚。

又常有城河沿岸居民因贪图便利,架水阁、木桥于河上,以致河道堵塞,影响水上交通。俞卿亲自调查沿河设障情况,召集城中父老曰:"尔越文明旧盛,胜国二百七十年,取巍科登公辅者踵相接,至于今少衰矣,实兹河之淤塞。故河在五行居其二,水与土相生者也,水土生生之义亏,地气塞而文明晦,是不可不急以浚。架阁者几何家,速毁尔阁,毁之实所以成之也。尔民其敬听毋梗!"[1]导之以义,晓之以理,恩威并举,于是政令一出,沿河桥阁不数日尽被拆除,虽大户之家莫敢后焉。

为使保护城河形成制度,俞卿又于康熙五十四年(1715)立《禁造城河水阁碑》,分别位于城中府仪门和江桥张神祠,碑文中首先言明立碑目的,绍兴城河地位,以及污染阻塞河道的危害:"为永禁官河造阁,复水利以培地脉事。照得越郡城河从鉴湖南入,直进江桥,分流别浍,号为七弦。固四达交通,发祥毓秀,为阖郡利益也。自居民不遵古道,始于跨河布跳,继而因跳构阁。一人作俑,比户效尤,致令通津暗塞,水涨则上碍船篷,水浅则下壅污泥,损伤风脉,阻滞商民,积弊相沿,莫此为甚。"设障侵占河道、污染水域不仅是水利问题,更是败坏民风和影响区域发展的问题。

---

①〔清〕韩矩《毁水阁记》,载乾隆《绍兴府志》卷十四。

碑文接着记述了俞卿本次治河的经过、效果和立碑的意义："本府莅任，即捐俸疏河，及确访水阁情弊，更逐处亲勘，随经出示晓谕，限期拆卸。不数日而障开天见，复还古制，远近同声称快，即造阁人户亦无不输诚悦服。兹据通郡绅矜耆老、船户人等各具呈词，公吁立碑垂久，事关地方利弊，合行永禁。为此仰郡属居民知悉。"俞卿为治水呕心沥血，治水成效明显，还多次捐俸禄于其中，得到绍兴人民的肯定和拥护。

更难能可贵的是，俞卿在认识上高人一筹，对于治水意义有精辟的理解："当念河道犹人身血脉，淤滞成病，疏通则健。水利既复，从此文运光昌，财源丰裕，实一邦之福，非特官斯土者之厚幸也。"

碑文中强调治理水环境不但要统一集中治理，还要有长效制度管理，依法严厉处置侵占河道、污染环境的行为："倘日后仍有自私图便，占河架阁等弊，许邻佑总甲指名报官，以凭按律究治；若扶同容隐，察出并罪。各宜永遵，毋得玩视。"

此碑为古代绍兴著名的水利规章之一，对后世治水产生了积极影响。

俞卿在绍兴海塘建设上也大有作为。他到任绍兴时，正值风潮大作，连坏山阴、会稽、萧山、上虞等县海塘，田庐漂没，民不聊生。俞卿视事2日，即亲自指挥民众修筑土塘，以防潮入。嗣后，改土塘为石塘，主持了历时10年之久的越中海塘修筑工程。经过大规模整修加固后，尤其是石砌海塘的普遍修筑后，海塘御潮抗灾能力大大提高。至此，绍兴北部海塘基本稳固。

俞卿守越十二年，政绩卓著。由于他对绍兴水利的突出功绩，后人将他与马臻、汤绍恩并称为绍兴水利史上的"三公"，《乾隆绍兴府志》有载。

三、李亨特《禁造城河水阁示》

李亨特，奉天（今辽宁沈阳）正蓝旗人，乾隆五十五年（1790）出任绍兴知府。《越中杂识·名宦》上卷："尝微行城乡，体察疾苦，凡有民瘼者，罔不为除剔整顿之。"李亨特上任不久，即把水利放在重要地位，整治河堰陂塘，建树颇多。又见到由于管理上的放任废弛，出现河道阻塞和污染等严重问题。

为整治府河，李亨特对绍兴城内河道进行全面考察，确定了整治方案，于是立《禁造城河水阁示》碑告示民众。其主要内容：

目的——

"为申明禁令，立限拆毁私占官河水阁事"。

主要理由——

一是城河地位重要。"绍郡城河自南门受水，直进江桥，分流别浍，四达交通，仍流泻于昌安门，山、会二县于此分界。"

二是问题和危害。"商贾辐辏,市民恶其地狭,架水阁于河上,舟行几不见日月,或时倾污秽溅人,往来者苦之。"又"架水阁致使通衢黑暗,污秽淋漓,水皆臭恶,泥污壅积。其有妇女踞坐阁上,或当阁曝晒亵衣秽物,舟行其下,恬不知耻。且两岸相接,设遇祝融不戒,必致延灾,尤为大害。更查设有平矮石条、木桥,以图行走自便,不顾下碍舟楫,亦于河道不便"。更严重的是环境影响人文:"兹河为郡城血脉,淤塞不通,故闾阎凋瘵,文明晦而科甲衰。"

三是前人有治理规范。"康熙五十四年,俞前守下令尽撤之,并镌石碑二,一立府仪门,一立江桥张神祠,日后仍有占河架阁等弊,许邻佑总甲报官,按律究治,扶同容隐,一体科罪,以昭永禁"。

限期拆除要求——

发现从郡城张神祠至南门,共设有水阁74座,石条4座,木桥8座。"本应即行拿究,姑先申明禁令,立限拆毁,为此示仰该市居民等知悉,立将所架水阁、石条、木桥各自拆毁,限二十日内拆竣,以凭委员查勘。倘敢抗违,除委员带匠押拆外,仍将本人严拿,按强占律治罪,断不稍宽。各宜禀遵毋违。"限民众20日内自行完成清障,倘有敢于违抗者,除官府派员随带工匠押拆外,还令人将违禁者严拿,按侵占罪论处。

清障后,李亨特又组织对城河进行疏浚,于是河水为之一清,舟楫往来顺达,水城更显盛世景象。此外,李亨特还组织对城河的水则、桥、巷口、坊口、寺、庙口、轩亭口等35处的水深进行测量,为后来者治河留下了依据。同时,李亨特还着力整治城内街面路口,使城中街道畅通无阻,恢复了《越中杂识·名宦》中"天下绍兴路"的美景。

四、启示

从以上三篇水利碑文的内容和城河水利实施、发展过程中,至少可得到以下几点启示和认识供今人借鉴:

其一,随着社会发展、人口增多,环境的变化会影响以往城市功能的正常运行和维护,个人损公利己的不良行为也会导致环境的恶化;在城市河道水环境方面,清障、清污、清淤会成为迫切需要解决的问题,如管理不善,会引发诸多矛盾,直接影响城市生存环境、人文形象。

其二,城市水环境保护、治理是综合性的,城河水活、水畅、水清是首要目标。在治水和河道水域保护中采取强有力的综合举措,方为行之有效。在这种背景下,以行政首长为总负责人,水利、环保、城建等部门各负其责、齐抓共管是至关重要的。

其三,城市河道保护、治理具有动态性、持续性、重复性,在日常管理中,既要将集中整治与日常管护相结合,更要制定操作性强的制度与法规,并将其告示民众,统一民众认识,使民众严格执行。

第六节　现代水城

一、河道变迁

(一)填占

现代古城河道填埋始于 1935 年前后,当时填占了西双桥至火珠巷河的河道,即现光明路。1952—1979 年先后填占 16 条河,减少河道 20.8 千米。据 1986 年调查,时绍兴城区河道有 17 条,总长 31 千米,占古城面积的 7.5%,水域面积比清代减少了一半。

(二)现存主要河道

上大路河。此河为城北主干河道,西起西郭门,承运河之水入城,过光相桥、越王桥至大江桥,沿萧山街至香桥,向北出昌安吊桥,全长约 3600 米,宽 6—14 米。

府河。此河纵贯城中部,现存咸欢河口至南门一段,长约 1250 米,宽 4—8 米。咸欢河口至小江桥段已填改成涵洞。

西小路河。此河位于城西北,南起鲤鱼桥,北至北海桥,与上大路河贯通,长约700 米,宽 8—15 米。

鲁迅路河。此河为城南东西向河道,西起府河大云桥,向东经春波桥等至东郭门,长约 1500 米,宽 3.1—5.8 米。

咸欢河。府河至塔子桥段称西咸欢河,塔子桥以东至安定桥与缪家桥河贯通河段称东咸欢河,全长约 600 米,宽 3.7—4.2 米。

投醪河。此河西起府河鲍家桥,东与金刚庙前河相通,长约 500 米,宽 6.1—7 米。

环山河。此河为城西主干河,西起鉴湖泵站,东南过凤仪桥北上,环府山至外府山桥出城,全长约 3200 米,宽 8—20 米。

稽山河。此河为城东主干河道,南起东郭门,西北流至会源桥北上,穿八字桥,至广宁桥转西过长桥再北,于香桥汇入萧山街河,长约 2300 米,宽 4.7—10.8 米。

都泗河。此河位于城东,西起广宁桥,接稽山河,东至都泗门出城,长约 600 米,宽 6.8—19 米。

缪家桥河。此河西起安定桥,与咸欢河相连,向东经金斗桥至花园桥与稽山河相连接,长约 800 米,宽 3.7—7.2 米。

汲水弄河。此河南起延安路莲荷桥,北与鲁迅路河相连接,长约 320 米,宽 7—10 米。

金刚庙前河。此河南起南环城河,北至延安路仰盆桥,长约 800 米,宽 4—17 米。

罗门畈河。此河西起罗门畈,东至东郭门,长约 800 米。

南环城内河。此河西起府河,东至稽山门,长约 1800 米。

东环城内河。此河南起稽山门,北至东郭门,长约 1400 米。

城内湖泊池塘亦多被填埋,仅存北海池、东大池、蜻蜓池、双池、寺池等,且未与河道沟通。

(三)城河治理

1. 翻水

古城水系主要依靠三座翻水泵将环城河水注入城内河道,以提高水位、促水流动、改善水质。其中东郭泵站位于鲁迅路河,螺丝畈泵站位于环山河,南门泵站位于府河,每座翻水站抽水泵具有 3 台轴流潜水泵,抽水泵规模为 3800—4000 吨每小时,开 2 台备 1 台,流量为 1.1 立方米每秒。环城河正常水位是 3.8 米,城内河道正常水位是 4.2 米。

城内河道通过螺丝畈、府山桥、西郭、西街、东郭、南门等 7 座环城节制闸与环城河连接。同时,城内又拥有多座节制闸,以控制调节城内水位。城内河道主要功能为排水、景观和旅游,其中环城河运输量仍较大。

1952—1989 年,对城区主要河道共进行 19 次疏浚、挖深、砌墈,以利河道畅通。1999 年,全面实施环城河综合整治工程,按照高起点规划、高水平设计、高质量建设的要求,通过清淤、砌墈、拆乱、布绿、建景、造路、设街等工程措施,对环城河进行综合治理。

2. 治污

20 世纪末及 21 世纪初,虽然市区采取了截污、引水、清淤等多种办法治理城河,但水质依然无法变清。其主要原因,第一,古城河道是一个与周边河网保持相对独立的水系格局,河道水面减少后,自净能力更差;第二,城区内居住人口密集,排水系统雨污合流,生活污染十分严重;第三,环城河上游仍有工业污水排入河中,且农业污染、生活污染不断。绍兴市环境监测站 2004 年在环城河及周边的 9 个市控监察断面的实测数据显示,环城河Ⅳ类水质占 44.5%、Ⅴ类水质占 55.5%。内河水质本来就差,引入城外河水使城内河水变活而未变清,致使城内之水难以满足景观用水的需要。

2011 年 1 月完成的曹娥江引水工程在上虞小舜江附近的四峰山设泵站,将曹娥江水通过总长约 15 千米的隧洞引到绍兴平水东江后入古城河道,如引水量达到 10 立方米每秒,多年平均引水量可达 2.5 亿立方米左右。此工程除作为绍兴城河清水工程的主要措施之一,也将成为补充绍兴平原中部、东部水资源的重要工程。

二、历史街区

以"三山万户巷盘曲,百桥千街水纵横"闻名的绍兴老城,历经历史风雨沧桑,于20世纪末提出了一个如何妥善有效保护历史街区的问题。历史街区的提出、保护、修缮、开发是绍兴城市建设的创举。绍兴按照"重点保护、合理保留、局部改造、普遍改善"和"修旧如旧、风貌协调"的原则,通过河道整治、古桥修复、民居改造、清除违章、道路改建、管线埋设等措施,形成了一批主题鲜明,深藏历史文化内容,符合传统特点,兼顾旅游开发的历史街区。

(一)仓桥直街历史街区

仓桥直街历史街区位于绍兴市卧龙山东南麓。街区中心线的环山河,北起胜利西路,南至鲁迅西路,全长1.5千米,自北而南,依次有仓桥、宝珠桥、府桥、石门桥、酒务桥、西观桥、凰仪桥7座古桥。街区总面积6.4公顷,由河道、民居、道路三部分组成。河道两侧,以水乡传统民居为主,为绍兴城内典型的"一河无街"格局。民居大多建于清末民初,其中有各式台门43个,集中反映了本地区的建筑特色和历史风貌。以浙江大学终身教授、我国著名历史地理学家陈桥驿命名的陈桥驿史料陈列馆位于仓桥直街190号。

2003年9月,绍兴仓桥直街历史街区荣获联合国教科文组织亚太地区委员会评选的2003年"文化遗产保护优秀奖"。

(二)西小路历史街区

西小路历史街区位于绍兴市卧龙山北麓,北至环城北路,南临胜利路,东至营桥河沿、铁甲营,西靠北海花园,总面积约19.78万平方米。西小河是街区的核心,南起鲤鱼桥,接环山河,北至北海桥与上大路河汇合,全长700米,往南正对卧龙山巅的飞翼楼。河街并行的典型水乡格局是西小路街区的主要风貌,街区内保存的众多古迹,印刻了绍兴这座历史文化名城发展中的历史文脉。始建于后晋,被列为绍兴市文物保护单位的谢公桥横跨西小河,东侧桥墩接新河弄,西侧桥墩接西小路。历史街区内分布着众多古迹。位于新河弄的明嘉靖年间礼部尚书吕本府第,是江南少见的大型住宅建筑群,为全国重点文物保护单位。位于胜利路鲤鱼桥旁的古藏书楼,建于清光绪二十八年(1902),为中国最早的公共图书馆,是浙江省文物保护单位。位于胜利路的大通学堂,为贡院旧址,曾是陶成章、徐锡麟、秋瑾等革命先烈培养反清志士的军校,为浙江省文物保护单位。还有王衙池明代民居、王阳明故居等遗址。

西小路历史街区内的"一河一街""街河并行"格局,是绍兴水乡风貌的集中体现。

(三)句践小城历史街区

句践小城历史街区位于绍兴城区卧龙山(府山)南麓,东北面以环山河为界,西至府山西路,南至水偏门,是绍兴历史上最早的都城。街区内有越王台、文种墓、唐宋摩崖石刻、飞翼楼、烈士墓、风雨亭、孙清简祠、范文澜故居等市级文物保护单位九处,有春山试寓、凌霄阁、龙湫泉、"清白泉记"碑、火神庙、凰仪桥、大木桥等市级文物保护点七处。另有众多古遗址和一些有价值的传统民居与特色构件。

(四)鲁迅故里历史街区

鲁迅故里历史街区以鲁迅故居为核心,东起中兴南路,西至解放路、南至鲁迅路河向南 50 米处,北至观音弄和西咸欢河。在街区内有咸欢河、鲁迅路河、府河三条河道,河上多古桥;街区中保存了清末民初绍兴传统台门民居,有高门大户的朱家台门、陈家台门、余家花园、寿家台门等,有小康之家的郎家台门、高家台门、宗家台门、王家台门等,也有连片的平民古住宅。街区内有全国重点文保单位鲁迅故居、鲁迅祖居、百草园和三味书屋,以及鲁迅笔下描写的咸亨酒店、恒济当铺、长庆寺、土谷祠、都昌坊口等真实场景。咸欢河沿依旧保持"一河一路"的格局,水埠、石桥、临河民居保存较为完整,众多台门依然保存完好。鲁迅故里历史街区体现了鲜明的主题特色,鲁迅及其文学作品成为鲁迅故里历史街区文化内涵的核心部分。

(五)八字桥历史街区

八字桥历史街区位于绍兴古城东北部,北邻胜利路,南至纺车桥,西临中兴路,东靠环城路,面积约 31.94 万平方米。

八字桥历史街区是绍兴古城街河布局的典范,街区内有稽山河和都泗河两条河道,两条河成丁字形分布。其中稽山河为城东部主干河道,全长 2300 米。都泗河为浙东古运河沟通城内外之通航水路,全长 600 米。八字桥水街格局为"一河两街",八字桥与河道两旁恬淡素雅的民居十分协调。广宁桥一带格局则为"一街一河"("前街后河")和"有河无街"。八字桥历史街区有着众多的文物保护单位及有价值的传统民居。在八字桥附近有东双桥、广宁桥两座古桥与其相互映照,堪称水城一景。位于都泗门的龙华寺,始建于南朝宋元嘉二十四年(447),江总名篇《修心赋》描述了龙华寺环境和寺中清幽生活:"寺左江右湖,面山背壑,东西连跨,南北纤荣;聊与苦节名僧,同销日用,晓修经戒,夕览图书,寝处风云,凭栖水月。"龙华寺今存大殿,坐北朝南,三开间,硬山顶,屋脊已残,系清代建筑。马家台门建筑体量雄伟,抬梁穿斗结构完整,现为绍兴市市级文保点。曹家台门、赵家台门、姚家台门等也各具特色。

(六)书圣故里历史街区

书圣故里历史街区位于古城东北部,由环城北路、中兴路、萧山街和局弄围合而成。戴山河和萧山河从街区东部和南部环绕而过。街区内有戒珠坊、斜桥坊和笔飞坊三个历史街坊,以与书圣王羲之相关的戒珠寺、题扇桥、笔飞弄而得名。街区内山水相依,其自然环境得天独厚,文化特色体现多元化。位于西街的戒珠寺,曾是书圣王羲之的故宅,亦称右军别业。王羲之舍宅为寺后,遂成为寺院,唐代定名为戒珠寺,为越中历史悠久的古刹,寺址历千余年而未变。寺前有鹅池、墨池,寺内有山门、大殿、卧佛殿、上方院、竹堂、雪轩等。迄今为止,一部分殿宇仍保存完好,一部分建筑则留有遗址。

蕺山是整个书圣故里历史街区的景观重点所在。据传山中生长一种带有腥味的蕺草,当年越王句践因尝吴王之秽后,采食蕺草而治愈口臭,故名蕺山。此山海拔30余米,是古代绍兴城的八山之一。又因山麓有王羲之故宅,此山又名"王家山"。蕺山曾为当时越城的胜景之一,树木葱郁,梅香四溢,塔亭楼阁错落其间,风景优美。

为保护历史街区风貌,恢复蕺山景观,绍兴于2003年修建蕺山景观,按蕺山原貌修复了具有晋代五层砖砌风格的王家塔(文笔塔),重建了状元亭以及因明代著名文学家刘宗周(1578—1645)在此讲学而得名的蕺山书院。此外,还重现了摩崖石刻、冷然池、曲桥、默林等景观风貌。蕺山之东公园以疏林草坪为基调,配以植物造型,点缀四季花木,是一处生态型的绿色公园,为市民提供了一个良好的休闲环境。

第七节　水利与城市发展启示

一、天人合一产物

水利为绍兴这座城市带来的优势和影响主要在以下几方面。

(一)行洪排涝畅达

城内降雨通过四通八达的河道及水城门迅速排出,使城内无水灾。

(二)充足的水资源保障

古代绍兴城内一直有20%以上的水面,水体丰富,更有南部山区优质的水资源通过水城门调节补充。鉴水长流,城内生活、生产用水得以保证。

(三)航运便利

以舟楫为主要交通工具的绍兴水乡,在城内一样得到体现。浙东古运河东西向横贯城内,纵横交叉的河道中皆通舟楫,其利无穷。

(四)形成城市特色景观

《越中园亭记·序》称"越中之园无非佳山水",绍兴城内河、溇、池、湾遍布,街道、民居多依河而建,千姿百态的众多桥梁更形成水城无尽的风情;护城河、环城河之环绕,使绍兴城如浮在河湖中的巨舟。明张岱在《修大善塔碑》中认为:"越郡似舟航,两道桅竿,前见石帆连棹;禹陵如几案,二条玉烛,远看炉岫生烟。背负卧龙,带水襟山,而头生文笔;肘回采蕺,鞭雷掣电,而爪得戒珠。"

（五）养育人才

据韩矩《毁水阁记》记载,清知府俞卿不但认为城河为发祥毓秀、合郡利益之依,还指出:"尔越文明旧盛,胜国二百七十年,取魁科登公辅者踵相接,至于今少衰矣。实兹河之淤塞,⋯⋯是不可不急以浚。"正是鉴湖水系清澈见底、物产丰富的优越水环境,培育了一代又一代优秀的绍兴人。

（六）水文化培育

水文化是人类与水有关的治理、改造、认识、人文等活动创造的物质与精神文化现象的结晶。由于绍兴地处泽国水城,以大禹治水为源头的水文化源远流长、深厚高雅,亦是城市之魂和地方特色。

（七）水土资源拓展

城市是一个地区政治、经济、文化的中心,绍兴水乡是绍兴水城的基础保障。

绍兴水乡的拓展有赖于一代又一代绍兴人开展水利建设,由南往北地不断发展。

二、水利制约因素

（一）城市拓展限制

为什么绍兴城市历经近 2500 年,其规模还未发生大的改变?除了政治、经济、文化、区域位置等方面的原因,其中水资源也应是主要制约因素之一。绍兴水土资源的限制性是一方面;又以饮用水为例,古代绍兴平原之饮用水大多来自河网,亦以井水补充;绍兴城内则多用井水兼用河道水,如果城市规模扩大,人口增多,饮用水必会受到污染和限制;此外,绍兴城市周边的平水江、南池江、坡塘江、西娄宫江等自然水系被封围在环城河之中,在古代若要将这些水系纳入城内,也有诸多防洪排涝、交通建设上的不利限制。

（二）与水争地

绍兴古城内河道集中在 20 世纪被损坏、被填埋、被污染的主要原因是什么?除了有战争、自然毁坏、经济发展、人们的保护意识不够等方面的原因,从深层次和宏观上看,其根本原因是人、地、水之矛盾冲突。人满为患,土地狭少,河道水面必然遭狭。当然还有河道航运功能减退,陆路交通迅速发展等原因。这种现象到 20 世纪中后叶更为明显。

三、城市发展大趋势

（一）行政区域北迁

2009 年,绍兴市行政中心搬迁至镜湖新区。绍兴城市和府治的中心位于卧龙山脚下已近 2500 年,现在绍兴城市扩展的新时期已到来,顺应时势,行政中心提前搬迁,这在绍兴城市发展上具有十分关键的战略意义,今后的绍兴发展史上会高度评价这件事。

(二)现代水城特色

今后绍兴城市发展的最大特色和资源是什么?笔者以为是水。山间溪水潺潺,平原河网密布,滨江海阔天空,山、原、海兼有,碧水长流,林木葱葱才是绍兴有别于周边城市,有国际竞争力的城市特色。

绍兴城市的发展,还应十分重视环境和文化品位,不仅要加快量的增长,更要注重质的提高,城市规模、人口数量、发展速度都要做可持续性谋划。

四、东方威尼斯之说

关于将绍兴比作东方威尼斯的说法甚是流行,两城水景之美是事实,但就一个城市的历史、地域和个性而论,仍应慎重对待称谓。

(一)由来

由于我国古代城市不以水城特称,古代绍兴城市也就不以水城著称。倒是清代外国传教士来到中国后,开始研究绍兴水城并将其比作东方威尼斯。17 世纪中叶两次来华并在浙江杭州、绍兴、金华、兰溪、宁波传教的意大利传教士卫匡国,于顺治十一年(1654)在欧洲出版了《鞑靼战纪》,书中不仅详细记载清军南下攻占整个浙江的过程,而且还介绍了杭州、绍兴等城市的风貌,书中称绍兴"是中国最美丽的城市","它的规模没有别的城市大,但比所有的城市都清洁漂亮,它四面环水,人们可以乘船绕城游览,欣赏它的美丽。它有宽阔良好的街道,两边铺着方形的白石,中间是可以航行的河道,河道两壁砌着白色的石头。他们还用这种白色的方石头建成漂亮的石桥、牌楼和房屋。据我观察,中国其他地方没有这样的方石头建筑,一句话,中国别的地方都不如这儿整齐"[①]。书中描述了绍兴水城之美,以及四面环水、以船为车、白玉石堤、小桥流水的幽雅环境。

(二)比较

威尼斯在世界上以水城著称,把绍兴与之相比,其实是外国人把绍兴定位为世界级水城。当然这些传教士观察的深度还是不够,如果以绍兴之历史、水系、文化、景观与威尼斯相比,恐怕威尼斯要逊色于绍兴。

茅以升对比汉堡和威尼斯古代桥梁的数量,说明了绍兴水城的地位:

> 我国古代传统的石桥,千姿百态,几尽见于此乡。

---

① 〔意〕卫匡国著,戴寅译《鞑靼战纪》,载杜文凯编《清代西人见闻灵》,中国人民大学出版
　社,1985 年,第 35 页。

近人谓西德汉堡市有桥 2125 座,远过于威尼斯。而我绍兴古城,桥多又倍于汉堡,称之为东方桥乡,迪非虚誉。①

(三)陈桥驿的观点

关于把绍兴比作东方威尼斯,陈桥驿在 20 世纪 80 年代初也曾说过"绍兴是中国的威尼斯"之类的话,但他在 2003 年 10 月 18 日绍兴举办的水城市长论坛上有专文予以纠正说明:

西方文献中比较威尼斯和中国城市的唯一资料,竟恰恰就是绍兴。这就是我后来在文章中引及 18 世纪末叶法国传教士格罗赛(Grosler)的描述:"它(指绍兴城)位于广阔而肥沃的平原中,四面被水所包围,使人感觉到宛如在威尼斯一样。"这段话收在《纳盖尔导游百科全书——中国卷》的 1090 页(Nagels Encyclopedia Guide-China.P.1090)。

又指出:

第一,绍兴建城于公元前五世纪,比威尼斯足足早了十个世纪。第二,莎翁的《威尼斯商人》确是篇脍炙人口的名著,这篇十六世纪的作品,让威尼斯增光采。而绍兴,从先秦以至近代,传世名著,锦绣文章,真是车载斗量!②

绍兴是东方水城、桥乡。

---

① 茅以升《绍兴石桥·序》,载陈从周、潘洪萱编《绍兴石桥》,上海科学技术出版社,1986 年,第 36 页。

② 陈桥驿《"中国威尼斯"水城随感之一》,载邱志荣《上善之水——绍兴水文化》,学林出版社,2012 年,第 271—274 页。

第九章　上善若水　善利万物

千金不须买画图，听我长歌歌镜湖。

湖山奇丽说不尽，且复为子陈吾庐。

柳姑庙前鱼作市，道士庄畔菱为租。

一弯画桥出林薄，两岸红蓼连菰蒲。

陂南陂北鸦阵黑，舍东舍西枫叶赤。

正当九月十月时，放翁艇子无时出。

船头一束书，船后一壶酒。

新钓紫鳜鱼，旋洗白莲藕。

从渠贵人食万钱，放翁痴腹常便便。

暮归稚子迎我笑，遥指一抹西村烟。

——宋·陆游《思故山》

水，除了本体，就物质层面而言，还可产生诸多的延伸形态。绍兴之水在鉴湖兴建后，便是上善之水，是善利万物、富兴百业，给越人带来好运之水。

第一节　水与舟楫

跨湖桥之独木舟，见古越操舟如神。《越绝书》卷八："水行而山处，以船为车，以楫为马。"以水之利，以舟之便，不仅利于生产、生活，更有乌篷小船，融入水乡文化艺术之中。

一、越国造船业

《国语》言及越国的四至："句践之地，南至于句无，北至于御儿，东至于鄞，西至于姑蔑。"句无、御儿、鄞和姑蔑分别位于诸暨、嘉兴、鄞县和衢县。可见越国的疆域主要分布于钱塘江和杭州湾两岸，为濒海临江、河湖纵横之地。《越绝书》卷八对越王句践在今平水镇的平阳建都时的越族交通做了形象的描述："水行而山处，以船为车，以楫为马。"越国迁都今绍兴城后,其地理环境和生产、生活、军事的需要,加快了越国造船业的发展。根据文献记载,越国有专门的造船工场。《越绝书》卷八又载:"舟室者,句践船宫也。去县五十里。"这个距离国都五十里、坐落在钱塘江南岸的"舟室",即"船宫",就是越国的造船工场。越国还有专事管理造船的船官司,《越绝书》卷三:"方舟航买仪尘者,越人往如江也。治须虑者,越人谓船为'须虑'。""治须虑者",即越国管理造船的船官司。越国还有众多的造船工,被称为"木客""作士""楼船卒",都是专职木工,主要职责是建造船只。《吴越春秋·句践阴谋外传》记载句践一次"使木工三千余人,入山伐木"。又《越绝书》卷八记载:"初徙琅琊,使楼船卒二千八百人,伐松柏以为桴,故曰木客。"造船工人数之多,由此可见一斑。

越国各类船只的形制如下:[①]

楼船

《越绝书》《史记》等文献中多次提到"楼船卒",足见越有楼船。直到汉武帝时,还特令朱买臣到会稽郡"治楼船",也可证明越地是建造楼船的场所。应劭曰:"船上施楼,故号曰楼船也。"楼船是一种建有重楼(一般为三层)的大型船只。《史记·平准书》载:"治楼船,高十余丈,旗帜加其上,甚壮。"杜佑《通典》卷一六〇也说:"楼船,船上建楼三重,列女墙战格,树幡帜,开弩窗、矛穴,置抛车,垒石。"铁船上施楼,便于攻击敌舰,可作为水军的主力舰只。

戈船

《越绝书》卷八记载:"句践伐吴,霸关东,徙琅琊,起观台。台周七里,以望东海。死士八千人,戈船三百艘。"张晏《汉书注》解释戈船之名的由来:"越人于水中负人船,又有蛟龙之害,故置戈于船下,因以为名也。"臣瓒则说:"戈船以载干戈,因谓之戈船也。"

翼船

翼船分为大翼、中翼和小翼。《初学记》卷二十五引《越绝书》云:"越为大翼、小翼、中翼,为船军战。"《事类赋注》引作"越为大翼、中翼、小翼之船,以水战"。张宗祥《越绝书·逸文》辑录的伍子胥《水战兵法内经》曰:"大翼一艘,广一丈五尺二寸,长十丈,容战士二十六人,棹五十人,舳舻三人,操长钩、矛、斧者四,吏仆射长各一人,凡九十一人。当用长钩、矛、长斧各四,弩各三十二,矢三千三百,甲、兜鍪各三十二;中翼一艘,广一丈三尺五寸,长九丈六尺;小翼一艘,广一丈二尺,门九丈。"吴、越两国风俗相类,造船工艺相通,越国的大翼、中翼、小翼,其形制大抵亦当如此。

---

① 主要参考童隆福主编《浙江航运史》古代部分,人民交通出版社,1993年。

扁舟

扁舟亦称轻舟。《国语·越语》记载范蠡"乘轻舟以浮于五湖",《史记·货殖列传》作"扁舟",是一种轻便灵巧的小船,供民间往来江河之用。

方舟

方舟亦作方、舫。《越绝书》卷三记载越国有方舟航、买仪尘。《说文》解释:"方,并船也。"即两船相并。西汉铜鼓饰纹尚可见其图形,不仅平衡安全,而且速度快,是越国常用的水上交通工具,迄今在南洋和太平洋群岛还可见到[1]。

舲

舲,见于《淮南子·主术训》:"越人乘舲舟,而浮于江湖。""汤武圣主也,而不能与越人乘舲舟而浮于江湖。"又《淮南子·俶真训》:"越舲蜀艇,不能无水而浮。"高诱《注》:"舲,小船也。"舲是一种小巧的船只,只有精熟水性之人方能驾御。

乘舟

《左传》昭公二十四年记载:"越公子仓归(馈)王乘舟。"古本《竹书纪年》记载,魏襄王七年四月,"越王使公孙隅来献乘舟"。孟文镛先生认为,这里所说的"乘舟"就是运输的船只[2]。

公元前482年,句践趁夫差率领精兵北上黄池之际,大举进攻吴国。《史记·越王句践世家》:"乃发习流二千人,教士四万人,君子六千人,诸御千人。"《吴越春秋·句践伐吴外传》"教士"作"俊士",《史记索隐》曰:"《虞书》云:'流宥五刑。'习流,谓流放之罪人,使之习战。教士,谓常所教练之兵也。君子,谓君所子养有恩惠者,诸御,谓诸理事之官,在军有职掌者。"徐天祜《吴越春秋注》曰:"笠泽之战,越以三军潜涉,盖以舟师胜。此所谓习流,是即习水战之兵,若曰使罪人习战,越一小国,流放者何至二千人哉?""习流"就是习水战之兵。一支二千人的水军,按照前述《水战兵法内经》,所需翼船已不在少数。句践灭吴以后迁都琅琊,建立起了一支水军舰队。《越绝书》卷八:"句践伐吴,霸关东,徙琅琊,起观台。台周七里,以望东海,死士八千人,戈船三百艘。"如果当时没有以为数众多的船只作基础,越国水师是难以建立的。据《水经注·河水》记载,直到公元前312年,越王还派遣使者公孙隅向魏襄王"献乘舟始罔及舟三百"。"始罔"或为"乘舟"之名。可见,在春秋后期,越国的造船业在技术和数量上,均保持着领先的水平。

以上所述,充分说明了越国造船业的发达,其使用功能大多用于军事,也有商业

---

[1] 石钟键《古代中国船只到达美洲的文物证据》,载朱俊民主编《百越史研究》,贵州人民出版社,1987年。

[2] 孟文镛《于越海上远航》,车越乔主编《越文化实勘研究论文集》,中华书局,2005年。

和生活之用。

二、以舟为车

由于古代绍兴舟船多、地位重要,所以水事颇盛,舟楫之行也就成为绍兴的主要交通工具和习俗。宋孙因有《越问·舟楫》予以歌颂:

> 越人生长泽国兮,其操舟也若神。有习流之二千兮,以沼吴而策勋。寻笠泽以潜涉兮,北渡淮而盟会。擅航乌之长技兮,水犀为之逡巡。浮海救东瓯兮,有握节之严助。治船习水战兮,荣长锦于买臣。渡浙江而誓众兮,会稽之内史。率水棹以拒战兮,凌江之将军。坐大船若山兮,公苗山阴之杰。泛波袭番禺兮,季高永兴之人。想万船之并进兮,纷青龙与赤雀。风帆倏忽千里兮,驾巨浪如飞云。今竞渡其遗俗兮,习便驶以捷疾。观者动心骇目兮,相杂袭如鱼鳞。客曰:盛哉舟楫兮,他郡孰加于越!然同济或不同心兮,请置此而新其说。

据文中所载,越人不但善于操舟,并且舟船和越国历史上的著名事件和众多名人联系在一起。船之大,数量之多,场面之大,十分壮观。当地又有竞渡之俗,使观者动心骇目。非水乡泽国绍兴何以有此舟楫盛事。

宋元绍兴水上之舟,已有较高标准,较常见的有画船。如柳永《夜半乐》词中"泛画鹢,翩翩过南浦",此中"画鹢"是指雕在船身上的图案。又秦观"画舫朱帘出缭墙,天风吹到芰荷乡",元杨维桢"与客携壶放画船,春波桥下柳如烟",均说明如画船一类的游船在当时已普遍使用。

明清时期,绍兴用于航运和生产、生活的舟船不断增多,质量不断提高,形制也日趋完备。主要航埠船有以下几种。

航船

据《绍兴县志》记载,航船也称夜航船,多于傍晚开船,次晨到达目的地,航程较远。铁路、公路兴建前,去曹娥、西兴需乘航船。航船船身较大,上盖竹篷,船舱下层装货,上层载客,备有被褥,供乘客租用。因夜航,沿途停靠点较少[1]。明张岱在《夜航船·序》中称:"天下学问,惟夜航船中最难对付。"从中也可见夜航船人流之多、之广,因坐船时间之长,谈天说地便成寻常之事,天南海北,无奇不有。这既是水上趣事,亦属民俗文化。

埠船

埠船为水乡主要商旅交通工具。据《绍兴县志》记载,埠船以城区和农村集镇为中心,往返行驶,沿途停靠主要村庄。有一天来回者,亦有一天两次来回者,俗称"四

---

[1] 绍兴县地方志编纂委员会编《绍兴县志》,中华书局,1999年,第543页。

埠头"。船后艄竖有木牌,写起讫点和沿途停靠村名。开船、停靠或到达终点时,吹海螺或敲小锣以招呼旅客上下船。为快速使船稳当,一般用3—4支橹摇。逆风时还派纤夫在岸上背纤①。

乌篷船

乌篷船用于载客和水乡游览。南宋时乌篷船已在陆游诗词中多次出现,他常乘坐"乌篷画楫""轻舟八尺,低篷三扇",泛舟鉴湖之中。现在使用较多的乌篷船,也称乌篷划船,船篷油漆呈黑色。船长一般在一丈五尺左右,分为5舱,客人席地而坐,中舱4人,前舱2人,后舱坐船老大。《清稗类钞·舟车类》:"伸足推之,进行甚速。绍兴人精此技,皆男子也。谓之划船,常往来于江、浙间。"乌篷船之动力主要靠脚蹴桨,手划桨主要用于控制方向,也是动力的一部分,起到舵的作用。行船时,船老大一手扶着夹在腋下的划楫,两脚便踏桨柄末端,脚一伸一缩,桨就前后略呈浅弧形击水推船身,时速可达十多千米。

绍兴也有一种如小画舫大小的乌篷船,鲁迅小说《阿Q正传》:"有一只大乌篷船到了赵府上的河埠头。"②便是指此种船,船身上绘有花纹、图案,船头上雕刻着叫"鹢"的动物,传说"鹢"居于海,性嗜龙,龙见而避之,故造船者将其画雕于船头,使龙不敢兴风作浪,以求平安航行。鲁迅幼时就见到这种"三道明瓦窗的大船,已经泊在河埠头,船椅,饭菜,茶炊,点心盒子,都在陆续搬下去了",并坐这种船到东关去看"五猖会"。"明瓦"就是指两扇"定篷"之间的一扇活动篷,上面嵌有径约一寸的半透明蛎壳片,既可采光,也可遮阳避雨,按大小分"三明瓦"至"六明瓦"不等。这种大乌篷船较高大,人可直立船中,篷高可容人直立,船宽足以置桌椅,供人娱乐、饮宴。

楼船

楼船既可观戏,又可供人居其上,颇有气势。《陶庵梦忆》卷八载明张岱《楼船》:

家大人造楼,船之;造船,楼之。故里中人谓船楼,谓楼船,颠倒之不置。是日落成,为七月十五,自大父以下,男女老稚,靡不集焉。以木排数重搭台演戏,城中村落来观者,大小千余艘。午后飓风起,巨浪磅礴,大雨如注,楼船孤危,风逼之几覆,以木排为戤,索缆数千条,网网如织,风不能撼。少顷风定,完剧而散。越中舟如蠡壳,局踏篷底看山,如矮人观场,仅见鞋靸而已,升高视明,颇为山水吐气。

---

① 绍兴县地方志编纂委员会编《绍兴县志》,中华书局,1999年,第543页。
②《呐喊》,《鲁迅全集》第一卷,人民文学出版社,2005年,第537页。

第二节　水与桥

河湖众多,由桥通路,史前应已有架木之桥。据《嘉泰会稽志》,至汉唐,闸桥已见,宋绍兴城中见于记载的石桥有99座,至此,水乡石桥已无处不在。而桥数量之多,便成水乡风景,桥成为专门的营建技术。万古名桥出绍兴,桥亦为水乡之艺术文化精品。

一、东方桥乡

由于河网密布,水陆交通便需要大量的桥。无水不成桥,无桥不显水,无桥不成市,无桥不成路。绍兴的水与桥紧密结合,造型丰富多彩,显千姿百态。绍兴是水乡泽国,也是著名桥乡。《嘉泰会稽志》卷十一记绍兴城内有正式记载的桥99座。据陈从周先生20世纪80年代初的调查,绍兴平原河网至少有桥5000座[1]。

二、古越名桥

(一)越国第一古桥——灵汜桥

灵汜桥应是绍兴历史上最古老且有历史文化底蕴的古桥,并且灵汜乃越国神秘水道,通吴国震泽;又处越国最早的园林"灵文园"之中。

《水经注·浙江水》载:"城东郭外有灵汜,下水甚深,旧传下有地道,通于震泽。"《嘉泰会稽志》卷十一:"灵汜桥在县东二里,石桥二,相去各十步。《舆地志》云:'山阴城东有桥,名灵汜。'《吴越春秋》:'句践领功于灵汜。'《汉书》:'山阴有灵文园。'此园之桥也,自前代已有之。"灵汜桥是越王句践接受封赠之地,故历来文人学士、迁客骚人至此多有伤感之作。据记载,当时越国被吴国战败,后句践入吴为奴3年,吴王夫差赦免句践回越,仅封他百里之地:东至离越国都城60里的炭渎,西至都城以西约40里的周宗,南到会稽山,北到后海(杭州湾),东西窄长的狭小之地,即《吴越春秋》卷八"东至炭渎,西止周宗,南造于山,北薄于海"。灵汜桥既是越王句践受封之地,也是他之后"十年生聚、十年教训"的发祥之地。

《嘉泰会稽志》卷十一又记:"《尚书故实》:辨才灵汜桥严迁家赴斋,萧翼遂取《兰亭》,俗呼为灵桥。"萧翼以计谋从辨才处巧取《兰亭序》的故事也与此桥有关。

唐代李绅有《灵汜桥》诗:

> 灵汜桥边多感伤,分明湖派绕回塘。

---

[1] 陈从周、潘洪萱编《绍兴石桥》,上海科学技术出版社,1986年。

岸花前后闻幽鸟，湖月高低怨绿杨。

能促岁阴惟白发，巧乘风马是春光。

何须化鹤归华表，却数凋零念越乡。①

此外，唐代元稹《寄乐天》中也有诗句："莫嗟虚老海嶠西，天下风光数会稽。灵汜桥前百里镜，石帆山崦五云溪。"②这是对灵汜桥山水风光的赞美。

经考证，确定今绍兴五云门外"小陵桥"位置应为古灵汜桥遗址。

灵汜桥初建时，建筑材料必定是以木制为主，此桥全部改为人工砌石石桥最早应在北宋，此可从绍兴平原北部著名的玉山斗门于北宋改建石制得到证实。即使成为石桥之后，也经历多次修复或重建。

古越句践大、小城之东，以灵文园为中心之地，是句践时越国的一个重要交通枢纽、迎送之地、后花园。不但灵汜桥在其中，梅龙桥也是该区域的重要桥梁建筑及交通要道。

（二）玉带束清波——纤道桥

嘉庆《山阴县志》载："官塘在县西四十里，自西郭门起至萧山县共百里，旧名新堤，即运道塘。唐元和十年，观察使孟简所筑。明弘治中，知县李良重修，瓮以石。后有僧湛然修之。国朝康熙年间，邑庠生俞国瑞倡修，首捐资产，远近乐输万余金，数年工竣。"古纤道全长约五十里。齐召南《山阴》所谓"白玉长堤路，乌篷小画船"，即指这里的风光。

古纤道又以柯桥以西至阮社板桥、全长7.5千米的塘路建筑最为奇特。纤道可分单面临水及双面临水两部分，单面临水的塘路依河平铺砌石，双面临水的塘路多筑于河面宽广之处，塘路以北河道宽广，系主航道，称"外官塘"；塘路以南河道相对较窄，称里官塘，旧时为风急浪大时小船避风之地；在阮社太平桥以西一线，又多呈梁式平桥型的纤道桥，河中每隔约2.5米置一桥墩，上架三块大小大致相同的大石梁，桥面宽一般1.5米。几处纤道桥在当地按桥洞多少分别被称为"十八洞头""一百洞头""一千洞头"。

纤道修筑于宽广的河道之中，古代的工程技术不可能在河中筑坝抽干水后再实施，而是直接于水中砌筑，如此大的规模，其难度可想而知。一般基础处理于水中采用或直接打木套桩，或水盘石压底，或条石排列的方法，必须技艺高超、熟习水性的专业石匠才能完成。

纤道桥犹如一条玉带蜿蜒连贯于运河之上，最长的一段纤道桥，全长386.2米，

---

① 黄钧等点校《全唐诗》第五册，岳麓书社1998年，第607页。

② 黄钧等点校《全唐诗》第四册，岳麓书社1998年，第864页。

由 115 孔石梁桥构成。其中有二孔稍高,成平桥式,以通一般船只,其余均距离水面约 1 米,其桥孔数量之多、之长为国内仅存。纤道桥于 1988 年被确定为全国文物保护单位。

(三)一湾画桥出林薄——画桥

画桥位于越城区东浦街道鉴湖村,为 15 孔石梁桥,有 5 大孔和 10 小孔,大孔跨径 5.7 米,全长 62.7 米。桥架于古鉴湖南塘之上,下为南北向排涝河道,古鉴湖时期此处应为闸桥。这里地处古鉴湖之西鉴湖中心地段,桥以南水面宽广,稽山苍翠可见;

画桥

桥以北有著名的三山,又有农田连片,屋舍点缀。画桥宜在水中观赏,陆游《思故山》诗中的"一湾画桥出林薄,两岸红蓼连菰蒲",是陆游在鉴湖中所见画桥景色。画桥弯曲于鉴湖古堤之中,桥肯定要低于林,而坐船中看桥,桥或从视觉上高于背后之林,两岸之红蓼与蒲草等水生植物又连成一片。其实陆游感到此种景象很难描述,因此他在《纵游归泊湖桥有作》诗中说:"何由唤得王摩诘,为画湖桥一片愁。"

(四)龙矫青甸湖——泗龙桥

泗龙桥又名廿眼桥,位于越城区东浦街道。此桥一侧有桥联,表明该桥已有近千年历史。民国 23 年(1934),有里人王氏和东浦袁家角陈忠义、酒坊主陈阿龙带头集资重建该桥。现为绍兴文保单位。

桥系南北向拱梁组合石桥,由 3 孔石拱桥和 20 孔石梁桥组成,全长 96.4 米,宽 3 米,三孔跨径分别为 5.4 米、6.1 米、5.4 米。该桥卧于绍兴名湖青甸湖之上,烟波飘渺之中宛如一条巨龙伏波,气势不凡。站在桥以西望之,会稽山、绍兴古城、青甸湖水均为泗龙桥之后景,而泗龙桥常有欲腾跃水波之态。

泗龙桥

（五）万古名桥出越州——八字桥

八字桥位于绍兴城区八字桥直街,是全国重点文物保护单位。此桥始建于宋嘉泰年间(1201—1204),宝祐四年(1256)重建,系梁式石桥,筑于三河汇合处,兼跨三河,又与三条街路相通。主桥东西走向,横跨稽山河,桥面长5.50米,宽3.10米,桥高5.75米,孔高4.15米,跨径4.80米。桥东端南落坡长14.6米,北西向落坡长19.5米;桥西端南、西向落坡,分别长15.8米、22.7米,相对成八字。两南落坡下设有桥洞,使得一桥成三桥。八字桥桥型独特,古朴大气,建筑稳固,雕刻精美,是我国现存最古老的城市桥梁,在桥梁史上有重要地位。

八字桥形制庄重,主桥洞方整厚实,如一水城门。八字斜坡宏壮大气,充满古意。边坡的两个小桥洞,大小不一,自成趣味,形成错落之美。八字桥沿河民宅集中,粉墙黛瓦,鳞次栉比,南北百米之遥有东双桥、广宁桥与其互相映衬。河水映照古桥、人家、古树,平静如画,轻舟过桥,则见别有洞天,光景奇绝。

（六）万叠远青一望收——广宁桥

广宁桥位于城东,八字桥北数十米,始建于南宋高宗以前,至明万历二年(1574)重修,现为浙江省重点文物保护单位。《嘉泰会稽志》卷十一记:"广宁桥在长桥东,漕河至此颇广,民居鲜少,独士人数家在焉。"说明此桥位于绍兴城内运河主干道上,周边水面宽阔,南宋时多士大夫居住于此处河道两岸。

广宁桥

桥系南北向单孔七折边形石拱桥,全长60米,宽5米。桥上有24根桥柱,雕以荷花,精美厚实,柱板花纹幽雅大气。桥洞顶拱上有"鲤鱼跳龙门"等六幅石刻,生动活泼,栩栩如生,给人以吉祥兴隆、不断高升之感。

站在广宁桥上极目眺览,东面可见流水平缓,西来东去,悠悠不息;西面有卧龙山若隐若现,大善塔高出城头;南面可见会稽山山峦叠翠,气象万千;北面则戢山王家塔高耸,昌安门流水北去,舟船不息。《嘉泰会稽志》卷十一记朱袭封(亢宗)作诗曰:"河梁风月故时秋,不见先生曳杖游。万叠远青愁对起,一川涨绿泪争流。"

（七）照见山会两县——小江桥

小江桥位于绍兴城北江桥头,跨萧山街河,现为绍兴市文物保护单位。《嘉泰会稽

小江桥

志》卷十三中已记有"在城东北"。《越中杂识》上卷《桥梁》载："江桥、小江桥，在府城内西北，为城中东西水道要冲。"

桥为单孔半圆形石拱桥，全长23米，净跨径5.8米，桥面净宽3.1米，桥拱由条石分节并列砌筑，每列6—7块。望柱粗壮，栏板与靠背石凳相连，供人憩息赏景。

小江桥东西分别为萧山街河和上大路河，这两条河是浙东运河从迎恩门通过绍兴城往都泗门的水上要道，其西侧又为古代府河北端，可谓城中水道之枢纽所在。此处水路四通八达，水城景观尽收眼底。民谚云："大善塔，塔顶尖，尖如笔，笔写五湖四海；小江桥，桥洞圆，圆似镜，镜照山会两县。"

（八）右军墨宝济老姥——题扇桥

《嘉泰会稽志》卷十一记："题扇桥在蕺山下，王右军为老姥题六角竹扇，人竞买之。"《晋书·王羲之传》："又尝在蕺山见一老姥，持六角竹扇卖之。羲之书其扇，各为五字。姥初有愠色。因谓姥曰：'但言是王右军书，以求百钱邪。'姥如其言，人竞买之。他日，姥又持扇来，羲之笑而不答。"依此所记，绍兴人经代代相传，编成一个优美动人的故事：某日，王羲之路过石桥回家，见一老姥拿着扇子叫卖，或许是制作粗糙，这些六角竹扇无人要买，老姥愁容满面，使人怜悯。王羲之见状顿生同情之心，问老姥此扇多少钱一把，老姥答十文一把。王羲之即向桥旁人借来笔墨，倚桥在扇上题字，老姥不解其意，王羲之道："你再去卖扇，要二百文一把，就说此扇有王右军所题字。"老姥将信将疑，惴惴不安。此时桥上桥下挤满人群，王羲之一走，人们争相购买，不一会所有扇子一销而空。此故事之流传，一是对王羲之仗义济贫的赞扬，二是对其超凡精美书法的传颂，王羲之题扇之桥日后也就被称为"题扇桥"。

桥系东西向单孔半圆形石拱桥。桥面长3.80米，桥面净宽4.30米，桥造型优美，装饰庄重大气，桥上有龙门石刻，桥面、栏板与拱券几乎是同一圆心的圆弧，这在绍兴石拱桥中颇为少见，桥西有碑，上刻"晋王右军题扇处"。如今所见为清道光八年（1828）重修之桥。

（九）伤心桥下照惊鸿——春波桥

《越中杂识》上卷《桥梁》记："春波桥，俗名罗汉桥，在禹迹寺前。昔陆放翁娶唐氏，伉俪相得，弗获于姑，遂出之。后春日出游，相遇于禹迹寺南之沈氏园，放翁怅然，题词于壁。迨唐卒，放翁过此赋诗，有'伤心桥下春波绿，曾见(是)惊鸿照影来'之句，后人因以名桥。"春波桥又称罗汉桥，因禹迹寺内有罗汉像五百尊，故名。此桥原为单孔石拱桥，拱圈为纵联分节砌置，桥面坡度甚小，采用两根石梁做桥栏，造型精致而富有灵气。春波桥与春波弄相接，弄因桥而得名。陆游关于沈园和春波桥的诗主要有《沈园》七绝二首，其一："城上斜阳画角哀，沈园非复旧池台。伤心桥下春波绿，曾是惊鸿照影来。"其二："梦断香消四十年，沈园柳老不吹绵。此身行作稽山土，犹吊遗踪一泫然。"陆游81岁时，又作《十二月二日夜梦游沈氏亭园》，其一："路近城南已怕行，沈家园里更伤情。香穿客袖梅花在，绿蘸寺桥春水生。"其二："城南小陌又逢春，只见梅花不见人。玉骨久成泉下土，墨痕犹锁壁间尘。"直到陆游去世前一年，他还在《春游》四首中的一首写道："沈家园里花如锦，半是当年识放翁。也信美人终作土，不堪幽梦太匆匆。"沈园与春波桥已是诗人陆游一生感慨所系。沈园、春波桥也因陆游之诗和爱情故事得名。水、桥、园、爱情故事名闻古今。

（十）钱镠大义擒叛逆——昌安桥

《嘉泰会稽志》卷十一："昌安桥在城东北。《吴越备史》：乾宁三年钱镠攻昌安门，桥因门而名。"钱镠（852—932），字具美，临安人，唐末五代时吴越国王。钱镠出身贫寒，曾以贩盐、卖米为业。《越中杂识》上卷《帝王》记："唐乾符中，浙中王郢作乱，镇将董昌募兵讨贼，表镠偏将，击郢破之。又出奇兵，破黄巢于临安。"钱镠后又协助董昌讨平越州观察史刘汉宏之乱，被朝廷任命为杭州刺史。唐昭宗乾宁二年（895）二月，因董昌在越州反叛，朝廷下诏任命钱镠为浙东招讨使，讨伐董昌，钱镠认识到董昌对他有知遇和提拔之恩，但平定暴乱又是为国家之大业。他采取了有理、有节的办法，不急于进攻，而是在绍兴迎恩门附近屯兵，对董昌进行劝说。《越中杂识》上卷《帝王》："昌登城与语，镠下马再拜，指陈祸福。昌感悟，以钱犒军，自请待罪，镠乃还。"未多时，董昌又拒不投降，钱镠派兵与董昌在越州北郊等地展开激战，终于于次年五月在越城北门生擒董昌。在押解董昌往杭州途中，董昌在西小江投水自杀。《越中杂识》上卷《帝王》："唐拜(钱镠)镇海、镇东节度使，赐铁券，恕九死。镇海，即杭州；镇东，乃越州也。镠至越州，受命而还，治钱塘，以越州为东府，于是镠全有吴越矣。梁太祖即位，封镠为吴越王。"后人为纪念钱镠平叛之功德，将其平定董昌之地分别命名为昌安和安昌，意为平定董昌得安宁，并在城北门建昌安桥。昌安桥为五边形单孔石拱桥，全长18米，拱圈为多格式纵联分节砌置。在建桥技术上可谓别树一帜。

第三节 水与酒

酿酒须好技法，又需有鉴湖水，易地酒味便逊；饮酒之百态，多与水相关，酿酒之作坊,又与水相连。

一、易地不为良

据对河姆渡遗址出土的大量遗存的考证,当时的先民之酒已开始由自然酿成变为人工酿造。遗址中发现的酒器盉,表明当时已有了酒并有了饮用的方式和习惯。到越王句践时,酿酒技术已趋成熟,饮酒已成为社会生活的重要内容。《国语·越语上》记载句践在"十年生聚,十年教训"中,又以酒作为生育奖励,规定"生丈夫,二壶酒,一犬;生女子,二壶酒,一豚"。此外,《吴越春秋·句践伐吴外传》记载越国出师伐吴以酒"箪醪劳师",胜利后"置酒文台,群臣为乐"。

到汉代,酿酒的原料范围已由稻米扩大到杂粮,绍兴所产的米酒,则属于上尊之品。晋代上虞人嵇含在其所著的《南方草木状》中说:"南人有女数岁,即大酿酒,既漉,候冬陂池竭时,置酒罌中,密固其上,瘗陂中,至春潴水满,亦不复发矣。女将嫁,乃发陂取酒,以供贺客,谓之女酒,其味绝美。"此酒应是"女儿红"酒的前身。至南朝时"山阴甜酒"已很出名。南朝梁元帝萧绎(508—555)在他所著的《金楼子》中记载他少年读书时,有"银瓯一枚,贮山阴甜酒"之语,颜之推在《颜氏家训》中说,萧绎12岁在会稽读书时,"银瓯贮山阴甜酒,时复进之"。

鉴湖的建成为绍兴酿酒业提供了更优质的水源,使绍兴黄酒品质提高,名声大振。鉴湖有着良好的自然环境和水文条件,其上游源于会稽山麓,那里植被良好,污染不多,水质清冽;在平原地区湖中流水进出很顺畅,兼有斗门、闸、堰、阴沟适时启闭,使总集雨面积约为610平方千米,年径流量4.6亿立方米左右的来水得到调蓄,故湖水更换的次数之多,为一般湖泊所不及[①]。

据调查,在萧甬铁路以南至会稽山麓之间原鉴湖湖区的广阔平原中,分布着广泛的泥煤层,上层泥煤埋藏在1.5—3.0米深的地表浅层,层厚10—30厘米,层位稳定,连续性好。下层泥煤埋藏在4—6米深处,层厚5—20厘米,层位不稳定,分布范围小。鉴湖湖水平均深度为2.77米,即几乎所有上层泥煤都分布在水深范围内,与湖水接触极其广泛[②]。这些泥煤对鉴湖浅层地下水有渗滤净化作用,对水体中的污染物也有吸附作用,同时影响水体中的生态,对保持鉴湖生态平衡,保护、改善水质具有十分重要的作用。

以上条件使鉴湖水具有水色低(色度10)、透明度高(平均透明度为0.86米)、溶解氧高(平均为8.75毫克每升),耗氧量少(平均BOD_5为2.53毫克每升)等优点,宜

---

① 盛鸿郎、邱志荣《古鉴湖新证》,载盛鸿郎主编《鉴湖与绍兴水利》,中国书店,1991年。

② 绍兴地区环保所《鉴湖底质泥煤层分布特征调查及其对水质影响的试验研究》,1983年。

于酿酒。清梁章钜在《浪迹续谈》中称："盖山阴、会稽之间，水最宜酒，易地则不能为良，故他府皆有绍兴人如法制酿，而水既不同，味即远逊。"

二、流水连酒家

说绍兴是水乡，是言其水域众多。据统计，鉴湖时期山会平原水面面积占平原总面积的40％以上。南宋时期鉴湖虽已堙废，但绍兴平原仍有万亩以上湖泊10个[①]。至于平原中的河、湖、港、溇、汇、湾，更是遍布各地，可以说，凡水乡村落之处，便有河湖相连，便有舟楫可通。同样也可以说，这里凡有河水连通之村落，绍兴人便有酿酒之习俗。据民国21年（1932）出版的《中国实业志》介绍，当时绍兴共有几千家酒坊。正如明袁宏道《初至绍兴》所言"聚集山如市，交光水似罗。家家开老酒，只少唱吴歌"。

（一）越中最佳东浦酒

东浦是典型的水乡集镇，素有"醉乡""酒国"之称，酿酒历史悠久。据《东浦镇志》记载，东浦酿酒史已有近两千年，境内梅里尖附近出土的饮酒器足以证明。元朝绍兴路总管泰不华曾在东浦的薛渎村举行乡饮酒礼。明代绍兴知府建三江闸，集民间资力，捐200两纹银者，官府颁发"茂义"匾额一块予以表彰。当时东浦有较多酿坊获此匾额。嘉庆《山阴县志》卷二十八收录乾隆年间的山阴进士吴寿昌所作《乡物十咏》，其中一咏为：

> 郡号黄封擅，流行盛域中。地迁方不验，市倍榷逾充。润得无灰妙，清关制曲工。醉乡宁在远？占住浦西东。

这是对东浦酒的品牌、制作技术、影响和运销给予的高度评价。据统计，清咸丰时，东浦的酿酒业到达全盛时期，仅东浦的赏祊村就有酿坊100多家，比较大的有28家。清咸丰二年（1852），东浦成立了"酒仙会"。在赏祊戒定寺开辟酒仙殿，俗称酒仙庙，并确定每年农历七月初六至初八日3天举办迎神赛会，这3天村村演戏，家家办酒，迎请宾客，热闹非凡，亦所谓"东浦十里闻酒香"。咸丰七年（1857）八月，东浦立一块"酒仙神诞演庆碑"于酒仙神殿内，是为绍兴黄酒史上的珍稀名碑。据说乾隆在游历江南时品尝了东浦所酿之酒后，曾留下"越酒甲天下"的御题匾额和"东浦酒最佳"的赞语[②]。

民国4年（1915），东浦"云集信记"酒坊和马山谦豫萃酒坊、"方柏鹿"酒坊的绍兴酒参加了在美国旧金山举办的"巴拿马太平洋万国博览会"，分别荣获金牌奖和银牌奖。

到20世纪30年代，东浦酿酒作坊多达400多家，总产量约3万缸，占全绍兴酒

①陈桥驿《论历史时期宁绍平原湖泊演变》，载《地理研究》，1984年第3期。
②李文龙主编《绍兴物产》，文化艺术出版社，2000年，第168页。

产量的 1/4 左右。绍兴民谚亦有"绍兴老酒出东浦"[1] 之说。

（二）山西村边腊酒浑

宋代陆游曾作过一首脍炙人口的《游山西村》诗：

> 莫笑农家腊酒浑，丰年留客足鸡豚。山重水复疑无路，柳暗花明又一村。箫鼓追随春社近，衣冠简朴古风存。从今若许闲乘月，拄杖无时夜叩门。

诗人笔下的山西村便是陆游故里三山，三山即行宫山、韩家山、石堰山，位于当时鉴湖乡石堰塘湾村（现归属东浦街道），由西向东呈"品"字形鼎立鉴湖之北岸，是鉴湖湖光山色绝胜地之一。山西村即壶觞村。关于壶觞之名的来历，相传明代刘基来此醉酒，竟将皇帝所赐酒壶掉入水中，故名壶觞，此地名便与酒有关。古鉴湖之一壶觞堰亦在此地。

位于鉴湖之畔、三山之边的山西村，在清代几乎家家酿酒，当时较著名的有"茂盛""永盛""公成""严裕昌"等酿坊。产品经销杭州、上海、青岛等地。

（三）醉仙畅饮云集酒

据《浙江省绍兴县地名志》（1980 年）所记，阮社位于原绍兴县西北部，东靠柯桥，南邻州山，西连湖塘，北与管墅、南钱清公社接壤。阮社村原名竹村，相传晋时"竹林七贤"之一的阮籍曾在村中居住，故改名阮社。古代阮社人十分景仰阮籍，把阮籍当作神仙来看待。阮社今尚存"籍咸桥"以纪念二阮。

阮社最有名的酒厂为创建于 1743 年的云集酒厂（后改名为东风酒厂），创始人周佳木取名"云集"，意为这里名师云集，酒仙云集。到清末民初，绍兴酒坊中以"云集"最为著名。当时云集酒在全国形成销售网络，遍及上海、广州、天津等地，又在北京多处设立酒局和酒栈。为促进销售，酒坊在每百坛的坊单上放有彩票，获奖者可持彩票领奖。

1915 年，云集酒作为绍兴酒的代表参加在美国旧金山为庆祝巴拿马运河通航而举办的"巴拿马太平洋万国博览会"，获得国际金质奖，云集酒为绍兴酒获得了第一枚国际金奖。

1956 年，经国务院总理周恩来批示拨款[2]，于阮社云集酒厂兴建绍酒陈贮中央仓库。"绍兴酒整理、总结与提高"项目，经周恩来总理和陈毅副总理同意，列入国家十二年科技发展规划。1956 年共投资 70 多万元，批准征用土地 70 多亩，在阮社东江扩建厂房，中央仓库、道路等工程不断向东部和南部扩展，与江头黄酒车间连接，云集酒

---

① 绍兴市政协文史资料委员会《绍兴酒文化》，中国大百科全书出版社上海分社，1990 年，第168 页。

② 绍兴县地方志编纂委员会编《绍兴县志》第十八编《历史名产》，中华书局，1999 年，第1001 页。

扩大到 300 多亩厂基的生产规模,建造双跨大型发酵车间三幢,每幢面积 1123 平方米。1957 年,国家又拨专款扩建,建造大型发酵车间三幢和中央仓库五幢(每幢面积 1800 平方米),是年生产黄酒 7280.88 吨,白酒 1039.38 吨。以上,1956 年中央拨款 24 万元,1957 年中央及地方拨款 81 万元,两年共储存名酒 3150 吨[①]。

三、水乡饮酒

饮酒是带有浓重感性色彩的饮用品,最大的特点是表现为一种醉态,进入或愉悦,或狂喜,或惊骇的忘我之境,产生超然物外之自由。不同的人,不同的环境,不同的素养,不同的心境也就会表现出不同的感受。而水乡饮酒在特定的环境下也就产生了特有的感受。

(一)悲壮之饮

据《吴越春秋·句践入臣外传》记载,前 492 年,句践败于吴,俯首称臣,群臣相送,致酒曰:"君臣生离,感动上皇。众夫哀悲,莫不感伤。臣请荐脯,行酒二觞。""去彼吴庭,来归越国。觞酒既升,请称万岁。"句践欲战胜吴国,称霸中原,然在交战中却大败于吴,被迫俯首称臣,入质于吴国,可想而知他当时的心情是极端的痛苦,生离死别之际,群臣饮酒相送,以壮胆气,以寄希望,表达忠诚,充满悲壮的气氛。

投醪河是绍兴"府西二百步"一条历史名河,也是绍兴城中重要的景观河道之一。据《吕氏春秋·顺民》记载:"有酒流之江,与民同之。"越王句践出师伐吴时,父老向他献酒,他把酒倒在河的上游,与将士们一起逐流共饮,此举豪气冲天,大大鼓舞了士气,历史上称之为"箪醪劳师",投醪河因此得名。

秋瑾是辛亥革命时期著名的革命活动家、女诗人,被称为鉴湖女侠。被孙中山先生誉为"巾帼英雄"。秋瑾好饮绍兴酒,酒为其增添英雄豪气,并在稽山镜水之间留下一曲悲壮烈歌。据陶沛霖《秋瑾烈士》记,秋瑾常雇一叶扁舟,备酒一斤,虾一碗,在去东浦的水路上饮酒赋诗,借以排愁涤恨,抒发壮志。她的《对酒》诗壮怀激烈,是千古绝唱:

> 不惜千金买宝刀,貂裘换酒也堪豪。
> 一腔热血勤珍重,洒去犹能化碧涛。[②]

秋瑾饮酒为鉴湖增添了悲凉之气和酒文化内容,也提高了鉴湖和绍兴黄酒的知名度。

---

① 参考绍兴市档案馆"地方国营绍兴鉴湖长春酒厂 1959 年 3 月 10 日为绍兴酒储存问题的报告"。
② 秋瑾原著,郭长海、郭君兮辑注《秋瑾全集笺注》,吉林文史出版社,2003 年,第 224 页。

（二）风雅之饮

兰亭因曲水流觞、王羲之书写《兰亭集序》而成名。王羲之与当时名士贤人共42人在山阴兰亭作修禊之事，并曲水流觞，饮酒或赋诗，畅叙幽情。所取得的主要成果：一是产生了收录有37首即席赋诗的《兰亭集》。二是王羲之醉酒后，写了与天地万物融为一体的《兰亭集序》，并产生了被誉为"遒媚劲健，绝代所无"的《兰亭集序》书法作品。宋秦观（1049—1100）在《书兰亭叙后》中认为："酒酣赋诗制序，用蚕茧纸、鼠须笔，书凡二十八行，三百二十四字，字有重者，皆构别体，而'之'字最多，至二十许字，他日更书数十本，终无及者。"[①]三是诞生了兰亭胜迹，兰亭从此成为我国的书法圣地，其影响经久不衰。钱茂竹认为："《兰亭集》是我国古代第一本酒诗集。不但记了酒事，更抒发出品饮之趣，酒会之乐。它是流觞的结晶，是古代绍兴酒酣饮后的杰作；是咏宴集的盛大，更是咏当时绍兴酒的酒风与酒格……《兰亭集》是研究酒史，欣赏酒美的诗集。"《兰亭集序》"漾溢着酒香之气，流动着美酒之醇，它写出宴集之乐，流觞之趣，又是在酣饮后所写，思接千载，精骛八极，援笔立就，文不加点，堪为才子之文。这乃是绍兴乃至中国酒文化中的一朵奇葩"[②]。正是由于当时"群贤毕至，少长咸集"，在"崇山峻岭、茂林修竹"之中，"一觞一咏"，"畅叙幽情"，自然、人的灵性在绍兴酒的浓厚香郁中得到了升华，才产生了举世无双的诗、散文、书法艺术作品，才出现了书法圣地兰亭。

"阮氏酤酒"。酒是魏晋风度的核心。魏晋名士把饮酒与得"道"相联系，认为醉酒可以使人超脱生死和荣辱，净化人的精神，达到物我两忘的境界。即酒可以"形神相亲""远离自己""引人着胜地"，此外醉酒也是政治斗争中隐身避祸的方法。相传竹林七贤之阮籍、阮咸在古运河畔阮社嗜酒如命，文士风流。

据《世说新语·任诞第二十三》记载，王子猷雪夜访戴安道，是夜大雪，王子猷醒来，饮酒赋诗，想起戴安道，一时兴起，"即便夜乘小船就之"，去剡访戴，到了门前却返回。其原因为"吾本乘兴而行，兴尽而返，何必见戴"。看来是酒后兴致起来，酒醒后便决定返回。此亦为之后鉴湖至曹娥江上游的水文化、酒文化和名士文化增添了一段佳话。

（三）伤情之饮

绍兴著名的伤情之饮莫过于沈园之事。最早记载沈园之事的是宋人陈鹄，他在《耆旧续闻》卷十中说：

---

① 周义敢、程自信、周雷编著《秦观集编年校注》卷二十五，人民文学出版社，2001年。

② 钱茂竹《试论兰亭曲水流觞的历史影响》，李永鑫主编《酒文化研究文集》，中华书局，2001年，第166—167页。

余弱冠客会稽,游许氏园,见壁间有陆放翁题词云……(《钗头凤》词)笔势飘逸,书于沈氏园,辛未三月题。放翁先室内琴瑟甚和,然不当母夫人意,因出之。夫妇之情,实不忍离。后适南班士名某,家有园馆之胜。务观一日至园中,去妇闻之,遣遗黄封酒果馔,通殷情。公感其情,为赋此词。其妇见而和之,有'世情薄,人情恶'之句,惜不得其全阕。未几,快快而卒。闻者为之怆然。此园后更许氏。淳熙间,其壁犹存,好事者以竹木来护之。今不复有矣。

"红酥手,黄縢酒,满城春色宫墙柳。"从陆游的《钗头凤》词中,我们可以看出当年陆游和唐婉相爱之日,夫妻情深,并常以"黄縢酒"作为游乐、赋诗之饮,夫妇是何等其乐融融。而当恩爱夫妇被迫离异后在沈园相遇,看到他俩旧时所喜好的"黄縢酒"及果馔,陆游自然是触景生情,面对沈园胜景,杯中旧情油然萌生,借酒消愁愁更愁,并一发而不可收,写下了惊天地、泣鬼神的悲情之词。如果无酒之力,或许词中悲情到不了此等境界。

第四节　水与园林

绍兴水环境的改变是绍兴风景园林发展的重要基础条件,水是绍兴风景园林的主体内容和血脉,演绎出无尽的风光和特色,园林因水而魅力无穷,水因园林而源远流长。山水文化则是绍兴园林之魂。绍兴造园风格以朴素为主,大多是对自然山水的巧妙利用,山水是绍兴园林的主体,即胡恒《越中园亭记·序》所谓"越中之园无非佳山水"。

一、水中寄意

《嘉泰会稽志》卷十三记载,唐贺知章年迈辞官回家,不求荣华富贵、功名利禄,只求"周宫湖数顷","诏赐镜湖剡川一曲"。其寄意山水之间,终老鉴湖之畔之心已定,此高尚境界,终获后世人们的高度赞誉。

宋蒋堂在绍兴龙山西麓建"曲水流觞"之景点,或为兰亭之简单再造。西园原属王家园林,后为朝廷所修,多有诗人墨客集聚此地,吕祖谦《入越录》:"曲水之上,激湍亭,惠风阁,规模若都下王公家,山顶崇峻庵,其胁骋怀亭。"其意当为追慕王羲之兰亭风流,感天地之变化,叹人生之短暂,悟自然之道。是绍兴上流社会对自然和社会和谐的追求,是对盛世的向往。宋王十朋有《曲水阁》诗:"王谢兰亭久寂寥,茂林修竹自萧骚。蒋侯近代风流守,曲水流觞意亦高。"

徐渭青藤书屋之天池,方不盈丈,不涸不溢,池中有横石梁柱,上刻"砥柱中流",又檐柱上刻联:"一池金玉如如化;满眼青黄色色真。"一方小天池,是徐渭之志向所寄。人为万物之灵,欲为天地之"砥柱中流";池中金玉化尽,唯天地之正气,浩然长存。居室名"青藤书屋",而其灵魂为"天池"。

再看明张岱在《陶庵梦忆·庞公池》一文中所述之月夜乐水:"自余读书山艇子,辄留小舟于池中,月夜,夜夜出,缘城至北海坂,往返可五里,盘旋其中。"接着描写在船上铺设凉席,卧舟中看月,有家童在船头唱着曲子,作者便有了醉梦相杂的感觉,随着声音渐远,月亦渐淡,嗒然睡去。等到那歌声断了,忽然醒来,含含糊糊地说唱得好,又鼾齁而睡。家童亦打呵欠欲睡,互相靠着。等船回岸,竹篙"丁丁"的声音把人唤起,回家便睡。"此时胸中浩浩荡荡,并无芥蒂",一觉睡到大天亮,"不晓世间何物谓之忧愁"。龙山边的庞公池,池不甚大,河不甚长,水远未及苏轼《前赤壁赋》之浩荡,然与"江上之清风""山间之明月",有异曲同工之妙。这已经不是简单的对水的欣赏,而是与自然的对话和沟通,并将自身融入山水之中。

二、经典园景

(一)沈氏园

沈氏园建在绍兴城内,处于千桥百街之中,周围人口密集,屋舍连片,然沈园独辟一处成园,亦善水之利用。

由"沈氏园图"可见,沈园之北,为绍兴城内水偏门至东郭门的东西向主河道,有著名的"春波桥"横跨河上。沈园之中,南北向有内河,与以北城河相通。沈园内河有堤路相隔,将河分成两半,东河盘曲向南,直至飞阁溇湾处,又有石洞东与葫芦池相通。飞阁溇湾底处又有一河北去形成西河(或与以南河道相通),盘绕之中向西再向南,在一片土阜中形成沼湾。可见沈园之水其实是与城外河道连成一体的,园中之河道与池大部分由人工开挖而成,因此沿河池有较多土阜堆积。园中水面之造型十分生动,葫芦池形象逼真,寓意吉祥如意;池中多植荷花,形成四季不同的景观。内河其实是一龙身造型,龙头在西边桃林之中,盘伏园中。河边之堤的设置也十分生动,堤随河势,曲折多变,堤上多植柳树,形成柳暗花明的景观。飞阁池上之路,呈佛教中"吉祥海云相"。综上所述,其形、其意、其排蓄,均可谓城内园林用水之经典作品。沈氏园用水之妙,亦为陆游与唐婉的爱情故事增添迷人的色彩。

(二)矿园

张岱《陶庵梦忆》卷一《矿园》称:"矿园能用水,而卒得水力焉。"认为矿园建园,水利用得好。整个矿园为水所盘踞,而看上去又若无水,这确为高明之举。其中寿花堂以堤为界,有小眉山、天问台、竹径等景,曲而长,"则水之";内宅中隔以霞爽轩、酣漱、长廊、小曲桥、东篱等景观,令人有深邃之感,"则水之";临池有鲈香亭、梅花禅,静而远,"则水之";缘城又护以贞六居,无漏庵,有菜园,有邻居小户,至此,"则

东湖石宕仙桃洞（邱志荣 摄）

东湖山水（邱志荣 摄）

东湖采石场石宕现场（邱志荣 摄）

水之用尽"。最后水之意色，"指归乎庞公池之水"。而庞公池之水与景又尽为砍园所用："目不他瞩，肠不他回，口不他诺，龙山蠔蜒三折就之，而水之不顾。"此为用水之经典。

（三）鸟门山

绍兴素有开山凿石用于建筑的传统，此传统日积月累，又创建了著名的以人工凿山开宕，采用石材而形成的风景园林。张岱《陶庵梦忆》卷六《曹山》称："谁云鬼刻神镂，竟是残山剩水。"可谓天下奇观。

鸟门山位于绍兴城东约 6 千米的古运河畔。相传公元前 210 年，秦始皇东巡至大越，曾在此歇马喂草，故名箬篑山，又称绕门山。鸟门山是一座青石岩山，石质颇优，始开如白玉，日久变青。鸟门山距绍兴城不远，交通便利，据文献记载及实物考证发现，绍兴古城墙建设、古运河砌石，以及周边大部分民居用石，都以此山之石为材料。鸟门山虽成名于清光绪年间，但这里的奇岩、怪洞、石壁、石宕形成年代应十分久远。鸟门山采石，绝非杂乱无章，而是依山势起伏变化，万仞千削，百壁如挂，或高耸，或低仰；或似仙，或似兽；横看成剑，侧又成柱，千姿百态，其妙无穷。岩壁之下，又为石宕，湖水环绕，刚柔相济，幽深莫测，形成山水大盘景。

（四）柯岩

柯岩在绍兴城西约 12 千米的鉴湖之畔。据载，自三国以来，便有石工在此采石不止，采石处或形成突兀孤岩，或成为深潭通泉，最胜处为"炉柱晴烟"，此景即是云骨，是隋唐以来采石刻凿而成，高 30 米，底围仅 4 米，最薄处不足 1 米，顶有矫健苍翠的古柏，树龄已逾千年。相传宋代书法家米芾来此，见此奇景，"癫狂"数日才依依不舍地离去。云骨之西又有开凿于隋代、竣工于初唐的大佛，高 20.8 米，为浙江四大名佛之一。石宕边上有蚕花洞、七星岩等景观。

（五）羊山

羊山在绍兴城西北约 15 千米处。据载，隋开皇年间（581—600），杨素受封越国公，采羊山之石以筑罗城。采石后，留下数峰耸立的孤岩于石宕中，其主峰如一把宝剑，剑峰如削，似有雄风万丈，题曰"剑魂"。羊山另一著名景点便是石佛寺。传说为凿刻寺中石佛，曾用了三十年。佛成之日，空中有鹫鸟飞翔，时人认为此为吉祥之物，便依岩建成"灵鹫禅院"，以容石佛。到隋大业年间（605—618）赐额石佛寺。寺院内多岩壁石刻，书法古朴苍劲，气势不凡。其中南宋抗金名将韩世忠所题"飞跃"二字，既似钢骨铁筋，又有所向披靡的气势，尽显大将风采。史籍记载，唐乾宁间（894—897），节度使董昌僭位，钱镠举兵讨伐，便屯兵羊山一带。后人为纪念钱镠平乱，尊其为城隍菩萨，建"武肃王殿"供奉。石佛寺外围，古石累累，各具神态。水宕大小不一，环山依石，形成羊山石佛、寺庙、摩崖和山水风景相结合的越中著名园林。

吼山石宕遗存（邱志荣 摄）

吼山桃花

吼山云石、棋盘石遗存

（六）吼山

吼山在绍兴城东 13 千米处的皋埠境内。越王句践时，这里曾是一个畜养基地。《越绝书》卷八载："犬山者，句践罢吴，畜犬猎南山白鹿，欲得献吴，神不可得，故曰犬山，其高为犬亭，去县二十五里。"古代这里是一处人工采石基地，经过采石形成景观。

山西之石宕，残岩千姿百态，宕水深不可测。石宕东北隅，有山称曹山，有石梁长 20 余米，横亘于石宕之上，形成洞门，又宛如一只石象用长鼻吸水，石洞门惟妙惟肖，自然天成。游船可贯穿其中，成别有洞天之胜景。

放生池的池水清澈蔚蓝，池边残宕石壁多由历代名家题刻。吼山多洞，其中以烟萝洞最著名。进入洞中，如入城堡。采石所存岩壁处有一尊越王句践石像。岩壁直冲云霄，藤蔓草丛之间，有飞泉直下，人称"龙涎水"。又有"一洞天"景观，有一块与岩壁相连的巨石向天外伸展。水宕三面为陡壁，形似风帆，直挂天际。

吼山更以石菁著称于世。自山脚至山顶，象鼻石、神犬石、蛤蟆石、飞来石、僧帽石，千姿百态，各显鬼斧神工，其中以云石、棋盘石最为独特。云石，高 22 米，似一倒置的靴子，又似天然灵芝。棋盘石高耸入云，上覆巨石数块，传说古代常有神仙于此弈棋，登临两石之间，或有云雾飘游，难辨云石。

第十章　现代治理　清水为上

> 舟船辐辏,纤道蜿蜒。
>
> 工商并茂,河海相连。
>
> 新容旧貌,碧水蓝天。
>
> 懿欤盛世,欲赋忘言。
>
> ——潘家铮《浙东古运河整治纪盛》

从 20 世纪 90 年代开始,随着工业经济的快速发展和人口的迅速增长,绍兴水环境在新的历史时期中出现的一个突出的问题便是水污染,水污染严重影响生态环境和人民的生产、生活。严峻的现实,国内外的深刻教训,有识之士的倡议,逐渐形成了政府和民众的共识——既要经济发展,又要青山绿水。于是掀起了一波又一波声势浩大的全民治水活动,其持续时间之长,投入资金之多,参与人数之众,亘古未有,并取得了举世瞩目的成就。

第一节　现代水污染

一、绍兴平原河网水污染

绍兴平原河网属典型水网形态,由钱塘江大小支流几十条组成,由南向北呈梳状流入平原水网。水系中布满众多湖泊,著名的有鉴湖、青甸湖、小越湖等。

20 世纪 80 年代,随着绍兴经济快速发展,和一些发达国家工业化发展初期出现过的环境问题类同,绍兴水污染不断加剧,河道被侵占的情况也日益严重。20 世纪 90 年代初期,绍兴社会上流传着一句令人心酸的话:"房子是新的,钞票是多的,河水是臭的,寿命要短的。"也出现了有识之士"还我青山,还我绿水"的大声疾呼。

二、鉴湖水污染 [①]

（一）特殊地位

鉴湖是绍兴市最重要的水源地和综合性的经济湖。鉴湖区域经济发达，1989年工农业总产值在30亿元以上。特别是生产出口酒的三大国营酒厂，都建在鉴湖之滨，以独有的鉴湖水酿制的绍兴老酒，为东方名酒之冠，畅销日本、东南亚和欧美等地。在湖区周边的印染业、食品业，也无不以鉴湖的优良水源为依托。鉴湖又是绍兴市区和沿岸20多个乡镇共50多万人民群众的生活饮用水源，共建有各种规模的自来水厂10多座。鉴湖还具有众多的名胜古迹和独特的水乡风光，陆游《思故山》中有"千金不须买画图，听我长歌歌镜湖"的千古绝唱。鉴湖是绍兴市独特的自然资源，在经济和社会发展中具有不可替代的重要地位。

（二）环境污染

鉴湖的自然地理特点给环境保护带来利弊兼有的条件。鉴湖与水网交织，发源于会稽山的众多支流呈梳状注入，使鉴湖水常得更新，自然净化条件较好，是为其利。但鉴湖湖体亘长，且与乡、镇、村落迂回交错，故不如其他集中型湖泊那样易于保护，对水污染的管理和控制难度较大，这是保护鉴湖的不利因素。

据20世纪80年代末绍兴市环保部门调查，当时鉴湖主体水域的水质均符合地面水的功能要求。对照1988年国家颁布的地面水质量标准，Ⅰ至Ⅱ类水质的区段在2/3以上，邻近城区部分为Ⅲ至Ⅳ类水质。以上水质均可视为"清洁"或"较清洁"。但80年代以来，鉴湖开始面临日趋严重的污染威胁，水体中的化学耗氧量等理化指标出现变差趋势，特别是在漓渚江、娄宫江和南池江等几条重要支流，先后出现较大规模污染，对鉴湖主体水域构成威胁。

鉴湖出现污染威胁的主要原因是湖区工业，尤其是乡镇工业的迅猛发展，大量工业污染排放导致鉴湖水污染严重。据调查，鉴湖水系内有各类工业污水排放单位100多家，日排污水5万吨。其中以印染业的污染最为突出，沿岸共有印染厂50多家，日排污水3万吨。虽然这些厂多数已建起污水处理设施，但由于技术、经济和思想认识等原因，处理效果不够理想。除工业污染以外，烂麻水、农药和化肥流失形成的农业污染，不合理投放饵料形成的渔业污染，船舶含油污水形成的交通污染，以及沿岸居民的生活污染，都处在无序排放状态。

---

① 主要参考1990年绍兴鉴湖会议中绍兴市环保局提供的资料。

第二节　河道"三清"

河道"三清"工程的主要范围为绍虞平原河网,主要内容是清草、清淤、清障。

一、缘由与意义

1995年10月5日,绍兴市政府召集市水利、城建、交通、环保、农业部门和绍兴县、上虞市及越城区分管领导,对绍虞平原河网"三清"工作进行了协调。市领导指出,由于多年来河床抬高,导致蓄水量下降,并且由于河面水草泛滥,违章填河现象亦时有发生,这既影响水质,又影响行洪排涝、航运,进而影响到绍兴的水环境。为此,必须迅速开展河网"三清"工作,并以此作为当年平原地区农田水利基本建设的重点。

1995年11月23日,浙江省农田水利建设现场会暨绍兴市平原河网"三清"工作现场会在绍兴县皋埠镇召开,时任浙江省委副书记、常务副省长柴松岳,浙江省水利厅厅长章猛进参加了现场会并讲话。绍兴市纪根立市长阐述了绍虞平原河网"三清"的重要意义。

首先,河网"三清"是加强农田水利基本建设、保持农业持续稳定发展的需要。

绍兴是著名的水乡,历史上有大禹治水、马臻修鉴湖、汤绍恩建三江闸等治水人物和一批闻名海内外的水利工程,为世人所称道。绍兴平原河网纵横交错,四通八达,既是这一带农业生产的命脉,也是人民生活和经济发展的命脉。但是,我们也应该清醒地看到,近年来由于各种原因,平原河网违章填河和违章设障行为屡禁不止,河面变窄,影响排涝;淤泥逐年增厚,河床抬高,蓄水量逐年减少;同时,河面水草泛滥成灾,阻塞行洪排涝。上述问题,首先对绍兴市的农业生产造成十分不利的影响。绍兴平原河网地区是重要粮产区,要完成省政府下达的粮食任务,保证产量,保证人民群众的口粮供应,我们的主攻方向是提高单产,提高复种指数,提高优良品种覆盖面。对此,必须有良好的农田水利设施作为基础条件。如果像近年来一些农田用水抽不上、排不出、放不进,将会对单位面积产量造成很大的影响。过去绍虞河网平原地区百日无雨保丰收,现在是廿日无雨要发愁,夏秋季极易发生干旱,自1988年以来,已连续五年出现大面积的旱情,四次从萧山引水济绍,耗资近百万元。中华人民共和国成立以来,建成了新三江闸等水利工程,曾经不为排涝而发愁的绍虞河网,现在因河道设障、水草阻塞,给行洪排涝造成极大障碍,出现一场大雨三天排不出的情况。绍兴的农业生产发展,粮食产量稳定增长,但受到的水利条件的制约越来越严重。通过河网"三清"，清除水面杂草、疏浚河道淤泥、清理填河设障，达到"水清、流畅、田肥"的目的。

其次，河网"三清"是促进综合开发的需要。

绍兴能成为鱼米之乡，是因为有广阔的河湖之利。平原河网是绍兴地区水产养殖、繁殖珍珠、水上运输、水上旅游、工业用水等综合利用和开发的黄金水道。但近几年来，河道深积的淤泥、泛滥的水草，加速了水质的污染，已连续几年发生了较大范围因水污染而造成的死鱼事件和其他水产养殖坏死事件，群众呼声很高。绍兴水乡原来河道畅通，水上运输是绍兴主要的交通线之一。据《越绝书》卷八记载，在越王句践时就有"以船为车，以楫为马"之说。但现在河道水面，水草遍布，水质不清，水路不畅，行船十分困难，水上游客来到著名的鉴湖游览，又还有何游兴可言。通过"三清"，使水质变好、蓄水量增加、湖面变整洁，无疑将为一切与水有关的综合开发带来十分重要的促进作用。

再次，河网"三清"是保护绍虞平原水乡、提高人民生活质量的需要。

绍虞平原河网是绍兴的生命之源，对于河网精华所在的鉴湖水域，自1988年就由浙江省第七次人民代表大会常务委员会第四次会议通过并颁布了《浙江省鉴湖水域保护条例》，进行河道"三清"，正是为保护鉴湖水域不受污染，保障人体健康，提高生活质量，更有效地利用鉴湖特有的优良水源。这也是贯彻实施《中华人民共和国水法》《浙江省鉴湖水域保护条例》的内容和措施之一。随着绍兴经济的发展，人民群众的生活水平在不断提高，而水质的好坏直接关系到人民的生活和身心健康。绍兴平原河网水资源十分短缺，人均占有量仅为全国平均占有量的37%，这一前景令人担忧。如果绍兴平原河网旱季发生饮用水困难，还能作气象原因的解释；但现在一些平原乡镇，河网水是满的，却发生饮用水困难，要想方设法去寻找水源，去买饮用水，这是十分令人担忧的，造成这一现象的直接原因是水污染已十分严重，长此以往，将会产生各类社会问题，这些问题亟待解决。山清水秀，能陶冶情操、延年益寿；而河涸水臭，会恶化环境、危害生命。绍兴水环境治理的任务，已历史性地落在我们的肩上。绍兴的水环境如何改善？水资源不足问题如何缓解？关键是要在上游山区兴建大型的骨干蓄水工程；而水资源的保护，关键是要治理。河网"三清"是改善绍兴水环境很好的开端，也是河网综合治理的一个重要组成部分。我们要通过几年的努力，形成制度和规范，早日还我绍兴青山绿水。

二、目标任务

经过当时市水利、城建、交通、环保、农业等部门的联合调查，根据绍虞平原的实际情况，绍兴市确立绍虞平原河网"三清"的目标是：基本清除河面水草，全面疏挖河道淤泥,全力处理违章填河和河道设障。通过"三清",提高绍虞平原河网的行洪、抗旱、排涝、航运能力;改善水质,增加蓄水量;加大水行政执法力度,刹住违法填河歪风,使绍虞平原河网水环境得到明显改善。河网"三清"的任务为:清草 10 至 12 平方千米,投工 50 万工日;清淤 103 万立方米,投工 240 万工日;清除、处理违章填河及其他水上障碍 14200 平方米。

三、清草

(一)义务劳动

1995 年 12 月 7 日至 10 日,绍兴市区青甸湖畔,200 余名市机关干部和 50 余名越城区机关干部在此迎着凛冽的寒风,挥着铁耙,举行"机关干部义务清草活动"。50 余只木船将堆积得像小山一样的水草往岸边拖。12 月 7 日下午 1 时许,浙江省副省长刘锡荣与绍兴市纪根立市长、袁长寿副市长等领导来到了现场开展清草劳动。

纪根立在现场指出,青甸湖"三清"工作的好坏直接影响到市区居民饮用水的水质,市、区(越城区)机关干部应率先做好榜样。市政府接着发动市、区机关干部组织突击队啃青甸湖这块"硬骨头"。经过连续几天的义务劳动,青甸湖已清除水草近 13.33 公顷(200 亩),并清除湖中所有的鱼箔栅栏。到 12 月 10 日止,市、区两级机关干部义务参加"三清"劳动的总人数已超过 1200 人(次)。

绍兴县皋埠镇(现为皋埠街道)被确定为绍兴县的"三清"试点后,又选定了吼山片 7 个村及国营皋埠渔场作为镇的试点。湾头江村经过层层发动,在 900 余米长的红专河进行了全面疏浚,共挖掘土方 7700 多立方米;地处鉴湖边上的塘花村对在主航道上违章设障的 9 户人家进行了教育,促使他们自行拆除了 200 多平方米的水障;牌口村还投资 18 万元抢修了 1600 多米的河堪;皋埠渔场清草 500 多船。

(二)阶段成果

截至 1995 年 12 月 31 日,绍虞平原河道"三清"工程已取得阶段性成果——全市已完成清草面积达 2.64 余万亩,清淤和清障亦已分别完成 26.82 万立方米和 7960 平方米。

越城区、绍兴县、上虞市相继开展"三清"工作,至 1997 年初,累计清草 3100 公顷(4.65 万亩),清淤 127.74 万立方米,清障 191 处,清草、清淤总投资 2550 万元,总投工 235 万工日。

四、建立规范

试点皋埠镇在开展河道"三清"的过程中认识到,要改善水环境,不可能毕其功于一役,必须经常化、制度化,该镇在组织一支专事打捞疏浚的"水上清道夫"队伍的同时，还建立河道"三清"基金，以增加对整治河道的投入；皋埠镇还制订"村规民约"，对非经准许的水面养殖、向河道倾倒垃圾和搭建建筑物等行为制订了处罚规定。

2000年4月，绍兴市人民政府办公室下发《关于加强绍虞平原河网清草管理工作的通知》，2002年4月，绍兴市人民政府办公室下发《关于进一步加强绍虞平原河网清草工作的通知》，提出了按照环境和保洁的不同要求，将河道分为重点区域和一般区域，重点区域由市、县(市、区)政府下拨补助资金，一般区域由镇、村负责出资。按区域、地段分别落实责任、落实资金，并按行政区域，明确责任范围，将责任单位、责任领导、责任人在《绍兴日报》上公示。建立起横向到边、纵向到底的负责河道常年清草保洁的队伍，清草工作进入常态化。

第三节 河道综合整治

20世纪末，绍兴市及各县(市、区)相继开展的河道综合整治，全面加强了水文化建设，经历了传承、创新、提高、完善的不同阶段，其间也就创建了诸多水文化和工程建设完美结合的精品工程。

一、环城河

环城河是绍兴城市的母亲河，伴随着绍兴水城的发展流淌了2500多年，孕育了城市文明，见证着绍兴的历史。1999年，绍兴市抓住机遇，坚持高起点规划、高水平设计、高质量建设，体现城市防洪、城建配套、环保、文化、旅游等五大功能，对环城河实施综合治理。环城河治理的目标是通过清淤、砌墈、拆乱、布绿、建景、造路、设街等主要工程措施，把环城河治理建设成集防洪、绿化、休憩、旅游等功能于一体的水清岸绿、环境优美、风景秀丽、历史文化特色鲜明的旅游线和休闲带，重现"蓝天、碧水"，展现"水清可游，岸绿可闲，街繁可贸，景美可赏"的绍兴水城。建设的主要内容有：重整白玉长堤，新砌、整修环城河砌墈24千米；治理河道污染，截污治理水污染；疏浚淤泥，提高防洪标准，河道防洪标准达百年一遇；再造绿化休闲带，配套建设沿河公园绿化带50万平方米；展现历史水文化，共布置8大景点，实施环城河公园景点文化布展和亮化工程；开展旧城改造，拆迁房屋面积达64万平方米，同时实施沿河保留房屋立面改造和城区内15条内河的整治。以上工程总投资10余亿元。经政府与民众鼎力共建，工程历时720天基本完成。

环城河整治从水文化角度而论，首先是生态文化。由于城河及沿线的面貌得到较彻底的整治，水城特色得到淋漓尽致的发挥。整治后，环城河水质变清，鱼燕飞跃；两岸杂树参天，繁花覆地，再现了《水经注·浙江水》中"山阴道上行，如在镜中游"

的环境。

二是民生文化。环城河改造增加了新的园林景观。曾经习惯于茶余饭后闲在家里的绍兴人，现在把环城河各景点当成了"后花园"，锻炼身体，陶冶情操，享受园林景观带来的愉悦。

三是历史文化及其再创。环城河改造传承和丰富了绍兴的历史水城文化内容，这不但表现在文化布展的增多和历史古迹的恢复，更为文人、艺术家提供了创作的场地，触发了灵感，历史名城更富有个性特色。

环城河的九个景点分别为：

（一）稽山园

稽山园位于城区东南角，面积 6.8 万平方米。原为稽山村，东有历史老桥稽山桥。园内有各具特色的桥 18 座，体现桥乡景观。"南浦小集""迎岚阁""浣花草堂""农家乐"等园重水复，各具水乡特色，掩映于绿树丛中，环境幽雅。"迎岚阁"气势雄伟，为登临之胜，共三层，高近 30 米，登"迎岚阁"，南可眺望南部稽山镜水风光，北则可赏绍兴城市景观，为绍兴城南登临之胜。

（二）鉴水苑

鉴水苑东邻稽山园，占地 3.38 万平方米。内有大型音乐喷泉、下沉式休闲广场、悦茗茶楼等，富有现代化水城公园之休闲环境和风貌。鉴水苑与稽山园通过"又一村"大门相连，形成 10 万余平方米的景区，这里景色秀美，文化厚重，文体娱乐设施较多，园景多变，环境优美，富有生机，是市民休闲、娱乐、锻炼的好去处，四季人气颇旺。

（三）治水广场

治水广场位于古城区西南角，占地 3.1 万平方米。由纪念广场、治水纪念馆、碧水小筑等组成。广场有大禹、马臻、汤绍恩等治水先贤的塑像及治水碑记，又有鉴湖水利图、西墅斗门遗址、若耶溪镇水龟等，书写和展示了一幅古今绍兴水利史的长卷，给人以"没有水利，便无今日之绍兴"的深刻启示和教益。

（四）西园

如今的西园是在原址上依据宋代园林布局重建而成的，占地 2.69 万平方米。以王公池为中心，擅山水之胜，是处亭台高低错落，岸路弯回；池生野草，林木苍翠。园内主要有望湖楼、飞盖堂、漾月堂、龙山诗巢及春荣、夏荫、秋芳、冬瑞四亭等景点。

（五）百花苑

百花苑位于环城西河西侧，占地 1.4 万平方米。这是一座完整的小型滨河公园，以植物造景为主，布置有兰、桂、桃、柳等百余种花木。春季樱花争艳，夏日荷花吐蕊，秋天金桂馥郁，冬令蜡梅暗香，无论春夏秋冬，在园中一游，百花杂树总会使人应接不暇。百花桥造型优美，如纤云弄巧，使人百看不厌，还连接百花苑和西园二大景点，此桥既是环城河上胜景之一,也是现代绍兴石桥建筑的典范。

(六)河清园

河清园位于昌安桥西北侧,占地 2.4 万平方米。园内有嬉水池、可憩堂,闹中取静,是一处以生态园林为特色的休闲活动场所。

(七)都泗门

今所见都泗门是在绍兴城东原址上重建而成的。都泗门,又名都赐门,史书上早有记载,梁天监十三年(514),衡阳王萧元简离会稽太守任,与何胤告别。《梁书·何胤传》记载何胤"送至都赐埭,去郡三里"。后绍兴城屡经扩修,城东水门曰都泗门,都泗即都赐,系晋时王音修。门有堰,即都泗堰,在绍兴城进出浙东运河口,南控鉴湖水,使不致倾泻。都泗门是古代绍兴水城沟通运河及外江的水上主通道之一,是绍兴水城的重要景观和遗址。

(八)迎恩门

今所见迎恩门是在城西原址上重建而成的。《嘉泰会稽志》卷十八记载:"迎恩门,唐昭宗乾宁二年(895)董昌僭窃,钱镠率兵至越之迎恩门,望楼再拜而谕之。盖此门自唐有之。"这是目前发现关于迎恩门最早的记载,此门为旧时绍兴西北主要水陆城门。西兴运河由此门入城,此门可谓城市门户。城门上原有箭楼,其下,传是句践卧薪处。据《越中杂志》下卷《古迹》载:"楼去城仅百余步,上供句践像,下即通衢,颜曰'古卧薪楼'。"迎恩门于清乾隆十四年(1749)毁于火灾。新建迎恩门由城楼、生聚阁、送贤堂、吊桥等组成。主楼为重檐歇山顶,三开间,四面环以城墙,城楼正中悬"浙东屏藩"匾额。

(九)风则江廊桥

廊桥位于市环城西路南端,横跨环城西河风则江。因桥上筑以造型优美、亭廊相连的廊桥,故名为风则江廊桥。风则江廊桥全长 180 米,2003 年 9 月建成。风则江廊桥人文底蕴主要集中在大量的楹联匾额上,这些楹联匾额由众多著名书法家题写,人称"百联廊桥"。

二、运河园

浙东古运河是我国有记载的先秦时期 3 条古运河之一,是中国大运河的南起始段,以历史悠久、功效卓著、文化底蕴深厚而闻名海内外。这条千古名河,至 20 世纪末,已存在航运灌排功能逐渐下降、河塘多有倒塌、河道淤泥深厚、两岸建筑零乱、文化资源遭到损坏等问题。

2002—2003 年,绍兴市对浙东运河进行全面水环境整治。其一期工程建成东起绍兴西郭立交桥,西至越城区、柯桥区交界段的"运河园",此段运河长 4.5 千米,运河园面积约 25 万平方米,总投资 6000 余万元。运河园建设主题为"传承古越文脉,展示水乡风情";在工程定位上要求高品位设计、高质量施工、高标准布展,做成精品工程;在园区特色上要求显示人无我有、人有我优的个性特色。运河园由六个景区组成:

(一)运河纪事——记载历史文化

此景区为古运河历史变迁的集中展示。景区内有一座贺循塑像,气势雄伟,耸立在"庆池"石船基座之上,显示了这位治水功臣和"当世儒宗"的气质风范。景区有百年金桂一棵,枝干弯曲,古意甚浓;前有庆池,荷叶连片,风吹翻绿;又有运河之水源远流长,东西舟船,过往不息。此外,还以老石材原汁原味地做了老避塘和老纤道,以及迁移农村中废弃的古华表、古石池等至此,衬托了越文化的悠久和凝重。

(二)沿河风情——集聚水乡风物

此景点是运河沿岸风俗民情的精华。清代牌坊群、老石台门、明代绍兴三江闸缔造者太守汤绍恩手书的"南渡世家"横额,可谓越中之宝。"古越照壁"有巨大的"双龙戏珠"古石基座,上书越王句践宝剑的鸟篆文"越"字,古朴大气。"老祠堂"有祠堂碑、义田碑、进士旗杆石、祠联等遗存。又有"钟灵毓秀"、光绪皇帝"乐善好施"石刻横额,及范仲淹后裔祠堂石柱刻石遗存数十根,汉大儒孔安国所撰《报本堂》碑记等石刻,尤为珍稀。酒文化展台,"知章醉骑"塑像,将酒乡、名人、水乡有机、生动地展示出来。"法云寺陆太傅丹井遗存"是陆游始祖陆轸所创炼丹古井,遗迹中还有石狮等,是千年文物。"玉山斗门遗存"系绍兴目前发现的最古老、规模最大的水利工程遗存。

(三)古桥遗存——展示桥乡精品

此景点集中展示绍兴水乡的石桥风貌。分三部分,一是整桥移建,就是把绍兴农村中废弃的石桥集中迁建于园中,共迁建十一座。二是组合古桥,用废弃古石桥的构件,以传统石作工艺拼装组合,共拼装十二座。三是众多部件展示,如乌龙桥、凤林桥等,展示古桥代表性残存石构件数十件。绍兴历来桥边多古亭,楹联注目,且书法精湛,寓意深刻,此类已经废弃或即将废弃的传统老石亭等乡间风情建筑,通过移建和适当处理,在此处一一展示。

(四)浪桨风帆——再现千艘万舻

此景点主要展示古越水运繁盛的景象。由风帆组船、蓬莱水驿、长风亭、水天一色阁等组成。王城西桥,以千古名寺得名,以传统工艺建造,是宁绍平原第一高拱石桥。桥头广场置清代"双龙戏珠"照壁和"钟灵毓秀"刻石,配有"继志亭"古桥亭,古朴雄浑,精美绝伦。登斯桥之上,可看稽山云起,望鉴水流长。此段河道水面宽阔,水流纵横,得园林与野趣之胜。

（五）唐诗始路——笑看挥手千里

唐代有众多著名诗人慕浙东之名，沿古运河而来游越，形成"唐诗之路"。景点设"挥手石"，刻李白乘舟运河有感而发"挥手杭越间"诗句。又以五块巨石，刻"浙东古运河"五个大字，与李白诗相照应。此外，又有多块巨大山卵石依景点园路边，以造景的方式自然摆放，上刻唐代来绍诗人的著名诗篇。

（六）缘木古渡——难忘前师之鉴

《越中杂识》卷上《寺观·大树庵》载："宋南渡时，金人追高宗急，至此无以渡。岸有松、杨两株，忽自拔其根俯于水，两木相向为覆舟状。帝缘木而渡，及岸，顾其木，仍昂首自植。"景点主要布置碑亭、鉴桥、连廊、古树等。"水吟石廊"，全长450米，由数百根古旧石柱建成，柱间刻有古代名家不同风格的书法对联43幅，内容以山水为主。廊下多植传统花木，如紫藤、桃花、小竹。景点历经春风夏雨数年，现已是紫藤满廊，苍翠碧绿，每至春季，紫藤花、桃花竞相开放，形成紫藤长廊景观。入秋后，树木摇落，乌桕绽红，更有《世说新语·言语篇》所载"秋冬之际，尤难为怀"之感受。

我国已故郦学大师、浙江大学终身教授陈桥驿先生撰有《宏伟真实的纪念园林》，高度赞扬运河园工程：

> "运河纪事文化景观"也就是记叙的"绍兴运河园"，是我国建成的包括运河在内的各种水利工程中最宏伟真实的工程。1980年以后，我由于语言的方便，多次受聘到国外讲学，在国外的著名水利工程中，也不曾见到如此宏伟真实的纪念园林。例如我曾到过全球建坝最高的水利工程，美国的"大苦力"和"鲍德坝"（我去时已改名"胡佛坝"），如此高达200米左右的高坝工程，坝下也有一个小小园林，但都不可与"绍兴运河园"相比。所以"绍兴运河园"，实在是国际水利园林中的一绝。所以我希望这座水利园林，能逾格保护。并且再研究和充实。这是我们的国宝，有厚望焉。
>
> 陈桥驿
>
> 2010年4月25日

2006年底，"运河园"工程被中国风景园林学会评为"优秀园林古建工程"金奖；2007年8月，绍兴运河园又被水利部定为国家级水利风景区。

三、平水东江

平水东江即著名的若耶溪下游河段。该拓浚及配套工程是绍兴城市防洪河道整治工程的组成部分，实施后使老城区及城东经济开发区防洪标准提高到百年一遇。工程北自104国道大帝山口，南至会稽山旅游度假区，全长约3.5千米。工程自2001年12月正式开工建设，2002年7月基本完成，两岸新砌高标准河塘8千米，河道拓宽至 50 米, 拓浚土方 25 万立方米, 配套建设沿河公园绿化带 14 万平方米。

平水东江景观以条带状形式布展, 主要分布在河之右岸, 随着河流的走势, 因地制宜, 曲折多变地展开。园景注重自然生态, 体现人与自然、人与历史文化的相融, 并尽力挖掘历史文化内涵, 以传统手法予以表现, 主要景点有: 云樱飞霞、石帆远影、秋色嘉实、千石诗林等。

四、大环河

大环河南河水环境整治工程东起龙舌嘴, 与平水东江 (即大环河东河) 相接, 西与娄宫江相连, 新开挖及拓浚河道 0.9 万米, 河道砌坎 1.5 万米, 沿河新建各式交通桥梁 15 座, 两岸绿化及景点、小品等总占地面积 57.3 万平方米。大环河南河工程以防洪、整治水环境为主要任务, 充分利用现有的自然环境, 以植物造景为主要手段, 进行景观及旅游等功能的开发, 是一条充满文化特色, 集防洪、绿化、文化、旅游等功能于一体的城市生态休闲带。

南河工程东西贯通南部丘陵边缘带, 并将平水江、南池江、坡塘江、娄宫江河道贯通, 可有效调控区域汛期洪水, 防洪标准进一步提高。工程于 2002 年 11 月开工, 至 2003 年 12 月完工, 总投资为 4.3 亿元。

(一)若耶悠远

龙舌嘴公园位于南河最东首的若耶溪 (平水江) 龙舌嘴分流处, 占地近 5.5 万平方米。其南端若耶溪山水风光扑面而来, 在这龙舌嘴顶端建有两座双塔形三层水阁, 名 "若耶" "樵风", 记述了若耶溪悠久的历史故事和美丽的神话传说

(二)天池迎宾

大禹陵入口处有大片水域, 占地约 15 公顷, 其间宁静幽美, 体现了大禹治平洪水的伟大功绩。正对大禹陵仪门, 隔河新建了祭禹广场, 南环河绕过禹陵门前, 穿过眠牛山与入口水域相通, 新增了源头活水。景区内告成桥、南镇桥、永兴桥雄浑厚重, 各具特色, 九龙池、九鼎台、浮雕华表、入门汉阙, 烘托出全国重点文物保护单位大禹陵及会稽山的博大与雄伟。

(三)古井园

古井园是一个精致的展示历史文化小品的园景。通过散置的 20 余只古旧井圈展示水乡绍兴用井的悠久历史, 体现绍兴古井式样之多、使用范围之广和石雕技艺之精湛。

(四)名人广场

名人广场占地 20 万平方米, 跨越了南池江, 广场内水域连片, 是一个水为主景, 以名人文化为主题的大型现代城市休闲广场。广场上建有占地约 1600 平方米的名贤

馆,高大晶莹,华贵壮美。其内展示绍兴历代名人及两院院士资料。

(五)崇山曲水

南环河从小亭山山坳部穿越,两岸岩壁峥嵘,山势连绵起伏,曲水流淌,野趣横生。小亭山山顶的永和塔挺拔瑰丽,永和塔为仿宋建筑,高 73 米,六面,底层边长 12 米,副阶周匝。外观七层,内实八级。塔内文化布置内容丰富厚重。

(六)百镇广场

百镇广场为绍兴地形之浓缩。广场中心布置了一幅绍兴地图,注明全市一百多个行政镇乡的界线、主要河湖及名胜风物,对每个乡镇都在地面上刻有乡情简介,既可浏览乡情,又可增加地理知识。稽山镜水,依然可辨,水乡风貌,一睹为快。这是一处乡情教育的好课堂。

五、龙横江

绍兴市区龙横江工程位于绍兴城河西缘鹿湖庄边,是市区西片河网主要的东西向沟通河道和环城河的主入口区。工程由河道工程和环境工程鹿湖园、永和园、环翠园组成。工程东起环城西河百花苑西侧,西至大叶池,河道长 880 米;河道北筑青石滨水长堤,河道南建景石生态河岸,园景相连。景区绿化面积 3 万余平方米。工程按"以人为本,自然和谐"的理念设计,以"帝王文化、鹿文化、生态文化"为主题建设。工程于 2004 年 8 月开工,2006 年 4 月建成并开园,总投资 4300 万元。

(一)鹿湖园

景区面积 2.2 万平方米。园以形似奔鹿的鹿湖为中心设计布局。湖岸多以天然卵石干砌成生态河岸,多长岸草,多居水族,是绍兴城区河道少有的自然亲水景观。湖中小岛建有偶鹿亭,亭边立巨石,刻《诗经·鹿鸣》中句,又有单孔和多孔平梁折桥与岛外曲折相连,曲径通幽,具有"凹深凸浅,皱佛阴阳"的美学效果。

湖之西为主入口处。该区域由园门、古樟、无疆石、砖雕壁和康乾驻跸浮雕碑组成。府第式园门庄重气派。两侧围墙镶嵌大型砖雕《越人驯鹿》和《句践围鹿》,展示越族悠远灿烂的鹿文化。无疆石重达 30 吨,形若神龟,名无疆,寓意其寿无疆、前途无量、事业无限,石边植松、兰、竹、梅,更见其神韵风采。康乾驻跸碑宽 11.6 米,高 4.39 米,呈书卷式,采用汉白玉雕刻,画面由康熙、乾隆等 140 余位人物组成,配以稽山镜水、禹陵、兰亭、府山、迎恩门等故迹,外框为雕龙立柱和云海图饰,再现了二帝南巡绍兴驻跸鹿湖庄气势恢宏的历史场景。碑阴刻乾隆撰写的《阅海塘记》全文,该文系乾隆五下浙江、四巡古越海塘留下的唯一著述,具有较高的学术价值。

湖之东为东入口处。此处与环城河百花园连接,让人有柳暗花明又一园之感受。该区域由仪门、景墙、集贤廊和鹿鸣楼组成。又有文化景墙二块,一刻徐渭手书的《初进白鹿表》文，一刻著名历史地理学家陈桥驿教授所撰和手书的《鹿湖园记》，名人书文，交相辉映。景墙上缠古藤，背靠修竹与古樟，更显古朴与厚重。集贤廊滨水而筑，长102米，以展示精美的书法艺术珍品。

湖之南为中心区。该区域由清晏楼、侧廊、鱼乐亭、鉴秀亭、乐舫和苹野轩组成。清晏楼系二层古建筑，底层厅堂布置8幅大型精美木雕，画面取材于与绍兴有关联的8位帝王典故。分别为《禹会会稽》《秦皇巡越》《梁帝品酒》《高宗南渡》《理宗浴河》《度宗勤学》《康熙祭禹》和《乾隆阅塘》；楼东南廊壁为历代帝王来绍诗选碑刻，刻梁元帝、宋高宗、宋理宗、宋度宗、康熙、乾隆吟咏绍兴人文山水之诗8首，集中展示了来绍帝王之遗踪和风采。

湖之北为码头区。该区域由御码头、宸游龙横石牌坊、敬诚亭、龙横桥和鹿湖桥组成。御码头用古石板、条石按传统工艺砌筑，古朴大气。敬诚亭为单层六角石亭，高7米，亭柱刻宋理宗手书楹联。宸游龙横石牌坊宽11.95米，高10.95米，重达160吨，全部采用榫卯结构制作，双层八檐，四柱通天，造型庄重威严，是帝王纪念牌坊之精品。坊梁、栏板、雀替、抱鼓双面雕刻龙、凤、鹿、鹤、飞马、麒麟、兰花、波浪图案，象征吉祥和谐，生机勃发。

（二）永和园

永和园东接鹿湖园，西连快阁，南临永和天地，北滨龙横江。该园因地处著名的绍兴沈永和酒厂原址而名，景区面积8500平方米。园以越地风格的古建筑永和楼为中心，配以"永远和气"刻石、经典酒雕、水轩、曲廊、折桥、廊桥等。水波荡漾，垂柳轻拂，古樟参天，酒坛相叠，酒旗飘扬，酒楼相连，酒气送香。对岸曲桥绿带映衬呼应，远处龙山楼阁隐映水中，整体呈现了江南水乡淡雅清静的风光神韵。

（三）环翠园

龙横江往西过霞西大桥，向北折至云栖大桥。而此二桥交汇处的南岸有一块面积不足三亩的小园，名为环翠园，环翠园因园对面古代有环翠溇自然村而得名。

绍兴佛教有悠久之历史，民间又多信奉者，处于云栖寺近处的环翠园便以佛教文化为主进行布置，给附近民众提供一个修身养性的场所，提供了解和感悟佛教文化的空间。

园名刻石。"环翠园"三字由云栖寺住持释光如所书。"环翠园"之名也蕴含着云栖寺大殿主联"莲花开兴教池涛漾玉净禅心，翠竹围云栖台榭屯阴园色相"之意。

净心廊。廊以八根旧石柱立基，以木穿架，边框有紫藤环绕。廊北为石壁，因云栖寺以净为教，故取名净心廊。廊边有刻石"心外无物"，为钟明善先生所书，亦为静心养性之意。

第四节 清水工程

2006 年底，针对市区水环境存在的问题，结合市区内河河道特点，绍兴市政府决定实施以清淤、截污、活水和强化整治为主要内容的第一轮"清水工程"。以早日实现河道水质变清的目标。之后绍兴市统一部署，围绕清淤、截污、活水、整治四大工作任务，全面加强组织领导，建立健全运行机制，迅速实施各项工程建设和专项整治。

一、第一轮清水工程（2007—2009）

2006 年 11 月 23 日，绍兴市人民政府召开市政府第 37 次常务会议，决定"针对目前市区河水环境存在的问题，结合市区内河河道特点，适时启动以清淤、截污、整治和引水为主要内容的市区河道清水工程"。

会议提出，要"力争通过两至三年的努力，重现市区河道水质变清目标，并逐步建立长效管理机制"。

第一轮清水工程历时 3 年，自 2007 年初开始，至 2009 年底结束。

（一）清淤

对绍兴市区主要河道进行一次全面清淤。至 2009 年底，绍兴市水利局分别对娄宫江、环城河、大环河西河一期、新桥江、南池江（大环南河至环城南河段）、坡塘江（大环南河至环城南河段）等河道实施了清淤；绍兴市建设局对老城区 17.6 千米长的内河进行了清淤；镜湖新区完成了狭獴湖和上下官渡的清淤；绍兴经济开发区完成了平水西江、平水东江、若耶溪、禹陵江、门前江等河道的清淤；袍江新区完成了菖蒲娄直江的清淤；会稽山旅游度假区完成了平水江、上灶江的清淤。

（二）截污

在对市区建成区范围内的生产生活污水未入网的机关、企事业单位和居民小区进行全面调查的基础上，对市区排污系统进行进一步的完善和优化，并将具备入网条件的单位和居民小区的生产生活污水全部纳管入网。其间开展了天成花园、外山新村等 24 个老小区的截污工程改造，完成东咸欢河等 11 条内河所涉排污管网的铺设，有效缩小市区内河及周边区域的污水收集盲区。结合开发区、新区和市区旧城改造，推进污水收集系统建设，城市污水收集网络更加完善。市区农村生活污水收集工作有序开展，越城区鉴湖镇、城南街道新建、改建公厕 215 座，建成家庭生活污水网格化收集池 3700 余个。绍兴完成了漓渚江、娄宫江、松坞江"三江"上游 20 个村的污水收集治理工作，对农村公厕和家庭生活污水进行了系统改造。

（三）整治

完成了大环河西河，新桥江，直塘江，坡塘江、南池江、西小江"三江"和迪荡湖、大滩、青甸湖"三湖"连通等整治工程。

（四）引水

实施列入曹娥江流域综合治理规划的绍兴市区引水工程，引曹娥江水进入绍兴市区平原河网，改善河道水质。该项工程自小舜江口至平水东江节制闸，全长 26 千米。其中进口水体净化站位于上虞市上浦镇小舜江上，进口闸站位于上虞市汤浦镇长山头村，隧洞和箱涵出水口位于绍兴县平水镇下中灶村。曹娥江水经进口水体净化站后，在小舜江长山头溪通过进口闸站进入隧洞，隧洞出口与箱涵相接，箱涵出口经张家山河、上灶江、泂涌湖、平水江至南环河。配水节制闸分别位于市区平水东江、平水西江、环城东河。工程由绍兴市水利局负责，2007 年 10 月开工建设，隧洞工程于 2010 年 2 月 8 日全线贯通。本工程单日可引水 86.4 万立方米进入绍兴市区。

二、第二轮清水工程（2010—2012）

第一轮清水工程重点围绕绍兴市区的河道水质开展。第二轮范围扩大到了全市各县、市（区），按照绍政办发〔2010〕87 号印发的《清水工程新三年（2010—2012 年）实施计划》开展。城区清水工程的主要内容为：生活污水收集；河道整治；养殖污染清理；引水；专项整治；建筑泥浆处置等。

三、第三轮清水工程（2013—2015）

2013 年 4 月 9 日，绍兴市委、市人民政府召开全市清水工作会议，部署第三轮三年清水工程实施工作。强调要坚持不懈整治水环境、加大力度实施清水工程，以务实作风提升工作实效，重申今后三年功能区水质方面的目标，是消灭五类、确保四类、争取三类。

5 月 8 日，绍兴市政府办公室发出《关于印发绍兴市清水工程新三年（2013—2015）实施计划的通知》，提出要"力争通过三年努力，全面完成市委六届十次全体（扩大）会议提出的'到十二五期末，在全市范围内主要水体水质消灭五类水，大部分功能区水质达到三类标准'的清水工程治理目标"。时间进度，即 2013 年至 2015 年，全市 55 个清水工程水质监测断面中，功能区三年达标和基本达标率要分别达到 80%、90%、100%，确保每年提高 10 个百分点。

同日，绍兴市政府办公室下发《关于分解落实绍兴市清水工程 2013 年工作任务的通知》。《通知》围绕 55 个水质监测断面中，功能区达标率达到 80% 以上的目标，就截污治污、引水活水、清淤疏浚、综合整治等重点工作，明确了量化要求。

5月16日，绍兴市政府办公室下发《关于集中整治市区及周边河道水环境的通知》，提出要重点通过清面、清养、清乱，集中解决支流汊港、小河小溇水环境存在的突出问题，以促进河道水质和水环境的不断好转。

本期治理的重点为：源头污染治理，开展排污管网建设；生活污染治理，开展城市生活污水截污改造；农业污染治理，市区开展畜禽养殖治理；规范管控，沿河环境集中整治；长效管理，"河长制"管理工作全面展开。

第五节　五水共治

2013年11月29日，中共浙江省委十三届四次全会提出"五水共治"的治水目标任务，"五水共治"即治污水、防洪水、排涝水、保供水、抓节水。

根据浙江省委"以治水为突破口坚定不移推进转型升级"的决策，绍兴市委、市政府提出了"重构绍兴产业，重建绍兴水城"的重大战略决策和目标，2014年初对全市"五水共治"工作进行全面部署。目的是把治水作为加快产业转型、城市转型的一个抓手，不断推进产业转型升级，不断改善城乡环境，着力打造"美丽绍兴"。

一、治污水

继续开展"清三河"和河道综合整治。主要工程为：浙东古运河治理保护二期皋埠河坎修砌和环境改造工程；越城区梅山江二期整治工程（梅山江西岸、潞家湾南侧部分区域）；狭猭湖南入口工程；绍兴高新区梅龙湖整治工程；袍江开发区马海片污水治理工程，江中路、望海路污水管道改造项目和14家企业自建管及新马泵站改造；越城区生活小区雨污分流改造项目等。

二、绍兴平原强排工程

绍兴平原强排工程位于绍兴平原中北部，在三江闸与马山闸之间，设有马山强排工程、袍江片东入曹娥江排涝工程（一期）、袍江片东入曹娥江排涝工程（二期）。本工程以防洪排涝为主，兼顾水环境改善，防洪水、排涝水、治污水，深刻契合浙江省五水共治的精神，同时也适应"重构绍兴产业、重建绍兴水城"的战略需求。

（一）工程建设项目内容

工程建设项目由马山强排泵站工程、袍江片东入曹娥江排涝工程（一期）（马海闸站）、袍江片东入曹娥江排涝工程（二期）（长水江闸站）及河道配套工程组成。马山强排工程于2020年7月开工，工程至今仍在建设中。

1. 马山泵站

马山泵站布置于马山大河与曹娥江交汇口东岸，现与马山闸并排布置。该工程由马山泵站工程、马山大河治理工程、湖泊调蓄工程、水系连通工程及桥梁工程等组成。排涝标准为：城镇建成区20年一遇最大24小时降雨不受涝；农田20年一遇最大3日降雨4日排出。排涝规模为200立方米每秒。建筑物级别：泵房、外江侧两岸连接堤1级，按100年一遇标准设计；泵站内河侧连接段3级，按30年一遇标准设计，100年一遇标准校核。

2. 马山闸强排配套河道整治工程

马山闸强排配套河道整治工程包括河道整治、调蓄湖泊及水系连通工程、桥梁建设。

（1）河道整治

马山大河南起浙东运河，北至曹娥江，沿途经过后岸头村、枯桥村、后堡村、前小库村、幸福村、孙端街道及马家村等。马山大河整治除孙端街道断面保持现有河宽，其余河段均按最小面宽70米控制，河底高程0—0.5米；调蓄湖泊及水系连通，洋湖泊至与浙东运河连通的庙前江按最小面宽30米拓浚。马山大河防洪标准为20年一遇，其护岸等建筑物级别为4级。

马山大河。治理范围自浙东运河至新建的马山强排泵站引河入口，河道全长约8.74千米。马山大河沿线需对铁路桥段、逢春桥段、后堡大桥段、前小库桥段四处不满足规划过水断面的河道进行单边拓宽，并保证河道底宽不小于40米。村庄拓宽段采用C25砼+条石贴面挡墙护岸，农田拓宽段采用仿松木桩护岸。

漫池江。漫池江上接攒宫江，下至浙东运河，全长约2.5千米，为绍兴生态产业园区南北向骨干行洪排涝河道之一，主要承担上游山区洪水外排任务。工程控制最小河宽不小于60米，河底高程不高于1.0米。对横江至南畈溇村的左岸进行拓宽，另外对河道进行疏浚至河底高程不高于1.0米。拓宽段采用C25砼+条石贴面挡墙护岸，其余农田段采用仿木桩护岸。

大泾江。大泾江自吼山风景区，经西湖岙村、坝头山村、黄泾村至浙东古运河，治理河段长2.02千米，对缺失护岸进行衬砌防护。上游农田村庄段采用卵石护岸和松木桩护岸；下游河段较宽处采用小沉井+生态砌块护岸，另外对河道实施清淤。

富孟泾江。富孟泾江是富盛江下游排泄南部山区洪水的重要河道，项目区段自吼山风景区，经五爪溇村、甫前孟村至浙东古运河，治理河段长1.64km，河道两侧多为农田，主要采用生态砌块护岸，临近浙东运河段采用C25砼+条石贴面挡墙，另外对沿线河道实施清淤。

庙前江。庙前江自洋湖泊，经藕塘头村至浙东古运河，治理河段长2.04千米，是马山大河连接南部调蓄湖的重要河道,河道宽度不小于 30 米,对庙前江与浙东运河交汇处卡口段河道进行单边往右侧拓宽,拓宽段与浙东运河相连处采用 C25 砼 + 条石贴面挡墙,其余农田段采用松木桩护岸,另外对河道进行疏浚,至河底高程不高于 1.0 米。

（2）调蓄湖泊及水系连通工程

为增强马山大河附近湖泊的调蓄能力,对洋湖泊、百家湖、白塔洋湖及大坂洋进行湖泊生态化整治。为提高马山大河周边河网的排涝能力,疏浚浙东运河至洋湖泊、百家湖、白塔洋湖及皋埠街道河道,并对缺失护岸河段进行护岸防护。除大坂洋外,工程主要集中在铁路桥南片,东至绍诸高速,西至华顺江,北至浙东运河,南至中山路和 104 国道规划改线段,共涉及整治河段 77.58 千米。

（3）滨水环湖绿道

建设百家湖环湖绿道及配套设施,打造以水文化、水景观、水生态为主题的郊野滨水风景区和全长 5.6 千米的滨水环湖绿道,为人们提供一个生态健身、休闲旅游的滨水区域。

全长 5.6 千米(含 0.6 千米的平陶公路节点)的滨水环湖绿道。绿道总宽度 4 米,包括宽 2.5 米的骑行道和宽 1.5 米的散步道,村庄段做宽 1.2 米的外挑栈道。

沿线设置 3 个驿站(包括游客服务中心 1 个)、2 个码头。

（4）桥梁建设

拆建沿线公路桥梁 7 座,新建 1 座。拓宽铁路桥孔 1 座。萧甬铁路及 104 国道桥桥孔拓宽至 40 米。

工程于 2020 年 7 月开工,至今工程仍在建设中。

3. 袍江片东入曹娥江排涝工程（一期）（马海闸站）

马海闸站工程

马海闸站位于曹娥江左岸,马海中心河与七〇丘环塘河交汇处,穿曹娥江大堤。工程主要由排水量为 40 立方米每秒的排涝泵站和 2 孔 × 10 米的排涝闸组成,闸泵合并布置。泵站共设 4 台潜水贯流泵,单机设计流量 10 立方米每秒,单机功率 400 千瓦,总装机功率 1600 千瓦。设计防洪标准为 100 年一遇,主要建筑物：泵站、排涝闸及与曹娥江连接的外江侧两岸连接堤等均为 1 级建筑物；次要建筑物：内外河侧翼墙为 3 级建筑物。

马海闸站主要由内河侧围堤、泵站、排涝闸、排水渠道和堤顶公路桥等组成。袍江片东入曹娥江排涝工程一期马海闸站于 2018 年 1 月开工,2020 年 1 月完工。

（二）绍兴市袍江片东入曹娥江排涝工程（二期）（长水江闸站）

袍江片东入曹娥江排涝工程（二期）（长水江闸站）,位于绍兴市"三大组团"之一的袍江经济技术开发区。长水江闸站位于长水江汇入曹娥江处,是袍江片排涝的主要出口。闸站规模为泵站流量 60 立方米每秒,节制闸净宽 4 孔 × 10 米。泵站共设 6 台潜水贯流泵,单机设计流量 10 立方米每秒,单机功率 500 千瓦,总装机功率 3000 千瓦。长水江闸站由进水前池、闸站段、下游排水渠道和堤顶交通桥等组成。工程已完成设计,至今尚未开工建设。

马海闸强排配套河道整治工程包括配套河道整治、桥梁建设。

马海闸强排配套河道整治工程包括萧山海塘环塘河整治、七〇丘环塘河整治、马海中心河整治、庙横江整治。河道在确保行洪、排涝的基本功能上结合环境、生态的要求,尽量避免河道的"硬化""白化""渠化",使之与周边环境融为一体,营造出一个"水清、流畅、岸绿、景美"的现代生态河道。在河道两岸根据地形地质条件及周边环境,采用以下四种护岸形式进行护岸,即挡墙 + 浅水平台复式河岸、低挡墙景观叠石 + 浅水平台复式河岸、松木桩护岸、二级挡墙,并按规划要求对河道进行拓宽、疏浚。

(三)工程效益

1. 防洪排涝效益

本工程的经济效益主要体现在防洪排涝上。在本工程实施后,遭遇规划设计标准内的洪水时,保护区可以得到有效保护从而减小洪灾损失的范围。经调查分析和水利计算,保护区主要为越城区,根据《绍兴市统计年鉴(2015)》,本次防洪工程保护区内总人口约 75 万人;农田面积约 15 万亩,社会生产总值 706.6 亿元。

2. 农村综合防洪效益

农村综合防洪效益包括种植业、畜牧业、水产业、房屋建筑、公益设施和设备、农村集体和公私财产等因洪水灾害造成的经济损失在本规划工程实施后可以减少的部分。按洪灾免损率和农业总产值估算,参照绍兴市域类似工程,本工程多年平均免损率为 1%。保护区内农林牧渔业总产值为 21.31 亿元,计算得农村综合防洪效益为 2131 万元每年(2015 年),参照当地国民经济发展计划,综合采用农业综合防洪效益年增长率为 1.0%。

3. 工商企业综合防洪效益

工商企业综合防洪效益包括各类工业、交通、商业、服务业、建筑业、邮电通讯业等在本工程实施后可以减少的经济损失。

本工程保护区工业总产值为 1248 亿元(2015 年)。参照当地国民经济发展计划,综合采用工商企业综合防洪效益年增长率为 1.0%。

4. 环境效益

本工程通过对大坂湖、洋湖泊、百家湖、白塔洋岸线的整治,有利于水土保持、湖区及周边生态系统恢复和生物多样性发展。同时,马山大河整治将河道护岸工程建设与城市建设相结合,形成独特的水域景观,对改善城市水环境、提升城市形象、改善人居环境等,都有积极的意义。因此,本工程还有显著的环境效益。

第十一章　无形之水　精神不朽

禹陵风雨思王会，越国山川出霸才。

——明·陈子龙《钱塘东望有感》

一方水土必然会对一地民众性格形成重大影响，并且这种主体性格的形成是经过长期的磨炼日积月累而定型。水对绍兴人的精神启示、性格铸就和风俗形成起到了很重要的作用，所谓"地之然也"。

第一节　对水的认识

一、计倪论水与社会发展

《史记·货殖列传》《集解》引《范子》曰："计然者，葵丘濮上人，姓辛氏，字文子，其先晋国亡公子也。尝南游于越，范蠡师事之。"又引徐广曰："计然者，范蠡之师也，名研，故谚曰'研、桑心筹'。"又《汉书·古今人表》计然列在第四。《史记·货殖列传》载："昔者越王句践困于会稽之上，乃用范蠡、计然。……范蠡既雪会稽之耻，乃喟然而叹曰：'计然之策七，越用其五而得意。既已施于国，吾欲用之家。'"由此亦可见计倪是春秋战国时期杰出的思想家、经济学家。

古代越国最先提出和阐述水利与人们生产活动关系的便是越大夫计倪，《越绝书》卷四记载，计倪对越王句践说，要开发山会平原，发展经济，水利是首备的必要条件，"或水或塘，因熟积以备四方"。又认为："故汤之时，比七年旱而民不饥；禹之时，比九年水而民不流。其主能通习源流，以任贤使能，则转毂乎千里外，货可来也；不习，则百里之内，不可致也。"认为遇旱不饥，遇水不流，是人主能通源习流、治理水患和任用贤人、使用能者的原因，把治水和用人结合起来，同时也蕴含着以水喻事、治理天下的思想。

二、王充对水的解说

王充(27—约97),字仲任,上虞人,其《论衡·自纪篇》自称出身"细族孤门",东汉著名唯物主义哲学家。一生历光武、明帝、章帝、和帝四朝。范晔《后汉书·王充传》简明扼要地概括了他的一生经历、性格和主要成就。

王充从小就表现出沉思好学的品性,"独不肯"随波逐流。他喜欢独处,经常细心地观察体验大千世界的种种景观:节气变化、花开花落、电闪雷鸣、日月之行,还有那曹娥江的江潮起伏变化,显示了天才的思想性格底蕴。认识故乡的水环境是王充探求宇宙之谜、究天人之际、辨析万物真谛的重要方面。

(一)对水旱天灾的认识

在《论衡·感虚篇》中,王充对于"汤遭七年旱,以身祷于桑林,自责以六过,天乃雨"的说法,认为:"言汤以身祷于桑林自责,若言剪发丽手,自以为牲,用祈福于帝者,实也;言雨至,为汤自责以身祷之故,殆虚言也。"进而认为:"孔子素祷,身犹疾病,汤亦素祷,岁犹大旱,然则天地之有水旱,犹人之有疾病也。疾病不可以自责除,水旱不可以祷谢去,明矣。汤之致旱,以过乎?是不与天地同德也。今不以过致旱乎?自责祷谢,亦无益也。"最后的结论是:"夫旱,火变也;湛,水异也。尧遭洪水,可谓湛矣。尧不自责,以身祷祈,必舜、禹治之,知水变必须治也。除湛不以祷祈,除旱亦宜如之。由此言之,汤之祷祈,不能得雨。或时旱久,时当得雨;汤以旱久,亦适自责,世人见雨之下,随汤自责而至,则谓汤以祷祈得雨矣。"[1]王充的观点是,人之得病,天之水旱,都是正常的自然现象,要靠祷谢而改变人的病变和感应自然界的水旱变化,都是不可能的虚假之说。治水旱灾害既要顺应自然,又要靠如舜、禹的专心治水。

(二)关于山崩壅河现象的解说

在《论衡·感虚篇》中,王充又对所谓"梁山崩,壅河,三日不流,晋君忧之。晋伯宗以辇者之言,令景公素缟而哭之,河水为之流通"之说,以为是不实虚言之词。王充认为"夫山崩壅河,犹人之有痈肿,血脉不通也。治痈肿者,可复以素服哭泣之声治乎?尧之时,洪水滔天,怀山襄陵。帝尧吁嗟,博求贤者。水变甚于河壅,尧忧深于景公,不闻以素缟哭泣之声,能厌胜之。尧无贤人若辇者之术乎?将洪水变大,不可以声服除也?如素缟而哭,悔过自责也,尧、禹之治水,以力役,不自责。梁山,尧时山也;所壅之河,尧时河也。山崩河壅,天雨水踊,二者之变,无以殊也。尧、禹治洪水以力役,辇者治壅河用自责,变同而治异,人钩而应殊,殆非贤圣变复之实也"。真实的原因是:"凡变复之道,所以能相感动者,以物类也。有寒则复之以温,温复解

---

[1]〔汉〕王充著,张宗祥校注,郑绍昌标点《论衡校注》,上海古籍出版社,2010年。

之以寒。""山初崩，土积聚，水未盛。三日之后，水盛土散，稍坏沮矣。坏沮水流，竟注东去。"对这一因降雨引起的地质灾害山崩，引起堰塞湖，又堰塞湖自溃的现象，以合理的推论予以解析，对所谓的祷谢自责、求天感应的说法，以尧、禹治理洪水之例予以批判。

（三）舜禹治水等活动的解说

首先是对舜、禹巡狩的考证。王充在《论衡·书虚篇》中对古书上的"舜葬于苍梧，禹葬于会稽者，巡狩年老，道死边土"的说法，认为"夫言舜、禹，实也；言其巡狩，虚也"，因为"舜之与尧俱帝者也，共五千里之境，同四海之内。二帝之道，相因不殊"。"禹王如舜，事无所改，巡狩所至，以复如舜"。因之"舜至苍梧，禹到会稽，非其实也，实舜、禹之时，鸿水未治，尧传于舜，舜受为帝，与禹分部，行治鸿水。尧崩之后，舜老，亦以传于禹。舜南治水，死于苍梧。禹东治水，死于会稽。贤圣家天下，故因葬焉"。王充认为舜、禹不是巡狩分别死于苍梧和会稽，而是因为治水而死于边土。

进而对会稽之名的起源进行论证。王充在《论衡·书虚篇》中对吴君高"会稽本山名。夏禹巡狩，会计于此山，因以名郡，故曰会稽"的说法予以否定，他认为："夫言因山名郡，可也；言禹巡狩，会计于此山，虚也。巡狩本不至会稽，安得会计于此山？""诚会稽为会计，禹到南方，何所会计？如禹始东，死于会稽，舜亦巡狩，至于苍梧，安所会计？"他还论证，百王出巡辄要"会计"，那么四方之山都要称"会计"了。"独为会稽立欤？"还指出："巡狩考正法度，禹时吴为裸国，断发文身，考之无用，会计如何？"会稽之名或是后人附会。在当时儒学思想已经一统天下（但他并不完全背离儒学），迷信而牵强附会的说法深入人心之时，王充可谓独立思考，独具一格，有时是别出心裁。

（四）象耕鸟田考

对古书记载的所谓"舜葬于苍梧，象为之耕。禹葬会稽，鸟为之田。盖以圣德所致，天使鸟兽报祐之也"之说，王充在《论衡·书虚篇》中认为这是不符合实际的。他指出："夫舜、禹之德，不能过尧。尧葬于冀州，或言葬于崇山。冀州鸟兽不耕，而鸟兽独为舜、禹耕，何天恩之偏驳也。"将尧和舜、禹一比较可见其不符合实际。实际情形是，苍梧是多象之地，会稽则是众鸟所居之地。"《禹贡》曰：'彭蠡既潴，阳鸟攸居。'""天地之情，鸟兽之行也。象自蹈土，鸟自食草，土蹶草尽，若耕田状，壤靡泥易，人随种之，世俗则谓为舜、禹田。"揭示了这一传说所包含的特有自然、人文、地域之缘由，是客观存在的事物。

三、虞翻说山水与人

《三国志·虞翻传》注引《会稽典录》中记载了当时会稽太守王朗与会稽名士虞

翻关于自然环境与人、民俗之间关系的问答："问功曹虞翻曰：'闻玉出昆山，珠生南海，远方异域，各生珍宝。且曾闻士人叹美贵邦，旧多英俊，徒以远于京畿，含香未越耳。功曹雅好博古，宁识其人邪？'翻对曰：'夫会稽上应牵牛之宿，下当少阳之位，东渐巨海，西通五湖，南畅无垠，北渚浙江，南山攸居，实为州镇，昔禹会群臣，因以命之。山有金木鸟兽之殷，水有鱼盐珠蚌之饶，海岳精液，善生俊异，是以忠臣系踵，孝子连闾，下及贤女，靡不育焉。'王府君笑曰：地势然矣……"

虞翻（164—233）字仲翔，会稽余姚人。《三国志·虞翻传》注曰："翻少好学，有高气。"虞翻本是会稽太守王朗部下功曹，后投奔孙策，自此仕于东吴，为东汉著名《周易》学家。虞翻的这段话说明：一是会稽星象好，在上应牵牛之星宿，属北方玄武七宿系统；在下则为《周易》说的"四象"中的"少阳"之位。玄武系统在"四象"中属于"老阴"，老阴与少阳恰好相应。天地相应，是为第一吉。二是地理环境优越：东临大海，西通五湖，南往无际，北达浙江，可谓四通八达。三是物产丰富，山水之利，所出无穷。

虞翻已经把会稽之天地人和、山川灵秀、环境优越、其地富饶和"善生俊异"、朴实的民风结合起来认识，天地化育，才造就了这里的地灵人杰。

四、陆游论大禹治水

古人赞颂大禹之功绩，多为颂扬其功德和精神。而陆游的《禹庙赋》却没有停留于此。

面对着滔天洪水，屡治不效，禹的治理方法按《孟子·离娄下》所载，是"行其所无事也"，原因是掌握了治水的规律。陆游《禹庙赋》称："内不见己，外不见水，惟理之视。"因之治水获得成功。《禹庙赋》又言"而吾以见其有安行地中之理矣"，"此禹之所以为禹也，禹不可得而见之矣"，告诫人们祭禹不应只求表面，更应掌握自然治水规律，不要太重眼前利益，少妄作，"澹然忘我，超然为物"，保护好自然，有效地治理水患。陆游于此文中对治水当然是一种比较理想的说法，但陆游有一种穿透时空的思维，能够分辨和思考自然与人的真谛。他超越常人的见识，既是对历代治水经验之总结，也是对鉴湖被堙废造成的水患灾害忧患的思索，以及对治水规律，水、人、地关系的探索，同时也是对人们的忠告，对以利为重的侵占湖田的豪族的鞭挞，以及对当政者的批评和启示。

五、王阳明观水之悟

绍兴城王衙弄内有碧霞池，亦称王衙池。为明代哲学家、思想家、兵部尚书王守仁府第之池。王守仁有《碧霞池夜坐》诗：

一雨秋凉入夜新，池边孤月倍精神。潜鱼水底传心诀，栖鸟枝头说道真。莫谓天机非嗜欲，须知万物是吾身。无端礼乐纷纷议，谁与青天扫宿尘？[①]

雨过秋夜，孤月增辉，水平如镜，心若止水。此即《庄子·天道》所谓："圣人之静也，非曰静也善，故静也。万物无足以绕心者，故静也。水静则明烛须眉，平中准，大匠取法焉。水静犹明，而况精神。圣人之心静乎！天地之鉴也，万物之镜也。夫虚静恬淡寂漠无为者，天地之平，而道德之至，故帝王圣人休焉。"王守仁在一方碧霞池边感悟"心学"，思绪万千，颇有所得，深明"万物是吾身"之理，又为自己的学说尚未为尘世所接受而心忧。

六、季本论浚河

季本，字明德，号鼓山，明绍兴会稽人。少时师从王文辕，以经学闻名诸生中。正德四年（1509），师事王阳明，习良知之学。正德十二年（1517）进士，曾任长沙知府。后还乡家居二十年，以著书讲学为乐，徐渭曾拜其门下[②]。季本在绍期间积极倡导和支持政府治理河道，还在《浚学河记》中指出：

越水国也，故其俗以舟楫为车马，行李之往来，货财之引致，皆有赖焉。然犹利之细者也。自鉴湖既废，高下皆田，下流虽有诸闸之防，第可因水势以时蓄耳。其上苟无沟渠河荡以潴之，则岁旱无所取水，防亦何益乎？故善治越者当以浚河为急。[③]

季本于此不但精到地评述了鉴湖废后山会平原的地势和水利之关系，并提出了当时治水的关键，以及浚河与治越的关系，是为绍兴治水之名言。

七、陈桥驿论人、水、地关系

现代学者对水利在历史上绍兴发展的重要作用论述越来越精深，研究不断深入。陈桥驿先生可称为现代研究绍兴水利史名副其实的领头人，许多绍兴人是在读了他的《绍兴史话》和《古代鉴湖兴废与山会平原农田水利》后，加深了对绍兴的了解，为绍兴水利的过去而感到自豪，更感到绍兴水乡发展到今天，如此杰出的地位和成就来之不易，深感今天保护水环境之责任重大。陈桥驿先生在《论历史时期宁绍平原的湖泊的演变》一文中，阐明了绍兴水的主要载体湖泊在历史上演变人、地、水的规律：

在整个历史时期中，本地区的人—地—水关系大致经历了三个变化阶段：1. 汉代以前，是水多于田，田多于人；2. 汉唐之间，人、地、水平衡；3. 唐代之后，

---

① 《王阳明全集》，上海古籍出版社，1992年，第786页。
② 绍兴县地方志编纂委员会编《绍兴县志》，中华书局，1999年，第2028页。
③ 康熙《会稽县志》卷四《河·官河》。

是人多于田，田多于水。总的趋势是人长湖消。就人类对水地关系的影响而言，在第一阶段，人类基本处于被动；在第二阶段，人类转为主动；在第三阶段，人类又回到被动状态。这三个阶段恰好和我国封建社会兴起—鼎盛—衰落的发展过程相对应，说明在人—地—水关系中，起决定作用的不仅是人口数量，还有人类的社会状况。宋代以后，面临封建社会后期人口必然迅速增长这一历史发展的普遍规律，如何在地狭人稠的客观形势下调整水地关系，已经不是封建制度所能解决的课题了。①

这一规律为今人和后人把握人、地、水之间的平衡关系，做到人与自然和谐相处、实现可持续发展战略提供了史实资料和理论依据，并且揭示了社会制度对于调节人、地、水关系有着重要的作用。

第二节　水与风俗

传统民俗

（一）断发文身

古代越国之自然环境湿热并多水，在这种水环境中越人为了生产、生活的方便与安全，当然也为符合越人的审美心理，便把头发剪短，此种风俗称为"断发"，这种习俗与中原蓄发冠笄的风俗形成了鲜明的不同。越族还有一个奇异的风俗，就是文身。在文身时，要以针刺皮，刻肌肤，在皮肤上刺刻留有痕迹后，再用颜料涂染，之后在身体上留下永久印记。

越俗断发文身，文献早有记载。《墨子·公孟》："越王句践，剪发文身。"《左传·哀公七年》记载子贡对吴太宰嚭说："太伯端委，以治周礼，仲雍嗣之，断发文身，裸以为饰。"孔颖达疏曰："裸以为饰者，裸其身体以文身为饰也。"《庄子·逍遥游》："宋人资章甫而适诸越，越人断发文身，无所用之。"《战国策·赵策》："祝发文身，错臂左衽，瓯越之民也。"

越人将龙、蛇之类的图腾文于身上的意义又延伸为躲避水中灾害，避免被各种水怪侵害，"为蛟龙之状，以入水"，就可在水中活动无所畏惧了。

（二）同舟共济

《孙子·九地篇》说："夫吴人与越人，相恶也；当其同舟而济，遇风，其相救也，如左右手。"这一记载说明，吴越两地之民平日不一定和睦相处，但一旦乘舟在水上遇到风雨，便风雨同舟，和衷共济，如同兄弟。这既是吴越两地共同的语言，共同的习俗，

---

① 陈桥驿《论历史时期宁绍平原的湖泊的演变》，《地理研究》1984 年第 3 期。

共同的生产、生活方式，共同的民族的反映；也是吴越之民在危难之中好勇侠义价值观的反映。

（三）空巷看竞渡

江南有谚语云："二月二日龙抬头，五月端午赛龙舟，九月重阳龙上天。"《格致镜原》引《越地传》曰："竞渡之事起于句践，今龙舟是也。"

据闻一多先生考证，龙舟竞渡应起源于越地。《荆楚岁时记》注引《越地传》云，竞渡"起于越王句践，不可详矣"。唐人韩鄂注《岁华纪丽》曰："拯屈原以为俗，因句践以成风。"闻一多先生认为"端午节本是吴越民族举行图腾祭的节日，而赛龙舟便是祭仪中半宗教、半社会性的娱乐节目"[①]。综上，不论楚地越地先后，早在春秋战国时，越人好竞舟是肯定的。

唐李绅（772—846）有《东武亭》诗：

渌波春水湖光满，丹槛连楹碧嶂遥。兰鹢对飞渔棹急，彩虹翻影海旗摇。斗疑斑虎归三岛，散作游龙上九霄。鼍鼓若雷争胜负，柳堤花岸万人招。

《全唐诗》有注："亭在镜湖上，即元相所建。亭至宏敞，春秋为竞渡大设会之所。余为增以板槛，延入湖中，足加步廊，以列环卫。"此为镜湖上一处舟楫比赛场所，李绅诗中描绘的场景非常生动和壮观。

明清以前，赛龙舟一般在端午节，后因气候原因，多在夏至日进行。旧时在龙节日，人们往往去江河湖畔的龙王殿或龙潭点香焚烛，三跪九拜，祈求龙能保佑一方风调雨顺，五谷丰登。

农历二月初五的"花神会"，三月初五的"嬉禹庙"，五月初五的端午、夏至，五月二十的"分龙日"等，在绍兴的鉴湖、东浦、柯桥等地常可看到水乡龙舟竞渡的壮观场面。

龙船一般长三丈六尺，中间大，两头尖，尾高头低，船身两旁画以龙鳞，头低而贴近水面，由于灵活轻巧，近看为龙船，远看又有些像泥鳅，故又俗称"泥鳅龙船"。用于庆典的龙船，船上搭起彩棚，船里坐着扮演《白蛇传》《三国演义》《水泊梁山》《八仙过海》等戏曲故事中的人物，敲锣打鼓，弹唱结合，好不热闹。进行竞渡的龙船一般有七个船档，载十名划手。一名锣手，一名舵手。十名划手一律穿短袖、无领的"脱爪龙"上衣，下着短裤并赤足，他们分两排使桨，舵手则高立船尾，握一支长橹，边摇边操控方向。竞渡一般以村为单位，两条一组。只听锣声或爆竹声起，龙舟竞发，划手奋力划桨，龙舟飞逝而去，岸边万人齐呼。不多时先胜者已过标志物，胜船上的桡手们高举划桨，齐声高喊"哦……哦……哦"的欢呼之声，有的头桡手会在船头"竖蜻蜓"（头手倒立），引来两岸震天欢笑。此时你坐在乌篷船上，船老大必然不会让你

---

①《端午节的历史教育》，载《闻一多全集·神话与诗》，湖北人民出版社，1993年。

错过这一热闹非凡场景,去推波助澜一阵。

(四)倒社观戏场

在绍兴水乡一个集镇或大的村庄,常可见到一种被称之为"水乡舞台"的戏台,俗称"万年台"或"水台",这种后台在岸上,前台在水里的戏台,给观众创造了一种水上、岸上可以同时观看社戏的场所。绍兴社戏大致可分年规戏、庙会戏、平安戏、偿愿戏,其中以庙会戏为主,在种种神道如关帝、包公、龙王、火神、城隍、土地等诞辰祭祀活动中演出。鲁迅《社戏》中说的"这时我便每年跟了我的母亲住在外祖母的家里",指的是年规戏,按水乡风俗就是写信或派人把六亲九眷请来看戏。岸上湖边热闹非凡。台上民间艺人充分展示自己的才艺,认真表演;台下则黎民百姓或观看表演,如醉如痴,或争相上台客串,充分宣泄自己的感情。2007 年 5 月,"绍兴水乡社戏"入选浙江省第二批非物质文化遗产名录。

(五)越俗扫墓

清范寅《越谚》:"上坟即扫墓也。清明前后,大备船筵鼓乐,男女儿孙,尽室赴墓,近宗晚眷,助祭罗拜,称谓上坟市。"绍兴为水乡河网,旧时上坟多用船只,往往须先期租赁画船,俗称"上坟船"。当时望族大户眷属,在上坟时多穿罗着缎,着意装扮,故越地有"上坟船里看姣姣"之谚。如此看来,清明扫墓,既是祭祀,又是一次合家春游,是日家家在门前床前插柳枝装点,有妇女还把少许柳叶插于发髻,相传可辟邪禳灾。陆游有诗:"忽见家家插杨柳,始知今日是清明。"明张岱《陶庵梦忆》卷一《越俗扫墓》一文生动记述了当时越地清明坐游船扫墓的热闹气氛和淳厚民风:

> 越俗扫墓,男女袨服靓妆,画船箫鼓,如杭州人游湖,厚人薄鬼,率以为常。二十年前,中人之家尚用平水屋帻船,男女分两截坐,不坐船,不鼓吹。先辈谑之曰:"以结上文两节之意。"后渐华靡,虽监门小户,男女必用两坐船,必巾,必鼓吹,必欢呼畅饮。下午必就其路之所近,游庵堂寺院及士夫家花园。鼓吹近城,必吹《海东青》《独行千里》,锣鼓错杂。酒徒沾醉,必岸帻嚣嚷,唱无字曲,或舟中攘臂,与侪列厮打。自二月朔至夏至,填城溢国,日日如之。

第三节　水乡祭祀

"远古的人类并未把自己跟所处的世界加以区分。那时的人类所看见的世界是一个未被打破的整体,人与自然合而为一。"[1]《淮南子·原道训》称"陆事寡而水事

---

[1]〔美〕彼得·圣吉著,郭进隆译,杨硕英审校《第五项修炼——学习型组织的艺术与实务》中文版序,上海三联书店,1997 年,第 3 页。

众"。水造就了越族的生活环境,既带来丰富的资源,也造成无尽灾难,水浪滔天,《越绝书》卷四称"船失不能救,未知命之所维"。在当时的生产力条件和人们的认识水平下,越人只能敬重水、顺应水,认为水是大自然一种神秘的力量,是神,因之敬畏和崇拜,《越绝书》卷十四记载越人"春祭三江,秋祭五湖",久而久之,形成了对自然、人的崇拜与祭祀,凝聚越地源远流长的特色文化。

一、水神祭祀

(一)祭潮神

《越绝书》卷四:"西则迫江,东则薄海。"越地潮起潮落,波涛汹涌,变幻莫测,惊骇恐怖,于是越人心中产生了海潮之神,以为是神的意志主宰着这一自然现象。

(二)伍子胥与文种

最著名的当属伍子胥和文种的神话故事。《吴越春秋·夫差内传》记载伍子胥自尽后的情况:"吴王乃取子胥尸,盛以鸱夷之器,投之于江中,言曰:'胥,汝一死之后,何能有知?'即断其头,置高楼上,谓之曰:'日月炙汝肉,飘风飘汝眼,炎光烧汝骨,鱼鳖食汝肉,汝骨变形灰,有何所见?'乃弃其躯,投之江中。子胥因随流扬波,依潮来往,荡激崩岸。"

又《吴越春秋·句践伐吴外传》记文种:"自笑曰:'后百世之末,忠臣必以吾为喻矣。'遂伏剑而死。越王葬种于国之西山,楼船之卒三千余人,造鼎足之羡,或入三峰之下。葬一年,伍子胥从海上穿山胁而持种去,与之俱浮于海。故前潮水潘侯者,伍子胥也;后重水者,大夫种也。"

东汉时期,吴越地区的伍子胥庙已到处林立,伍子胥也被奉为潮神祭祀信奉。王充《论衡·书虚篇》:"会稽丹徒大江,钱唐浙江,皆立子胥之庙,盖欲慰其恨心,止其猛涛也。"

(三)祭江神

江神是管辖江河之水的神灵,由于长江、钱塘江等是吴越地区最重要的河流水系,因此列为江神行列的水神一般都体现了较高的地位与权力。"吴越地区较有影响的江神,主要有屈原、金龙四大王、晏公等。"[①] 越地端午吃粽子赛龙舟,是借龙舟往河里抛粽子喂鱼,同时驱赶江中之鱼,以免吃掉屈原之身体。此为半祭祀性、半娱乐性的活动。

---

① 蔡丰明《吴越地区的水神信仰》,载王建华主编《越文化与水环境研究》,人民出版社,2008 年。

1.金龙四大王庙

金龙四大王也是越地一位出名的江河神。嘉庆《山阴县志》卷二十一记载"四王庙在县西一十里，蓬莱驿前"，"四王即金龙四大王也"。

明徐渭有《金龙四大王传》[1]，生动记载了这一神话传说。

2.晏公庙

晏公原为江西地方性水神，相传因救朱元璋而受封。《续通考》云："临江府清江镇旧有晏公庙，神名戌仔。明初封为平浪侯。"至明代前期，吴越之地建多所晏公庙[2]。嘉庆《山阴县志》卷二十一："晏公庙在三江城仓后衙，徐渭《路史》云，神乃临江府临江县人，名戌仔，元初为文锦局堂长，因病归，登舟即尸解，有灵显于江湖。"

（四）祭湖神

《越绝书》卷十四记载越王句践"春祭三江，秋祭五湖"，其中的"五湖"主要指太湖。太湖一带较为典型的湖神有大禹、水平王、郁使君等[3]。绍兴多湖泊，虽不及太湖之浩大，但如在狭猪湖、瓜渚湖、桶盘湖中行舟，遇风急浪高之时，稍有不慎，也即有船覆人亡之祸，故船户对船行安全尤为关切。每年新正，便有绍兴船户一大早提着福礼到张神殿祭祀大老相公，一则酬谢神明佑护，二则祈求来年太平多福，此为旧时绍兴船户祭湖神的一项风俗。

张神庙

嘉庆《山阴县志》卷二十一："张神庙在城东北三十三里五都二图陡鼉闸上，祀宋漕运判官张行六五者。"张神名夏，北宋时萧山长山人。其父曾为吴越国刑尚书。张夏曾任泗州知州。宋景祐中（1034—1038），张夏以工部郎中出任两浙转运使。据传鉴于浙东海塘常为海潮所侵，危害无穷，张夏以石砌塘，使塘身坚实稳定。明代绍兴知府汤绍恩以为张夏之英灵有捍海灭倭之功，便立庙三江闸上，春秋致祭。之后，西郭门外、偏门外钟堰头、南门外念亩头及城中府山西麓、江桥桥堍等地，均建起了张神殿，张夏成为水神，护佑水乡平安，被称为张神菩萨，又尊称张老相公[4]。今三江所城边张神庙犹在。

---

① 《徐渭集》第四册《补编》，中华书局，1983年，第1299页。

② 蔡丰明《吴越地区的水神信仰》，载王建华主编《越文化与水环境研究》，人民出版社，2008年，第129页。

③ 蔡丰明《吴越地区的水神信仰》，载王建华主编《越文化民水环境研究》，人民出版社，2008年，第131页。

④ 陈天成《船户祭张神》，载绍兴市文联编《绍兴百俗图赞》，百花文艺出版社，1997年，第298—299页。

二、庙祠

（一）禹庙

《越绝书》卷八记载大禹"忧民救水,到大越",是为治水来越,死后又埋葬在会稽,越民族出于对大禹的崇敬和爱戴,以及寄希望于大禹佑护一方水土平安的心理,于是很早便建有禹庙。《越绝书》卷八记载"故禹宗庙,在小城南门外大城内,禹稷在庙西,今南里",并且"昔者,越之先君无余,乃禹之世,别封于越,以守禹冢"。除了大禹,古代绍兴人纪念的治水人物还有马臻、汤绍恩等。

（二）马臻墓

马臻为筑鉴湖含冤而死,《后汉书》也不为其立传,故正式文献资料记载甚少,但"太守功德在人,虽远益彰"[①],人们没有忘记这位治水功臣,散见于绍兴民间的记载及祭祀较多。据民间之传说,在马臻被害时,会稽百姓悲愤不平,暗地里冒着生命危险,不惜重金将其遗骸运回会稽,众人痛祭,并将其葬于郡城偏门外的鉴湖之畔。

相传农历三月十四为太守生日,民间年年祭祀[②]。至今其墓虽已历经千余年,依旧完好。墓前有石坊一座,刻有"利济王墓"四个大字,为北宋嘉祐元年（1056）仁宗所赐封号,石坊中柱正面有长联:

作牧会稽,八百里堰曲陂深,永固鉴湖保障;

奠灵窀岁,十万家春祈秋报,长留汉代衣冠。

（三）马臻庙

马臻墓东侧有马太守庙,始建于唐开元年间（713—741）,大殿有壁画十二幅,栩栩如生地展现了马太守筑鉴湖的丰功伟绩。

除绍兴城西1.5千米处的马臻墓及庙外,在钱清乡大王庙村还有一座庙,称大王庙,又称马太守庙。

（四）汤公祠

汤绍恩深为越地民众爱戴,从明代万历年间（1573—1619）起绍兴人民就在绍兴府城开元寺和三江闸旁建有汤公祠,每年春秋祭祀。清康熙四十一年（1702）汤绍恩被敕赐"灵济"封号;雍正三年（1725）又被敕封为"宁江伯";咸丰元年（1851）又被敕赐"功襄清安"。《绍兴县志资料·第一辑·三江所志》:

汤公祠在张神殿后,三间二进。公讳绍恩,字汝承,号笃斋,四川富顺县人,或云安岳县人。嘉靖丙戌进士,丙申由湖广德安莅绍,即于是年秋七月经始建闸,

①〔清〕李慈铭《受礼庐日记》下集,《越缦堂日记》,广陵书社,2004年,第4012页。
②盛鸿郎、邱志荣《古鉴湖新证》,载盛鸿郎主编《鉴湖与绍兴水利》,中国书店,1991年。

六易朔而告成。堤筑于次年春三月,五易朔而告成。当堤初筑时,随筑随溃。公惧甚,疏告海若祝曰:如再溃,当以身殉。每闻风声,即危惧呕血,精诚感格,天人协应,成此不朽,诚伟矣哉!官至山东左布政,归休林下。越有人以经商至蜀者,矍铄甚,时公已九十有七。

原汤公祠内多匾对楹联,其中挂有匾额 16 块,如"砥柱中流""泉流既清""泽被三江""后事之师"等,其中有乾隆二十一年(1756)八月总制闽浙使者喀尔吉善题,道光二十八年(1848)仲秋郡人重修会稽宗稷辰再书祠联:

回四邑之狂澜,三百年击壤歌衢,成仰当年经济;

建千秋之伟业,廿八洞惊涛飞雪,长留此日恩波。[①]

既是对汤绍恩治水功绩之充分赞扬,也是缅怀其对越之不朽恩德。又有碑刻 20 余块,现可见的尚有《捐奉置田添造三江应宿闸每岁闸板铁环碑记》《重修三江闸碑》《重修三江闸记》等,多已移至环城河治水广场,成为珍贵的文物[②]。

三、龙的祭拜

(一)龙的崇仰

越地多水,江河湖海均有之,因之关于龙的信仰和崇拜应起源甚早。古代越国有龙舟竞渡,以龙为乘水吉祥之物。《吴越春秋·句践阴谋外传》记句践向吴王进献"巧工良材","使之起宫室,以尽其财"。有"分以丹青,错画文章,婴以白璧,缕以黄金。状类龙蛇,文彩生光"的雕饰巨木,已把龙的形象作为雕刻之精品奉献吴国。这也证明吴越之地早在春秋时期已把龙作为水神加以崇拜。至于刘向《说苑·奉使》"彼越……以像龙子者,将避水神也",《汉书·地理志》"粤地、牵牛、婺女之分野也。……其君禹后,帝少康之庶子云,封于会稽,文身断发,以避蛟龙之害"等记载,一方面表明这里在当时的文化落后,气候暖热,也反映了当时吴越人民对于龙的信仰,希求龙的庇佑以及不受龙的侵害之思想。

(二)祭龙节日

绍俗以农历五月二十为分龙日[③]。《占候书》说:"两浙以四月廿为小分龙,五月廿为大分龙,池俗以五月廿九为分龙,闽俗以夏至后为分龙。"

古人以为龙主水,而盛夏常有"夏雨隔牛背"的现象。据说这是龙的上司在分龙日这天开始,命令下发分头行雨,以便"察而治之"的缘故。分龙日之时间不同,应是

---

①〔清〕平衡《闸务全书续刻》卷一《双济祠匾联·汤公祠》。

②邱志荣《汤绍恩与三江闸》,载邱志荣《鉴水流长》,新华出版社,2002 年。

③绍兴市文联编《绍兴百俗图赞》,百花文艺出版社,1997 年,第 210—211 页。

古人根据各地气候变化和季节降雨量的变化而确定的。如"小分龙"应为进入雨季，五月廿日应为入梅。

分龙日是越俗校龙（消防水龙会）检阅的盛大节日，是日各村坊水龙会之间龙舟进行实力比赛。一般龙兵以村龙会为单位，着各会统一服装，驾龙舟进行速度和喷水比赛。绍兴城区与近郊的各路义龙，习惯在广宁桥附近的龙王塘举行浇龙（喷水）比赛。年年龙兵如蚁，观者似潮。

（三）龙的象征

越地普遍信仰和崇拜龙为水神，也就在各种建筑中绘刻雕塑各类有象征意义的龙饰，诸如寺庙、道观、牌坊、石桥等建筑均多龙之雕饰。

绍兴多桥，出于龙有镇服水族、保佑行船行人安全的心理，龙的雕刻与展示在桥上发挥得淋漓尽致。如太平桥、待驾桥龙门石上之龙，张牙舞爪，精神抖擞，气势非凡。又如广溪桥上的龙门石刻是行走之龙，雕刻精美，栩栩如生。龙的雕饰还较多地用于长系石头部和桥墩顶尖上，诸如泾口大桥、华春桥、凤涧桥等。至于如大木桥、广宁桥、阮社桥上的"鲤鱼跳龙门"，亦与龙有关。

第四节　水与绍兴人

东汉班固在《汉书·地理志》中写道："凡民函五常之性，而其刚柔缓急，音声不同，系水土之风气，故谓之风；好恶取舍，动静亡常，随君上之情欲，故谓之俗。孔子曰：'移风易俗，莫善于乐。'"此言因自然环境形成风，社会环境形成俗，合称"风俗"。在东汉之前，越国水环境是近江薄海，波涛汹涌，潮汐日倾，水患无穷。在这种环境下越民常常是朝不虑夕，性脆轻死。而鉴湖兴建后，越民生长在优越的水环境之中，其民风也就渐向和顺方面演变。

一、开拓坚韧

（一）吴越争霸

6000 年前的海侵后，越民族活动中心退到了会稽、四明山区。《吴越春秋·越王无余外传》记载当时"人民山居"，会稽山北麓是一片茫茫浅海。直至 4000 年左右的海退后，山会平原仍是一片沼泽之地。

越王允常时，吴越两国为了争夺"三江五湖"之利，就成为两个"仇雠敌战之国"，不断发生战争。《史记正义》引《舆地志》言越国"有越侯夫谭，子曰允常，拓土始大，称王"。之后，吴越争斗不息，著名的如公元前 496 年吴对越发动檇李之战，句践以弱胜强，吴王阖闾也死于此战。公元前 494 年的夫椒之战，越被吴打得落花流水，一败涂地。《史记·越王句践世家》记载"句践请为臣,妻为妾"。从公元前 482 年越国开始兴师伐吴,到公元前 473 年,历时 10 年,经过姑苏之战、笠泽之战等,越灭吴国。

之后,句践称霸,《史记·越王句践世家》:"句践已平吴,乃以兵北渡淮,与齐、晋诸侯会于徐州,致贡于周。周元王使人赐句践胙,命为伯。句践已去,渡淮南,以淮上地与楚,归吴所侵宋地于宋,与鲁泗东方百里。当是时,越兵横行于江、淮东,诸侯毕贺,号称霸王。"

又《越绝书》卷第一:"夫越王句践,东垂海滨,夷狄文身;躬而自苦,任用贤臣;转死为生,以败为成。越伐疆吴,尊事周室,行霸琅邪;躬自省约,率道诸侯,贵其始微,终能以霸。"吴越是一衣带水的邻里和兄弟,到春秋战国之时却发生了长期的惨烈的战争,究其原因,正如《越绝书》卷五所载伍子胥对越国范蠡所言"夫王与越也,接地邻境,道径通达,仇雠敌战之邦;三江环之,其民无所移,非吴有越,越必有吴"。《越绝书》卷七中范蠡的观点:"吴越二邦,同气共俗,地户之位,非吴则越。"其中亦可见为争夺水土资源谋生存是引起战争的主要原因。

(二)创新发展

《吴越春秋·句践归国外传》中范蠡对句践说的一番话也表明了当时越国强盛的必由之路:"昔公刘去邰而德彰于夏,亶父让地而名发于岐。今大王欲(立)国树都,并敌国之境,不处平易之都,据四达之地,将焉立霸王之业?"足见越国当时受狭窄的山地困阻。

越地兴水利、开发水土资源之举一直没有停止过。越王句践时,为向山会平原发展,兴建了富中大塘、山阴故水道等平原工程,通过滩涂围垦向山会平原迈出了开发的第一步。至东汉马臻建鉴湖,其主要目的也是扩大山会平原北部可耕之地。明代汤绍恩建三江闸则是为了更好地保障海塘之内农田不受旱涝,以及扩大可垦农田。历代的水利开发建设,使绍兴平原成为一块风调雨顺的丰腴之地。但土地实在是太少,《宋书·沈昙庆传》就称这里是"膏腴上地,亩直一金"。直至当代绍兴对海涂围垦以获得土地资源之举一直未停止过,绍兴市 1969 年来共围滩涂 43.16 万亩,按规划仅可用 4.14 万亩,资源几尽[①]。

绍兴水土资源紧缺的环境,决定了绍兴人在求生存之道和所作所为中必须开拓进取。有人把绍兴在培育人力资源上比作一块水稻秧田,这里只能早期播育,稍长便应迁到外地去种植,如此才能成才和发展。明清时期绍兴青年优选的择业之路主要有三条:一是读书应试,主要走仕途之路;二是经商,外出做生意;三是当幕僚,做师

---

① 参考 2010 年绍兴市水利局统计数据。

爷。这三种职业都须从业者具有开拓精神,到外地具有独立奋斗的能力,绍兴民谚有"麻雀豆腐绍兴人",是说凡天下有麻雀飞和做豆腐之处,便会有绍兴人,亦说明绍兴人外出做生意之多。也正是这种开拓进取的精神,才成就了一代又一代的绍兴人,并多有成为杰出的人才。而追本溯源,实在与绍兴之水土环境有关。

(三)胆剑精神

越地水土资源不足的环境,必然会对人的生存带来磨炼与煎熬,长此以往就形成一种忍耐的性格,一种坚忍的意志。再以越王句践和吴王夫差为例。据《史记·越王句践世家》记载,夫椒一战,越国大败,"越王乃以余兵五千人保栖于会稽,吴王追而围之"。句践曾准备拼死一战,"欲杀妻子,燔宝器,触战以死"。然国家利益高于一切,句践在国之将亡时,以一种卓越的忍受能力令大夫文种行成于吴。战必败,败必亡国,入吴为臣也不一定有胜算和返国雪耻的把握,存在重大风险。在这种历史重要转折关头,句践如果无一种超凡能力和雄才大略,是不可能做出如此决策的。《吴越春秋·句践入臣外传》载:"越王服犊鼻,着樵头。夫人衣无缘之裳,施左关之襦。夫斫剉养马,妻给水除粪洒扫。三年不愠怒,面无恨色。"更有甚者,"越王因拜,请尝大王之溲,以决吉凶"。受辱三年,句践取得吴王信任归国后,《吴越春秋·句践归国外传》又载:"越王念复吴仇,非一旦也。苦身劳心,夜以接日。目卧则攻之以蓼,足寒则渍之以水。冬常抱冰,夏还握火。愁心苦志,悬胆于户,出入尝之,不绝于口,中夜潜泣,泣而复啸。"《史记·越王句践世家》记载越王句践"身自耕作,夫人自织,食不加肉,衣不重采,折节下贤人。厚遇宾客,振贫吊死,与百姓同其劳",此便为历史上著名的"卧薪尝胆"和"胆剑精神"。通过"十年生聚,十年教训",越国终于反败为胜,灭亡吴国,不但复仇雪耻,也在历史上留下了浓彩重笔。

再看吴王夫差,《史记·吴太伯世家》:"二十三年十一月丁卯,越败吴。越王句践欲迁吴王夫差于甬东,予百家居之。吴王曰:'孤老矣,不能事君王也。吾悔不用子胥之言,自令陷此。'遂自刭死。"此不作其他评论,就失败后的心态和承受能力而言,夫差不如句践。

二、理性精明

(一)曾经的民风

公元前七世纪,春秋时期齐国的名相管仲称越地,《管子·水地》称此地"水浊重而泪,故其民愚疾而垢"。《尚书·禹贡》在土地划分中,将越地划为"下下"等。据《越绝书》卷七记载,越王句践称越国是"僻陋之邦",其民为"蛮夷之民",《越绝书》卷八称"夫越性脆而愚"。《左传》定公十四年记越国和吴国公元496年在槜李的一次战争中:"吴伐越,越子句践御之,陈于槜李。句践患吴之整也,使死士再禽焉,不动。

使罪人三行,属剑于颈,而辞曰:'二君有治,臣奸旗鼓。不敏于君之行前,不敢逃刑,敢归死。'遂自刭也。师属之目,越子因而伐之,大败之。"越人勇敢和不怕死的精神,不但令吴军目瞪口呆,后人读此段文字记载也惊愕于越人之悲壮及对死不屑一顾。

东汉初班固考察越地时,发现当地人古风依然,看到了越地勇悍好斗之习俗一代又一代顽强地传承,形成民风。正如《汉书·地理志》记载:"吴、粤(越)之君皆好勇,故其民至今好用剑,轻死易发。"

王充在《论衡·言毒》中说:"楚、越之人,促急捷疾;与人谈言,口唾射人。"

(二)善生俊异

至晋代,会稽渐成为水草丰美的膏腴之地,《晋书·诸葛恢传》誉之为"今之会稽,昔之关中"。《嘉泰会稽志》卷一:"东晋都建康,一时名胜,自王谢诸人在会稽者为多,以会稽诸山为东山,以渡涛江而东为入东,居会稽为在东,去而复归为还东,文物可谓盛矣。"《晋书·王羲之传》称"会稽有佳山水,名士多居之",这批杰出人才到会稽,带去了优秀的民族文化和先进的生产技术,亦必然对这里的民风产生教化、融合和深刻影响。

六朝虞预《会稽典录·朱育》中会稽名士虞翻之评说会稽"善生俊异,是以忠臣继踵,孝子连闾,下及贤女,靡不育焉"。《嘉泰会稽志》卷一记会稽风俗:"其民至今勤于身,俭于家,奉祭祀,力沟洫,乃有禹之遗风焉。""自汉晋,奇伟光明硕大之士固已继出。""今之风俗,好学笃志,尊师择友,弦诵之声,比屋相闻。不以殖赀货习奢靡相高,士大夫之家占产皆甚薄,尤务俭约,缩衣节食,以足伏腊,输赋以时,不扰官府,后生亦皆习于孝弟廉逊。"其社会环境充满政通人和、人民安居、读书知礼、勤耕节俭的气氛。

明代文人袁宏道有《初至绍兴》诗:"闻说山阴县,今来始一过。船方尖履小,士比鲫鱼多。聚集山如市,交光水似罗。家家开老酒,只少唱吴歌。"其中可见绍兴不但经济繁荣,亦可谓水乡、酒乡、名士之乡。

(三)绍兴师爷

至于明清时代,尤在清代,绍兴师爷名闻全国,流传着"无绍不成衙"之说。绍兴师爷与绍兴话、绍兴酒"三通行"纵横全国各地。"刑名钱谷之学……竟以此横行各直省。"[1]《章学诚遗书》卷十七《汪泰岩家传》:"吾乡山水清远,其人明锐而疏达,地僻,人工不修,士之所出,不足食土之人,秀民不得业,则往往以治文书,托官府为幕客,盖天性然也。"章学诚看到了绍兴山水好风光,然水土资源相对较少,聪明睿智的绍兴人往往选择师爷职业谋生。要成为绍兴师爷须具备的几个条件:有较高学识文化,

---

① 〔清〕梁章钜《浪迹续谈》卷四,福建人民出版社,1983年,第317页。

人情练达,熟知官场,有较强的审时度势能力,敢于闯荡江湖等,据徐珂《清稗类钞》记载:"绍兴师爷,纪文达称之为四救先生是也,非必有兼人之才、过人之识。不过上自督抚,下至州县,皆有此席,而彼此各通声气,招呼便利,遂能盘踞把持,玩弄本官于股掌之上。"[①]师爷的群体在绍兴属知识分子的一部分,但并不属于最出类拔萃的人才,师爷是绍兴知识分子谋生的职业,但从这一阶层身上,也可看到绍兴读书人之多,且智商普遍较高、处世圆滑。那么自晋以来绍兴人的这种理性、智慧、精明与管子所说"愚极而垢",与句践所说"性脆而愚"真是有天壤之别,这种变化当然有多方面的原因,然一个不能否认的事实就是与水环境变化有关。

三、忠孝重节

(一)杰出人物影响

就广义的水而言,越国的两位治水人物大禹和马臻必然对越地民风产生久远深刻的影响。

一是大禹治水。大禹三过家门而不入的治水传说体现为了国家和大众的利益,为国奉献是崇高之事业。大禹埋葬在绍兴,又相传句践是大禹之后,越民为之感到自豪,有忠诚于国家的意识。又越地普遍流传着大禹娶涂山女的传说,涂山女为了支持大禹治水,带着幼子,独守家门,亦是一种伟大的爱国奉献和忠于家庭的精神。

二是马臻献身。马臻为筑鉴湖,最后含冤被杀。马臻为了会稽百姓的利益而被杀,民间义愤不平,由衷敬仰,为大义献身之精神深植民心。

(二)生命价值观

常常有人说绍兴人胆小怕事,缺少牺牲精神。譬如两个绍兴人摇着船分别从桥的两头过桥洞,然后不小心相撞,两人先不说话,但过了桥洞之后,有了一些距离,便大声互相指责对方摇船水平差,这样至多是骂,打是绝对打不起来,有人认为此便为绍兴之民风,并作为笑料。此也确实是绍兴民风的一种表象,但绍兴人骨子里果真如此吗?越王句践之胆剑精神传承已荡然无存、不是主流了吗?读明史、辛亥革命史,我终于明白了近现代绍兴人的价值观。明末及明王朝亡时,有诸多绍兴名人志士慷慨赴死,能与绍兴相比者有几郡?

刘宗周(1578—1645)

初名宪章,字启东,一作起东,号念台,学者称蕺山先生。崇祯四年(1631)创建证人书院,结"证人社",以诚意、慎独之学纠正王学末流的空疏之失。从学者不下千人,其所创学派称为蕺山学派。刘宗周为一代儒学名臣,至今绍兴蕺山书院门墙上依

---

①〔清〕徐珂《清稗类钞》,中华书局,1986年,第502页。

然高挂着"浙学渊源"四个大字。福王朱由崧建弘光政权于南京后,以刘宗周为左都御史。弘光元年(1645)五月,南都亡,六月,潞王降,杭州亦失守,宗周推案恸哭,自此遂不食。据《明史·刘宗周传》记载,刘宗周说过:"今吾越又降矣,老臣不死,尚何待乎?若曰身不在位,不当与城为存亡,独不当与士为存亡乎?此江万里所以死也。"刘宗周后又"出辞祖墓,舟过西洋港,跃入水中,水浅不得死,舟人扶出之"。清贝勒以礼来聘,书不启封,后绝食至闰六月初八日卒,年六十有八。乾隆四十一年赐谥忠介[1]。《越中杂识》上卷《理学》记载:"刘念台先生殉节处,在西郭门外西北二里许梁浜村,今为农舍。中屋有石陷壁中,高八尺余,大书'明刘念台先生殉节处'。"

余煌(?—1646)

字武贞,明绍兴会稽人。天启五年(1625)进士第一,鲁王监国绍兴,诏授兵部尚书。清顺治三年(1646)清军过钱塘江,鲁王自海上逃遁。余煌见大势已去,叹曰:"临江数万之众,犹不能当一战,乃欲以老弱守孤城乎?"乃开启城门,放兵民出走。清兵入城,兵不血刃。六月四日,余煌朝服袖石,于东郭门外渡东桥下深水处自溺而死,《明史·余煌传》记载:"六月二日,煌赴水,舟人拯起之。居二日,复投深处,乃死。"余煌衣带间藏有绝命辞,曰:"穆骏自驰,老驹勿逝。止水汨罗,以了吾事。有愧文山,不入柴市。"[2]

祁彪佳(1602—1645)

字虎子,又字幼文、弘吉,号世培,明绍兴山阴人。天启二年(1622)进士,著名文人、戏曲家。主要著述有《祁忠敏公日记》十五卷。崇祯十七年(1644)福王即位于南京,出任大理寺丞,旋擢右佥都御史,巡抚江南。清顺治二年(1645)五月,清兵攻入南京,执福王。潞王监国杭州,再度出任苏淞总督。六月,杭州失守,潞王降清,祁彪佳返故里。清兵渡江兵临绍兴,以书币礼聘,被祁彪佳拒绝。为忠诚于国家,祁彪佳撰写庙文与绝命书。《明史·祁彪佳传》记载:"明年五月,南都失守。六月,杭州继失,彪佳即绝粒。至闰月四日,给家人先寝,端坐池中而死。"其绝命诗云:"图功为其难,洁身为其易。吾为其易者,聊存洁身志。含笑入九原,浩然留天地。"年四十四岁。明唐王追赠少保、兵部尚书,谥忠敏。乾隆四十一年(1776)赐谥忠惠。

以上三位明末清初的绍兴著名人士,在国难当头之际威武不屈,富贵不动,以对国家和民族的忠诚慷慨赴死,浩然正气,彪炳史册。并且此三位志士都以赴水自沉作为最后忠诚于国家的方式,可见其对水之洁净的珍视和厚爱。

---

[1] 绍兴县地方志编纂委员会编《绍兴县志》第四十一编《人物·刘宗周》,中华书局,1999年。

[2] 绍兴县地方志编纂委员会编《绍兴县志》第四十一编《人物·余煌》,中华书局,1999年。

（三）辛亥革命先驱

清末辛亥革命，绍兴以区区之地，有革命贤哲先后辈出。

蔡元培（1868—1940）

提倡民权，宣传排满革命，任光复会会长；又任北京大学校长，支持新文化运动，提倡学术研究，主张"思想自由，兼容并包"，去世后周恩来有挽联："从排满到抗日战争，先生之志在民族革命；从五四到人权同盟，先生之行在民主自由。"毛泽东特发唁电，称其为"学界泰斗，人世楷模"[1]。

徐锡麟（1873—1907）

字伯荪，别号光汉子，绍兴山阴东浦孙家楼人。光绪三十年（1904）经蔡元培、陶成章介绍在上海加入光复会。光绪三十二年（1906），安徽巡抚恩铭委以陆军小学会办，三十三年（1907）调任巡警处会办兼巡警学堂监督。是年回绍兴，与秋瑾、王子余等计谋于7月19日在皖、浙两地同时起义。不料事泄，遂提前于7月6日乘安徽巡警学堂举行毕业典礼之际，提前起义，刺杀了安徽巡抚恩铭。又与清军激战4小时，终因寡不敌众，弹尽被捕，次日凌晨就义于安徽抚署东门外[2]。当刑审时，藩司冯煦问："恩铭待你不薄，你何以忘之？"徐锡麟则慷慨答之："恩铭厚我，系属个人私恩；我杀恩铭，乃是排满公理。"[3] 行刑时，徐锡麟义正词严，视死如归；刑后被破腹挖心，并被恩铭卫队"烹而食之"。鲁迅先生在《狂人日记》中抨击这一惨绝人寰的兽行："从盘古开辟天地以后，一直吃到易牙的儿子；从易牙的儿子，一直吃到徐锡麟。"

孙中山在辛亥革命胜利后，亲到杭州致祭徐锡麟，撰写"丹心一点祭余肉；白骨三年死后香"联[4]。

秋瑾（1875—1907）

原名闺瑾，字玉贞，小字玉姑，后易名瑾，字旋卿，又字竞雄，号鉴湖女侠，别号汉侠女儿，另署秋千，祖籍绍兴山阴漓渚，出生于福建闽县。秋氏为山阴望族，几代官宦。光绪三十一年（1905）三月，经徐锡麟等介绍入光复会。三十二年创办《中国女报》，三十三年初，接任大通体育师范学堂督办。是年五月，秋瑾和徐锡麟计划起义，7月6日，徐锡麟起义失败，7月13日，秋瑾在大通学堂被捕，任凭严刑逼供，坚贞不屈，于7月15日在绍兴轩亭口从容就义，年仅33岁。

辛亥革命后，孙中山为秋瑾题写横联"巾帼英雄"，又书楹联"江沪矢丹忱，感君

①绍兴县地方志编纂委员会编《绍兴县志》第四十一编《人物·蔡元培》，中华书局，1999年。
②绍兴县地方志编纂委员会编《绍兴县志》第四十一编《人物·徐锡麟》，中华书局，1999年。
③李永鑫主编《绍兴名士评传·徐锡麟》，远方出版社，2002年。
④李永鑫主编《绍兴名士评传·徐锡麟》，远方出版社，2002年。

首赞同盟会；轩亭洒碧血，愧我今招侠女魂"[1]。

陶成章（1878—1912）

字焕卿，曾用名汉思、起东等，绍兴会稽陶堰人，亦为辛亥革命先驱，为民主革命献身。孙中山于 1916 年 8 月亲临绍兴东湖陶社祭祀，题"气壮河山"匾额，称其"奔走革命不遗余力，光复之际陶君实有巨功"[2]。

第五节　水与为官

来绍任太守、知府且有作为者，多把治水放在区域治理和建功立业的首位，颇多治水功臣。诸如马臻不顾杀身之祸创修鉴湖；晋会稽内史贺循主持开凿西兴运河；唐浙东观察使皇甫政主持改建鉴湖枢纽工程玉山闸；南宋绍兴知府赵彦伖主持修筑绍兴海塘；南宋知府汪纲疏治浙东运河，建设诸暨堤防，治城河；明绍兴知府彭谊主持整治浦阳江及钱清江；明绍兴知府戴琥全面整治绍兴江堤海塘；明绍兴知府南大吉整治平原河道；明绍兴知府汤绍恩兴建我国著名三江闸工程；清绍兴知府俞卿主持海塘修建等。以上也正如康熙《会稽县志·总论》中称："越多贤郡守，皆加意于水利，而著绩乎水利焉。"历代贤牧良守将治水作为为官之要，为治水惨淡经营，功绩卓著，以致绍兴民间流传着"太守清，河水清"之说。水与为官清廉结合在一起。

一、刘宠一钱不留

刘宠，字祖荣，东汉东莱牟平（今山东牟平）人，齐悼惠王之后。以明经举孝廉，汉桓帝时官拜会稽太守。《后汉书·循吏列传·刘宠传》记："山民愿朴，乃有白首不入市井者，颇为官吏所扰。宠简除烦苛，禁察非法，郡中大化。征为将作大匠。山阴县有五六老叟，庞眉皓发，自若耶山谷间出，人赍百钱以送宠。宠劳之曰：'父老何自苦？'对曰：'山谷鄙生，未尝识郡朝。它守时吏发求民间，至夜不绝，或狗吠竟夕，民不得安。自明府下车以来，狗不夜吠，民不见吏。年老遭值圣明，今闻当见弃去，故自扶奉送。'"《水经注·浙江水》："汉世刘宠作郡，有政绩，将解任去治，此溪父老，人持百钱出送，宠各受一文。"刘宠至西小江便将钱投入江中离去，后人遂将西小江改名钱清江，建碑于江边，上书"会稽太守刘宠投钱处"。嘉庆《山阴县志》："钱清镇有刘太守祠，祀汉刘宠，临江有一钱亭。"

后世乾隆巡越，在钱清题诗曰："循吏当年齐国刘，大钱留一话千秋。而今若问亲

---

①绍兴县地方志编纂委员会编《绍兴县志》第四十一编《人物·秋瑾》，中华书局，1999 年。

②绍兴县地方志编纂委员会编《绍兴县志》第四十一编《人物·陶成章》，中华书局，1999 年。

民者,定道一钱不敢留。"此地地名钱清,即是从《后汉书》的记载而来。

二、江革取石见清贫

江革(?—535)字休映,济阳考城人,为南朝宋齐间士族名流,南朝才子江淹之族侄。据《梁书·江革传》载,吏部谢朓很敬重江革,谢朓曾担任皇家警卫,一次回家时顺路看望江革,时大雪纷飞,天寒地冻,谢朓看见江革盖着破棉被,铺着薄席子,但读书无倦意。叹息中谢朓脱下自己的棉衣,割下半片为江革作铺垫才离去。

江革在天监年间(502—519),曾为会稽郡丞、行府州事,为官清廉。《梁书·江革传》称其"功必赏,过必罚,民安吏畏,百城震恐"。江革为官时不接受任何赠送,只靠官俸过日子,吃得也很简单。会稽郡面积大,人口多,诉讼案件每天多达数百件,江革判定准确,效率颇高,从不留下疑案悬案。离任时,百姓为之不舍,纷纷相送。据《梁书·江革传》记载,江革"赠遗无所受","惟乘台所给一舸",泛浙东运河西去。因钱清江至西兴一带江面宽阔,风浪冲击使船行不稳,江革因无随身所带贵重器物,"舸艗偏欹,不得安卧"。"或谓革曰:'船既不平,济江甚险,当移徙重物,以迮轻艀。'"于是随从在西陵岸边取石十余块压之,使其平稳,"其清贫如此"。江革为官清廉,深为会稽人民所敬仰和怀念,因此后人在江岸建"取石亭"以表怀念。

三、范仲淹清白泉喻清正

范仲淹(989—1052),字希文,北宋苏州吴县(今江苏苏州)人。宋真宗大中祥符八年(1015)进士。宝元二年(1039)七月徙知越州。

北宋孔延之的《会稽掇英总集》卷十九辑录的范仲淹《会稽清白堂记》,有会稽府署卧龙山(今绍兴城府山)清白泉之记述:"(蓬莱)阁之西有凉堂,堂之西有岩焉。岩之下有地,方数丈,密蔓深丛,莽然就荒。一日命役徒芟而辟之,中获废井。"有说称此为"嘉泉"。果然,数日后视之,"其泉清而白色,味之甚甘,渊然丈余,引不可竭。当大暑时,饮之若饵白雪,咀轻冰,凛如也;当严冬时,若遇爱日,得阳春,温如也。其或雨作云蒸,醇醇而浑,盖山泽通气,应于名源矣"。文中表明,他不仅发现了清白泉,还在泉边筑起了清白堂和清白亭。

清白泉正介于越王台和越王殿之间。在越王殿西脚下,有小水池三口。岩壁上书有不大显眼的"清白泉"三字,清白泉就在此处。池东南角有泉水涓涓流出,晶莹洁白。范仲淹《会稽清白堂记》称清白泉泉水"甘液华滋,说人襟灵"[1]。

范仲淹当年把此处定为清白泉,又修以清白为名的堂和亭,确实是颇有一番用

---

① 邱志荣《寻清白泉记》,载《鉴水流长》,新华出版社,2002年,第383页。

心的。范仲淹的老师杜衍的女婿是北宋著名文学家苏舜钦，范仲淹与他是莫逆之交。据《越中杂识·乡贤》上卷记载，当时有人欲打压杜衍，便诬苏舜钦卖官纸肥私，杜衍因此名声受损，范仲淹也受牵连。范仲淹到越州后，为排愤懑，将此处的泉、堂、亭都以"清白"名之，意在为老师、好友和自己辩白。此外，在《会稽清白堂记》中不但倾诉了"所守不迁""所施不私"的思想，还写着："圣人画井之象，以明君子之道焉。予爱其清白而有德义，可为官师之规，因署其堂曰'清白堂'，又构亭于其侧，曰'清白亭'，庶几居斯堂、登斯亭而无忝其名哉！"何等发人深省的阐述。这位在《岳阳楼记》中留下千古名言"先天下之忧而忧，后天下之乐而乐"的前贤，其用心"清白"的含义，当是更为广泛和丰富，其所寓歌颂和鞭挞之意，后人自当明之。宋王十朋有诗二首记清白堂和清白泉事：

清白堂

钱清地古思刘宠，泉白堂虚忆范公。

印绶纷纷会稽守，谁能无愧一贤风。

清白泉

圣人达节犹憎盗，志士清心肯饮贪。

试向卧龙山下酌，世间无似此泉甘。[①]

---

①《王十朋全集》卷十三，上海古籍出版社，1998年，第202—203页。

第十二章　风云际会　人才辈出

鉴湖越台名士乡，忧忡为国痛断肠；剑南歌接秋风吟，一例氤氲入诗囊。

——毛泽东《纪念鲁迅八十寿辰》

古城绍兴，在水利建设的几千年发展变迁中，历代杰出人物"缵禹之绪、宏扬光大"，留下了不朽的业绩，为后世所崇仰和称道。古文献记载的代表人物又主要分为三类：一是地方主要从政人物，正如康熙《会稽县志·总论》中称："越多贤郡守，皆加意于水利，而著绩乎水利焉。"历代贤牧良守多将治水作为为官之要，功绩卓著。二是水利研究者或著述者，亦如《闸务全书》鲁元炅《序》中称："昔神禹治水八年，使无《禹贡》一篇，则治水之道不详。若汤公与诸公之建修诸务，使无《全书》一录，则节水之计阙据。岂非皆天地间不可少之人，以补世界之缺陷者哉？"认为记述水利业绩，编写水利史志和水利建设是不可互缺之事，同是世间伟业；三是工程技术人员或直接施工者，这方面的人物虽相关记载较少，但一石一木都留存着他们的艰辛创业历史。

一、古代

（一）句践

句践（约前520—前465），春秋末越国国君，在位32年。传其为先禹之苗裔，夏后帝少康之庶子，封于会稽，以奉守禹之祀。后二十余世，至于允常。句践即允常之子。周敬王二十三年（前497）允常去世，句践继位。句践元年（前496），吴王阖闾兴师伐越。句践陈兵于就李（今嘉兴县南），一举打败吴军，射伤吴王。夫差接吴王位后，句践"先吴未发往伐之"，被夫差"悉发精兵击越，败之夫椒（今吴县椒山）"。句践率残兵五千，退守会稽山上。夫差追而围之，句践以"卑辞厚礼以遗"之计，派文种向吴求和。文种谏而献"以美女宝器厚赂吴太宰嚭"之策，夫差同意赦越，罢兵而归。

句践五年（前492）五月，句践夫妇偕范蠡入质于吴，囚于石室。忍辱负重，三年无愠色，无恨色。"问疾尝粪"，博得夫差欢心，得赦归国。

句践归越，卧薪尝胆，誓复吴仇。发展生产，生聚教训，壮大国力，图霸王之业。《吴越春秋》卷八记载大夫范蠡提出"今大王欲立国树都，并敌国之境，不处平易之都,据四达之地,将焉立霸王之业"的建议,句践于前490—前489年接受了此建议,筑大、小城。还采纳大夫计倪的提议,兴建水利工程,发展农业生产,成就霸王之业的基础。

句践对越国滨海的水环境有着较深刻的认识,即《越绝书》卷四所谓:"西则迫江,东则薄海,水属苍天,下不知所止。交错相过,波涛浚流,沉而复起,因复相还。浩浩之水,朝夕既有时,动作若惊骇,声音若雷霆,波涛援而起,船失不能救,未知命之所维。念楼船之苦,涕泣不可止。"这也是当时三江区域珍贵的历史地理资料。

句践注重对大禹文化的保护和传承,《越绝书》载:"故禹宗庙,在小城南门外,大城内。禹稷在庙西,今南里。"说明当时在越国大小城内已建有大禹庙。《吴越春秋·句践伐吴外传》记载句践临终前对太子兴夷说"吾自禹之后",奠定了大禹文化扎根越地的基石。

句践十五年(前482),吴王夫差北会诸侯于黄池,太子留守,国内空虚。句践发兵四万,亲率君子(亲兵)六千伐吴。败吴师,获太子友,破吴都,焚姑胥台。夫差请和,句践自度未能灭吴,许之。句践十九年(前478),越再度伐吴,战于笠泽,三战三胜。二十一年(前476)再次伐吴,围攻三年,夫差求和不成自杀,终于句践二十四年(前473)灭吴雪耻。

句践灭吴后乘胜渡过淮河,会齐、晋等中原诸侯于徐州,向周元王致贡。周元王命使臣赐句践胙,晋伯位。于是越国迁都琅琊,称霸中原。越王勾践的相关事迹载于《史记·越王句践世家》《越绝书》《吴越春秋》等文献中。

(二)范蠡

范蠡,字少伯,春秋时期楚国宛(今河南南阳附近)人。《越绝书》卷七:"昔者,范蠡其始居楚,曰范伯。"他出身贫寒,后入越,为越国大夫,又升上将军。范蠡辅佐越王句践组织和实施了一系列发展生产、富国强兵的策略。其中,由他主持修建的一批水利、航运、农业、城市工程,为越国复国争霸发挥了重要作用。

句践七年(公元前490),范蠡随句践由吴获释返越,受命在山会平原上选址定都建城。他利用8个孤丘,建成周围2里223步的山阴小城,设有陆门4处,水门1处,西北依附府山,在西、南、东三面修筑城墙。又在小城附近修筑大城,周围达20里72步,设陆门3处,水门3处。大、小城的修建,使於越的中心得以从崎岖的会稽山地迁移到平原泽国。城墙的修筑,有效保证了越国都城在沼泽平原上免遭洪潮侵袭,并为后来绍兴水城的形成奠定了基础。

为了开发山会沼泽平原,发展农业生产,越国全面开展了筑堤围湖,兴修水利,先后修筑了山阴故水道、富中大塘、练塘等水利工程。范蠡是主要的设计主持者。范蠡还利用当时广阔的河湖水域,开辟出南池、坡塘两大鱼塘,发展淡水养鱼。由他撰写的《养鱼经》，被公认为中国最早的内塘养鱼专著。

公元前472年，范蠡审时度势、功成身退，化名"鸱夷子皮"，去越适齐。后行至陶，号"陶朱公"，经商致富，常散财助人。范蠡在《史记·越王句践世家》《国语·越语》《越绝书》《吴越春秋》等文献中均有记载。

（三）文种

文种，名会，字伯禽、子禽，春秋楚之郢人。荆平王时为宛令，知范蠡名，驾车而往，并与之交。后同为越国著名大夫。

公元前494年，句践败于夫椒，使文种议和，获得成功。句践为人质去吴国，命种守越。文种全力恢复生产，治国理政。《吴越春秋》记载其"内修封疆之役，外修耕战之备，荒无遗土，百姓亲附"。句践归国，问政于种，种曰"爱民而已"。"利之无害，成之无败，生之无杀，与之无夺。""无夺民所好，则利之。民不失其时，则成之。省刑去罚，则生之。薄其赋敛，则与之。""善为国者，遇民如父母之爱其子，如兄之爱其弟，闻有饥寒为之哀，见其劳苦为之悲。"越王乃缓刑薄罚，省其赋敛。于是人民殷富，皆有带甲之勇。种献伐吴"九术"（《史记》作"七术"），句践仅用三术而灭吴。

灭吴后，范蠡功成身退，曾致书文种，劝其应识"蜚鸟尽，良弓藏；狡兔死，走狗烹"之大势，早日离越。文种不听，终为越王赐剑而自杀。赐葬卧龙山，故名种山。今绍兴城龙山望海亭东侧有文种墓。

《吴越春秋》有传说文种"葬一年，伍子胥从海上穿山胁而持种去，与之俱浮于海。故前潮水潘侯者，伍子胥也；后重水者，大夫种也"。之后在吴越之地伍子胥和文种也就成了海潮之神，祭祀不断。文种在《史记·越王句践世家》《越绝书》《吴越春秋》等文献中均有记载。

（四）袁康　吴平

袁康，东汉会稽山阴人。与同郡吴平（字君高）共同编写《越绝书》。《越绝书》被东汉著名学者王充誉为五大名著之一。原书25卷，现存15卷，19篇。书中详细记载吴越交战，句践"生聚教训"，最后越灭吴、逐鹿中原事，内容涉及兵法、权谋、术数等。书中还载有许多有关季节变化、农田水利、土地利用、粮食丰歉等史料，被不少学者视作一本发展生产、经世济用之书。其中对水利的记载有越王句践对水环境的描述，对大禹文化的记述；大夫计倪对水利在越国经济社会发展中重要地位的认识；以及众多越国水利工程的记述。《吴地传》《地传》二篇，因详记吴、越两国山川、地域、城池、物产、商品流通、民情风俗等，而被古今名家尊为"地方志之鼻祖"，是现存最早历史文献之一。

（五）赵晔

赵晔，字长君，东汉会稽山阴人。少时曾为县吏，因耻于迎送督邮之役，愤而弃职,跋涉四川犍为郡资中(今四川资阳市),拜当时学者杜抚为师,专攻《韩诗》,穷究其术。越二十年,绝问不还,家人以为死,为之发丧。抚卒,乃归。州召补从事,不就;又举有道,不行。在家闭门读书和专事著作,写成《吴越春秋》《诗细历神渊》等书。蔡邕至会稽,读《诗细历神渊》而叹息,以为长于王充《论衡》。邕还京师,学者咸诵习焉。

《吴越春秋》12 卷,今存 10 卷。有元徐天祜音注。是书继《越绝书》记载吴、越两国事,详细严密,宣泄得度,是研究春秋末期江、浙地区政治、军事、经济、区域发展之主要资料,为一部古老地方性历史名著,如记载当时越国先民"人民山居","随陵陆而耕种,或逐禽鹿而给食"。记越大夫范蠡建议句践"今大王欲立国树都,并敌国之境,不处平易之都,据四达之地,将焉立霸王之业",都很有史料价值。赵晔另著有《韩诗谱》等。赵晔于《后汉书》中有传。

(六)郑弘

郑弘(?—86),字巨君,东汉会稽山阴人,郑吉从孙。少时发愤读书,博览群籍。后为灵文乡啬夫。太守第五伦奇其才,召署督邮,举孝廉。曾师事同郡河东太守焦贶。贶坐事被逮,道卒。妻子系诏狱,掠拷连年,诸生故人惧祸变姓名,弘独髡头负斧锧,伏阙上章,为贶辩罪。明帝悟,赦贶家属。弘躬送贶丧及其妻子返乡,由是显名。拜为驺令,民称仁惠。迁淮阴太守,累迁尚书令,为平原相,徵拜侍中。汉章帝建初八年(83),任大司农。郑弘于《后汉书》中有传。

据《嘉泰会稽志》卷十记载,"樵风泾在县东南二十五里",据传,汉太尉郑弘年少时曾在若耶溪边的山中砍柴为生,一次在溪边拾得一箭,不多会有人来寻箭,郑弘当即把箭归还于他,寻箭者乃神人也,见郑弘诚实不欺,聪慧可爱,便问郑弘希望以何为回报?郑弘便答:"经常遭受若耶溪中出入和运载柴草不便之苦,但愿若耶溪清晨起南风,傍晚吹北风,以利山民之运舟之便。"神人去后,果然在溪中出现了这种如人意愿的风向。其后,当地村民依随风势运舟载物,受益无穷,产生了深远的影响。

这一传说的合理解释是:若耶溪北部水面较宽,山丘低平,旭日映照较早,同样,升温及水分蒸发也早;而南部山区,群山耸立,光照相对较迟,温差不同,在狭长的溪中朝为南风。暮色苍茫,北部降温较南部为快,又暮为北风。郑弘在历史上是一位体恤民情、政绩卓著的名宦,在越地颇有影响。相传他初为灵文乡啬夫,乡民有弟欠兄钱无力偿还,嫂抗拆之于弘。弘卖内衣为其还钱,其兄惭愧,自系于狱,遣其妻还钱给弘,弘坚辞不受。郑弘又出生在若耶溪边,有过采薪运舟之经历,做过不少有益于民众之事,越人感念郑弘的功绩声名,便口口相传地塑造了郑弘在樵风泾这一传说趣话。

(七)马棱

马棱,东汉和帝时(和帝于 89—105 年在位)为会稽太守。据考,在马棱的主持下兴建了会稽若耶溪下游的滞洪水库——回涌湖[①]。

《嘉泰会稽志》卷二记载："马棱,扶风茂陵人,和帝时转会稽太守,治有声。"《后汉书·马援传》也记载："棱,字伯威,援之族孙也。……赈贫羸,薄赋税,兴复陂湖,溉田二万余顷,吏民刻石颂之。"这位东汉名将马援的后代在水利上有重要建树。

东汉永元十四年(102),马棱由广陵太守转到会稽郡任太守,见郡城以南,山会平原最大的溪河若耶溪经常洪水暴至为患,对郡城及下游的农田、村落构成极大危害,根据自己丰富的治水经验,马棱决定在今绍兴市越城区的禹陵乡葛山村东西两侧的若耶溪下游建坝,据实地查勘考证:东堤至今大二房村附近,长约500米;西侧堤长约600米,接石帆山端的一石堰,其下为孤潭。回涌湖的主要作用为拦截山会平原最大的溪河若耶溪的洪水,以弯回的堤坝,使盛发的山水下泄受阻,造成回涌之势,使山水不至直泻为害。其主要作用是滞洪,尚不能根据需要为下游提供较充足的淡水资源。

东汉建成鉴湖后,取代了回涌湖"防若耶溪水暴至"的作用,与鉴湖连通后,回涌湖随即被废弃。

(八)马臻

马臻,字叔荐,汉顺帝永和年间出任会稽太守。马臻为茂陵人,是东汉名将马援家族后代。马援因忠诚国事、耿直敢言而得罪当时东汉名将梁统的儿子、光武帝的女婿梁松,留下了马、梁两家世代积怨。

东汉永和五年(140),马臻主持兴建了我国长江以南最古老的大型蓄水工程鉴湖。鉴湖,又称镜湖、长湖、大湖等,位于东汉时会稽郡山阴县境内(今属柯桥区、越城区、上虞区)。据考证,湖的南界是稽北丘陵,北界是人工修筑的湖堤。堤以会稽郡城为中心,分东、西两段。东段自城东五云门至今上虞区蒿坝乡附近;西段自常禧门至今柯桥区南钱清境内,总长56.5千米。除去湖中岛屿,其面积约172.7千米,正常蓄水量在2.68亿立方米左右[②]。

孔灵符《会稽记》称鉴湖工程"水少则泄湖溉田,水多则泄田中水入海"。曹娥江以西、浦阳江以南的九千顷土地得以灌溉,"越之有鉴湖,如人之有肠胃"[③]。从此,山会地区的人民在生活、灌溉用水上有了较可靠的保障,盐碱土地得到全面改造,交通航运四通八达,经济迅速发展,人口日益增多,绍兴终于日臻繁华,成为著名的"鱼米之乡"。

---

① 盛鸿郎、邱志荣《回涌湖新考》,载盛鸿郎主编《鉴湖与绍兴水利》,中国书店,1991年。

② 盛鸿郎、邱志荣《古鉴湖新证》,载盛鸿郎主编《鉴湖与绍兴水利》,中国书店,1991年。

③ 〔南宋〕王十朋《鉴湖说上》,载《王十朋全集》卷二十三,上海古籍出版社,1998年,第971页。

据考，东汉和帝时期（89—105），在会稽山阴南部地区对兴建一个带有全局性的水利工程的要求日益迫切①。在马臻任会稽太守之前，有识之士和广大民众已达成筑鉴湖的共识，如何建设鉴湖也应有初步规划方案。

马臻到会稽为太守后，肩负前任太守未竟事业，以会稽之大发展为目标，毅然创建鉴湖。因此引起更大的移民问题，房屋坟墓被淹没，劳役增加，当地也必然有既得利益受损害者不满。更严重的是，在政府官员中的马臻反对者，以及梁商家族在地方的势力，充分利用这一时机，诬告马臻。在政府掌管的户籍簿上抄录已死亡人之名，以这些死人之名告状到朝廷，罪名是马臻贪污政府皇粮和财政收入，筑湖淹没当地百姓土地、房屋和祖坟，激化社会矛盾。顺帝一怒之下，下旨杀了马臻。相传马臻不但被刑于市，还遭剥皮揎草（剖开肚子塞进杂草），死得十分惨烈。很快梁冀之从弟梁旻去会稽任太守。

由于朝廷忠臣为马臻申辩，会稽正义之士替马臻诉冤，反响强烈，顺帝亦感到不妥，派人去会稽调查，竟查不到活人。新任太守梁旻策划把政府的户口簿交给朝廷来使，核实都是已死亡之人。会稽郡毕竟是国家一郡而已，太守不过是二千石官，杀也杀了，查也查了，再查也是皇帝杀错之错了，顺帝已被捆绑其中。鉴湖依存，效益已在不断显现，时间一长，朝中也就无人再提起此事。正史不会记载此事，有不便写、不好写、不能写的原因在其中。

直到孔灵符在南朝宋孝武帝大明（457—464）时在会稽任太守，这已是马臻筑鉴湖300年以后的事了，他到会稽后，看到鉴湖的巨大效益，见到一些地方史料记载，听到民间相传马臻被杀的冤情，心中自然愤愤不平。于是他整理史料，在所著《会稽记》中以简短的文字记下了鉴湖的建筑时间、规模、形制、效益以及马臻被杀的缘由。孔灵符《会稽记》记载：

> 汉顺帝永和五年，会稽太守马臻创立镜湖，在会稽、山阴两县界。筑塘蓄水，高（田）丈余，田又高海丈余。若水少则泄湖灌田，如水多则闭湖泄田中水入海，所以无凶年。堤塘周围三百一十里，溉田九千余顷。

> 创湖之始，多淹冢宅，有千余人怨诉于台。臻遂被刑于市。及台中遣使按鞠，总不见人。验籍，皆是先死亡之人名。

马臻被诬告和问罪被杀应在公元140年之后，最大可能是在141年。是年朝廷还免去主管全国农田水利的司空郭虔之职。

王十朋《会稽风俗赋》赞曰："境绝利溥，莫如鉴湖。"马臻是大禹精神的实践者，是绍兴历史上真正实施了带有全局性意义工程的治水英雄。鉴湖建成，全面改造了

---

① 其事详见邱志荣《上善之水——绍兴水文化》，学林出版社，2012年。

山会平原,效益巨大,流泽后世。没有马臻和鉴湖,绍兴之发展历史将重新改写。

"太守功德在人,虽远益彰。"[①]马臻为兴民利,含冤被杀,会稽人民没有忘记马臻,据民间相传,当年马臻被害时,百姓愤愤不平,冒着生命危险,不惜重金将其遗体悄悄运回会稽,万人痛祭,将其葬于郡城偏门外的鉴湖之畔。唐代在山阴鉴湖边建起两座马太守庙,表明了政府和民众对马臻筑鉴湖功德的充分肯定和高度评价,并形成共识。北宋嘉祐元年(1056),仁宗赐马臻为"利济王",此为宋代皇帝对马太守的高度评价。每年农历三月十四日,民间祭祀马臻。

在绍兴偏门外的马太守庙中,留存的32幅清代壁画,是民间版的马臻与鉴湖水利史,其中马臻的伟大功绩以及梁家的贪婪阴毒,都形象地予以展示。

"太守清,河水清。"鉴湖工程充分显示了水利在会稽的重要地位和巨大效益。绍兴历代多贤太守,贤太守多重水利兴修,水利需要伟大的奉献精神,绍兴人们也敬重和怀念为兴修水利做出贡献的历代会稽地方官。

(九)刘宠

刘宠,字祖荣,东汉东莱牟平(今山东牟平)人,齐悼惠王之后。以明经举孝廉,汉桓帝时官拜会稽太守。《后汉书·循吏列传·刘宠传》记载:

> 山民愿朴,乃有白首不入市井者,颇为官吏所扰。宠简除烦苛,禁察非法,郡中大化。征为将作大匠。山阴县有五六老叟,庞眉皓发,自若耶山谷间出,人赍百钱以送宠。宠劳之曰:"父老何自苦?"对曰:"山谷鄙生,未尝识郡朝。它守时吏发求民间,至夜不绝,或狗吠竟夕,民不得安。自明府下车以来,狗不夜吠,民不见吏。年老遭值圣明,今闻当见弃去,故自扶奉送。"

《水经注·浙江水》:"汉世刘宠作郡,有政绩,将解任去治,此溪父老,人持百钱出送,宠各受一文。"至西小江便将钱投入江中离去,后人遂将西小江改名钱清江,建碑于江边,上书"会稽太守刘宠投钱处"。嘉庆《山阴县志》卷二十一载:"刘太守庙旧在禹会乡,郡人建以祀汉太守宠。唐曰灵应庙,宋改封灵助侯,元至正间周绍祖移建于钱清北镇,国朝乾隆十六年,圣驾南巡,舟过其地,有御制诗勒石祠前。"乾隆题诗曰:

> 循吏当年齐国刘,大钱留一话千秋。而今若问亲民者,定道一钱不敢留。

(十)贺循

贺循(260—319),《晋书·贺循传》中记:"贺循,字彦先,会稽山阴人也。其先庆普,汉世传《礼》,世所谓庆氏学。族高祖纯,博学有重名,汉安帝时为侍中,避安帝父讳,改为贺氏。"初任阳羡(今江苏宜兴)、武康(今属德清)令,转侍御使,后因病去

---

① 李慈铭《越缦堂日记·受礼庐日记》,广陵书社,2004年,第4012页。

职。司马睿出镇建康时，任太常、军咨祭酒、左光禄大夫等职。东晋初期，朝廷多有与贺循咨询国事者，被奉为"当世儒宗"。

晋怀帝永嘉年间（307—312），贺循任会稽内史。其间，贺循主持开凿西兴运河（初名漕渠）。该运河自郡城西郭门起，经柯桥、钱清、萧山，止于钱塘江边的西兴，全长约50千米。西兴运河首先给山会平原的农田灌溉带来极大便利。由于运河与鉴湖湖堤相平行，使鉴湖水通过斗门、闸、堰、阴沟等设施与运河连通，并通过这条干渠流遍山会平原各地，明显提高了鉴湖的灌排效率，扩大了北部平原的垦殖和开发，也促进了越中水运交通的迅速发达，既沟通绍兴郡城与钱塘江，又可经鉴湖与曹娥江相连接，使得浙东水运航道的完善和发展产生了飞跃，东汉山会平原的鉴湖水系也渐向运河水系过渡，西兴运河也是绍兴水利航运史上的一个里程碑工程。

《晋书·贺循传》称其"德量邃茂，才鉴清远"，为政以宽惠著称。他学识渊博，"善属文，博览众书，尤精礼传"，是东晋著名的学者。由他撰写的《会稽记》是绍兴最早的地方志名著之一。另又著有《石篑山记》《丧服要记》及文集二十卷。

（十一）孔灵符

孔灵符（？—465），南朝宋会稽山阴人。出身官宦之家，其父孔季恭曾任会稽内史，后任侍中，迁左光禄大夫。孔灵符于孝文帝元嘉（424—453）末，为南谯王刘义宣司空长史、南郡（今湖北江陵）太守、尚书吏部郎。孝武帝大明（457—464）初，由侍中为辅国将军、郢州（今湖北武昌）刺史，入为丹阳（今安徽当涂县东北）尹，后出为会稽太守，又加豫章王刘子尚抚军长史。

孔灵符以山阴县民多田少，上疏朝廷，建议无资产之民移至余姚、鄞、鄮三地垦辟湖田，如此有利于北方平民及士大夫南来会稽，使贫民有地可耕，荒地成为良田。

《水经注·浙江水》记载：

> 湖之南即江津也。江南有上塘、阳中二里，隔在湖南，常有水患，太守孔灵符遏蜂山前湖以为埭，埭下开渎，直指南津，又作水楗二所，以舍此江，得无淹溃之害。

可知当年孔灵符曾在上虞县境建了一座水利工程，这项工程大致模式和鉴湖是一样的。

孔灵符也属刚直之人，最终也逃脱不了悲惨命运。《宋书·孔季恭传》："前废帝景和中，犯忤近臣，为所谮构，遣鞭杀之。二子湛之、渊之，于都赐死。太宗即位，追赠灵符金紫光禄大夫。"孔灵符著有《会稽记》，早佚，历来引用者甚多。鲁迅《会稽郡故书杂集》中有较完整的收集。该书对会稽郡地山川形胜做了全面记述，是关于鉴湖和马臻最早的权威资料。孔灵符于《宋书》《南史》中有传。

（十二）皇甫政

皇甫政，生卒年不详，唐德宗贞元元年（785）春出任浙东观察使，领镇会稽。主政期间,主持将玉山斗门改建为玉山闸,使这一工程较长时期内成为山会平原蓄泄的水利枢纽。

山会平原自东汉建成鉴湖及玉山斗门,到唐代以后,随着北部海塘特别是会稽防海塘的修筑,基本隔绝了后海、曹娥江与内河的联系。从此,原北流注入曹娥江的诸多河流,均汇入直落江,经玉山斗门入海,因而使玉山斗门的泄水负担相应增加,原有的 2 孔斗门已不适应内河水量泄流的需要。据《新唐书·地理志》记载,皇甫政于唐贞元初(788 年前后),主持玉山斗门扩建工程,将原 2 孔斗门增辟为 8 孔,并置木闸门。同时,又在闸旁设则水牌,按照水位高低,随时对照启闭。玉山斗门改建为闸后,鉴湖和平原河流的调蓄能力大为提高,使山阴、会稽"二邑之田,远近高下,泄之无不及之渊,蓄之无不沃之地"。历代屡加修葺,在明代三江闸建成前的 750 多年间,一直发挥着拒咸排涝、蓄泄灌溉的重要作用。

此外,皇甫政还于唐贞元元年(785)在山阴县北 30 里开越王山堰,《新唐书·地理志》称"凿山以蓄泄水利"。唐贞元十三年(797)三月,皇甫政任满后,改任太子宾客,离越。

(十三)钱镠

钱镠(852—932),字具美,一作巨美,小名婆留,唐末临安(今杭州市)人。少拳勇,喜任侠,以解仇报怨为事。不喜事生业,以贩盐为盗。唐乾符二年(875)石鉴镇将董昌招募乡兵,钱镠前往应募,为偏将。以战功升都指挥使。中和二年(882)助董昌讨灭越州观察使刘汉宏,将仓库内之粮食财物分给立功将领和越州穷困百姓,深得军民拥戴。光启三年(887),朝廷以董昌为越州观察使,镠代为杭州刺史。昭宗继位(889),以镠为杭州防御史。乾宁二年(895),董昌据越州称帝,国号罗平。唐昭宗封钱镠为浙江东道招讨使、彭城郡王,讨伐董昌。镠曰:"董氏于吾有恩,不可遽伐。"以兵三万屯迎恩门,遣其客沈滂谕昌使改过。昌自请待罪,镠乃还兵。后昌复拒命,镠遣顾全武攻昌,三年,攻克越州城,生擒董昌,越州得安,民自感恩。朝廷嘉其功,赐铁券,恕九死。镠如越州受命,还治钱塘,号越州为东府。天复二年(902)封钱镠为越王。后梁开平元年(907)进封吴越王。后唐同光元年(923)加封为吴越国王,行古列国之礼,定都杭州,以越州为东府和行都。

钱镠在位期间,曾三次驻节越州,重视农田水利,建树甚多,一方面加强浚治养护工作,开挖淤泥,修理堤防、闸涵;另一方面加强水土之政,不允许豪强随意围垦,影响水利。北宋曾巩《越州鉴湖图序》称:"钱镠之法最详,至今尚多传于人者。"

钱镠还组织疏浚府河等工程,在五云、稽山门外挖井数十口,主持兴建卧龙山蓬莱阁等。现存拜王桥、钱王井、钱王祠等遗迹遗踪。长兴三年(932),钱镠卒,年八十一,谥曰"武肃"。钱镠见载于《旧五代史·世袭列传》《新五代史·吴越世家》。

（十四）曾巩

曾巩，又名曾亮，字明仲、子固，号元丰，北宋建昌南丰人（或称泉州人），举进士第五人，以太常寺奉礼郎知会稽县。县有鉴湖溉民田，湖溢反为田病，亮于天圣年间（1023—1032）置曹娥斗口，《嘉泰会稽志》卷三载："亮即曹娥江堤，疏为斗门，泄湖水入江，田不病。"曾巩任三朝官，谥宣靖，配飨。北宋熙宁二年（1069）曾巩为《鉴湖图》作序，名《越州鉴湖图序》，图已佚，序收入曾巩《元丰类稿》卷十三、《会稽掇英总集》卷二十等。《图序》概述了鉴湖地域范围、组成设施、管理规则、功能效益以及宋大中祥符以来围垦鉴湖的过程。

（十五）赵彦俫

赵彦俫（1155—1218），字安卿，系宋宗室之后。初任临安府於潜县令，不久，升任临安府通判。宋宁宗开禧元年（1205）出知绍兴府。在越任上，致力于海塘的修筑与管理。岁旱，举缗钱40万以助荒政，民赖以济[1]。赵彦俫颇著政绩。

南宋后期，鉴湖渐趋埋废，山会平原排涝拒咸的负担加重，水旱灾害加剧。嘉定六年（1213）秋，山阴海塘遭风潮袭击，"溃决五千余丈，田庐漂没，转徙者二万余户，斥卤渐坏者七万余亩"。修筑海塘、整治河网便成为当时治水要务。是年，赵彦俫集民工万余人，主持海塘修复工程，于次年夏竣工。"重筑兼修补者共六千一百二十丈"，起汤湾，迄王家浦，其中三分之一的险工地段改用石料砌筑。这是绍兴海塘建筑最早的石砌塘。同时，赵彦俫还对浦阳江下游做了初步治理。在他的主持下，沿江筑塘连至西小江，以防洪潮内侵，并开通山阴县西北30里的朱储闸，改为护家闸，以节制内河水位。

赵彦俫注重对海塘的日常管理和维护。他认为："捍海之功巨而害原于小，举土之费小而所关者大。"为此，他于南宋嘉定七年（1214）在诸暨古博岭下增置田庄两处，面积近千亩，派专人掌管，以其租入作为补充海塘岁修资费之用。这可视为绍兴早期的水利工程专用基金制度。嘉定八年（1215）越中大旱，赵彦俫下令免征湖田租税，还将积储的资金赈济灾民，以度饥荒。

（十六）汪纲

据《宝庆会稽续志》卷四记载，南宋嘉定年间浙东运河"自西兴至钱清一带为潮泥淤塞，深仅二三尺，舟楫往来，不胜牵挽般剥之劳"，针对此种状况，知府汪纲于嘉定十四年（1221）上奏朝廷，请求开浚，"除本府自备工役钱米外，蒙朝廷支拨米三千石，度牒七道，计钱五千六百贯，添助支遣，通计一万三千贯"。治理后，河道通畅，行舟便利，民众称好。是年，又因"新堤在府城之西门，距西兴逾百里，塘堤废坏久矣，

---

[1] 张㧑之、沈起炜、刘德重主编《中国历代人名大辞典》，上海古籍出版社，1999年，第1668页。

外为纤夫蹂践,内为田家侵掘,混为泥涂,往来艰阻,夏潦初兴,河流溢而大口,秋旸方炽,田水泄而不留"的现状,汪纲组织整治,使堤岸"徒行无寒裳之苦,舟行有挽纤之便,田有畔岸,水有储积"。还建施水坊于田野郊远之地,以供路人暂息。此举对运河的整治和管理都起到重要作用。

嘉定十六年(1223)汪纲重修府城及各城门,城周24里,陆门5座(其中兼有水门的2座),水门4座,并疏通城内河道,有利于排水和通航。宝庆三年(1227),属县大水,发粟3.8万余石,缗钱5万赈之,蠲租6万余石。汪纲于《宋史》中有传。

(十七)彭谊

彭谊(?—1497),字景宜,明广东东莞人,正统年间(1436—1449)中乡举,除工部司务。明景泰五年(1454),升任右佥都御史,提督紫荆、倒马诸关。明天顺元年(1457),因受权贵排挤,下迁绍兴知府。在越九年,多有惠政。特别是主持浦阳江早期治理工程,为消除浦阳江借道钱清江后带来的水患,改善明代绍兴水利形势做出了重要建树。

浦阳江从南宋起转入山会平原后,上有洪水泛滥,下有海潮顶托,致使内河泛滥漫流,沿江一带更是"水旱频仍,居民寥落"。由于泄流仅限于若干涵闸,内涝危害甚重,为改变这一状况,彭谊在前人已筑临浦坝(麻溪大坝)、初杀内地水势的基础上,主持治理浦阳江水患,在西江上游开碛堰,使浦阳江水经碛堰由渔浦北流入海(钱塘江);又沿江筑塘,在麻溪下游、西江塘的尽头筑坝(麻溪小坝),以阻止浦阳江水东入麻溪而横溢山阴、萧山内地,浦阳江下游水患得到阻遏,麻溪坝以内,山、会、萧三县内河水患灾害减轻,为之后根除钱清江水患奠定了基础。此外,彭谊还在绍兴城西北45里的白马山麓增建3孔白马闸,以分泄内涝,障御海潮。

《明史》卷一百五十九载:彭谊在绍,"岁饥,辄发廪振贷。吏白当俟朝命,谊曰:'民方急,安得循故事耶?'"又记其"好古博学,通律历、占象、水利、兵法之属。平居谦厚简默,临事毅然有断"。先后升任山东左布政使、工部左侍郎。明成化四年(1468)改任辽东巡抚。

(十八)戴琥

戴琥,生卒年不详,字廷节,明江西浮梁县人。景泰元年(1450)举人,授南京监察御史。成化九年(1473),出知绍兴府。在绍十年间,悉心考察水利形势,全面整治河网塘闸,是一位富有实干精神的治水专家。

戴琥上任伊始,即对绍兴府属八县的山川源流进行周密考察和分析,主持对浦阳江、钱清江的综合治理。首先,对沿江堤塘进行全面加固修筑,"筑堤数十万丈,捍海得田四万余亩,民称戴公堤"。又用"筑闸分流"的方法,在塘南修建新灶(夹灶)、柘林二闸,在堤北建扁拖、夹蓬二闸,以分泄江南、江北之水。在龛山、茅山、新河各置一闸,以分泄湘湖、麻溪之水。为彻底根除钱清江水患,戴琥下令拆除碛堰,以免除江道阻梗之虞;又主持修竣麻溪坝,使浦阳江复归故道,西小江水患得以控制。戴琥还明令规定"堰决不可成,小江决难复通"。

随着鉴湖堤坝日渐堙废,对河湖水位及众多涵闸进行统一调节和管理,成为迫切需要解决的重大难题。戴琥在对山会平原河道、湖泊进行大量实地调查和多年实践积累的基础上,以四季农事为本,兼顾航运交通之水位调控原则和方法,创建了著名的《山会水则》,并于成化十二年(1476)在城内佑圣观立碑。成化十八年(1482)五月,戴琥在离任前夕,根据其在越十年的治水经验,写成专文并绘刻府境八县山川水系全图,勒石立碑(《戴琥水利碑》)于府署中,以供后人治水参考。

戴琥崇尚实干,对每项治水工程,均亲临其地,指导施工。戴琥为绍兴水利做出了杰出的贡献。后升任广西右参政。戴琥见载于《万姓统谱》卷九十九,雍正《浙江通志》卷一三五,《绍兴县志资料》第一辑。

（十九）王守仁

王守仁(1472—1529),字伯安,明代著名哲学家、教育家,当年离职还乡,结庐阳明洞侧,设帐讲学,因以为号,人称王阳明、阳明先生。据说他二次到宛委山阳明洞天,潜心求索,终于大悟"格物致知"的道理,应当自求诸心,不当求诸物,后创立"致良知"说,又称"心学"。《王阳明全集·年谱一》卷三十三记载:

> 先生叹曰:"吾焉能以有限精神为无用之虚也!"遂告病归越,筑室阳明洞中,行道引术。久之,遂先知。

王守仁既重学术思想,也关心水利民生。嘉靖二年(1523)出任绍兴知府的南大吉是为其门生,其间,王守仁支持南大吉疏浚治理城河和会稽山南部若耶溪支流上灶溪。王守仁《浚河记》碑主要记载了绍兴知府南大吉治理城河的过程以及倡导、守护正义的议论。王守仁见载于《明史》。

（二十）南大吉

南大吉(1487—1541),字元善,号瑞泉、南金子。明陕西渭南人。正德六年(1511)进士,嘉靖二年(1523)以部郎出知绍兴府。其间,兴利除弊,广浚河道,成效显著。

绍兴郡城的城河、府河及其他河道,历来是山阴、会稽两县赖以灌溉、饮用的主要水源,也是航运、防洪、消防的重要工程设施。由于沿岸商旅云集,人烟稠密,豪商巨户纷纷占河架阁,"日规月筑,水道淤隘;蓄泄既亡,旱涝频仍"。南大吉认为"善治越者当以浚河为急",把疏浚河道、兴修水利作为首要任务。嘉靖三年(1524)起,对绍兴主要河道进行全面疏浚和整修。其中,城内府河加以拓浚,"决沮障,复旧防;去豪商之壅,削势家之侵",尽撤沿河水阁及阻水庐舍,河面拓宽达六尺许。王阳明作《浚河记》记其事。南大吉又于嘉靖四年(1525)主持上灶溪修浚工程,溪上修建石桥,订立日常岁修规章,并刻石立碑引为成例。在其主持下,境内各主要渠、溪、堰、浦均得到了疏浚和整修,共计长达200余里。

南大吉的疏河之举,深受百姓和有识之士的赞誉,但也遭到了"胥利之徒"的反对和诽谤,嘉靖五年(1526)大计罢归。

南大吉尚友讲学,师从王守仁,有《瑞泉集》。今尚存于大禹陵碑亭上所刻的"大禹陵"三字,即出自其手。南大吉见载于《明儒学案》卷二九、《越中杂识》。

(二十一)汤绍恩

汤绍恩(1499—?),字汝承,号笃斋,四川安岳县陶海村人①。《明史·循吏列传·汤绍恩传》:"初,绍恩之生也,有峨嵋僧过其门,曰:'他日地有称绍者,将承是儿恩乎?'因名绍恩,字汝承,其后果验。"嘉靖十四年(1535)由户部郎中迁德安知府,寻移绍兴知府,累官至山东右布政使。万历《绍兴府志》卷三十八记载汤绍恩"为人宽厚长者,其政务持大体,不事苛细,与人不欺,人亦不忍欺。朴俭性成,内服疏布,外服皆其先参政所遗,始终清白,然亦未尝以廉自炫,度量宏雅"。在越为守六年,缓刑罚,恤贫弱,济灾荒,兴水利,功绩卓著。

南宋鉴湖堙废后的水利形势,正如《闸务全书·序四》所记:"於越千岩环郡,北滨大海,古泽国也。方春霖秋涨时,陂谷奔溢,民苦为壑;暴泄之,十日不雨复苦涸;且潮汐横入,厥壤泻卤。患此三者,以故岁比不登。"程鹤翥《三江闸务全书》上卷《总督陶公塘闸碑记》:"西蜀笃斋汤公绍恩,由德安更守兹土,下询民隐,实惟水患。公甚悯之,曰:为民父母,当捍灾御患,布其利以利也,吾民昏垫,不知为之所,乃安食于其土可乎?""登望海亭,见波涛浩淼,水光接天,目击心悲,慨然有排决之志。"

汤绍恩深入实地,遍行水道,于嘉靖十五年(1536),最后选定了在玉山闸北、马鞍山东麓的古三江口,彩凤山与龙背山之间倚峡建闸的方案。开始建闸时,因巨大的工程投入和劳力需要,导致怨声四起。汤绍恩认定目标,对民众说:现在虽有人怨我,但建闸成功后,水患灾害减轻,人民富裕,老百姓必定会肯定此举。即乾隆《绍兴府志》卷十四季本《诗八首》所谓"水防用尽几年心,只为民生陷溺深。二十八门倾覆起,几多怨谤一身任"。

为解决工程经费不足之困难,汤绍恩亲赴省衙要求拨款,不足,则发动三县人士解囊捐助。世家大户、民间人士、店肆作坊积极出资者,汤绍恩亲书匾额以赠之。

三江闸从是年七月开始备料筑坝,到第二年三月闸成竣工,历时9个月,而闸体实际施工仅"六易朔而告成",共费银五千余两。大闸全长103.15米,28孔,净孔宽

---

① 详见邱志荣,魏义君《四川汤绍恩故居寻访记》,载邱志荣主编《中国鉴湖》第一辑,中国文史出版社,2014年。

62.74米。孔名系应天上星宿,故又称应宿闸。

三江闸建成后,汤绍恩又指挥百姓在三江闸西侧建造新塘,这是一个河道改道工程,新塘处是原河道出海口,因之三江闸建成后必须对原老河道实行封堵,使水归三江闸。据《郡守汤公新建塘闸实迹》记载,新塘直接临水,潮汐冲刷频仍,施工艰难。当时汤绍恩命人将大石块置于海底,筑起拦海大堤,以为大功即可告成,不料堤筑起很快溃决,再筑又溃,损失惨重。为此,汤绍恩昼夜不眠,"乍闻树叶声,疑风雨骤至,即呕血"[1]。汤绍恩一方面改进填筑技术方法,又写了一篇给海神的文章,置于怀中,赤身躺在新筑的大堤上,口中念着:"如果大堤再溃决,我只好将自己的身体一同归之于滔滔东流矣。"[2]话音刚落,精诚感神,便有几百条豚鱼,涌出海面。霎时,海面上风平浪静。再筑大堤,竟不再溃决,新塘终于建成,长200余丈,阔20余丈,水归大闸入东海。

此外,在闸上游三江城外和绍兴府城内各立一石制水则,自上而下刻有"金、木、水、火、土"五字,以作三江闸启闭标准。

三江闸的建成,使横亘数百里的萧绍海塘连成一体,切断了潮汐河流钱清江的入海口,按水则启闭,外御潮汐,内则涝排旱蓄,正常泄流量可达280立方米每秒。至此,绍兴平原河网新格局基本形成,开创绍兴水利史上通过沿海大闸全控水利形势的新格局。毛奇龄《绍兴府知府汤公传》记:"阅一年,工成,共得良田一百万亩,渔盐斥卤、桑竹场畦,亦不下八十万亩。而绍兴于是称大府,沃野千里,绍恩之力也。"三江闸是中国最早、最大的滨海大闸,代表了此类传统水利工程建筑科技和管理的最高水平。

为感念汤绍恩建闸治水的功绩,从明代万历年间起在绍兴府城开元寺和三江闸旁分别建有"汤公祠",每年春秋祭祀。清康熙四十一年(1702)汤绍恩被敕赐"灵洛"封号,清雍正三年(1725)又敕封为"宁江伯"。今祠已不存,但城内府山北坡尚存有汤绍恩手书的"动静乐寿"摩崖题刻。

汤绍恩在《明史》卷二百八十一、《西河全集》卷七十七等文献中均有记载。

(二十二)萧良干

萧良干(1534—1602),字以宁,号拙斋,明江南宁国府泾县(今属安徽省)人。隆庆五年(1571)进士。官至陕西布政使。万历十一年(1583)以户部侍郎出知绍兴府,于次年主持三江闸首次大修工程。

三江闸自建成至萧良干任上,运行已近50年。因闸长年承受海潮冲刷,灰秫剥落,渗漏严重,影响启闭蓄泄。萧良干主持修闸,采用"砌石封土"法。在闸前增置小梭墩,自下而上交互镶砌,并铸铁锭钳固,闸面全部铺盖石板,两旁增设石栏,加以覆

---

[1]《郡守汤公新建塘闸实迹》,载程鹤翥纂辑《三江闸务全书》上卷。
[2]《郡守汤公新建塘闸实迹》,载程鹤翥纂辑《三江闸务全书》上卷。

护；又将二十八宿字号依次分凿于各洞栏板上。对石块间的渗漏处，均灌以沃锡，胶以灰秫。对有损坏的底板、槛石闸门及铁环等构件，均予以修整或更换。

又对三江闸附近的海塘进行了修缮和加固。施工期间，萧良干"时时拿小艇往督劳，凡予直毫发必躬"。大修工程历时三个月告竣。修闸经费，皆出自府中赢羡；所征民工，皆以日计值，不科一亩，不发一丁，以减轻百姓负担。

萧良干在主持修闸的同时，根据这次大修的实际，制订《三江闸现行事宜》，共九条，内容包括启闭规则、修筑要领、闸官委派、闸夫配备、设施维修、塘闸经费及整治方法等方面，开创了三江闸按规章管理的历史。为保证三江闸岁修的经费来源，萧良干特为之增置沙田92亩，草场一区，征其租税，补充费用。为使大闸启闭有节，萧良干还将水则石碑移置闸前内河水面平宽处，上刻"金、木、水、火、土"五行水位高程，视水涨至某字，相应启闭若干孔。为减缓水势，保护塘岸，还将闸两端各一孔改为常平闸，高置石槛，以泄涨水。

为解除郡城西北部白洋、党山一带的洪涝威胁，萧良干又主持在白洋龟山西麓筑山西闸（3孔）。此闸与三江闸相互配套，"后三江而启，先三江而闭，以佐应宿之成功而匡助其不逮"，从而进一步提高了山会平原的排涝能力。

萧良干在越关心民间疾苦，"视民所疾苦而时疗之"。其间，还主持修纂万历《绍兴府志》五十卷，其内容详备，插图丰富，是现存府志中最早的一部。后人在原三江城西的观澜亭内为他立像祭祀，以表彰其修闸的功绩。汤公祠有徐渭作，并以张元忭名所题联：

> 凿山振河海，千年遗泽在三江，缵禹之绪；
>
> 炼石补星辰，两月新功当万历，于汤有光。

《闸务全书》中"汤祠对联"有注：

> 公讳元忭，系太仆卿讳天复之子，山阴人。世居越城车水坊。明隆庆五年辛未鼎元。其联出赞汤德，对表萧功，观此益知汤德固不容忘，而萧功亦未可泯也。联书俱徐文长先生所代，今墨迹已遗。

足见世人对萧良干的评价之高和爱戴之深。

《澹园集》卷三，《三江闸务全书》等载有萧良干生平及事迹。

（二十三）姚启圣

姚启圣（1624—1683），字熙止，号忧庵，明清间绍兴会稽马山姚家埭人。少喜任侠。为明朝诸生。顺治初年，游通州，为土豪所侮，乃诣军前乞求投军。顺治十六年（1659），附族入籍，隶镶红旗汉军。

康熙二年（1663）八旗乡试第一，出任广东香山知县。前任负课数万而下狱，启圣代为偿还，后因擅开海禁而罢官。康熙十三年（1674），三藩之一耿精忠反，康熙命康亲王杰书南征,启圣以家财募兵赴军前效力。署诸暨知县。十四年(1675),以康亲王荐,超擢温处道佥事。十六年(1677),从康亲王复邵武、兴化,尽取漳、泉地,锦遁归厦门。十七年(1678),诏擢启圣福建总督。十八、十九年(1679、1680)连败刘国轩,别遣将渡海,拔金门、厦门,锦退保澎湖,尽复所陷郡县。进兵部尚书,太子太保。二十年(1681),启圣上奏荐降将施琅为水师提督,训练水军准备攻台。二十二年(1683),施琅率水师破刘国轩军于澎湖,并下之,八月攻台湾鹿耳门,台湾平,郑克塽出降。攻台时,启圣驻厦门督馈运,克台后,还福州。

姚启圣重视故乡越地公益事业,倡修绍兴府学及三江闸、西江塘,备受乡人赞颂。据康熙《会稽县志》记载,康熙二十一年(1682),西江塘决堤,危及三邑,洪灾肆虐,民力匮乏。当事者欲再兴工役,但囿于经费而踟蹰未决。时姚启圣正在总督闽越、光复台湾任上,闻讯后,深切关心故乡水利,慨然承诺自己负责全部大修资金,实行第三次重修三江闸工程,并请郡守王之宾主持修闸,命其弟姚起凤佐理,属员、候选县令张锴赶赴家乡操办其事。姚启圣启动的这次三江闸大修中,雇用大批民夫工匠,动用灰铁竹木、置田起土皆以数百万计。用工以万千计,如筑坝打桩4000余工、挑工8000余工、车工2000余工、修闸洞1000余工等。"不加税一亩,不擅役一丁,不科派一家,独捐数千金"。是年九月四日开工,十一月十五日完工。

姚启圣著有《忧畏轩集》,《清史稿》中有传。

(二十四)俞卿

俞卿,字恕庵,云南陆凉人。清康熙五十一年(1712)由兵部侍郎出任绍兴知府。刚上任,正值台风海潮成灾,连坏山阴、会稽、萧山、上虞等海塘。俞卿立即主持了海塘的抢修,他见土塘抗灾能力低弱,便在重要地段改土塘为石塘,共筑石塘5700余丈,又建土塘1.1万余丈。此外,还修麻溪坝及山西闸。

康熙五十二年(1713)俞卿捐俸主持疏浚城内府河。五十三年(1714)自捐银五百两,修竣被潮冲毁的山西闸。五十九年(1720)正在他主持兴建上虞海塘时,将升职赴新任的消息传来,俞卿却表示:"此工不完,后将谁任?设官为民,民事未问,虽超擢不愿也。"为指挥施工方便,他移住至两县工所附近的东关之天华寺内,主持工程建设,直至完工。

俞卿重视府城建设和管理,在疏浚府河之后,于康熙五十四年(1715)下令尽撤沿河水阁,以利船只通行,并颁立"知府俞卿禁碑"2块,以示厉禁。提出"河道犹人身血脉,淤滞成病,疏通则健,水利既复,从此文运光昌,财源丰裕,实一邦之福,非特官斯土者之厚幸也"的论断,把疏通河道和绍兴的文化发达、经济发展结合在一起进行论说,很具说服力。

俞卿守越12年,政绩卓著。由于他对绍兴水利的突出功绩,后人将他与马臻、汤绍恩并称为绍兴水利史上的"三公"。俞卿事迹见载于乾隆《绍兴府志》。

（二十五）李亨特

李亨特，奉天正蓝旗人，乾隆五十五年（1790）出任绍兴知府。《越中杂识·名宦》上卷记载其"尝微行城乡，体察疾苦，凡有关于民瘼者，罔不为除剔整顿之"。上任不久，李亨特即把水利放在重要地位，整治河堰陂塘，建树颇多。又见城中河道四通八达，居民因嫌其地狭，架木为基而造屋其上，又有石条、木桥架设其上以图行走之便。行船因此被遮盖，几乎见不到日月。由于水阁连接两岸，如遇火灾，更是后患无穷。两岸居民，又常倾倒污秽之物于河中，行船适遭之，引起互相诟骂甚至涉讼，常常有之。河道也因此日渐淤积，每至夏秋干旱便难行舟，逢暴雨排水又受阻。前太守俞卿虽有禁令，但天长日久，城河在管理上又出现放任废弛的现象。

为重新整治府河，李亨特对绍兴城内河道进行全面查考，发现从郡城张神祠至南门止，共设有水阁74座，石条4座，木桥8座。乾隆《绍兴府志》卷十四记载李亨特立《禁造城河水阁示》碑，限令在二十日内将所设水阁、石条、木桥各自拆毁，倘有敢于违抗者，除官府派员随带工匠押拆外，还将违禁者令人严拿，按侵占罪论处。清障后，李亨特又组织疏浚城河，于是河水为之一清，舟楫往来称便，水城更显盛世景象。此外，乾隆《绍兴府志》卷十四记载乾隆五十七年（1792）"知府李亨特探定府河"，组织对城河的水则、桥、巷口、坊口、寺、庙口、轩亭口等35处的水源进行探测，为后来者治河留下了依据。李亨特又着力整治城内街面路口，使城中街道畅通无阻，恢复了"天下绍兴路"的美誉。

乾隆五十八年（1793），李亨特调任杭州，《越中杂志·名宦》卷上记载"郡人至今谈公德政，不胜屈指，以为俞太守再见于今云"。

二、现代

（一）潘家铮（1927—2012）

土木工程和水利水电工程学家。绍兴人。1950年7月毕业于浙江大学土木系。1985年任水电部总工程师，1988年任能源部总工程师。1980年当选为中国科学院（技术科学部）学部委员。1994年被选聘为中国工程院（土木、水利与建筑工程学部）院士，并当选为中国工程院副院长。

潘家铮关心家乡的发展尤其是水利事业。在曹娥江大闸建设期间，他担任曹娥江大闸专家组顾问，虽年事已高，但仍先后三次参加大闸专家组活动，提出了"把曹娥江大闸建成为一座能长期安全运行、发挥综合效益的造福工程，一座依靠科学技术、反映开拓创新的时代工程，一座生态健康、环境优美、体现以人为本的和谐工程"的设想，并深入大闸工地现场指导，对大闸工程建设技术难题的突破起到了重要的作用。潘家铮对大闸水文化的布局建设也提出了具体而富有创造性的建议，命名大闸为"中国第一河口大闸"并题词，还为《中国第一河口大闸——曹娥江大闸建设纪实》一书作序。

潘家铮先生在获悉家乡整治古运河的讯息后，欣然命笔，撰书颂赋，名《浙东古运河整治纪盛》。

（二）陈桥驿（1923—2015）

原名陈庆均，绍兴人。被公认为当今中国历史地理学界的泰斗。

陈桥驿历经70年笔耕不辍，出版地理学、郦学、吴越文化、方志学等方面著作70余种，发表各类论文400多篇。90岁时获得浙江大学竺可桢奖，91岁时获得中国地理科学成就奖。他20世纪60年代初在《地理学报》上发表的关于山会平原的农田水利、绍兴附近森林变迁的研究，对于现代中国历史地理学的建立，具有开拓性的学术意义；他长期致力于《水经注》的研究，出版多个校本，厘清郦学门径，开创了治郦的地理学一派。在拓展历史城市地理研究、深化地名学理论、更新方志学理念、开展地理科普等学科领域多有重要建树和引领影响。陈桥驿在积极致力于学术研究的同时，充满了对家乡的热爱，不忘报效桑梓。他关于大禹文化、宁绍平原、鉴湖运河水系、城市聚落等的研究和传播，为绍兴市水利发展、城乡建设、旅游开发提供了历史文献依据。他的《绍兴史话》《绍兴地方文献考录》和《吴越文化论丛》等专著的出版发行，不仅为绍兴地区研究越文化夯实了基础，也推进了地方文献的搜集、整理、研究和运用的进程。

陈桥驿独树一帜，将大禹文化的研究推前到了25000年前开始的假轮虫海侵时期，具有杰出的时代性、科学性和合理性，为学界所认同，也使绍兴的大禹文化研究的保护和传承有了明确的方向和主题。

绍兴水文化、水利史是陈桥驿长期关注和精心培育的领域，不但基础研究硕果累累，水文化理论研究和实践成果也走在全国前列。

浙东运河能与京杭运河、隋唐运河同作为中国大运河三大组成部分，在2014年6月22日第38届世界遗产大会申遗成功，陈桥驿功绩卓著。陈桥驿曾明确提出应将"京杭大运河"改为"南北大运河"，把浙东运河纳入大运河申遗范围。2005年底主编《中国运河开发史》，浙东运河成为主要的著述内容之一，确立了浙东运河为中国大运河南端、海上丝绸之路南起始段的崇高地位。

陈桥驿还积极参与家乡的规划决策论证、编修史志、水环境保护等活动，并提出了许多宝贵的建议。

陈桥驿有《绍兴水利史》诗，揭示了绍兴历史上自然、社会发展及其与水利的关系。

第十三章　水利遗产　经典案例（选录）

第一节　水利工程遗产

一、塘坝

（一）坡塘遗址

1. 地理位置

经度：120.556931° E

纬度：29.938312° W

所在地：绍兴市越城区鉴湖街道盛塘村

2. 简介

坡塘是越王句践时在会稽山北麓建成的围塘蓄水养鱼塘。盛塘村曾有一处高出路面6—7米的土坝，相传为坡塘遗址。吴越时期，范蠡养鱼有池两处，"上池宜于君王，下池宜于臣民"。据相关考证，"上池"即在此地。塘西侧立有清代石碑，文已不清。

现状：今塘已辟成谢墅至里木栅的公路，塘库已垦作农田，东侧山麓带建简易公路。经东西的庙山和大窑山之间筑起一条长约250米、高10米左右的大坝，其内形成一个水面约24万平方米，蓄水量约80万立方米的水库。

3. 图照

坡塘遗址（邱志荣摄）

（二）南池遗址

1. 地理位置

经度：120.588221° E

纬度:29.920232° W

所在地:绍兴市越城区鉴湖街道秦望村

2.简介

据《嘉泰会稽志》记载:"南池在县东南二十六里会稽山,池有上、下二所。"乾隆《绍兴府志》载:"坡塘村乃上池,范蠡所修之。"

下池即南池。塘坝遗迹尚存,残塘全长约220米,距附近田面高16.30米(田面高程20米),塘底宽106米、面宽65米。塘东已有65米长缺口,南池溪流贯其间。南池控制集雨面积15.87平方千米,水面面积约53万平方米,蓄水库容300万立方米。南池是中国古代早期蓄水塘库并开水库养鱼之先河。

3.图照

南池遗址现场

(三)秦望水坝遗址

1.地理位置

经度:120.588221° E

纬度:29.920232° W

所在地:绍兴市越城区鉴湖街道秦望村秦望山(胡家塔)自然村

2.简介

水坝遗址又称横山。水坝一说建于战国时期,现存遗址东接椅子山,西连庙山。坝体用土夯筑而成,总体长约200米,坝基宽约58米,高12—14米不等,两面斜坡,顶平,横剖面呈梯形。现存水坝坝体不完整:东端有坡塘江源头溪自南向北流经旧时通道形成的宽约35米的缺口,西端有近年开村级公路及村民建设形成的宽约40米缺口。

3.图照

秦望水坝遗址

（四）云松水坝遗址

1.地理位置

经度：120.547962° E

纬度：29.912421° W

所在地：绍兴市越城区鉴湖街道云松村北约2000米的两山之间

2.简介

水坝遗址又称断塘。水坝一说建于春秋战国时期。坝体用土夯筑而成，平面稍呈"S"形，东西走向，全长约150米。坝体东端已开挖有长约25米豁口以作进出道路，西端开挖有长约8米的通道，坝体残长大约120米。横截面呈梯形，现底宽约40米，顶宽约20米，高约7—8米。水坝遗址的分布面积约4400平方米。以水坝为基点向南区域的东面与西面，两面山峦屏障，形成一个相对封闭的水库区域，今东端口山沿处仍有一条溪流。

3.图照

云松水坝遗址（戴秀丽摄）

（五）回涌湖遗址

1. 地理位置

经度：120.628167° E

纬度：29.97436° W

所在地：绍兴市越城区禹陵的葛山两侧

2. 简介

回涌湖又名回踵湖。据《嘉泰会稽志》载，为东汉马臻太守所筑，另一种说法是东汉马棱任会稽太守时所筑，建成于永元十七年（105）前。据考，回涌湖坝高18米以上，坝底宽大于100米，集雨面积137.74平方千米，拦蓄若耶溪来水，水面面积8.56平方千米。湖面南北长、东西狭。湖水深约3米，正常蓄水库容2000万立方米以上。

回涌湖的主要作用为拦截山会平原最大之溪河若耶溪的洪水，以弯回的堤坝，使盛发的山水下泄受阻，造成回涌之水势，经过调蓄，减轻对下游绍兴郡城及平原的冲击。

东汉鉴湖建成，取代了回涌湖的作用。回水至坝脚，故又有"回踵"之名。库区不断淤积，又为人多地少的山会平原提供了理想的围垦农田之地，最后废湖约在10世纪中叶。

3. 图照

回涌湖遗址现场（邱志荣摄）

（六）塘城坝遗址

1. 地理位置

经度：120.73192° E

纬度：29.962764° W

所在地：越城区富盛街道倪家溇村大山呑口，东接窑糕山，西连乌龟山

2. 简介

据考证，塘城水坝为越王句践时期兴建的水利设施。土坝，总长 550 米，坝基宽 55 米，高 14—16 米不等，两面斜坡，顶平，横剖面呈梯形。水坝人工堆筑痕迹明显，局部断面上可见明显夯筑迹象，东端与山体连接处，可见宽 8.3 米、残深 3 米的溢洪道遗迹。

3. 图照

塘城遗址现场介绍碑

（七）狭猕湖避塘

1. 地理位置

经度：120.563914° E

纬度：30.083808° W

所在地：绍兴市镜湖新区（越城区灵芝街道）狭猕湖上

2. 简介

据清嘉庆《山阴县志》记载，狭猕湖避塘始建于明天启年间，崇祯十五年（1642）

始成雏形。此后，清代道光、咸丰、同治和宣统年间屡有修缮。今避塘全长约 3.5 千米，呈南北走向，横亘于狭猻湖上，保存较为良好。由实体塘堤、石桥、石亭相间组成。实体塘堤平面呈"S"形，塘身用长约 2—2.3 米、宽为 0.4—0.5 米的条石。南、北山墙各立《募修备塘碑》《修塘捐碑》一方。

1989 年 12 月，狭猻湖避塘被列为浙江省文物保护单位；2013 年 3 月，又被列为全国重点文物保护单位。

3. 图照

狭猻湖避塘（邱志荣摄）

二、堰

钟堰遗址

1. 地理位置

经度：120.555001° E

纬度：30.005298° W

所在地：越城区府山街道钟堰村钟堰禅寺

2. 简介

钟堰又名中堰，古鉴湖泄水过船设施，其南为鉴湖。乾隆《绍兴府志》、嘉庆《山阴县志》均作"中堰，在郡城西湖塘上"。堰东西向，长约 500 米，堰旁建有钟堰庙。今堰址因河道拓宽已改建成中堰桥。

3.图照

古代钟堰桥遗存在绍兴运河园中展示（戴秀丽摄）

今钟堰桥和钟堰庙（戴秀丽摄）

三、闸

（一）玉山斗门遗址

1.地理位置

经度：120.600766° E

纬度：30.105613° W

所在地：越城区斗门街道宝积禅寺旁

2.简介

玉山闸系玉山斗门扩建而成，原位于越城区斗门街道，居金鸡、玉蟾两峰峡口。玉山斗门，为汉永和年间创筑鉴湖时所建斗门中"特为宏大"者。唐贞元二年（786），浙东观察使皇甫政扩建玉山斗门为8孔，改称玉山闸或玉山斗门闸，蓄泄功能大增。

北宋嘉祐三年（1058），山阴知县李茂先始砌石墩，凿石槽，以石易木，重修玉山闸。明嘉靖十六年（1537）在玉山闸下游约 3000 米的三江口建成三江闸，玉山闸的功能被全部替代，遂撤闸板，废启闭，成为闸桥。1954 年 10 月，玉山闸桥被拆除。1955 年 4 月 25 日，在原闸基础上建成"建设桥"。1981 年，因拓宽河道拆除并建"斗门大桥"。2003 年 6 月，将玉山闸残存的闸柱、石墙移至运河园水利风景区的古纤道边，组成闸体横立面。

3.图照

玉山斗门闸图［明万历十五年（1587）《绍兴府志》刻本］

玉山斗门闸老照片

玉山斗门闸遗存（邱志荣摄）

（二）三江闸遗址

1.地理位置

经度：120.620002° E

纬度：30.121806° W

所在地：越城区斗门街道三江所城西

2.简介

三江闸又名应宿闸。明嘉靖十五年（1536）知府汤绍恩开建，次年三月竣工。闸总28孔，总净孔宽62.74米，闸长约103米。正常蓄水量达280立方米每秒。1952年升高中间4孔，其余左右两段基本保持原状。东段老闸、西段老闸各宽9.16米。梁侧面阴刻楷书闸洞星宿名称，现多斑驳。闸墩内侧开凿三条闸槽，槽内设置厚0.12米的闸板，以供开闭。三江闸先后经历了6次大的修理。直至1981年新三江闸建成，三江闸一直是萧绍平原排涝拒咸、蓄淡灌溉的水利枢纽工程。

3.图照

应宿闸图

三江应宿闸

三江闸左岸丁由石塘段(邱志荣摄)

四、海塘

(一)萧绍海塘(越城段)

1.地理位置

经度:120.700106° E

纬度:30.092965° W

所在地:萧绍海塘越城段横跨孙端、马山、斗门3个街道,建有配套的三江闸、马山闸和楝树下闸等,本次定位点为保存较好的镇塘殿段。

2.简介

萧绍海塘西起杭州萧山临浦麻溪桥东侧山脚,经绍兴至上虞嵩坝清水闸闸西山麓。全长116.85千米,由西江塘、北海塘、后海塘、防海塘、嵩坝塘5段组成。萧绍海塘始筑年代,《嘉泰会稽志》称"莫原所始",清代程鹤翥《闸务全书》谓"汉唐以来"。东汉马臻在建鉴湖的同时沿海建玉山斗门,以泄洪涝。以此推测,在斗门东、西,当时应有海塘。最初的萧绍海塘主要以土塘为主。到宋代,部分土塘改为石塘;明嘉靖年间建三江闸东、西两侧海塘,使萧绍海塘连成一片。清代至民国时期,海塘修筑技术不断提高;中华人民共和国成立后,时绍兴县、上虞市对萧绍海塘进行多次加固、改造,平均加高0.80米。1966—1995年间,大规模围垦海涂,使萧绍海塘(绍兴段)大部分成为备塘。1989年12月,萧绍海塘(绍兴县段、越城区段)被列为浙江省文物保护单位。1994年,划定萧绍海塘绍兴段保护范围及建设控制地带。2017年,萧绍海塘(上虞段)被列为浙江省文物保护单位。2021年2月被列入绍兴市大运河世界文化遗产保护名录。

3.图照

萧绍海塘后海塘镇塘殿段现场(邱志荣摄)

(二)百沥海塘(沥海段)

1.地理位置

经度:120.747999° E

纬度:30.11254° W

所在地:越城区沥海街道城西村百沥海塘

2.简介

百沥海塘南起上虞区百官街道龙山头,至夏盖山西麓止,全长39.73千米。百沥海塘元代以前情况,已无可查考。元至正七年至九年(1347—1349),筑桩基石塘1924丈;至正二十二年(1362),绍兴路史王永督修,砌筑条石丁由塘1944丈。明洪武四年(1371),将纂风到荷花池一段土塘改成石塘1300丈;洪武二十四年又筑4000

丈。清康熙五十九年至六十年（1720—1721），新建鹊子至夏盖山一段条块石塘 2256 丈；此后直至清末，仅新建石塘 96 丈及修复局部坍塘、维修培土。1950 年，以修砌赵家坝丁由石塘为开端，随后全线加高培厚土塘及石塘附土，修复坦水等，兴建护岸。至 1969 年，百沥海塘外有六九丘涂地，自后倪至夏盖山段，外围有各丘堤塘，百沥海塘处于二、三线备塘。现立交桥至余塘下段，堤面宽 6 米，墙顶高程 10.40 米，土堤顶高程 9.50 米；余塘下至赵家村段，顶高程 8.10 米，高程 10.30 米，堤面宽 5 米，第三段赵家村至中利村，顶高程 8.10—8.60 米，堤面宽 4 米。

2017 年，百沥海塘被列为浙江省文物保护单位。

3. 图照

百沥海塘段现场（王文标摄）

第二节　非水利工程类遗产

一、禹迹

（一）会稽山

1. 地理位置

经度：120.625359° E

纬度：29.967827° W

所在地：越城区大禹陵景区东南石帆山大禹像南边

2. 简介

会稽山丘陵的主干峰聚于绍兴市区和诸暨、嵊州边界，海拔 700 米左右。从主干按西南—东北走向,分出一批海拔500米左右的丘陵,形成西干山丘陵和化山丘陵,亦分别成为浦阳江和曹娥江的分水岭。

"会稽者,会计也",追根溯源,是因传说大禹在"茅山""大会计"而名"会稽山",再因此而名其地为会稽。

会稽山海拔一般在500米左右,几个千米以上山峰集聚在南部。主峰鹅鼻山,在嵊州市西北,海拔700米以上。最高点东白山,在东阳、诸暨两市界上,海拔1194米。山体主要由中生代火山熔岩、碎屑岩组成,局部有砂岩、页岩等分布。岩性松软的岩石构成山间小盆地。中段有新生代玄武岩,形成条带状台地。

3.图照

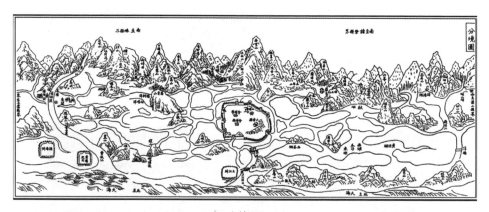

分境图

会稽山(戴秀丽摄)

(二)大禹陵

1.地理位置

经度:120.620246° E

纬度:29.969999° W

所在地:越城区大禹陵景区

2.简介

大禹陵在绍兴城稽山门外东南3千米处,位于会稽山麓、鉴湖南畔,是一处合陵、庙、祠于一体的古建筑群。

《史记·夏本纪》中记:"十年,帝禹东巡狩,至于会稽而崩。"《史记·秦始皇本纪》又记秦始皇三十七年(前210)来到越地,"上会稽,祭大禹,望于南海,而立石刻颂秦德"。

大禹陵坐东朝西,面临禹池,前有山丘分列左右,会稽主峰环绕其后。入口处有牌坊,内辟百尺青石通道。

3.图照

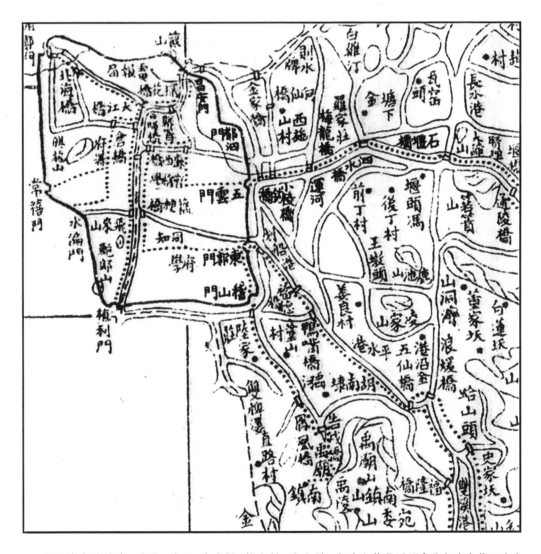

绍兴城东地禹庙、禹陵、禹河、告成桥、梅龙桥、涂山村、宛委山等位置图〔引自清光绪二十年(1894)《浙江全省舆图并水陆道里记》〕

大禹陵碑（邱志荣摄）

（三）大禹庙

1. 地理位置

经度：120.619661°E

纬度：29.97169°W

所在地：越城区大禹陵景区

2. 简介

禹王庙。相传禹庙最早为启所建。《越绝书》卷八："故禹宗庙在小城南门外，大城内，禹稷在庙西，今南里。"此位置应在靠近绍兴城内的飞来山以北近处。《史记正义》引孔文祥云："宋（指南朝刘宋）末，会稽修禹庙，于庙庭山土中得五等圭璧百余枚，形与《周礼》同，皆短小。此即禹会诸侯于会稽，执以礼山神而埋之。其璧今犹有在也。"《嘉泰会稽志》卷十三"白璧"条引《十道四蕃志》："（南朝）宋孝武使任延修禹庙，土中得白璧三十余枚，明知万国所执。梁初治庙，穿得碎珪及璧百余片。"均证明禹庙年代之久远，以及历代祭祀留下的遗物之丰富。禹王庙建成以来屡有兴废，现存禹王庙，基本保留了明代的建筑规模和清代早期的建筑风格。

正殿正中央耸立着大禹塑像，高5.85米，衮袍冕旒，执圭而立。

3.图照

大禹陵庙图(引自 1935 年《祀禹录》)

绍兴大禹庙(袁云摄)

大禹像及楹联(邱志荣摄)

（四）大禹祠

1.地理位置

经度：120.620063° E

纬度：29.969777° W

所在地：越城区大禹陵景区

2.简介

禹祠，在陵的南侧数十米处，为一片古朴典雅的平房。据传始立于少康时。建祠3000余年来，屡废屡建。今禹祠分前后二进。第一进右面为《大禹三过家门而不入》的砖刻图，左边则为砖刻《大禹纪功图》。第二进中央为禹塑像，高约2米，头戴笠帽，脚着草履，手拿石铲，目光炯炯，有开天辟地、重振山河的英雄气概，同时又是一位普通劳动者的形象。

禹井，在禹祠左前侧，相传大禹治水期间在此居住，凿井取水。后人饮水思源，称之为"禹井"。

3.图照

禹祠外景（戴秀丽摄）

禹祠大禹像及禹井（邱志荣摄）

（五）宛委山

1.地理位置

经度：120.625902° E

纬度：29.957745° W

所在地：绍兴市越城区宛委山阳明洞天禹穴边

2.简介

宛委山又称石匮山、石箦山、玉笥山，位于绍兴城东南约 6 千米处，海拔 279 米，北连石帆山、大禹陵，南倚香炉峰，是会稽山中自然风光、人文景观的荟萃之地。

相传大禹在治水之始遇到艰难险阻，睡梦中受玄夷苍水使者指点，便在若耶溪边的宛委山下设斋三月，得到金简玉字之书，读后知晓山河体势、通水之理，治水终于大获成功。

宛委山是传说中大禹来越治水的佐证，也是大禹获取治水经验之处，此传说流传广泛，影响深远。

宛委山飞来石上有唐贺知章《龙瑞宫》题记，至今清晰可辨，其中也有关于大禹在此得天书的记载。

3.图照

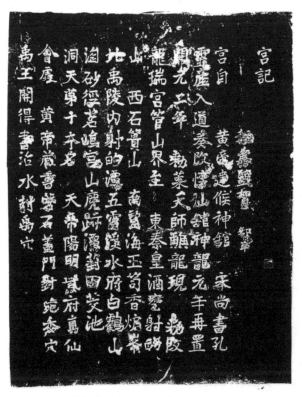

贺知章宛委山《龙瑞宫记》刻石

宛委山（邱志荣摄）

二、城门

（一）都泗门遗址

1. 地理位置

经度：120.603173° E

纬度：30.006878° W

所在地：越城区世贸广场环城东路都泗门

2. 简介

都泗门是古代绍兴水城沟通运河与鉴湖的水上主通道之一，都泗堰的主要作用是控制鉴湖水位、向运河供水，使鉴湖水不致倾泻。据《宋会要辑稿》记载，宣和时（1119—1125）为便于高丽使臣来往而在都泗堰旁设闸。南宋末鉴湖既废，不再存在泄水入运河的问题，此门被自然废弃。1938年2月，都泗门与绍兴城墙同时被拆除。2001年环城河整治建设，在原址重建。今地下遗存应犹在。

3. 图照

都泗门老照片（傅立成摄）

（二）五云门遗址

1.地理位置

经度：120.603932° E

纬度：30.003258° W

所在地：绍兴市越城区环城东路与东环城河交接处西侧

2.简介

五云门，又称古雷门，为陆门。城门内建有城楼、月城，还设兵马司厅和窝铺，便于兵丁防守。在府城9座城门中，五云门曾以宏伟著称。《嘉泰会稽志》："五云门古雷门也。……《十道志》云：'句践所立，以雷能威于龙也，门下有鼓长丈八，赤声闻百里。'"当时五云门水道是不存在的，但这既然是一陆道，当与东郭门相通。

3.图照

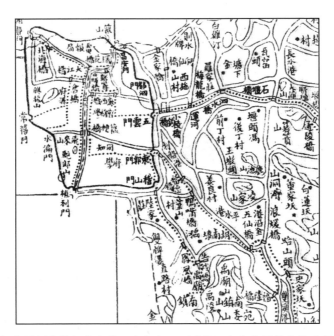

五云门位置图〔引自清光绪二十年（1894）《浙江全省舆图并水陆道里记》〕

（三）迎恩门遗址

1.地理位置

经度：120.574995° E

纬度：30.019891° W

所在地：绍兴市越城区环城西路迎恩门

2.简介

迎恩门又名西郭门，位于绍兴市中心的西北角，古时凡朝廷命官甚至皇帝亲临必经此门，故称"迎恩门"。该门是历史上从杭州进入绍兴的主要水陆要道。在这块占地 51 公顷的土地上,千年古运河缓缓流淌,讲诉着悠远的历史。20 世纪 20 年代,因修建公路,迎恩门城楼等被拆除。2000 年市政府在原址重建了迎恩门。

3. 图照

迎恩门遗址(戴秀丽摄)

迎恩桥遗址(戴秀丽摄)

(四)三江所城东城门

1. 地理位置

经度:120.625713° E

纬度:30.118367° W

所在地:绍兴市越城区斗门街道三江村

2. 简介

嘉庆《山阴县志》卷五记载:"三江所城,明洪武二十年,信国公汤和筑。"三江所城是明清时期绍兴的海防要地，三江外港口通海，地势险要。现三江所城仅存东城门与其相连的部分城墙，残长20米，高4.62米，城墙从地面至1.90米高处为条石基础，上用青砖错缝砌筑。拱券城门施条石基础，砖砌券顶，矢高4米，底宽4.60米。

3.图照

三江所城东城门（邱志荣摄）

三、祠墓

（一）马臻墓

1.地理位置

经度：120.568627° E

纬度：30.000899° W

所在地：绍兴市越城区跨湖桥直街1号

2.简介

东汉马臻为修筑鉴湖含冤而死，《后汉书》也不为其立传，故正式文献资料记载甚少，但"太守功德在人，虽远益彰"，人们没有忘记这位治水功臣。散见于绍兴民间的传说及祭祀活动较多。

据民间传说，在马臻被害后，会稽百姓暗地冒着生命危险，将其遗骸运回会稽，并葬于郡城偏门外的鉴湖之畔。岁月沧桑，马臻墓至今依然屹立在今鉴湖之畔。相传农历三月十四为太守生日，民间年年祭祀。

马臻墓前有石坊一座，题刻有"利济王墓"，为北宋嘉祐元年（1056）仁宗所赐封

号,石坊中柱正面有长联:

> 作牧会稽,八百里堰曲陂深,永固鉴湖保障;
>
> 莫灵窀穸,十万家春祈秋报,长留汉代衣冠。

3. 图照

利济王墓(盛建平摄)

(二)马臻庙

1. 地理位置

经度:120.568912° E

纬度:30.000746° W

所在地:绍兴市越城区跨湖桥直街 15 号

2. 简介

马太守庙位于鉴湖之滨,跨湖桥以南。《嘉泰会稽志》:"太守名臻,字叔荐,永和五年创立镜湖。""周回三百一十里,溉田九千余顷。《会稽记》云,创湖之始,多毁冢宅,有千余人怨诉,臻被刑于市。及遣使按覆,绝不见人,阅籍皆先死者。唐韦瓘《修庙记》云,卅元中,刺史张楚深念功本,爰立祠宇,久而陊败。"明天启及清康熙、道光、光绪年间,均修茸。

今存前殿、大殿与左右看楼,坐北朝南,为清末建筑。前殿三开间,通面宽 11.62 米,通进深 11.98 米,7 檩。殿后筑戏台,已毁。大殿三开间,通面宽 11.62 米,通进深 11.98 米,10 檩。明间五架抬梁造,次间穿斗式,硬山造。正脊南北分书"河清海晏""源远流长"。看楼左右对称,通面宽 14.70 米。

3. 图照

马太守庙（邱志荣摄）

重修马太守祠碑记（邱志荣摄）

四、文献

（一）《越绝书》

《越绝书》是记载古代吴越地方史的杂史，又名《越绝记》，东汉袁康、吴平著，全书一共十五卷，十九篇。该书杂记春秋战国时期吴越两国的史实，上溯夏禹，下迄两汉，旁及诸侯列国，对这一历史时期吴越地区的政治、经济、军事、天文、地理、历法、语言等多有涉及，被誉为"地方志鼻祖"。

该书有《四部丛刊》《四部备要》《汉魏丛书》等版本，1956年商务印书馆出版的《越绝书校注》是校勘较好的本子。另外有1985年上海古籍出版社点校本。

江苏省方志馆有《越绝书》藏本，为明刻本，十五卷，一册，线装。尺寸：26.4cm×16.4cm，半框：20.3cm×13.7cm。

今存版本：《越绝书》十五卷，四部备要本；张宗祥《越绝书校注》，商务印书馆1956年版；乐祖

谋点校《越绝书》，上海古籍出版社 1985 年版；吴庆峰点校《越绝书》，《二十五别史》中一种，齐鲁书社 2000 年版；李步嘉校释《越绝书校释》，中华书局 2013 年版。

【作者简介】袁康，东汉初会稽郡（今绍兴市）人，生卒年待考。东汉初期方志学家、史学家。他与同郡人吴平共同编写的《越绝书》，被东汉著名学者王充誉为当时五大名著之一，是我国的一部古老历史文献，在后世也获得很高的评价。

（二）《闸务全书》

《闸务全书》，又名《三江闸务全书》，清程鹤鸶辑，分上、下 2 卷，8 万余字，附图 2 幅。首姚启圣、鲁元昃、李元坤、罗京序。上卷记明嘉靖十五至十六年（1536—1537）汤绍恩建闸实绩，及明万历十二年（1584）萧良干，明崇祯六年（1633）余煌，清康熙二十一年（1682）姚启圣主持的三次大修与管理、修理成规等；下卷论述成规的《核实》《管见》与三江闸水利的《财务》《要略》《附记》等。辑著者程鹤鸶，字鸣九，明末诸生，世居三江，清康熙二十一年三江闸第三次大修司事，收有第一手修闸资料和大量史料，遂于清康熙四十一年（1702）编成此书。除康熙抄本外，有康熙蠡城漱玉斋和咸丰介眉堂两种刊本，现已稀见。

（三）《闸务全书续刻》

《闸务全书》成书后 100 余年的道光年间，又有《闸务全书续刻》（四卷）问世。此书为清代平衡辑，记述了乾隆六十年（1795）茹棻、道光十三年（1833）周仲墀主持的三江闸第四、第五次大修的全过程，对《闸务全书》作了补充，如《三江闸水利图说》，部分新增规则和禁碑规范等；第二卷有《泄水》《筑坎》《分修》《器具》《夫匠》；第三卷为工程管理内容，如闸夫分管、闸洞板数及启闭、禁渔等；第四卷为工程技术，如墈基、水车、修理等。《续刻》与原《闸务全书》各具特色，组成一部出色的三江闸工程专志，总称《三江闸务全书》。

【作者简介】辑书者平衡，生平事迹不详。

（四）《越中山脉水利形势记》

清代李镜燧著，文收录于民国《绍兴县志资料》第一辑第十册。全文分山脉一、山脉二、源流形势、水利沿革和绍兴城形势记五部分，并附绍兴县城区各镇土地状况及地税统计表，宏观论述了具有"山—原—海"特定地理环境的绍兴水利数千年的发展历史，堪称地方史料中集地理、水利于一体的史论之作。尤其是水利沿革部分，开篇之"越中地属海隅，南并山，北临海，地势南高而北下。江流溪源下注，海潮怒激，江与海相通，吐纳无节，本天然一泽国耳"，准确描绘了绍兴水乡的原始水环境。接着融诸家之说，综述了自东汉永和五年（140）筑鉴湖至清光绪中（1875—1908）三江闸约1750年的绍兴水利历史，并以鉴湖、玉山斗门、麻溪坝、三江闸、石海塘工程建设为标志，划分成五个发展阶段。文中提出今后的水利要务——"后之言水利者，第注意于塘闸而勤加保护，及时修整，潴蓄得宜，可永免水旱之灾"，"河道日形狭小，……且瓦砾垃圾倾倒淤积，河底日浅，蓄水不多，一经旱干，不敷灌溉，此后又当以浚河疏源为水利之要务矣"，至今仍具有现实意义。

【作者简介】李镜燧，字槐卿，会稽县人，光绪甲午（1894）举人。

（五）《麻溪改坝为桥始末记》

清王念祖编。此书编印于1919年，今存上下册四卷，卷一《论著》，卷二《记事》，卷三《公牍上》，卷四《公牍下》。卷首有序2篇，图7幅，为《先贤刘蕺山先生遗像》《山会萧略图》《山阴天乐乡水利图》《麻溪桥图》《茅山闸图》《新闸桥图》和《屠家桥图》。记载了明、清、民国时期浦阳江下游改道对诸暨、山阴、萧山三县水利的影响及麻溪坝的兴废历史，是研究浦阳江下游江道变迁的重要史料。

【作者简介】王念祖，清绍兴山阴人，光绪丁酉（1897）举人。

（六）《塘闸汇记》

《塘闸汇记》，王世裕辑，是一部辑录民国时期绍兴、萧山二县塘闸，即萧绍海塘的工程资料总集，兼录明清相关资料。收录于民国《绍兴县志资料·第一辑》，由当时的绍兴县修志委员会刊行。全集按塘工、闸务、闸港疏浚、塘闸经费、塘闸机关及杂记六大类编排，共辑录各种塘闸资料165篇，附图8幅，约25.4万字，保存了明代建三江闸封闭萧绍海塘后的许多宝贵资料，堪称明代至民国时期的萧绍海塘志。

【作者简介】王世裕（1874—1944），字子余，绍兴城区人，近代绍兴著名爱国人士。

五、碑记

修汉太守马君庙记

（唐）韦瓘

东汉太守马君臻，能奉汉制，抚宁越封，仁惠公（《全唐文》作"佳惠公"，误。)利,淑民陶俗,殊绩章白(一作"利俗民陶,其殊绩章白"),书于旧史。其尤异则披岅夷,高束波,圍境巨浸,横合三百余里,决灌稻田,动盈亿计。自汉至今,千有余年,纵阳骄雨淫,烧稼逸种,唯镜湖含泽,驱波流溽,注于大海。灾凶岁,谷穰熟,俾生物苏起,贫赢育富。其长计大利及人如此。孔子称民之父母,马君有焉。

开元中,刺史张楚,深念功本,爰立祠宇,久而陊败。今皇帝后元九年,观察使平昌孟公,诛断奸劫,宽遂民类,教化修长,氓吏畏慕。尝以马君忠利之绩,神气未灭,寿宫不严,何以昭德?十年十一月,乃崇大栋梁,诛剪秽梗,礼物仪像,咸极洁好。后每遇水旱灾变,辄加心祷,精意所向,指期如答。则知君子惠物本同于化,树功本同于治。对德相望,是宜刻石。

二十年(一作"十二年")二月三日记。

【出处】宋孔延之《会稽掇英总集》卷十八(今有复制碑,异文以"一作"表示)

【作者】韦瓘,字茂弘,曾任明州(今宁波市)长史。

【主要内容】本碑文记述了马太守创建鉴湖及马太守祠墓的修建史。

【所在位置】现碑存越城区北海街道东跨湖桥畔马臻庙旁。

山阴县朱储石斗门记

(宋)沈绅

朝廷方修天下水职,乃命知山阴、会稽二县事者提举鉴湖。嘉祐三年五月,赞善大夫李侯茂先既至山阴,尽得湖之所宜,与其尉试校书郎翁君仲通,始以石治朱储斗门八间,覆以行阁,中为之亭,以节二县塘北之水。东西距江百有十五里,总一十五乡,溉田三千一百一十九顷有奇。

昔之为者,木久磨啮,启闭甚艰。众既不能力,当政者复失其原,每岁调民筑遏,以苟利。骚然烦费无纪,而水旱未尝不为之戚。大夫之治,如平一身之疹,必先宁其心,而针砭以辅之,诚良民医也。故邑老助教虞元昱率门长季文用、周文宠,愿发赀以听命效力,唯恐在后。遂择天章寺元耸相与募财,属之成功。明年秋,众以其成,请书于绅,而为之辞曰:

越比北东,两山束湖。杰石中蹲,厮流于江。噤木植门,自古邦侯。淫霏虐阳,时其畜施。衣食其腴,丰公逮私。岁卒无虞,酣酣笑歌。木腐不支,筑堨以劳。孰究孰惟,民夷有来。大夫至止,手摩百疾。始而眺视,徐迹本末。校书嘉闻,胥抃奏勤。汗饥胼涂,莫我告烦。唯虞、季、周,倡勇莫遏。唯耸群悦,赀来云委。乃砻于山,壁削林立。隃时门完,芘有宁宇。沸川阗郊,万夫聚观。勿忧勿恫,缧吾二君。材美工坚,曷日之单。智经其初,仁以绍承。司命尔民,敢告后贤。

绅将为之记，考其言于句践，曰：宗庙社稷，在湖之中，乃知后汉太守马臻初筑塘而大兴民利也。自尔沿湖水门众矣。今广陵、曹娥是皆故道，而朱储特为宏大。及观《地志》与乡先生赵万宗《石记》，则谓贞元中，观察使皇甫政所造，此特纪一时之功尔。后景德二年，大理丞段棐为县修之，其记存焉。繄汉以来且千岁，唯政、棐二人名表于世，而人不忘。至大夫始建不朽之绩，宜悉其论次，章示来代，以尉吾民之思。

是冬十二月丙戌谨记。

【出处】宋孔延之《会稽掇英总集》卷十九

【作者】沈绅，字公仪，宋越州会稽人，宝元元年（1038）进士。

【主要内容】玉山斗门又称朱储斗门，为鉴湖初创三大斗门之一。宋嘉祐四年（1059）沈绅撰《山阴县朱储石斗门记》记朱储斗门兴修史实。

【所在位置】仅存文献记载。

越州重修山阴县朱储斗门记

（宋）邵杖

宣德郎知歙州休宁县事邵杖撰，河南府左军巡判官充越州州学教授江屿书并题

盖越之为州，右江而左海，镜湖巨浸，环绕郊郭。民居、田亩、园囿、庐舍，凡所以养生之具，苟不在于崇山峻岭，则必出于广川巨泽、洲坻岛屿之上。动出入息，非舟楫莫济，民有自生长至耆艾，不识陆事。辅郭县山阴、会稽，田切于水者，三千一百顷有畸，而膏腴在焉。其自城抵湖，自湖距海，形势高下，递若阶级。《图经》言，湖水高平畴丈许，平畴又高（海）丈许。故水不长存，然农事亦不常资乎水。此蓄泄所以多斗门，而朱储之利特为广博。肇兴于唐贞元中皇甫政为观察使时，而至于今，屡作不废也。皇甫之迹，无所于考。大抵当众浦之会，因两山之间，得地南北二十步，两端稍陷，则凿而通之，植木为柱，衡木为闸，分为八间，其中石阜隆然，则存而不凿，此其制盖已可尚矣。植牌则水，时其启闭焉。然后二邑之田，远近高下，泄之无不之之渊，蓄之无不沃之地，吁！可谓善矣。

自贞元迄唐，逾五代至我宋景德，历岁百数十。其间毁坏至不可用，则筑塘拥之，用力勤而收功寡，人以为病。山阴隐者赵万宗，号跛鳖先生，因知县事段斐（又作棐）衰财于众而兴之，斗门复建，稍易以石，民实赖焉。嘉祐二年，县官有适当其弊者，先是虞君元昱以发私财赈乡曲之饥，诏授州助教，与其乡人及浮屠元耸出力营治，而斗门内外自闸之余，无所不用石矣。上覆行阁，中为大亭于石阜之上，有足观者。启闭之，悉归有司，于是乎始。厥后，斗门多居人，闽商海舶

欲交易是邦者，往往由浦而上，间苦潮微沙涌，舟不达于近浒，而非启放之时，则相与刓限剔闸盗泄之，号曰"洗浦"。自是稍失绵密，斗门之用，止利于泄而不利于闭，旱暵仍岁矣。

元祐元年，内翰邵武黄公以龙图阁学士出为越州，始至，问民所病。皆曰：会稽十乡苦濒巨海，而塘护不固，人将为鱼；朱储斗门，民食所系，而岁久不葺。越明年春，公既为发常平余钱筑塘捍海，人竞歌之，谓得未曾有矣。又为度斗门所费，会朝散大夫嘉禾朱公来倅府事，乐赞其谋，于是进士虞叙闻而悦之，曰："是将无所俟公家之赀矣。"叙，元昱之子也，居欲缵袭父志，故其于此能锐然率乡里善士，输财协力，而与道士翁怀辩躬任其责。公命县主簿萧君服董其事，于是蠲日庀徒，分八闸以前后其工，防役时壅溢之暴。其摹画制度悉因前人之善者，乃若因时损益，则相地宜、原物性而加之。意闸底旧坫以石限，地有不平，则粉石为灰，以实其下，水漱灰释，随穴而漏。今为度地之形，稍平易治，则砻错之，例覆石版而置限其上，否则凿地石为渠，而纳限其中。至夫闸掬之金，岸甃之甓，木之易蠹者易以难，石之善溃者易以坚，亭阁之旁，垣墙而护之。委八闸之一低其木焉，每泄灌浦以为商舶之利，皆所以救弊而图安，防侵而杜毁也。公具酒醴，浮舟而劳之。经始于三月辛酉，讫五月之丙寅，为夫二千，用钱五十万，为日六十有六，而告成焉。郡人方德公之赐，而公移舒州。田父野老嘻吁而相谓曰："斗门其成，公其去我矣，咸愿得公再游其上，庶几于公风采得觇其详，以释吾心。"公从之。州人乃相与绘公之像生祠之，咸愿述其事。而权适在越，朱公乐推公美善，因民情一日顾谓权记之。夫先王定四民之业，以均节天下，相生养之道，惟农为勤，其水旱之际，畎亩之间，有大利害焉，欲兴除之，非得为其长者恻怛而从之，则常见其阻遏而难成。贤侯善令，欲兴除农亩之利害，非得其所部之人，劝功乐事而克相之，则多见其功实之不立，至有瞀然坐视，旷数十世而人不获其益者，非一二也。公之为州，能同其忧乐，适其避就，昔所利者今必存，其所害者今必去，昔所有者今必具，昔所无者今必有，非特于斗门见之，一言语，一禁令，悉能当人人之心，而无懅拒不协之态，则公之为贤大矣。权尝获从公游，故乐为之书。而闻越人之于公，有跂恋不足之意也，复系之诗焉。其词曰：

　　越城言言，江海掖焉。湖湛一镜，郊萦百川。

　　渺渺巨浸，畇畇大田。越人冲冲，生长乎水。

　　孰营其居，岛屿洲沚。孰致其行，舟楫是倚。

　　农桑耕作，园囿种蓺。防旱决溢，曲为之制。

　　其制伊何？斗门是肆。有山曲阿，川谷萃止。

　　以蓄以泄，以闭以启。悦新而完，愠致而圮。

公之来斯，究尔民瘼。聆以是告，爰咨爰度。

士有执功，官有护作。公之宴斯，泛泛其舟。

载酒及羞，野詹于芃。以劳劢尔，匪遨匪游。

逼观厥成，殖殖其砥。重门复衡，列植齿齿。

门之辟斯，若蠹若轰。虩虩巨震，可观可惊。

公曰：咨，尔邦之农父。尔财既殚，尔利靡盬。

善饬尔功，及尔孙子。启闭以时，民食在此。

咸拜曰：俞，我公是若。勿愆勿忘，勿毁勿削。

鬐公之诚，实实其有。何以荣之，椿柏之茂。

维公之德，正直是守。何以永之，乔松之寿。

有渝金石，有寒暑易。颂公其昌，永矢弗熄。

　　元祐三年四月望日，承议郎、知越州山阴县事兼提举鉴湖、武骑尉丘述雄，州防御推官、知县丞庄柔正立石。

【出处】民国《绍兴县志资料》第一辑《碑刻》

【作者】邵权，宋人。宣德郎，知歙州休宁县事。元祐元年至三年（1086—1088）"适在越"。

【主要内容】记述了当时的官府出钱修筑海塘，为当地人民所歌颂。

【所在位置】仅存文献记载。

越州山阴县新建广陵斗门记
（宋）张焘

　　越之为郡，介于江、山之间，而濒川以为居，人择其膏腴平浅之地而田之。岁时山源暴流，弥漫数百里，田者废不治，居者走保山阜，患不能支。当东汉之盛时，马侯臻为其太守，为之堤其宽闲之地以为湖，既以备旱暵之灾，而暴流或下，有以潴之，又备其蓄泄之不

邱志荣摄

宜也。于是作三大斗门于其山隅，以导其川于江海之内，既除其水旱之虞，而民患遂去。越人蒙其利至于数百年之长，而湖积埋塞，与堤略平，而斗门益隳坏不治，水旱大至，无所支，越人滋不宁。嘉祐四年，赞善大夫李君茂先适治其县，诱其邑人魏元象、魏组、戴庸等，相与谋于邑之著姓，协其力而缮之。凡费木石一千余缗，用人之力千有余工。于是广陵之斗门复完，而越人之患又从而息。

　　予尝考天下之利患，见水上之事，惟《禹贡》为详。今按其书而求其地之废兴，而禹之迹往往在。然而昔之酾而为川者，今夷而为丘矣；向之壅而为固者，今凿而为渠矣。盖三代治时之法，废于六国交侵之时，人自保其所有而安之，瀹汇排放，一附以己意，不务循禹之为迹，故民到今病之。今观马侯之遗制，故尝巡行周视，得其利害之详，然后开湖凿门，以纾其患，以至于今。使后人袭其迹而治之，其利仍存而不废，以至于无穷矣。使夫禹之遗迹，亦若马侯之利，有以更兴者，则天下水土之事无复病于今矣。故并叙其所感者书之。

　　嘉祐八年十月望日记。

【出处】民国《绍兴县志资料》第一辑《碑刻》

【作者】张焘（1013—1082），字景元，宋临濮（今山东鄄城）人，张奎子。举进士。才智敏给，颇有治绩。治平四年（1067）加龙图阁直学士。

【主要内容】张焘撰书，李公度篆额。记建广陵斗门事宜。

【所在位置】碑存，今移至绍兴市治水纪念馆。

山会水则碑

（明）戴琥

　　种高田，水宜至中则；种中高田，水宜至中则下五寸；种低田，水宜至下则，稍上五寸亦无伤，低田秧已旺。及常时，及菜、麦未收时，宜在中则下五寸，决不可令过中则也。收稻时，宜在下则上五寸，再下恐妨舟楫矣。水在中则上，各闸俱用开；至中则下五寸，只开玉山斗门、扁拖、凫山闸；至下则上五寸，各闸俱用闭。正、二、三、四、五、八、九、十月，不用土筑；余月及久旱，用土筑。其水旱非常时月，又当临时按视，以为开闭，不在此例也。

　　成化十二年十二月朔旦。

【出处】清顾炎武《天下郡国利病书》卷三十二

【作者】戴琥，字廷节，明江西浮梁人。成化九年（1473）任绍兴知府。

【主要内容】此碑文系为满足山会平原农田灌溉、排水和航运需要而制定的平原河网水位调控规则，由明绍兴知府戴琥撰于成化十二年（1476）。

【所在位置】碑原置于府城内佑圣观前府河旁，20世纪70年代，移置于禹庙碑廊。

知府戴琥水利碑

（明）戴琥

绍兴居浙东南下流，属分八县，经流四条：一出台州之天台，西至新昌，又西至嵊县，北经会稽、上虞而入海，是为东小江；一出山阴，西北经萧山，东复山阴，抵会稽而入海，是为西小江；一出上虞，东经余姚，又东过宁波之慈溪，至定海而入海，是为余姚江；一出金华之东阳、浦江、义乌，合流至诸暨，经山阴，过萧山，入浙江，是为诸暨江。其间泉源支派，汇潴堤障，会属从入，如脉络、藤蔓之不绝者，又不可不考。

东小江，则发源天台关岭。天姥山之水东北来，从东阳之水出白峰岭，诸暨之水出皂角岭，合流会于嵊县之南门，至浦口，则罗松溪自西南，三溪、黄泽溪自东南来入，东至上虞东山，会稽汤浦之水自西从之。又东至蒿陉，会于曹娥，由东关蛏浦入海。罗松溪之上则有新塘、普惠塘、东湖塘，溪之下则有利湖、下湖、斛岭、路丝、并湖、书院、广利及汉、沃、芦十塘；三溪之上则有爱湖塘、黄塘，溪之下则有何家塘、任岜塘；黄泽溪之下则有西山塘、清隐塘；下湖之上有西溪湖。凡二十所焉。

西小江，则山阴天乐、大岩、慈姑诸山之水，合于上下瀼等五湖，西北出麻溪。东西分流：西由新河闸随诸暨江，从渔浦入浙江；东历萧山白露塘，而三峡、苎罗、石岩诸塘，利市、固家、湘湖、排马湖、运河之水，东由螺山等闸注之。又东至钱清，山阴之黄湾、越山、铜井之水，西由九眼斗门注之，故道堙塞，并入山会中村。而所谓三十六源，以及秋湖、沸石湖、容山湖之乱于运河，连黄垞、东西瓜汙、央茶等湖，横流出新灶、柘林闸；白洋、西宸、金帛、马鞍诸水，南出夹蓬、扁佗闸。会稽之独树洋、白塔洋、梅湖，亦乱于运河，并贺家池，横流出玉山陡门，合于故道。

余姚，则上虞百楼诸山溪涧之水，合于通明而成江。自此之下，则松阳湖、东泉、炉塘、西泉、莫湖、前溪、鸭阳、蒲阳、兆阑诸湖塘之水自西南，桐子、穴湖自东北，上岙、上林、烛溪，北出小河而南，鲤子、劳家、横山、桐树、乌戒、烛老六湖东出小河而西南，各来入。新、平二湖则西北，汝仇、千金、余支三湖则东北，俱从长冷港出曹墅桥；上虞县夏盖、上妃、白马三湖亦相属，东从长冷港来会；乐安、藏野会大小查湖，南及皂李湖，俱经南来入。

　　诸暨江，则金华之义乌、浦江、东阳，所谓浦阳江。苏溪、开化溪西北合流于丫江，丫江之上，西有鲤湖，东有洋湖，下则东有木陈、柳家、诸家、杜家、王四之五湖。丫江北经县治，至茅诸步分为东、西江：西江则有竹桥溪，受马湖、章家湖、后新亭、柘树二湖、大东二湖，与夫镜子、沈家、道士三湖之水，又有京堂湖，及朱家、戚家、江西三湖，神堂、峰山、黄潭三湖；东江则莲、仓、象、菱四湖，横塘、陶湖、高公、落星、上下竹月六湖，张麻、和尚、山后、缸灶四湖，泌湖及桥里、霍湖、家东、马塘、杜家、毕草七湖，前村、石荡、历山、忽睹、白塔、横山六湖。二江之间，则有大侣、黄家二湖，赵湖、泥湖、线鱼湖、西施湖、鲁家湖。二江合处，名三港口，东有吴、金、蒋、下四湖，又有陶湖、朱公二湖，观庄、湄池、浦朱、里亭四湖，各来入，同归浙江。

　　东小江，田多高阜，水道深径，无所容力。灌溉之功，嵊治以上可以为砩，以下则资之诸塘。西小江，自鉴湖废，海塘成，故道堙，水如盂注，惟一玉山陡门，莫能尽泄，而山、会、萧始受其害。曾为柘林、新灶、扁佗、夹篷、新河、凫山、长山闸共十三洞泄之，遇非常之水亦不能支，须于有石山脚，如山阴顾埭、白洋，会稽枯枝、新坝等处，增置数闸则善矣。诸暨江潮至大，似自此以上诸湖则防水之出，人力可以有为；以下诸湖则防潮之入，有尽非人力所能为者。惟使陡门、圩埂有备，余当付之天矣。余姚江通潮，支港能深浚之，使潮得以远入，湖得以不泄，又诸湖放水土门，硗之以石，如汝仇湖之设，则水有余利矣。

知府戴琥水利碑拓片（局部）

诸暨江，萧山旧有积堰，并从西小江入海。堰废，始析而二。好事者不察时务，不审水性，每以修堰为言。殊不知筑堰之初，未有海塘，水尚散流，故筑其一道，而余犹可以杀其势，故能成功。兹欲以篑致之土，塞并流之江，可乎？设如堰成，障而之东，小江数丈之道果能容之乎？予固谓诸暨将成巨浸，而山、会、萧十余年舟行于陆，人将何以为生？或以先浚西小江为言者，亦不知世久故道皆为良田，浚之，故土无所安致，虽或暂通，而水势不能敌潮，故潮入则泥澄，不胜其浚，而终无益于堙塞，不然，则至今尚通可也。堰决不可成，小江决难复通矣。萧山湘湖，往年禁弛，奸民盗决堰塘，四农失利。近虽石防，而黄竹塘等处石堰仍须修复，如《湖经》所载，则龟山之遗惠不竭矣。大抵湖塘民赖以为利，侵盗之禁不可少弛，弛则民受其害，复禁又生怨。如近日堰闸、圩埂，贵时修筑，然而荒弊之秋，材无所出，而请求者不已，故事未举而谤已兴。听者少察，遂致不乐其成，如民事何？后之君子，庶几视如家事，随时葺理，不避嫌，不恤谤，不令大败，以佐吾民，则幸甚。

时成化十八年五月朔旦，知府事浮梁戴琥识。

【出处】乾隆《绍兴府志》

【作者】戴琥，明江西浮梁人，字廷节。景泰年间举人。由南京监察御史出为绍兴知府，驭下严，重礼教，恤民疾，关心水利。

【主要内容】碑上有府境八县主要山川水系图。辑自原碑阴面拓片，字迹难辨者，参照乾隆《绍兴府志》校补。

【所在位置】现碑存绍兴市越城区大禹陵景区内。

会稽大禹庙碑

（民国）李仪祉

禹何人？斯崇之者以为神，否其为神者则并否有其人。研经者之不以科学之道，而好奇之士喜为诙诡之说以求立异，均非可以为训也。夫禹之德行，孔氏、墨氏言之至矣；禹之功业，孟轲、史迁述之详矣，后起之人虽欲赞一辞而不得。至禹崩何所，禹穴何在，论者纷然，窃皆以为无关宏旨。盖九州之中，禹之迹无弗在也，禹之庙亦无弗有也。而论山川之灵秀，殿宇之宏壮，则当以会稽为最。且禹大合诸侯于斯，其一生事功，至是可谓大成，则即以斯地为禹穴所在，又何不可？同人等来瞻庙貌，缅想前勋，空怀饥渴，鲜神拯救。思天下大业，非一二人所可为，力必众擎乃易举。而此所谓众者，必有一致之目的，一贯之精神，群策群力，申于一涂，乃可有济。唯目的趋于一致尚易，而精神统于一贯实难。必有一极高尚之人格，其德业可以为全国万世之所共同崇仰而不渝者，以为师表，始可以合千万人而一之。吾华民族每一行业，必有其所祀之神，旨在乎斯。矧天下大业容有逾于平成者乎？亘古人格容有过于大禹者乎？方今水政废弛，旱潦频仍，民困财竭，国将不国。拯民救国，厥惟继禹而兴者有其人，禹功非一二人所可即，则在吾众。众俱以禹为宗，则千万人者一人也，四千年者旦暮也。朝夕而尸祝，为奉其旨，师其意，本其精神以治事，为旱潦容有不息者乎？同人其勉旃。

中华民国二十三年，时当苏浙大旱，黄河大水，中国水利工程学会会长李协率同人敬泐。

邱志荣摄

【出处】辑自原碑

【作者】李协（1882—1938），又名李仪祉，字宜之，清陕西蒲城人。宣统元年（1909）自京师大学堂毕业后，留学德国。曾任河海工程专门学校教授，西北大学校长，陕西省水利局局长，黄河水利委员会委员长、总工程师，浙江省建设厅顾问等职。

【主要内容】此碑以现代科学的思想和求实的态度来评说大禹和大禹陵。

【所在位置】碑存绍兴禹陵。

《运河纪事·序》

陈桥驿撰文　沈定庵书

中国运河史发轫甚早，先秦古运河至今见诸记载者有三：《水经·济水注》称："偃王治国，仁义著闻，欲舟行上国，乃通沟陈蔡之间。"徐偃王系传说中人物，时当西周穆王之世，约在公元前十世纪之初。陈蔡间运河，古称鸿沟，《汉书·地理志》称狼汤渠，隋唐时称汴渠，以后堙废不存。另一先秦运河见《左传》哀公九年（前四八六）："吴城邗，沟通江淮。"《汉书·地理志》作渠水，《水经·淮水注》作邗冥沟，隋代重开，成为大运河即京杭运河之一段。越中古运河见于《越绝书·地传》："山阴故水道，出东郭，从郡阳春亭，去县五十里。"《越绝书》为先秦古籍，经东汉初人整理辑缀，增入汉事而删节越史，其所记古运河显有缺佚。山阴为秦所建县，既称"山阴故水道"，则此水道必流贯山阴全境；"水道"而称"故"，足证此古运河为先秦所存在，越王句践所谓"以船为车，以楫为马"是也。历代以来，山阴古运河多有整治疏浚，尤以贺循所从事者为著名，因而载入《旧经》，自此航运灌溉之功益臻完善。又因沿河堰坝之修筑，使流域扩展，以至于取代钱塘江河口段，如宋姚宽《西溪丛语》所云："海商船舶，畏避沙潭，不由大江，惟泛余姚小江，易舟而浮运河，达于杭、越矣。"故此河虽因北端始自西兴，曾称西兴运河；而其航运功能，早已及于宁绍平原全境，称为浙东运河，更属名实相符。浙东运河不仅与沟通长江及钱塘江之江南运河同享盛名，而此河为南北大运河之东南发端，实乃中国运河史之至要。浙东运河历史悠久，尤以於越中枢之大越城段为最。历代整治，史不绝书；文化积淀，更为深厚。绍兴素有水城之称，古运河与环城河，实为水城骨干。而今河清海晏，百业俱兴，绍兴市于环城河整治完竣，又复古运河修缮成功，实乃百世之盛举，浙东之伟业。铭曰：越州晔晔，禹迹绵绵；文化璀璨，水利昌明。河川映带，碧流蓝天；业绩留惠，万世有光。

越地治水史

陈桥驿作诗并书

洪波已随海退去，平野茫茫仍沮洳。

越水浊重越民疾，夷吾之言实不虚。

惨澹句践营富中，斗胆马臻创镜湖。

改天换地三千年，缵禹之绪一部书。

【出处】辑自原碑

【作者】陈桥驿（1923—2015），原名陈庆均，绍兴人。是中国历史地理学科创始人和奠基者之一，中国历史地理学界的泰斗。

【主要内容】记述浙东运河的历史沿革与运河园建设的意义。

【所在位置】碑存绍兴运河园。

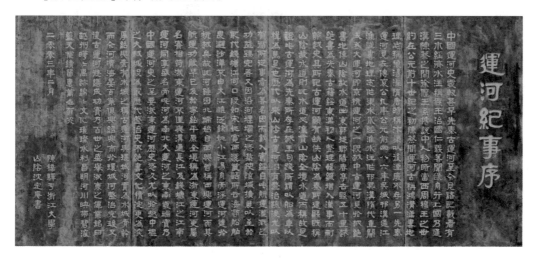

钱塘镇海碑记

陈桥驿撰文并书

越王句践于公元前四九零年建都大越城，其时海退未久，潮汐出没，全境为沮洳沼泽。越人择地筑塘，拒咸蓄淡，开发垦殖，尤以富中大塘为最著。迨后汉永和五年，郡守马臻筑塘一百二十余里，拦蓄成湖二百余平方千米，此唐名镜湖，宋称鉴湖者也。灌溉稽北九千顷斥卤，穷山恶水顿成青山绿水。于是水体渐次北移后，海堤塘随之增筑。山会平原南北融合，河湖交错，咸成沃壤。惟受技术及材料局限，且海岸漫长，涌潮激荡，故常致溃决。如宋嘉定六年，山阴海垅塌溃，五千丈田庐漂没，流徙二万余户。是以汉唐以来海塘既为邑民屏障，亦是越中隐忧。中华人民共和国建立伊始，乃倾注全力于此。自一九五一年修塘，一九六八年围海，历拦筑滩涂到围填浅海，由人力作业而机械施工，从治理水患达增加土地，总计用工过千万，投资超四亿。增筑新塘近百公里，围垦海涂逾十四万亩，全境海塘已于二零零七年五月合龙，从此海患消弭，固若金汤。赞曰：围海起长城，郡邑永安宁。勒石缵禹绪，树碑传越民。

【主要内容】记述绍兴海塘围涂的历史沿革与建设的意义。

【所在位置】碑存柯桥海塘文化公园。

附录：水文化遗存考证

四川汤绍恩故居寻访记[1]

明代三江闸是绍兴水利、水运建设的里程碑，"三江闸是现存我国古代最大的水闸工程"[2]，"代表了我国传统水利工程建筑科技和管理的最高水平"[3]，领先世界300多年，在中国水利史乃至世界水利史上都有重要地位。三江闸的缔造者汤绍恩为绍兴一代名太守，缵禹之绪[4]，恩泽越中，越民念念不忘。有关三江闸建设和汤绍恩在绍兴主政的历史情况，有《三江闸务全书》记载较详。比较遗憾的是绍兴文史界对汤绍恩的故居、生卒年情况掌握资料不多，对其故居的专访也未见有过历史记载。

三江应宿闸下游

2014年5月10日，中国水利学会水利史研究会由谭徐明会长带队组织绍兴市水利局、绍兴市鉴湖研究会等有关单位，寻访了四川汤绍恩家乡。绍兴市水利局调研员、

---

① 邱志荣、魏义君撰文，发表于《中国鉴湖·第一辑》，中国文史出版社，2014年。

② 周魁一著《中国科学技术史·水利卷》，科学出版社，2002年，第314页。

③ 2013年12月1日，中国大运河水利遗产保护与利用战略论坛全体代表，《加强绍兴三江闸保护倡议书》，载邱志荣、李云鹏主编《运河论丛——中国大运河水利遗产保护与利用战略论坛论文集》，中国文史出版社，2014年，第379页。本次论坛主办单位：中国水利学会、中国文物学会。

④ "缵禹之绪"出自明徐渭为绍兴三江闸的缔造者汤太守祠题写的对联，原作为："凿山振河海，千年遗泽在三江，缵禹之绪；炼石补星辰，两月新功当万历，于汤有光。"见《徐渭集》第四册，《徐文长佚草》，中华书局，1983年，第1152页。

鉴湖研究会会长邱志荣,市水利志办副主任魏义君,上虞区水利局党委副书记任岗,柯桥区塘闸管理处副主任马钦涛,绍兴图优网董事长金伟国等,满怀对汤太守崇敬的心情应邀参加。

此次行程为汤绍恩离任绍兴后,绍兴首次有组织参加的赴川专题考察汤绍恩故居活动。考察组在四川省水利厅党办副主任王晓沛、四川省安岳县人大常委会副主任范丹、县政协副主任谢贻奎、县水务局局长张钧陪同下来到了安岳县陶海村汤绍恩的后裔居住地和汤绍恩墓所在地。本文将考察经过和所获综述如下。

一、汤绍恩故居陶海村

安岳县位于四川盆地东部,距离省会成都 166 千米。在成都至重庆、南充至宜宾的十字交汇点上,形成了优越的区位优势。总面积 2690 平方千米,总人口 160 万人（2010 年）,现属资阳地区。安岳古称普州,据历史记载,州、县始建于北周建德四年（575）,距今已有 1400 多年的历史。安岳历史悠久、人才辈出；名胜众多、风光旖旎。安岳石刻始于南北朝普通二年（521）,在我国石窟艺术中居于"上承云冈、龙门石窟,下启大足石刻"的重要地位。现存有摩崖石刻造像 230 余处 10 万余尊,有全国重点文物保护单位 9 处,省级文物保护单位 10 处。

汤绍恩的故居在该县城北乡陶海村,《汤氏家谱》称："自伯坚祖八世孙绍恩移居陶坝（今安岳县城北乡陶海村,以下称今名陶海村）以来,历世子孙传至七世,伯坚祖十四世裔孙建中祖,生四子：训、诩、谟、谕,分为四房。除外迁定居外,大都居住陶海村。"这里地处川东丘陵区,地势平缓,土质深厚,植被良好,多产果实。

安岳县城北乡山水风光（邱志荣摄）

这是一个不错的五月天，多云的天气，初夏的田园和山川青翠滴绿，富有生机。经过一段弯曲的县乡级公路，前往人员来到了山环水绕、树木葱茏的陶海村，汤氏的后裔大都在此定居。

大家下车到达的是汤绍恩第十九代孙汤铨叙的家居，这是一处农家小院，虽是单层，但环境整洁，外表装修也比较精致。附近几十米处是一口约有两亩的水塘，颇有"半亩方塘一鉴开，天光云影共徘徊"的意境。汤铨叙是这里的村主任，三十几岁，当过兵，个子不高，精、气、神颇足，衣饰简朴却给人一种气宇不凡、英姿勃发的感觉。简单地表示欢迎和介绍后，大家便抬着花篮前往汤绍恩的墓地。

陶海村（邱志荣摄）

陶海村村前水塘（邱志荣摄）

二、汤绍恩墓及祭拜仪式

据称，汤绍恩墓地处陶海村的扯旗山山麓。经过几百米的山麓地带小道，周边都是果树、玉米和蔬菜地，农业生产的氛围在此应是十分浓郁。当我们来到一片相对比较宽阔的山麓地带，汤氏后人指着一处简易的坟墓，说此便是其先祖汤绍恩墓时，诸同仁心中不禁产生了酸楚的感觉：绍兴

汤绍恩墓（邱志荣摄）

三江闸的缔造者、福泽绍兴、为绍兴人民所由衷怀念、《明史》有传的一代功臣——汤太守,其墓地竟是如此荒凉?

据汤氏后裔介绍,这里是一处风景上好之地,墓后为山丘环绕,如一把座椅;在20世纪50年代,墓还较完整,墓体为石砌,虽不高大,却较齐整;墓下平台有一巨大龟石立有石碑,碑两侧有石狮一对,之外还有一雕刻精美的石制古牌坊,牌坊外坎有整齐的九级石阶,再之下有一口小水塘;其地土质肥沃、植被良好,古时多长松柏。墓及众多设施,在"文革"中毁于一旦。今墓之下及村头田边还有残存的牌坊石雕及墓道刻石。

陶海村残存牌坊石构件(邱志荣摄)

《汤氏族谱》中的《祖茔图说·陶坝》记载:

安岳西北角中七里桥,今易展旗桥。由木门寺大路,笕水沟下,有坝平衍,素称沃壤,溪流曲曲,土星出脉,串珠相联如七星。陡起一峦,横曲如钩,恩祖墓葬此。穴在钩靠左,迎水向右,一山圆秀,有夫子庙;左下水口,一山横捍,如蛟戏水状,复乐山磅礴,壁立如屏。夫子庙下,水玄字绕如壶卢形,俗传为太极图。当面隔溪,案山拖曳如旗,曰旗山,旗山尾有华光庙。旗山后,一峰矗立如鼓坝,旧名"陶",殆以人名地也。自恩祖葬后,以下历世庐基相望,环坝阡穴,约数十处,备载衍派图。

旗山青翠依旧,汤公英气长存。简易的汤太守拜祭仪式在此举行。中国水利史研究会副秘书长李云鹏主持仪式。祭祀仪式:

其一,敬献花篮。先为中国水利史研究会会长谭徐明,代表中国水利史研究会敬献花篮,其上题敬字为"功在会稽,荣耀故里";又为绍兴市水利局调研员、中国水利史研究会副会长、绍兴市鉴湖研究会会长邱志荣,代表绍兴市水利局敬献花篮,其上题敬字为"缵禹之绪,恩泽越中"。

其二,行三鞠躬礼。

简朴的仪式代表了大家对汤太守深深的敬意和真诚的怀念。

拜祭汤绍恩墓地

在汤绍恩墓地前与汤氏后裔合影

三、与汤氏后裔举行座谈

之后又来到了汤铨叙的家里。其家的客堂中依旧供奉着汤太守的灵位。

其主横额题："三江砥柱。"

两侧内联为："书是天下英雄业，勤归人间富贵根。"

外联为："清溪踩藻明其洁，静夜焚香告以诚。"

除了对其先祖的怀念，更多的是对汤太守精神的传承和弘扬。

在客堂，举行了赠书仪式：

邱志荣代表绍兴市水利局向汤铨叙赠送了《三江闸务全书》，其上题字为："明代绍兴太守汤绍恩，

汤氏后裔家居堂前供奉汤绍恩牌位
（邱志荣摄）

邱志荣向汤氏后裔赠《三江闸务全书》

汤氏后裔汤铨叙向邱志荣赠《汤氏族谱》

'缵禹之绪,恩泽越中'。敬赠:汤氏家族。浙江省绍兴市水利局邱志荣与同仁甲午年初夏于陶海村。"

汤铨叙分别向谭徐明和邱志荣赠送了《汤氏族谱》,在赠邱志荣的书上题:"赠浙江省绍兴市水利局邱志荣先生。四川省安岳县城北乡陶海村汤绍恩第十九代孙:汤铨叙、汤荣绪。二〇一四年五月十日。"

根据王晓沛副主任的提议,又在汤铨叙家门前的小院子进行了座谈。

汤铨叙代表汤氏家族发了言。主要内容为:弘扬先祖精神;集家族之力重修汤公墓地;希望加强同绍兴的联系,并在修复墓地时给以支持。

谭徐明代表中国水利史研究会发言。主要内容为:三江闸的历史地位和汤太守的功绩;希望绍兴方能够保护好三江闸,安岳方能修复汤公墓;绍兴与安岳能加强合

在陶海村与汤氏后裔座谈

作交流。

邱志荣代表绍兴方发言。主要内容为：介绍此行的目的和意义；高度赞扬了汤太守的崇高精神品质和三江闸建成对绍兴发展的伟大贡献；表达了绍兴人民对汤太守的崇敬和怀念之心；对如何修复汤公墓提出了建议方案；希望两地在汤太守资料整编和学术研究上加强合作。

马钦涛副主任、王晓沛副主任、范丹副主任，谢贻奎副主席、张钧局长等也围绕主题先后发了言。其间，洋溢着友好的气氛。

四、《汤氏族谱》

《汤氏族谱》系由元代汤氏先祖在四川任资州太守汤伯坚的 17 世裔孙汤自新在乾隆五十二年（1787）编纂，名《安岳汤氏重修族谱》。所记第一世为汤伯坚，《汤氏族谱·历代支派图》记载其"由楚仕蜀,开安岳基",至汤绍恩为第八世,编至第十九世"启"字辈止。因元、明时期的《族谱》已毁坏,故名重修。

　　至2007年,清代所编《汤氏族谱》历经220年,又已发黄蚀损。为抢救珍贵历史文化遗产,汤氏第二十三世裔孙时年80岁的汤继勋组织再编《汤氏族谱续编》并与《汤氏族谱》合并重印。

　　清汤自新所编的《汤氏族谱》共分11大类,分别为"列序""凡例""历世支派图""遗真""封典""宦迹""祖茔""传记""赠章""祠堂祠址""汤氏族派行三十二字"等,比较全面地记录了元代汤伯坚之后至十九世的汤氏家族脉络分支,重点放在对汤绍恩和前后的人事记载之上。尤为珍贵的是其中有汤绍恩的家史、生平、事迹、功德、著述、影响等重点史料,不少是在绍兴所未曾见到过的。

第六世南京户部尚书焕新公像　　第七世参政户部福建清吏司佐公像　　　　　第八世汤绍恩像

　　至于2007年汤继勋所编的《汤氏族谱续编》相对较为简单,主要内容为"陶海村汤氏""龙窝村汤氏""道林村汤氏"各章,及"杂编""大桥坝汤氏班行对照及说明"等,主要是对之前族谱的延续和补充。这次重刊又将安岳县历史名人研究会2003年10月编印、刘联群编著的《汤绍恩评传》,全文收入《汤氏族谱》,作为附录,此评传中还收录了康熙《安岳县志》汤绍恩的4篇文章:《董公去思记》,是为明安岳知县董信祠堂所撰;《新修大成乐记》,是为安岳文庙大成殿礼乐馆新建落成所记;《李公祠记》,是为纪念明安岳县教谕李思文祠堂所撰写;《十礼图说序》,明成化二十三年(1487)湖南宁乡县云溪人杨廷谔在安岳任教谕期间著《十礼图说》,后在嘉靖后期,由其门人彭世爵(嘉靖二十年安岳进士)、胡大伦(嘉靖年间蜀府审理)联合整理成书,此为汤绍恩所写的序言。这4篇文章,对后人了解和研究汤绍恩的思想、道德观至为关键。

　　对《汤氏族谱》的真实性,乾隆庚子年(1780)任安岳县知县的徐观海,在为《汤

邱志荣（左一）、徐智麟（右一）与来绍之刘联群（左二）等合影

氏族谱》写《序》时有过专门审考。据《汤氏族谱》中徐观海的自述：

> 余家浙郡钱塘之柳湖，绍兴邻也。自幼肄业时，稔闻诸父老暨乡先生言：绍
> 之应宿闸启闭有时，旱涝有备。会稽、山阴、萧山，至今称乐土者，西蜀汤侯经营
> 创治之力也。及长，偕同志放兰亭、禹穴之胜，因得纵观侯所筑闸。谒祠宇，瞻礼
> 遗像，钦佩高躅，因相与赓歌叶赞，用志不忘。

徐观海故里在三江闸之三江之一的钱塘江边，他从小就听家乡父老说到关于三江闸的巨大效益之事，对汤绍恩的功绩早有所闻。年岁稍长时，又到过三江闸，亲眼见到了大闸之雄伟壮观，还拜谒了汤公祠，瞻仰了汤公遗像。十分有缘分的是在仕途之路上，他有幸到了汤绍恩的故乡为知县，自然，他对汤绍恩的后人编写族谱之事是十分关心和充满感情的。其间，他"暇中披览县志，乃得悉侯家世"，因此，进一步了解了汤绍恩的家世和安岳民众对汤绍恩的敬仰。不久汤氏后裔欲重修族谱，请其写序，并提供了收藏的历史资料：

> 越明年，侯裔孙明新携乃祖建中公渊源序一卷，云：家适修《谱》，丐余言以
> 弁其端。且谓旧《谱》烬于劫灰矣。伯坚公而上，不可考。斯编，乃建中训导长
> 寿时晚年手录，垂诸子孙，使知世系所自。并出其家所藏前明诰封墓表与诸名宿
> 先后传、序，示余。

徐观海对为汤氏作序这件事应是极为慎重的，他仔细审阅了相关资料，确认其真实性：

> 余为细阅序中迁徙、住居、葬地，及历世宦秩履历，宦任某郡，游逮某都，某
> 祖某妣、某派某支，居某处，葬某山。文质真而义该，事详明而情实，纠棼盘错中，

无殊观纹掌上也。忆其时，姚黄肆孽，烟火一空。建中公父子狼狈秦川，断魂桑梓，汤氏之不绝者，殆如线矣。而公能于兵戈抢攘之余，养生送死，克尽彝礼，摩挲片稿，手泽犹新，益想见其先世诗礼传家、仁孝裕后之深且远矣。

至此，徐观海心中亦充满感慨，既希望汤绍恩之功德精神能弘扬光大，又期望汤氏家族能兴旺发达，于是欣然为之作序：

余越人也，绍为古越地，汤侯风烈，侔功神名，名宦之仰，杭亦依被回光也。余不获生同侯时，犹幸宰侯故里，亲观其族系渊源而序其谱，其可以无文辞哉！侯孙子明新，气宇傲倪，性谦厚，游太学，就职分发未果，往来燕晋间，如鹘在笯，志未尝忘霄汉。明德之后，多生达人，余尚憾不及遍接贤族诸君子尔。序成，复勉为诗，勒石侯座右隅，昭响慕焉。

五、汤绍恩的生卒年

汤绍恩的出生时间，其故乡四川安岳人考证为明弘治十三年（1500）三月二十五日，出生地点在安岳城北陶昆坝（今安岳县城北陶乡陶海村三组）[1]。至于汤绍恩的卒年，《汤氏族谱·传记》引毛奇龄《汤公传》：

历官布政史，年五十七卒。

笔者查阅钦定四库全书本毛奇龄（1623—1716）《西河集》卷七十七《绍兴府知府汤公传》所记，却为：

历官布政史，年九十八卒。

两处记载相差实在太大。按说这么重大的事件汤氏后人不会错记，《汤氏族谱》于乾隆五十二年（1787）编纂，这已是毛奇龄去世71年以后的事了。那么当时汤自新收录的这篇传记是有误，还是有其他原因？问题还不止于此，《汤氏族谱·传记》又引《程孺人传》，程氏是汤绍恩大儿子汤蓄德的妻子，由于汤蓄德早逝，程氏23岁守寡，因程氏忠孝两全，清乾隆《安岳县志》将其记入《列女传》，这篇传记在写汤蓄德时提到了其父汤绍恩：

先生官终山东布政使司，性廉约，尚清廉，捐官日捡治宦囊，图书外萧然无一长物。蓄德侍母熊安人，携弟之德公，茕茕扶灵柩归里，服阕，任王府寿官，以少负羸疾，御事居家……

按此说法，汤绍恩是在任山东布政使司前后离世的，并且更清楚地写到了"服阕"（指服三年之丧期满）。此或是57岁之说的由来。果真如此，则有可能是汤氏后人据实改了毛奇龄《汤公传》关于汤绍恩卒年记载的文字后，收入《汤氏族谱》的。

---

[1] 刘联群编著《普州人文揽胜》，光明日报出版社，2007年，第199页。

至于 97 岁之说主要源于《三江闸务全书》上卷《朱公再叙》：

> 昔吾乡人商于潼川，路经安岳，憩侯之门，侯以方伯告归林下，布褐绅履，慎隙扼敬。问商何自？商曰："自浙绍。"侯近而前曰："汝处三江塘闸，今时利赖，比昔时若何？"商曰："闸利甚溥，民食其德，功垂不朽耳！"侯闻言而寂无以答。因留商饭，始知其为侯也，时年已九十七矣。大德长生，仁人有后，不益异乎？

至于《明史》卷二百八十一《循吏》，亦记汤绍恩卒年为 97 岁。

一次偶然机会在友人处看到了汤绍恩题诗一首：

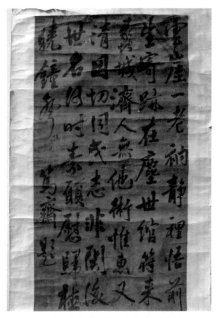

汤绍恩诗并手书（邱志荣摄）

> 云崖一老衲，静里悟前生。寄迹在尘世，绾符来蠢城。济人无他术，惟惠又清□。因切同民志，非关后世名。何时素愿慰，归听晓钟声。

据称，此诗为汤绍恩离开绍兴后赠绍兴友人的，诗写的境界很高，写他对人生的感悟，在绍的从政体会，核心是如要得民心，唯有德惠与清白；为官首先是要为民造福，不求身后之名。真可谓诗言志，文如其人。

又从此诗看，汤绍恩早有皈依思想。如此，其卒年便存其两说又何妨。

六、安岳汤公牌坊、祠

据《安岳县志》（清乾隆本）记载，由于汤绍恩在绍兴的杰出功业，以及在任过山东布政使，深受安岳士人和民众的拥戴和敬仰，之后安岳县城正街上曾为汤氏父子三代立有三个牌坊："父子进士坊"，为汤佐、汤绍恩父子而立；"兄弟同科坊"，为汤绍恩、汤绍夒而立；"尚书坊"，为汤焕新而立。

原安岳县城有汤氏宗祠，《汤氏族谱·祠堂祠址》有十五世长房孙训的《宗祠条议单》记：

> 恩祖任浙江绍兴府知府时，创建三江口应宿闸，后升山东布政司。卒，浙人以公生为忠爱，殁作明神，为之立祠，为之塑像，春秋谨祀，自足昭日月而壮山海，裕国人而百世永，皆时荐岁享已在于三江，饮食尸祝顷刻而不忘矣。子孙于先祖，岂反无报本之意乎？考明朝万历二十八年三月初二日，于安岳县城营盘内建修宗祠，名曰三重堂。一重堂，吾祖讳佐，南京户部郎中。二重堂，吾祖讳绍恩，

山东左布政使司。三重堂，吾祖讳蓄德，王府寿官。追思罔极，颂慕无穷，昭穆有序，跻堂恪恭。古以地基四至定界，前抵街心，后抵城墙，左抵城墙，右抵营盘，以城墙左横过营盘右，丈尺若干。自先祖以来，地基原系居公，屡年收佃基钱十有余千，以作公项费用。读书成名者，给发钱十千，簪花挂红。管钱者，其家充裕，方可承掌。庶体前人之德，垂之万古而不朽，地基银钱遗之后世而不乱云。

应该说汤氏宗祠还是颇有规模和影响，而我们此次去安岳所见汤氏宗祠已迁移至安岳城著名景区圆觉洞山中，可惜其祠内供物设施已荡然无存。

此行获得了珍贵的第一手资料：

一、基本确定了汤绍恩的出生地和墓葬地均在安岳县陶海村。

二、得到了汤氏后裔赠送的、弥足珍贵的《汤氏族谱》。考虑为是书保存和查阅方便，2014年6月12日，已以绍兴市鉴湖研究会名义，捐赠绍兴图书馆收藏。

三、为绍兴及安岳两地友好交往打下了良好的基础，在进一步挖掘、弘扬、传承汤绍恩的治水精神上达成了共识。

马臻庙三十二幅壁画注评[①]

绍兴古城偏门外的马臻庙自唐以降多有堕败和修葺记载。据《绍兴市志》[②] 载："今存前殿、大殿与左右看楼，坐北朝南。清末建筑。"其内祭祀内容较为丰富，多古代碑文。庙大殿东西两壁，共绘有32幅彩图，主题为马臻与鉴湖水利史，其中马臻治水的伟大功绩，以及梁冀家族的贪婪阴毒，马臻被冤杀，都形象生动地予以展示。关于此壁画的绘画艺术水平自有有关专家介绍，本文着重对壁画的文史价值进行注评。

一、马臻与鉴湖

马臻，生卒年不详，字叔荐，茂陵（今陕西兴平）人，是东汉名将伏波将军马援之后代[③]。

东汉永和五年（140），会稽太守马臻主持兴建了我国长江以南最古老的大型蓄水工程——鉴湖。孔灵符《会稽记》[④] 中有记述："汉顺帝永和五年，会稽太守马臻创立镜湖，在会稽、山阴两县界。筑塘蓄水，高（田）丈余，田又高海丈余。若水少则泄湖灌田，如水多则闭湖泄田中水入海，所以无凶年。堤塘周回三百一十里，溉田九千余

---

①邱志荣撰文，发表于邱志荣主编《中国鉴湖·第四辑》，中国文史出版社，2017年。

②绍兴市地方志编纂委员会编《绍兴市志》第四册，浙江人民出版社，1996年，第2183页。

③邱志荣著《上善之水》，学林出版社，2012年，第175页。

④《太平御览》卷六六引《会稽记》。

顷。"《水经注·渐江水》称："湖广五里，东西百三十里。沿湖开水门六十九所，下溉田万顷，北泻长江。"

"境绝利溥，莫如鉴湖。"[①] 马臻是大禹治水精神的实践者，是绍兴历史上真正实施了带有全局性意义工程的治水英雄。鉴湖建成，全面改造了山会平原，效益巨大，流泽后世，没有马臻和鉴湖，绍兴的发展历史要重新改写。

马臻筑鉴湖，创建伟业，在会稽因征迁损害了当地既得利益者，淹没了土地、房屋、坟墓而被权贵和当地部分官员联合诬告；在朝廷因祖先马援和梁松结下宿仇，而被顺帝时主政者梁商家族所杀害，是为中国水利史上千古奇冤[②]。

"太守功德在人，虽远益彰。"[③] 马臻为兴民利，含冤被杀，会稽人民没有忘记马臻，唐代已有马臻庙之记载[④]。绍兴至今犹存的最大马太守庙有两座：一在绍兴城偏门外鉴湖之滨，跨湖桥之南；一在绍兴城西钱清大王庙村，又称大王庙，表明了政府和民众对马臻筑鉴湖功德的充分肯定和高度评价。农历三月十四，民间年年祭祀。

二、对壁画之注评

第壹相：东汉永和帝五年，天福星马公降生。

注评：东汉永和五年（140）为鉴湖的创建之年。马公指马臻。把马臻生年定为永和五年有误。天福星，为福德之星，天赐之福，是为民间对马臻的吉称。

第贰相：马公与张公讳纲、李公讳固、杜公讳乔延师肄业。

注评：张纲（108—143），东汉名臣；杜乔（？—147），东汉名臣，受梁冀诬陷而死。两人都是东汉著名的"八俊"人物，以反对梁冀参政著称。李固（94—147），东汉名臣，以忠正耿直闻名，受梁冀诬陷而死。说马臻与张纲、李固、杜乔一起读书学习缺少依据，或反映了壁画作者希望同时代的忠臣志同道合。

第叁相：汉顺帝登基，诏举贤良方正，钦赐马公为会稽郡太守。

注评：汉顺帝在位时（125—144），任命马臻为会稽太守，此说可信。

第肆相：马公受诏知越地，尽属水乡，与夫人、公子、小姊哭别天焉，遂请登程赴任。

注评：马臻到会稽郡任太守，越为泽国水乡，此说可信。与家人哭别，既为可能

---

① 〔南宋〕王十朋《会稽风俗赋》，载《王十朋全集》卷十六，上海古籍出版社，1998年，第825页。

② 邱志荣《上善之水》，学林出版社，2012年，第168—189页。

③ 李慈铭《受礼庐日记·下集》，载李慈铭著《越缦堂日记》，广陵书社，2004年，第4012页。

④ 〔唐〕韦璀《修汉太守马君庙记》，载邹志方著《会稽掇英总集点校》，人民出版社，2006年，第264页。

也有想象成分。

第伍相：马公到任，三县百姓递荒呈，治水患。

注评：马臻到会稽，因当时未有鉴湖工程，水旱灾害频仍，百姓向新来太守反映灾情，应是合理之举。

第陆相：马公同众百姓登望海亭，视三县潮水冲没荒田。

注评：绍兴城在越国时龙山上建有飞翼楼（后改为望海亭），东汉时海塘未围成，登楼之上可看到潮水直薄山、会、萧平原，应为事实。

第柒相：马公同扶老酌议画图，设法治水。

注评：此说马臻到会稽后，与当地父老、有识之士共商治水之事。

第捌相：马公派三县钱粮创筑应用，候旨开消。

注评：东汉时山阴包括后来的山阴与会稽两县，萧山时称余暨，这里的三县指因鉴湖受益的山会地区。马臻组织筹措建鉴湖的资金、粮食等物资也为事实。

第玖相：马公同三县卒、工匠开垦各处山土，运泥创筑各路塘灞等闸。

注评：鉴湖工程规模巨大，位于东汉时会稽郡山阴县境内。湖的南界是稽北丘陵，北界是人工修筑的湖堤。堤以会稽郡城为中心，分东、西两段，总长56.5千米。除去湖中岛屿，其面积约为172.7平方千米，正常蓄水量在2.68亿立方米左右[1]。此指马臻组织民众及水工开山运土建造鉴湖塘坝及水闸设施。

第拾相：马公同三县卒、工匠创筑塘坝，东至曹娥，西至萧山，并建造陡壹等闸。

注评：此指马臻组织三县建鉴湖工程，范围东到曹娥、西到萧山，还建造了玉山斗门、广陵斗门、蒿口斗门等设施。

拾壹相：马公同三县卒、工匠创筑麻溪大坝。

注评：历史上浦阳江下游出口早期曾在湘湖之地散漫流入钱塘江。到唐宋时期，绍萧地区海塘建设逐渐完成，下泄受阻，浦阳江曾改道由临浦、麻溪经绍兴钱清，至三江入海。又由于鉴湖埋废，会稽山之水直接进入北部平原，因此，造成山会平原排洪压力骤然增大，水患剧增。明代绍萧水利的重点便是对浦阳江下游进行人工调整，主要水利工程则是开碛堰和堵塞麻溪坝。这一调整是绍萧地区新的水利平衡，并且由政府主导带有行政命令强制实施的。为保证山会地区的整体利益，也必然使局部利益受损和引起水事矛盾。麻溪坝的兴筑是浦阳江改道一个很复杂的过程，主要发生在明代[2]。此第十一幅壁画记载与史实不符，延伸过长。说明编著者于此把马臻当作

---

① 盛鸿郎、邱志荣《古鉴湖新证》，载盛鸿郎主编《鉴湖与绍兴水利》，中国书店，1991年，第13—32页。

② 邱志荣主编《绍兴三江研究文集》，中国文史出版社，2016年，第136页。

绍兴水利的宗师，把重大水利及功绩都归功于马臻，反映了民间对人物的塑造吸收传说的特点。

拾贰相：马公同三县卒、工匠建造道墟、山西、长江等闸，设各处水门六十九所。

注评：此说马臻与三县建鉴湖诸闸，沿湖开水门"六十九所"[①]。但具体的水闸记载不精确，所记山会平原沿海水闸或不是马臻时所建。

拾叁相：马公开垦荒田九千余顷，设东南两湖灌田。

注评：此言鉴湖的效益，"溉田九千顷"。据统计，古代山会平原鉴湖以北、曹娥江以西、浦阳江东南及其附近、萧绍海塘以南的农田面积约为 47 万亩，所谓"都溉田九千余顷"[②]。"东南两湖"应是鉴湖之"东西两湖"。东湖堤坝：自城东五云门经山阴故水道到上虞东关街道，再东到中塘白米堰村南折，过大湖沿村到嵩尖山西侧的嵩口斗门，长 30.25 千米。西湖堤坝：自绍兴城常禧门经柯桥区的柯岩、阮社及湖塘宾舍村，经南钱清乡的塘湾里村至虎象村再到广陵斗门，长 26.25 千米。东、西湖堤的分界线为从稽山门到禹陵的古道，全长约 6 里。鉴湖湖区总面积为 189.95 平方千米，除去湖中岛屿 17.23 平方千米，西湖水面面积为 85.09 平方千米，东湖水面面积为 87.63 平方千米。

拾肆相：三县百姓沐公恩泽，鱼樵耕读成美乡。

注评：此说鉴湖效益显著，绍兴成鱼米之乡、人文优越之地。

拾伍相：马公建坝后，诸暨百姓私掘开坝，与山、会、萧三县百姓争竞厮打。

注评：此说建麻溪坝后，浦阳江出水不畅，引起诸暨与绍萧之间的水事纠纷，并引起激烈争斗。但此是明代浦阳江改道之事，与马臻筑鉴湖无关。

拾陆相：马公会同山、会、萧、诸四县，议帮粮诸邑田亩。

注评：此记马臻召集四县协调麻溪坝水事纠纷，以粮食补诸暨损失，虽所记不应是马臻之事，而是明代绍兴知府所为，但说明在明代浦阳江改道后，对工程带来的淹没区的损失，绍兴府曾进行四县协商。受益区以粮食补偿淹没区的办法，很有水利史料价值。

拾柒相：权犴梁冀，差官索马公金帛不遂，成衅起事。

注评：犴，同"豻"，古代北方的一种野狗，形如狐狸，黑嘴。此说梁冀陷害马臻筑鉴湖的缘由。记梁冀与马臻有矛盾是事实，但主要起因并不是粮食，而是梁、马两家有世仇。梁家乘机诬陷打击马臻[③]。

---

①《水经注·浙江水》。

②盛鸿郎、邱志荣《古鉴湖新证》，载盛鸿郎主编《鉴湖与绍兴水利》，中国书店，1991 年，第 13—32 页。

③邱志荣《上善之水》，学林出版社，2012 年，第 168—189 页。

拾捌相：梁冀因端怀衅，即以擅用公赋敕奏马公，不蒙明察。

注评：此记梁冀构陷马臻，以马臻擅自动用官府钱粮为由，向皇上诬告马臻有罪。而皇上未明察，被蒙骗。

拾玖相：校尉到会稽郡，锁拿威逼登程，公从容就缚，惊骛闻百姓。

注评：此记朝廷派官员强行抓捕马臻，马臻从容而就缚，消息迅速惊动黎民百姓。

贰拾相：三邑百姓感公恩泽，哭泣攀援，随公至洛阳，赴阙白公冤。

注评：此说山、会、萧民众，深明马臻为人和筑鉴湖功德，在马臻被捕时悲痛哭泣，全力救援，还随马臻到洛阳，到朝廷为马臻申冤喊屈。

念壹相：梁冀陷公以泄私愤，公遂受无妄之灾。

注评：此说梁冀陷害马臻，以泄个人私愤，马臻平白无故地遭遇灾祸，蒙冤被杀。

据考证，马臻到会稽为太守后，毅然创建鉴湖，因此引起移民很多、淹没房屋坟墓，以及大量增加劳役等问题纠纷，当地也必然有既得利益受损害者不满。更严重的是在政府官员中的马臻反对者，以及梁氏家族在地方的势力，充分利用这一机会，诬告马臻。经周密策划，阴险地在政府掌管的户籍簿上抄录已死亡人之名，以这些死人名告状到朝廷。状告的主要罪名是马臻贪污政府皇粮和财政收入，筑湖淹没当地百姓土地、房屋和祖坟，激化社会矛盾。

山阴有千余人状告马臻，不管如何不顾事实诬告，未经查实，尚不能直接置马臻于死地。能够杀马臻者，只有当时的汉顺帝和位居三公之上并掌握朝廷大权的大将军。公元141年任东汉大将军的分别为梁商和梁冀，那年秋八月梁商病死，壬戌日（初十），派河南尹乘氏侯梁冀做大将军，那么是年陷杀马臻的或是梁商，或是梁冀。

梁商，史上虽有清名，但经深层次分析也可见其具有处事谋划深远、不张扬、阴险、手段极其高明的从政特点。梁商把女及妹送给了顺帝，"女立为皇后，妹为贵人"[1]；顺帝要"以商为大将军"，他不受而最后还是当了大将军；他赈灾"不宣己惠"，而天下人都知道了他的义举；他请求顺帝"罪止首恶"，"刑不淫滥"，对状告他的人少处罚，但首要者张逵、张凤、杨皓都被处以死刑；他向顺帝选送歌妓，没有做到事君当进贤士，其行为可见一斑；他死前要求薄葬，但实际葬礼十分隆重；他明知儿子梁冀的品行，却未阻止顺帝对他的提拔重用，最后顺帝让梁冀继承了他的大将军之职。梁商死于公元141年秋，史载他在三月上巳日（初九）大会宾客，在雒水宴会，酒过半后，唱《薤露》之歌[2]。马臻被杀属违法、违反程序案，未经调查核实便把马臻残杀，披刑于市，此种生杀大权只有皇上才拥有，公元141年春还免去了司空郭

---

①《后汉书》卷三十四《梁统列传》。

②《资治通鉴》汉记四四。

虔的官职，按《后汉书》卷一一四记："司空，公一人。本注曰：掌水土事。凡营城起邑，浚沟洫，修坟防之事，则议其利，建其功。凡四方水土功课，岁尽则奏其殿最而行赏罚。……凡国有大造大疑，谏争，与太尉同。"看来主管全国水土事的最高官员也被免职，应是有重大过错。绍兴民间相传马臻的生日为农历三月十四日，马臻的生平都无记载可考，何来详细的生日记载，倒是公元141年郭虔于三月十六日被免职有正史记载。按此分析，民间所传马臻生日或是他被杀害之日，又过两日，主管水土之职的司空郭虔便被免职。

能把马臻案办成冤案、奇案、谜案的也只有老谋深算的梁商。马臻到会稽后修鉴湖必然向朝廷报告过，由郭虔"岁尽则奏其殿最而行赏罚"，朝廷开始必然是支持的，如此大的水利工程项目，按常理郭虔也会向大将军及顺帝报告。后来出现了千余人怨诉到朝廷，不仅告到了郭虔那里，还会有告到梁商、顺帝处的。顺帝盛怒之极，下令斩杀了马臻，罢免了主管水利的司空郭虔。

马臻被杀还要提到一个关键人物，便是梁皇后梁纳。梁纳是梁商之女，很擅长谋政之道。阳嘉元年（132）立为太后，常干预朝政。梁商、梁冀能成为大将军，一揽朝中大权，骄横自恣，祸害国家，她起到关键作用。后来梁氏专权，立帝与谋杀孝质帝，李固、杜乔等忠诚之士被杀，梁太后都有不可推卸之罪。同样，马臻含冤被杀，就最高决策层而言，梁纳亦应为梁家主要谋划者之一。

马臻蒙冤被杀，当时朝廷必定会有人提出异议，会稽有识之士也必然有人为马臻鸣冤，向朝廷提供真实情况。于是朝廷派人去会稽调查。但亦可发现马臻被害后，朝廷派到会稽任太守的是何人？是梁旻[①]。梁冀的从弟到会稽任新太守，要办梁商主谋的案子，与本家有世代宿怨后代之案，何来真实？而梁冀在朝廷主政，他会深究父亲办的案子吗？顺帝会承认自己的过错吗？

新任太守梁旻策划把政府的户口簿交给了朝廷来使，核实都是已死之人。既然是死人告状，也难对质。不再深究既为顺帝之错做了掩饰，也是梁家的希望，使此案可在掌控的范围之内。此案不作讨论，不再提及，不载史记。就筑鉴湖本身而言，也没有人说不对，鉴湖效益在不断显现。时间一长，朝中也就无人再提此事。正史不记载此事，有不便写、不好写、不能写的原因在其中。

直到孔灵符在南朝宋孝武帝大明年间（457—464）任会稽太守，这已是马臻筑鉴湖300年以后的事了，他到会稽后，看到鉴湖的巨大效益，听到民间相传的马臻被杀的冤案，心中自然愤愤不平。于是他在《会稽记》中以简短的文字记下了鉴湖的建筑时间、规模、形制、效益以及马臻被杀的缘由。对马臻被杀，他不作评论，也不好多作

①《后汉书》卷六十七《党锢列传》。

评论,弄不好会招来杀头之祸。但他又不得不记,时间长了后人更说不清。孔灵符也属刚直之人,最终也惨遭杀害[①]。

念二相:冀复遣校尉诣公家,夫人赴井,而公子之子女继之。

注评:此说梁冀凶残之极,又派遣军官到马臻家,致使马臻夫人投井而死,子女相继投井,酿成人间悲剧。

念叁相:三县百姓赴阙,复白公冤。

注评:山、会、萧黎民百姓愤恨不平,上告朝廷,为马臻申冤。

念肆相:三邑百姓扶公枢归于越地,香滴洛阳。

注评:山、会、萧黎民百姓扶持马臻灵枢回到会稽,震动朝廷所在洛阳城。

念伍相:汉帝时,张纲、李固、杜乔敕奏梁冀十大罪。

注评:汉帝时,张刚、李固、杜乔向朝廷上奏控告梁家罪恶。对照下幅,图之汉帝时应为汉桓帝时期(146—166),因此张纲等三人控告过梁冀是事实,但年代应在汉顺帝时期(126—143)。

念陆相:汉帝准奏,敕张纲、李固、杜乔监斩梁冀父子三人,奸党受诛。

注评:汉帝准奏,命张纲、李固、杜乔三人监督斩杀梁家父子。此汉帝应是汉桓帝。诛杀梁氏事发生在延熹二年(159),此时张纲、李固、杜乔均已不在世。

念柒相:唐开元中,刺史知绍兴府事张公讳楚,奉旨同三县百姓敕建马公祠。

注评:在唐开元时(713—741)刺史、主管绍兴府事的张楚,按照朝廷的指示建马臻庙。此事唐代韦瓘《修汉太守马君庙记》有载。

念捌相:上帝怜马公忠直,敕公阴勘梁冀父子奸党恶迹。

注评:上帝深感马臻的忠诚正直,命马臻在阴间清算梁家父子及奸党祸国殃民的罪恶。此上帝应是指中国古代祭祀中的最高神。

念玖相:宋嘉祐四年,查粮,比前汉多三十余万,封马臻为“利济王”。赐春秋二祭。

注评:宋嘉祐四年(1059),朝廷查核对比山会平原三县粮食生产情况,发现比汉时多产30余万(石)。于是宋仁宗封马臻为“利济王”,还赐予春秋两次祭祀。

以上“30余万”,计量单位以“石”较符合实际,此言鉴湖建成,蓄淡、抗洪、排涝、挡潮,农田增加并受益,粮食产量比汉时大增。

“利济王”是宋仁宗赐马臻的封号,《闸务全书》下卷《县覆府引·附录》:“《府志》载,汉会稽太守马臻,宋嘉祐四年封利济王。”[②] 此壁画应是庙中传承记载,具有真实

---

① 《宋书》卷五十四《孔季恭传》。
② 冯建荣主编《绍兴水利文献丛集》,广陵书社,2014年,第71页。

性，并与文献互证。

叁拾相：贼寇临越，公默显神威退寇，百姓得安堵无恙。

注评：有外来强盗侵犯绍兴，马臻显示神威击退来寇，黎民百姓得以平安。

此"贼寇"应主要是指倭寇。明代倭寇多次侵犯越地，嘉靖二年（1523）五月，日本人冲击宁波驿馆和市舶馆，一路追杀到绍兴城下①。这里绍兴民间已把马臻当作了泛神对待，祈求保佑太平。

叁拾壹相：康熙□十□年，越都旱甚，郡侯邑主亲诣虔祷，大沛甘霖，万民感仰。

注评：康熙□十□年，越地旱情严重，知府亲至马臻墓、庙祭拜求雨，是年风调雨顺，黎民百姓感恩崇仰马臻神明。

叁拾贰相：三邑士民感公大惠，逢公诞辰，龙舟□"终"志不忘。

注评：山、会、萧三地民众不忘马臻为越地带来的恩泽，每逢马臻诞辰之日（相传为农历三月十四），以龙舟竞赛等活动纪念。

三、小结

（一）壁画创作、绘制时间应在清代

关于马臻庙，康熙《绍兴府志》有载："明天启间，知府许如兰同郡中绅士重葺，修撰余煌有记，后渐倾颓。国朝康熙五十六年，知府俞卿筑沿海石塘，告成，乃追念马公旧绩，撤而新之，门垣堂寝较旧制更弘丽焉。"《绍兴市志》记马臻庙在"清康熙、道光、光绪年间，均修葺"②。关于壁画内容结局的第三十一幅也是记康熙年间事，第三十二幅则是讲民间祭祀之事。由于目前尚未找到确切的壁画创作年代，只能分析其年代最大可能在康熙五十六年（1717）到道光年间（1821—1850）。

（二）重要价值是揭示了马臻是为梁家所害

关于马臻筑鉴湖事迹与被杀冤案，《后汉书》无记载，文献资料也甚少，并且之后的文献中仅记载马臻被杀是当地权贵的诬告所致，不涉及朝廷的责任。但马臻既然造福于民，又蒙冤被杀，会稽百姓必定愤愤不平，念念不忘。马臻庙有记载见于唐代史书，关于马臻和鉴湖的真实事迹在马臻庙传记中应该有集中的历史传承和权威性。之后口口相传，在事实的基础上也会演绎出新的故事和增添新的内容。壁画中直面史实和朝廷的过错，揭示并记述了马臻被杀的主要原因是为梁家父子所构陷。尘封历史，于此解密，填补了历史文献之空缺。

---

① 钱起远主编《宁波交通志》，海洋出版社，1996 年，第 616 页。

② 绍兴市地方志编纂委员会编《绍兴市志》第四册，浙江人民出版社，1996 年，第 2183 页。

（三）一部民间版的马臻与鉴湖水利史，特色鲜明

此壁画的历史叙述脉络较清楚，鉴湖的规模、效益、上自汉代、下至清代的绍兴治水史，讲得较清楚、系统。并且在画中可见人物的服饰打扮富有时代特色。如第三十幅马臻默退贼寇，百姓的服饰似为明代；第三十一幅康熙年间知府求雨，其中人物的服饰明显为清代装束。可以肯定文字记述和创作者有较深厚的史学功底，既阅读了较多关于马臻与鉴湖的史料，又较认真地研究过东汉历史，还广泛地吸收了民间关于马臻、鉴湖以及绍兴水利的故事传说，此壁画是经过一番认真的梳理和研究的作品，可作为绍兴水利史的重要史料和珍稀作品。

当然，既作为民间版画，就具有想象发挥空间较大、史实不是很严谨以及逻辑不是很严密的特点。

建议有关单位、部门加强对壁画的保护和研究。

则水牌村重要水利航运文物的发现

邱志荣　张海敏撰文

2018 年 9 月 27 日，浙江省建工水利水电有限公司在城东则水牌村文昌阁跨龙桥南侧进行河道拓宽施工，在混里江与大长坂交界处河道内发现明代水则季牌一件，该石牌基本完好，仅上部略有破损，尺寸为 210 厘米 × 30 厘米 × 34 厘米，四面刻有"东

水则季牌发现现场（张海敏提供）

移交清单（张海敏提供）　　　　　　　水则季牌发现现场（邱志荣摄）

春季水牌、南夏季水牌、西秋季水牌、北冬季水牌"铭文，还有四季不同水位刻线。

根据文物、水利专家的鉴定，确认该石碑为明代绍兴平原河网水位调蓄与测水位的三块石碑（金木水火土牌，水则牌、季水牌）中的季水牌，对绍兴水利航运的发展历史具有宝贵的研究价值。此牌应是与三江闸金、木、水、火、土牌相配套的河网调度水则管理牌，前者位于三江闸以控制三江闸启闭，后者在绍兴北部河网的中心区，观察和控制春、夏、秋、冬四季的不同水位。

明代是绍兴河网整理的重要时期，也是取得管理实践经验和成功的重要时期，其中如戴琥水利碑、山会水则碑、三江水则牌及此次发现的水则季牌是重要的实物遗存。

此牌已由绍兴市文物考古研究所保存。

后　记

近年，水利部门对水文化建设高度重视，浙江省水利厅编发了《浙江省"十四五"水文化建设规划》，浙江水文化也就在以往的基础上进入了一个全新的历史发展时期。正是在这一时代背景下，受越城区农业农村和水利局委托而编写越城区首部水文化专著。

绍兴是国务院 1982 年首批公布的全国二十四个历史文化名城之一，以越国古都、江南水乡风光城市、名人故居而著称。关于绍兴古城的价值定位，毛泽东主席在 1961 年诗中也予以明确：

鉴湖越台名士乡，忧忡为国痛断肠。

剑南歌接秋风吟，一例氤氲入诗囊。[①]

越城是绍兴的政治、经济、文化中心，自越王句践建山阴小城至今已有 2510 多年历史。越城也是大禹治水的毕功之地及陵、庙所在，精神传承，万世传颂；历史上建成鉴湖、浙东运河、海塘、三江闸等我国著名水利工程，地位崇高，闻名遐迩；当代水利又以水环境整治、水遗产保护成效卓著，为世所称道。因此，把书名定为《越国古都　东方水城——越城水文化》是名实相符的。

本书上限至距今 10 万年以来的三次海侵，下限到 2022 年，比较全面地反映了越城水利史、水文化的历史变迁和现代风貌，贯古通今，是历史与现实的完美融合。

其区域范围，考虑到越城的独特性、历史时期的区域调整，以及在绍兴的中心位置，因此在历史事件的描述上，为体现完整性，做适当延伸。

本书是作者在之前几十年对绍兴水文化研究的基础上，一次全新的研究和集大成，立足区域水利、水文化，开展多学科的综合研究，既有原创性较成熟的水文化理论研究成果，又有精湛独特的实践探索案例，图文并茂，集学术性、特色性、可读性于一体。康熙《会稽县志》卷四载季本语："善治越者当以浚河为急。"水文化是越城水利之魂，越城水文化是我国水文化的高地之一。这是一部全面、系统记述越城水文化的精品之作，其中创新与优越之处读者自可体味。

[①]《人民日报》1996 年 9 月 20 日发表毛泽东 1961 年《纪念鲁迅八十寿辰》诗。

　　一方水土养育一方人才,越城水文化是绍兴文化的精华所在,明陈子龙《钱塘东望有感》诗云:"禹陵风雨思王会,越国山川出霸才。"水文化是"胆剑精神"的源头和基础。

　　本书基本按照编年体的写法,共计十三章,以及《绪论》《附录》等内容。第一至十二章,及《附录:水文化遗存考证》由邱志荣撰写,第十三章《水利遗产　经典案例(选录)》由戴秀丽编写,魏义君参与了"绍兴平原强排工程"撰写。

　　本书将出版之际,习近平总书记于2023年9月20日来到位于绍兴的浙东运河文化园考察并作重要指示,这既是对浙东运河保护、传承、利用工作的鼓励和鞭策,也为今后浙江文化工作指明了方向。我们要牢记嘱托,守正创新,关键是要继续"下功夫","让古老大运河焕发时代新风貌"①。

　　成书过程中,得到越城区农业农村和水利局章国荣局长、杨朝军副局长的信任支持;中国水利报原副总编张卫东,浙江省水利厅原党组成员、省水文局原局长俞锡根,绍兴市新闻传媒中心主任编辑丁兴根等的精心指导;越城区灵芝街道王锐勋帮助提供相关资料;广陵书社编辑的认真审改和提升;余不一一列举,在此一并表示由衷感谢!

　　如有不当之处,敬请方家指正。

二〇二三年六月

---

①引自新华社2023年9月25日《习近平在浙江考察时强调　始终干在实处走在前列勇立潮头　奋力谱写中国式现代化浙江新篇章》。

歡樂
無疆
長壽

石齋治此印記